Beate Walther

Alles über Blumendeko

Beate Walther

Alles über Blumendeko

545 Farbfotos
46 Zeichnungen

Inhaltsverzeichnis

Vorwort 8
Einleitung 9

Werkzeuge, Werkstoffe, Arbeitstechniken 10

Werkzeuge 12

Technische Hilfsmittel 15
Allerlei Drähte 15
Abwickelbänder 17
Hilfsmittel zum Binden und Befestigen 18
Steckhilfsmittel 19
Wasserröhrchen 21
Hilfsmittel zum Schutz und Transport 21

Gestalterische Hilfsmittel 22
Bänder und Kordeln 22
Kerzen 24
Eier 25

Der Arbeitsplatz 26

Pflanzliche Werkstoffe 28
Kleine Pflanzenkunde 28
Pflanzliche Werkstoffe rund ums Jahr 32
Woher nehmen ...? 34

Techniken für den Umgang mit pflanzlichen Werkstoffen 41
Versorgung pflanzlicher Werkstoffe 41
Vorbereitung pflanzlicher Werkstoffe 48
Verarbeitung pflanzlicher Werkstoffe 60

Gefäße, Formen, Konstruktionen 74
Grundlegende Anforderungen 74
Herstellung, Erweiterung und Veredelung 75
Werkstoffe und Materialien 75

Basiswissen 82

Merkmale pflanzlicher Werkstoffe 84
Bewegungslinien 84
Flächen- und Körperformen 86
Oberflächen 87
Geltungsansprüche 88

Ordnen und Anordnen von pflanzlichen Werkstoffen 91
Ordnungsarten 91
Weitere Ordnungsgefüge 93

Pflanzliche Linienverläufe – Möglichkeiten der Anordnung 98

Wuchspunkte 101

Merkmale eines Werkstücks 104
Umriss 104
Proportionen 104
Harmonien und Kontraste 111

Farbenlehre 112
Der Farbkreis 112

Akzente 117

Gestaltungsarten 118
Dekorativ 118
Vegetativ 118
Formal-linear 119

Stilkunde 121

Symbole 125

Gestaltungsthemen 126
Jahreszeiten 126
Anlässe 127

Praxiswissen 132

Der Strauß 134
Gestalterische Grundlagen 134
Bindetechniken 136
Stiele 141
Sträuße zum Verschenken und Dekorieren 145
Brautsträuße 152
Trauersträuße 159
Sträuße mit gestalterischen Hilfsmitteln 160

Das Gesteck 164
Alternative Steckhilfsmittel 165
Konstruktionen als Steckhilfsmittel 166
Stecken in Steckschaum 167
Gestalterische Grundlagen 173
Gestecke nach ihrer Verwendung 174

Das gepflanzte Werkstück 183
Auswahl der Pflanzen nach pflanzensoziologischen Aspekten 183
Auswahl der Pflanzen nach pflanzenphysiologischen Aspekten 185
Auswahl der Pflanzen nach gestalterischen Aspekten 185
Qualität der Pflanzen 186
Gefäße 186
Dränage 190
Substrat 190
Richtig pflanzen 191
Pflege von Pflanzarbeiten 195
Gestaltung von Pflanzarbeiten 197

Pflanzungen nach dem Ort der Aufstellung 203
Präsentation von Pflanzenarbeiten 207

Konstruktionen 210
Merkmale 210
Arbeitstechniken 211
Formen 212
Wasserversorgung und Befestigung der Werkstoffe 214

Formarbeiten 216
Kränze 216
Kranztechniken 223
Offene Kränze 242
Girlanden 241
Festons 245
Symbolformen 245

Körperschmuck 251

Moderne Werkstücke 254

Serviceteil 258

Pflanzennamen
 Deutsch-Botanisch 260
 Botanisch-Deutsch 266
Adressen, Literaturverzeichnis 273
Dank, Bildquellen 276
Register 277

Vorwort

Bereits als junges Mädchen liebte ich es, vor Schulbeginn über den Marktplatz zu schlendern und das farbenfrohe Angebot an Gemüse, Obst, Blumen und Pflanzen zu betrachten. Alles war frisch, ursprünglich und roch irgendwie erdverbunden. Besonders gefielen mir die einfachen Bunde von Gartenblumen, die zumeist von älteren Marktfrauen angeboten wurden und wohl aus ihren eigenen Gärten stammten. Außerdem faszinierten mich die akkurat gebundenen Zwiebelzöpfe, ausgeschmückt mit Statice, Strandflieder und Strohblumen. Einen Gärtner besuchte ich regelmäßig an seinem Stand. Er verkaufte mir nicht nur diese wunderbaren Trockenblumen, sondern zeigte mir auch wie ich sie andrahten und verarbeiten konnte. Zu Hause probierte ich gleich alles aus, um mir beim nächsten Besuch noch mehr Arbeitstechniken zeigen zu lassen. In dieser Zeit begann meine Leidenschaft für Floristik.

Dass man auch frische Blumen andrahten kann und es floristische Gestaltungsregeln gibt, lernte ich erst viel später. Bis dahin gestaltete ich aus dem Bauch heraus, nach meinem eigenen Gefühl für Formen und Farben. Die angebotenen Seminare und Bücher beschränkten sich meist auf bestimmte Themen wie Ostern, Advent oder Tischschmuck oder zeigten Trends auf. Die Werkstoffe wurden zwar entsprechend dem Anlass ausgewählt, jedoch oftmals mit allzu vielen Accessoires kombiniert.

Durch meine Lehre zur Gärtnerin wusste ich, dass die Natur eine unerschöpfliche Vielfalt an Werkstoffen bereithält. Aber erst durch meine Weiterbildung zur Floristmeisterin lernte ich die Natur als Lehrmeister und Inspirationsquelle für florales Gestalten kennen. So sind die Werkstücke, die ich während und nach dieser Zeit kreierte, wesentlich natürlicher und interessanter.

Von dem großen Dichter und Universalgelehrten Johann Wolfgang von Goethe stammen die Worte: „Alles ist gut, wie es aus den Händen der Natur kommt." Gehen Sie deshalb nach draußen und schauen Sie sich bewusst die Wachstumsbewegungen der Pflanzen oder das Farbspiel der Blüten und Blätter an. In der Natur können Sie die wichtigsten Regeln für das florale Gestalten wie aus einem Buch ablesen und ableiten. Und wenn Sie sich zusätzlich Pflanzenkenntnisse und handwerkliche Fähigkeiten aneignen, werden Sie bisher ungeahnte neue Möglichkeiten für Ihr kreatives Schaffen entdecken. Nehmen Sie Blumen und Pflanzen jedoch nicht als Massenprodukte wahr, sondern als individuelle Lebewesen, als etwas Ursprüngliches, Existenzielles und Kostbares, gerade weil sie so vergänglich sind.

Ich wünsche Ihnen spannende Entdeckungen und Erfahrungen im Reich der Blumen und Pflanzen und vor allem viel Freude beim floralen Gestalten.

Beate Walther
Rohr, im Sommer 2008

Einleitung

Blumen und Pflanzen bereichern unser Dasein und vermögen unser Bedürfnis nach Geborgenheit zu befriedigen. Die Tendenz, den privaten Lebensbereich mit Pflanzen und floralen Arrangements zu gestalten, nimmt in unserem hektischen Leben zu.
Bisher kaufte man Blumen und Pflanzen im Blumenladen oder in einer Gärtnerei. Heute greifen Discounter, Tankstellen und das Internet die spezifischen Wünsche von Impulskäufern auf. Allerdings sollte uns Verbrauchern bewusst sein, dass mit besonders preiswerten Angeboten und Massenprodukten nur Standardansprüche bedient werden.
Auch wenn wir Konsumenten immer mehr Möglichkeiten beim Blumen- und Pflanzenkauf haben – für Hochzeits-, Event- und Trauerfloristik ist der Fachhandel weiterhin die richtige Adresse. Das gilt für den Geschenkbereich wie auch für den Bezug von Hilfsmitteln, Werkzeug, ausgefallenen Blumen, Pflanzen und trockenen Werkstoffen. Denn nur der Fachhandel kann ein Einkaufserlebnis in einem stimmungsvollen Ambiente gewährleisten und professionelle Beratung rund um die Pflanze anbieten. Gärtner und Floristen bleiben weiterhin kompetente Ansprechpartner bei der Beschaffung und Pflege von Pflanzen und dem Arrangieren von Blumen.
Auch Sie als Hobbyflorist wollen nah an der Natur sein, sie beobachten, entdecken, etwas selbst schaffen und Ihre Erfahrungen und Inspirationen in Ihre private Floral- und Gartenkultur einfließen lassen. Anliegen des Buches ist, diesem kreativen Schaffen eine fachliche Anleitung und Unterstützung zu geben. Es soll Ihnen Wissen vermitteln und Sie mit Hilfe vieler Tipps und Tricks zu eigenen individuellen Ideen inspirieren und ermutigen.
Dieser Ratgeber beschreibt alle Werkzeuge und Hilfsmittel, die Sie benötigen und zeigt Ihnen Arbeitstechniken zur Versorgung, Vorbereitung und Verarbeitung von Blumen und Pflanzen auf. Weiterhin lernen Sie Wissenswertes über die Herkunft, den Bezug, die Merkmale und die Qualitätserkennung pflanzlicher Werkstoffe.
Auch in der floralen Gestaltung benötigen Sie ein fundiertes Basiswissen in Bezug auf Ordnungsarten, Proportionen und Farben. Die Erklärungen sind mit vielen Zeichnungen und Fotos illustriert. Die wichtigsten Werkstücke der Floristik – Sträuße, Gestecke, Pflanzarbeiten und Konstruktionen – werden Ihnen Schritt für Schritt erläutert und sind leicht nachzuarbeiten. Sie finden hier Beschreibungen traditioneller und moderner Arbeitstechniken für Kränze, Girlanden und Festons. Anregungen zu Körperschmuck und modische florale Ideen vervollständigen das umfangreiche Praxiswissen.
Für die meisten in diesem Buch vorgestellten Arbeiten können Sie gewöhnliche Werkstoffe aus der Natur oder aus dem Garten verwenden, sodass viele Arrangements ohne größeren Aufwand und Kosten zu gestalten sind. Dieses Buch wird Ihnen ein kompetenter Ratgeber für florales Gestalten sein, der Sie in Ihrem kreativen Schaffen anleitet und Ihnen gleichzeitig als Nachschlagewerk wertvolle Dienste leistet.

Werkzeuge, Werkstoffe, Arbeitstechniken

Neben Blumen und Pflanzen, die wir in diesem Buch als **Werkstoffe** bezeichnen, benötigen Sie für florale Gestaltungen, den **Werkstücken**, auch **Werkzeuge** und verschiedene **Hilfsmittel**. Sie erleichtern den sorgfältigen Umgang mit den pflanzlichen Werkstoffen und sorgen für deren lange Lebensdauer.

Werkzeuge

Zur Grundausstattung eines Floristen gehören ein **Blumenmesser**, eine **Gartenschere** und eine **Drahtschere**. Schneidwerkzeuge müssen vor allem scharf sein, damit sie sich leicht handhaben lassen und die Pflanzen nicht verletzt werden. Stumpfe Klingen quetschen das Gewebe und schaffen Eintrittspforten für Bakterien. Qualitativ hochwertige Werkzeuge sind ergonomisch geformt, das heißt, sie sind der Hand und deren Bewegungen angepasst. Gartenscheren und Messer gibt es für Damen und Herren und extra auch für Linkshänder.

Zur Herstellung von Gefäßen, Konstruktionen und Präsentationsflächen werden bei Bedarf eine Flachzange, Bohrmaschine, Säge oder ein Tacker, Akkuschrauber, Hammer oder Driller benötigt.

Blumenmesser

Das Messer sollte aus gutem Stahl gefertigt sein. Einseitig angeschliffene Messer erleichtern das Anschneiden der Blumen. Das normale Küchenmesser ist ungeeignet, da die Klinge zu weich ist und wenig Halt zum Schneiden fester Stiele bietet. Außerdem kann es in der Küche verwechselt werden, was unbedingt vermieden werden muss, da viele Pflanzensäfte giftig sind. Blumenmesser gibt es auch als Klappmesser mit präzisionsgeschliffener Klinge.

Gartenschere

Eine gute Garten- oder Rosenschere ist sehr leicht und handlich. Sie besitzt eine rostfreie, spezialgehärtete, nachschleifbare Stahlklinge mit Antihaftbeschichtung und zeichnet sich durch einen praktischen Verschluss und eine Feder, die nicht mehr herausspringen kann, aus.
Zum Schneiden von Draht sind Gartenscheren nicht geeignet, es sei denn, sie sind mit einer entsprechenden Einkerbung am unteren Ende der Klinge versehen.

Ratschenschere

Eine Ratschen- bzw. Baumschere dient dem Schneiden von festen und stärkeren Zweigen. Mit einer Kraftersparnis von 30 % und

Die Grundausstattung eines Floristen besteht aus einem Blumenmesser, einer Gartenschere und einem Drahtschere.

Profiausstattung

Die Auswahl an Gartenscheren ist groß. Es gibt Modelle für kleine und große Hände, für Links- und Rechtshänder. Probieren Sie vor dem Kauf aus, welcher Scherentyp Ihnen am besten in der Hand liegt.

Werkzeuge 13

Für dickere Äste ist eine Ratschenschere unerlässlich.

mehr können Sie bis etwa 3 cm dicke Zweige und Äste schneiden.

Drahtschere

Verwenden Sie zum Schneiden von Draht keine Gartenschere – die Klingen würden Schaden nehmen. Drähte schneidet man besser mit einem Seiten- oder Drahtschneider. Die Federn müssen ein leichtes Öffnen der Schneideblätter ermöglichen und auch stärkere Drähte gut durchschneiden.

Kombi- oder Spezialscheren

Einige dieser besonders schlanken Scheren wurden speziell zum Schneiden von Wein und Rebdraht entwickelt. So eignen sie sich hervorragend für das Schneiden von Blumen sowie dünnen Drähten.

Buchsbaumschere

Zum Abschneiden von Buchsbaumästen wurden spezielle, leichtgängige und handliche Scheren entwickelt. Mit der extra langen, zweischneidigen Klinge werden die Blätter und Zweige nicht gequetscht, sodass keine gelben Ränder entstehen können.

Dornenentferner

Der Dornenentferner dient dem mühelosen Entfernen von Dornen, Stacheln und Blättern. Er wird hauptsächlich für Rosen verwendet. Wenn Sie Rechtshänder sind, nehmen Sie die Rose in die linke Hand und ziehen den Entdorner vorsichtig am Stiel entlang nach unten. Dabei werden die Metallbacken des Gerätes, welche die Rose umklammern, mit der Hand zusammengedrückt. Wer keinen Entdorner hat, kann auch ein Messer verwenden. Aber Vorsicht: Beschädigungen der Stiele bitte vermeiden.

Messer zum Schneiden von Steckmasse

Ein Blumenmesser ist zu kurz, um einen kompletten Steckschaumziegel der Länge nach sauber zu teilen. Für Floristen gibt es spezielle Steckschaummesser; für den privaten Gebrauch reicht ein langes, scharfes Brotmesser völlig aus. Auch mit dünnem Steckdraht lässt sich Steckmasse recht gut zerteilen.

Verschiedene Entdorner, die eigentlich Entstachler heißen müssten, da sie hauptsächlich zum Entfernen von Rosenstacheln genutzt werden.

> **Keine Rose ohne ...**
> ... Dornen – heißt es sprichwörtlich. Volksmund, Lyrik und Prosa nehmen es mit der Botanik oft nicht so genau. Wer sich intensiver mit Pflanzen beschäftigt, sollte aber auf präzise Begriffe achten.
> Rosen tragen **Stacheln** – spitze Vorsprünge der Sprossachse oder am Blatt.
> **Dornen** hingegen sind umgebildete Blätter, Nebenblätter oder andere Pflanzenorgane. Man findet sie bei Kakteen, aber auch bei Berberitze oder Weißdorn.

Pflege der Werkzeuge

Durch Gebrauch und die Einwirkung von Pflanzensäften werden Werkzeuge mit der Zeit strapaziert. Regelmäßige Reinigung ist wichtig, um sie lange brauchbar zu erhalten. Scheren bekommen gelegentlich einen Tropfen Öl auf die Gelenkstellen. Klingen von Scheren und Messern sollten ab und zu geschärft werden, beispielsweise indem man sie einige Male über einen Wetzstahl aus dem Haushaltswarengeschäft oder Baumarkt zieht. Einige Firmen bieten austauschbare Ersatzklingen und Federn an, die mit den Scheren mitgeliefert werden. Messer und Scheren bitte immer an einem sicheren Ort aufbewahren.

Band- oder Papierscheren

Bänder lassen sich nur mit einer scharfen Schere sauber und fransenfrei schneiden. Reservieren Sie eine Schere ausschließlich für Bänder und Papier.

Klebepistolen

Die elektrische Heißklebepistole ist ein praktisches Werkzeug zum schnellen und sicheren Befestigen von Werkstoffen und Materialien. Verwenden Sie zur Herstellung selbst entworfener Gefäße und für die Trockenfloristik Klebestäbe mit hoher Klebkraft. **Vorsicht**: Der erhitzte Kleber ist sehr heiß und kann bei Berührung Verbrennungen verursachen. Bitte die Klebepistole nie unbeaufsichtigt lassen und nach Gebrauch den Stecker ziehen. Damit der tropfende Kleber nicht Ihre Arbeitsfläche beschädigt, legen Sie ein Stück Pappe oder eine Fliese unter.

Herdplatte

Um Ihren Herd in der Küche zu schonen, empfiehlt sich die Anschaffung einer mobilen Herdplatte, die bei schönem Wetter sogar im Freien aufgestellt werden kann. Sie wird für das Wachsen von Werkstoffen und Materialien benötigt (siehe Seite 72, 80 ff.).

Handschuhe

Handschuhe schützen die Haut vor Schmutz, aber auch vor Absonderungen der Pflanzen, die in einigen Fällen Allergien und Hautreizungen auslösen können. Empfehlenswert sind dünne, anschmiegsame Latexhandschuhe aus der Apotheke oder gut sitzende Haushalts-Gummihandschuhe. Beim Umgang mit spitzen und dornigen Pflanzenteilen und für Pflanzarbeiten reichen normale Gartenhandschuhe aus. Wer ungern Handschuhe trägt, sollte vor der Arbeit eine schützende Creme auftragen.

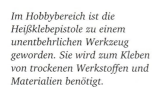

Im Hobbybereich ist die Heißklebepistole zu einem unentbehrlichen Werkzeug geworden. Sie wird zum Kleben von trockenen Werkstoffen und Materialien benötigt.

Technische Hilfsmittel

Technische Hilfsmittel dienen vor allem dem **Stützen oder Verlängern von Stängeln** sowie der **Befestigung** von Blumen und Grün auf Unterlagen.
Sie treten normalerweise in floristischen Werkstücken optisch nicht in Erscheinung. Farbige Drähte hingegen, die als **Schmuckmittel** verwendet werden, ordnet man den **gestalterischen Hilfsmitteln** zu.

Allerlei Drähte

Draht ist ein sehr wichtiges technisches Hilfsmittel beim Gestalten mit Blumen. Er dient zum Stützen und Verlängern von Stielen, zum Bündeln, Verzieren und auch als Stielersatz für trockene Werkstoffe (Früchte, Zapfen).

Steckdraht

Dieser **blaugeglühte** Eisendraht wird zum Andrahten und Angabeln benötigt und hauptsächlich zur Stielverlängerung eingesetzt. Der leicht federnde, biegsame Steckdraht ist in Stärken von 0,5 bis 1,8 mm und Längen zwischen 18 und 50 cm erhältlich, wobei dünnerer Draht kürzer und stärkerer Draht länger angeboten wird. Ab 1 mm Stärke ist der Steckdraht einseitig angespitzt.

Stützdraht

Zum Stützen von Blumen und Blättern verwendet man Draht, der durch seine **grüne Lackierung** unauffällig aussieht und vor Rost geschützt ist. Die Stärken des Stützdrahtes variieren zwischen 0,7 und 1,2 mm bei 28 bis 45 cm Länge. Zum Stützdraht zählt auch der feine, verzinnte **Silberdraht**, der vor allem beim Brautschmuck und filigranen Arbeiten benötigt wird und in den Abmessungen 0,37 mm × 17 cm erhältlich ist.

Wickeldraht

Buchs und Koniferengrün werden oft auf Kranzunterlagen oder zu Girlanden gebunden. Für das Binden benötigen Sie Wickeldraht. Er ist etwa 0,65 oder 0,7 mm stark und wird auf Holzstäben gewickelt angeboten. Für viele Arbeiten reicht es aus, **blau-**

Verschiedene Werkstoffe und Materialien erfordern Steckdraht in unterschiedlichen Stärken. Für den Anfang genügt es aber, sich je einen schwächeren und einen stärkeren Draht zuzulegen. Fragen Sie in Floristik- und Bastelläden nach kleinen Abpackungen.

Stützdrähte mit grün lackiertem Überzug und feinster Silberdraht.

geglühten Draht zu verarbeiten. Für Kränze, die z. B. auf eine helle Grabplatte gelegt werden sollen, empfiehlt sich **grün lackierter** oder verzinkter Draht, der keine Rostflecken hinterlässt.

Wickeldrähte gehören zur Grundausstattung. Mit ihnen können Sie Kränze und Girlanden binden.

Mittlerweile werden Wickeldrähte auch in modischen Farben angeboten. Für feinere Arbeiten sollten Sie lieber Myrtendraht verwenden (vordere stärkere Drahtrollen im Bild).

Wickeldraht eignet sich auch gut zur Herstellung von Formen und Gefäßen (siehe Seite 67).

Myrtendraht

Zarte Kränze aus immergrüner Myrte waren früher ein beliebter Kopfschmuck. Zur Verarbeitung so weicher, empfindlicher Werkstoffe benötigen Sie sehr feinen Wickeldraht, der auf 100-g-Röllchen in den Farben Grün und Braun, als Messing- und Kupferdraht sowie silbrig verzinkt erhältlich ist.

Haften

Diese Hilfsmittel aus krampenartig gebogenem Metall dienen zum Fixieren von Blüten, Blättern und Koniferengrün auf Unterlagen. Man unterscheidet bei Haften insgesamt drei verschiedene Typen:
Patenthaften sind 17 mm breit und in verschiedenen Längen von 35 bis 50 mm erhältlich. Der Bügel zwischen den angespitzten Seitendrähten ist gewellt, um die Auflagefläche zu vergrößern.
Römerhaften sind Eisendrahthaften mit spitzen Schenkeln und einem glatten Bügel.
Efeunadeln sind 8 cm lang und sehen mit ihrem gebogenen Bügel aus wie große Haarnadeln. Mit ihnen kann beispielsweise Moos sicher befestigt werden.

Stecknadeln

Entweder verwenden Sie ganz normale Stecknadeln oder Sie besorgen sich vernickelte Eisen- bzw. Stahlnadeln, die es in 500-g-Abpackungen gibt. Bei der Arbeit mit nasser Steckmasse sind rostfreie Nadeln empfehlenswert.

Maschendraht

Feines Drahtgeflecht, oft als Hasengitter oder Kükendraht bezeichnet, gibt es verzinkt oder mit grünem Kunststoff ummantelt im Baumarkt. Mit dem Ma-

> **Tipp: Draht richtig lagern**
> Steck- und Stützdrähte werden in hohen Tongefäßen oder Drahtständern aufbewahrt – mit den angespitzten Drahtenden nach unten, um Verletzungen zu vermeiden. Alle Hilfsmittel aus Metall sind trocken zu lagern, damit sie nicht rosten.

rechts: Blätter und Koniferengrün können mit Haften auf Unterlagen aufgebracht werden.
ganz rechts: Für die Aufbewahrung von Steck- und Stützdrahten sind Drahtständer sehr praktisch. Alternativ können Sie auch hohe, aber schwere Tongefäße verwenden.

Rost-Patina

Möchten Sie aus gestalterischen Gründen Drähte im oxydierten Zustand verwenden, setzen Sie blaugeglühte Drähte einige Zeit der Witterung aus. Der Draht beginnt zu rosten und erhält eine natürliche rotbraune Färbung. Um den Oxidationsprozess zu stoppen oder von Anfang an zu unterbinden, genügt es, den Draht mit Klarlack zu besprühen.

Links im Bild normaler Maschendraht, rechts ein kupferfarbenes Drahtgitter, das auch unter der Bezeichnung Broncenet im Handel angeboten wird.

schendraht wird Steckmasse eingepackt, damit sie nicht zerbricht, wenn sehr viele und feste Stiele in ein Arrangement eingefügt werden. Besonders bei großen Bodenvasen und Gefäßen mit weiter Öffnung ist Maschendraht ein ideales Steckhilfsmittel und eignet sich auch hervorragend für die Herstellung von Gefäßen und Objekten.

Gitterdraht, Broncenet

Dieser Draht ist sehr biegsam und für viele florale Arrangements und Dekorationen einsetzbar. Sie erhalten ihn als Meter-

oben: Kautschukbänder in verschiedenen Breiten.
Mitte: Floratape wird in verschiedenen Breiten und Farben angeboten.
unten: Aus ökologischer Sicht ist das Abwickelband aus Vlies (links) dem Kunststoffband (rechts) vorzuziehen.

ware im Floristikfachgeschäft. Durch die quadratische Anordnung der Maschen können Gräser und Stäbe sehr gut durchgezogen werden.

Abwickelbänder

Kautschukband (Guttacoll)

Das Band eignet sich gut zum Abdecken von Drähten und Wattierstellen. Es ist wasserfest und in den Farben Dunkel- und Hellgrün erhältlich.

Tape (Floratape)

Das kreppähnliche Gewebeband ist leicht dehnbar. Seine gewachste Oberfläche ist Wasser abweisend, aber nicht wasserfest. Das 13 oder 26 mm breite Band dient ebenfalls zum Abwickeln von mit Draht gestützten oder verlängerten Stielen und ist in verschiedenen Farbnuancen passend zum pflanzlichen Werkstoff (Grüntöne, Braun, Weiß) erhältlich. Es klebt selbst durch festes Andrücken an die Stiele bzw. an den Draht.

Kranzabwickelband

Um Kranzunterlagen aus Stroh sauber abzuwickeln, kann ein 6 bis 10 cm breites grünes Band aus Kunststoff oder Vlies verwendet werden. Auf vielen Friedhö-

fen sind mittlerweile nur noch Abwickelbänder aus kompostierbaren Rohstoffen zugelassen.

Wasserfestes Gewebeband

Dieses selbstklebende, grüne Gewebeband wird z. B. zur Befestigung oder zusätzlichen Sicherung von Steckschaum auf flachen Unterlagen benutzt (siehe Seite 171).

Klebemasse

Knetbare Klebmasse wird als Band auf Rollen oder in Form von Klebepads auf Trägerfolie angeboten. Die Klebemasse eignet sich hervorragend zum Anbringen von Pinholdern, Kerzen, Figuren sowie kleinen Teelichtgläsern. Durch leichtes Reiben in der warmen Hand ist die knetbare Masse gut formbar und hält auf trockenen und glatten Untergründen (siehe Seite 171).

Hilfsmittel zum Binden und Befestigen

In diese Kategorie fallen alle technischen und gestalterischen Mittel, die zum Binden von Sträußen sowie zum Befestigen von Konstruktionen und Werkstücken gebraucht werden.

Kunststoffbast

Zum Binden von Sträußen wird in vielen Blumenläden ein synthetisch hergestellter Bast verwendet. Er wird in Rollen angeboten und kann zur besseren Handhabung in einem Tischständer mit einer Schneidvorrichtung eingelegt werden.

Naturbast

Die Naturfaser wird aus Blättern einer in Afrika und Amerika wachsenden Palme gewonnen. Die Raffia- oder Bambuspalme hat 10 bis 20 m lange Fiederblätter, deren Blattscheidenfasern den Bast ergeben. Vor dem Einsatz als Bindehilfsmittel sollten Sie den Naturbast in Wasser einweichen, damit er geschmeidig wird und nicht reißt. Der Bast schrumpft beim Trocknen, wodurch die Bindestelle besonders fest wird.

Schnur

Schnüre gibt es aus verschiedenen natürlichen Materialien, oftmals eingefärbt und in unterschiedlichen Stärken. Sie eignen sich für Bündelungen, zum Zusammenbinden von großen Sträußen oder zum Aufhängen von Kränzen. Derbe Schnüre und Stricke werden als Unterlage zur Herstellung von Girlanden benötigt.

Rebdraht

Rebdraht ist mit naturbraunem Papier ummantelt und wird auf der Rolle oder in Stück-Zuschnitten angeboten. Ursprünglich verwendet man ihn im Wein- und Gartenbau zum Anbinden. Da er sehr natürlich aussieht, leistet er bei floralen Gestaltungen, insbesondere bei der Befestigung von Zweigen und Ästen, gute Dienste.

Sogar mit Kabelbindern, Pfeifenreinigern oder Bleifolie können Werkstoffe und Materialien verbunden und befestigt werden.

Kabelbinder & Co

Für moderne Konstruktionen werden zunehmend Kabelbinder, Drahtclips, Klettstreifen, Klammern, Gummibänder und Bleifolie verwendet. Sie sind im Baumarkt in verschiedenen Farben und Längen erhältlich.

Holzstäbe

Zur Befestigung von frischen Früchten und Blumenzwiebeln verwendet man Zahnstocher,

Zu den Bindemitteln gehören Kunststoffbast, Naturbast, Schnüre und Rebdraht.

Schaschlik- oder Splittstäbe. An ihnen können auch Reagenzgläser angebunden werden.

Kleber

Heißkleber verbrennt frische Blüten und Blätter und hinterlässt hässliche Flecken. Für robustere, frische Werkstoffe sollten Sie Kaltkleber verwenden, für sehr leichte und transparente Fasern, Blätter oder Fruchtstände ist Sprühkleber die beste Wahl. Um Floralien auf unterschiedliche Flächen aufzubringen, haben sich Klebemittel wie Holzleim, Tapetenkleister, Styroporkleber und doppelseitiges Klebeband bewährt. Diese werden an anderer Stelle vorgestellt (siehe Seite 68).

Vakuum-Sauger

Die Sauger bieten sicheren Halt auf glatten Flächen wie Autohauben oder Glas. Sie sind leicht und rückstandsfrei zu entfernen. Es gibt sie in einer Vielzahl von Größen und Formen, mit und ohne Steckschaum, mit Löchern oder mit Haken.

Steckhilfsmittel

Steckschaum

Das bekannteste Steckhilfsmittel ist die Steckmasse. Den festen, synthetisch hergestellten Schaum aus Rohöl und Harz gibt es in verschiedenen Ausführungen. Neben dem klassischen Ziegel erhalten Sie spezielle Formen (Kugeln, Kegel) und Unterlagen mit integriertem Steckschaum (Steckschalen, Straußhalter, Kränze, Girlanden und Symbolformen), die auf viele Verwendungsmöglichkeiten abgestimmt sind.
Besonders interessant sind Platten, aus denen individuelle Formen wie Wappen, Initialen, Symbole, Firmenlogos, Buchstaben oder Zahlen geschnitten werden können.
Hochwertiger Steckschaum ist FCKW-frei und kann in geschredderter Form kompostiert werden.

Es gibt nicht nur grüne und graue Steckmasse, sondern auch farbige.

Direkte Sonneneinstrahlung über einen längeren Zeitraum bewirkt ein Verblassen der Farbe, hat aber keinen Einfluss auf die Qualität.

Grüner Steckschaum
Für frische Schnittblumen verwendet man grüne Steckmasse, die eine feine, dichte Zellstruktur hat und sich mit Wasser voll saugt. Näheres zum Umgang mit diesem Material finden Sie im Kapitel über Gestecke (ab Seite 167).
Steckschaum sollte niemals Druck ausgesetzt werden, da sonst seine Zellstruktur zerstört werden kann und seine Speicherfähigkeit leidet.

*links: Holzstäbe in unterschiedlichen Längen und Stärken sollten Sie im Vorrat haben. Sie sind bei verschiedenen Arbeiten sehr hilfreich.
oben: Hier dient ein Vakuumsauger als Abstandshalter und zur Befestigung.*

Grauer Steckschaum

Graue Steckmasse nimmt kein Wasser auf, eignet sich also nur für trockene Werkstoffe. Sie ist mit einem Brandschutzmittel imprägniert und selbstlöschend, was besonders für die Adventsfloristik von Vorteil ist.

Farbiger Steckschaum

Dieser Steckschaum eignet sich für frische und trockene Werkstoffe. Aber er ist nicht nur technisches Hilfsmittel, sondern kann auch sichtbares Gestaltungselement sein. Er ist ebenfalls in verschiedenen Formen erhältlich (Ziegel, Herz, Kugel, Zylinder, Kuben, Platten), zeichnet sich durch eine sehr hohe Festigkeit aus und muss in Glasgefäßen nicht versteckt werden. Das Wässern erfolgt wie bei der grünen Steckmasse.

Pinholder

Pinholder bestehen aus grünem Kunststoff und eignen sich optimal zur Befestigung von Steckschaum auf glatten Flächen (siehe Seite 171). Zur festen Positionierung wird Klebeband unterhalb des Pinholders ringförmig aufgeklebt. Pinholder gibt es in verschiedenen Ausführungen und

Pinholder dienen vorrangig zum Aufstecken von Steckmasse. Um die Pinholder auf einen Untergrund aufzukleben, benötigen Sie eine spezielle Klebemasse.

Größen. Mit ihrer Hilfe lassen sich auch Kerzen, Teelicht-Gläser, Eier oder Figuren in Steckschaum verankern.

Kenzan

Der Steckigel besteht aus einer etwa 2 cm dicken schweren Metallscheibe, auf der in regelmäßigen Abständen spitze Metallstifte angebracht sind.
Er wird meist in flache Gefäße eingelegt und mit Wasser bedeckt. Die Stielenden der Werkstoffe werden so auf die Stifte gesteckt, dass das Gewicht des Kenzans den Auftrieb der Stängel ausgleicht.
Blumenigel sind in unterschiedlichen Formen und Größen erhältlich. Der Kenzan spielt nicht nur im Ikebana, der japanischen Blumensteckkunst, eine Rolle, sondern dient auch dem Aufstellen von Parallel- und Stehsträußen.

Unterlagen

Zu den bekanntesten Unterlagen gehören **Strohrömer** (siehe ab Seite 216). Man kann sie umwickeln, Werkstoffe darauf haften, stecken, kleben oder anderweitig gestalten. Im Handel sind noch weitere, meist Form gebende Unterlagen aus **Moos**, **Heu**, **Kork** sowie **Styropor** erhältlich. Unterlagen aus pflanzlichen Rohstoffen sind kompostierbar, Unterlagen aus Styropor können stark zerkleinert zur Strukturverbesserung von Pflanzsubstraten eingesetzt werden.

Kenzane stammen aus dem Ikebana, werden heute aber auch in der europäischen Floristik verwendet. Ihre spitzen, dicht stehenden Stacheln halten die Stiele sicher. Weil sie den pflanzlichen Werkstoffen nicht nur Halt geben, sondern auch als Gegengewicht fungieren, sind Kenzane relativ schwer.

Formelemente sind in vielen Varianten im Handel zu haben. Wem die Vielfalt nicht ausreicht, kann sich aus Styroporplatten individuelle Formen zurechtschneiden.

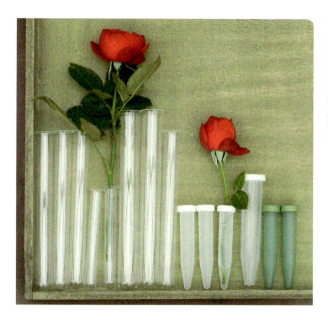

Wasserröhrchen aus Glas und Kunststoff werden in vielen Ausführungen und Größen angeboten. Sie sind im Floristengeschäft, in Apotheken und im Laborbedarf erhältlich.

Wasserröhrchen

Einfache **Reagenzgläser** aus Klarglas sind in Apotheken, im Floristengeschäft oder in Firmen für Laborbedarf erhältlich. Auch im Dekorationshandel werden sie mittlerweile in zahlreichen Formen, Größen und Farben angeboten.

Kunststoffröhrchen werden beim Transport verschiedener Schnittblumen wie Orchideen und Anthurien verwendet. Sie sind am unteren Ende geschlossen und oben befindet sich der Verschlussdeckel mit einer Öffnung für die Blüte. Der Deckel liegt dicht am Stiel an, sodass das Wasser selbst dann nicht ausläuft, wenn das Röhrchen schräg gestellt wird. Die Röhrchen aus Kunststoff können auch ohne Verschluss verarbeitet und mit Hilfe einer Gartenschere oder Säge eingekürzt werden. Ihr nicht sehr dekoratives Aussehen können Sie durch Umwickeln mit Blättern, Heu, Ranken, Bändern oder Sisal optisch aufwerten. Wasserröhrchen werden eingesetzt, wenn eine direkte Wasserversorgung in einem Gefäß oder Steckschaum nicht möglich ist, etwa bei sehr hohen Werkstücken und kurzstieligen Werkstoffen. Befestigt werden sie mit Rebdraht oder Kabelbindern. Zum Einfüllen des Wassers empfiehlt sich eine Spritzflasche mit Steigrohr, die für wenig Geld im Fachhandel für Laborbedarf oder in der Apotheke zu bekommen ist. Zur Reinigung kann eine sehr schlanke Flaschenbürste verwendet werden.

Hilfsmittel zum Schutz und Transport

Zerstäuber

Wasserzerstäuber, Spritzflaschen oder ein Spritzball gehören zu den wichtigen Hilfsmitteln eines Blumenliebhabers. Nicht nur Zimmerpflanzen danken das Einnebeln mit Wasser, auch die Werkstoffe im Strauß oder Gesteck schätzen die kühle Feuchtigkeit. Vor allem mit Moos umwickelte Pflanzen oder Zwiebeln lassen sich so gut mit Wasser versorgen. Empfindliche Blüten dürfen jedoch nicht besprüht werden, sie bekommen Flecken.

Folien, Gefrierbeutel

Gefäße, die nicht wasserdicht sind, müssen mit stabiler Folie ausgelegt werden. Gefrierbeutel sind besonders fest und eignen sich für kleinere poröse Gefäße oder zum Einstellen von Pflanzen, die mit Moos oder Heu umwickelt werden.

Verpackung

Für eine normale Transportverpackung reicht Kraftpapier oder auch eine Zeitung aus. Zeitungspapier ist ideal als Kälte- und Hitzeschutz für die Verpackung und den Transport empfindlicher Blumen und Pflanzen. Soll das Papier zugleich als Geschenkverpackung genutzt werden, besorgen Sie sich ein schönes, weiches Blumenpapier (siehe Seite 48). Geschenkpapier ist meist zu steif. Zum Zusammenbinden der Verpackung können Bast oder Rebdraht genutzt werden. Klebeband oder eine Heftklammernzange sind ebenso hilfreich.

Weitere Hilfspräparate mit pflegenden und schützenden Eigenschaften sind Blattglanz, Klarlack, Elefantenhaut und Verdunstungsspray.

Gestalterische Hilfsmittel

Die Auswahl an Gestaltungsmitteln ist so riesig, dass in diesem Buch nur die wichtigsten vorgestellt werden. Alle können die **Wirkung floristischer Werkstücke unterstreichen** und ihnen einen **besonders festlichen Ausdruck** verleihen.

Bänder und Kordeln

Bänder greifen die fließenden Bewegungen und Farben der pflanzlichen Werkstoffe auf. Bei einem Tischschmuck können sie als Verbindungselement zwischen den einzelnen Gestecken dienen. Bunte flatternde Bänder schmücken traditionell Mai- und Kirmesbäume. Und was wäre ein Richtkranz ohne solche Bänder? Es gibt viele Arten von Bändern: gewebt, verschlungen, aus Natur-

Bouillondraht erhalten Sie auf der Rolle oder in längeren Einzelsträngen.

Farbecht?
Vorsicht: Feuchte Bänder können Tischwäsche und Kleidung verfärben. Um vor der Verarbeitung die Farbechtheit zu prüfen, legen Sie ein Stück Band in ein Glas mit Wasser und beobachten, ob sich das Wasser verfärbt.

oder Kunstfasern, Folie oder Papier, mit und ohne Drahtkante. Für den Außenbereich eignen sich Bänder mit Wasser abweisenden Oberflächen. Floristikgeschäfte bieten auch Trauerbänder in vielen Farben, Breiten, Mustern und Qualitäten (Satin, Moiré, Organza, Leinen) an, wo sie auch bedruckt bzw. beschriftet werden können. Die Bänder werden allein oder in Kombination mit anderen als große Schleife oder in zwei Bandabschnitten am Werkstück befestigt. Den unteren Abschluss bildet eine meist goldfarbene oder schwarze Fransenborte. Alternativ könnten Sie Gräser, Blüten und Blätter mit doppelseitigem Klebeband fixieren oder sich für eine Drahtkante aus feinem Schmuckdraht und Floralien entscheiden.

Kordeln sind ebenso vielseitig einsetzbar, fransen aber an den Enden leicht aus. Das lässt sich verhindern, indem man sie verknotet, mit einem Kordelhalter verschließt oder mit feinem Schmuckdraht umwickelt.

Bouillondraht

Dieser Effektdraht ist als 100-g-Beutel oder 25-g-Rolle in vielen Farben erhältlich. Er wird oft als zartes Gespinst verwendet, eignet sich aber auch zum Auffädeln

Verarbeitung von Bändern

Bänder und Kordeln können auf verschiedene Weisen zu Schleifen gebunden, verknotet oder um etwas geschlungen.

Knoten

a) Kordeln oder Bänder werden einfach verknotet und mit einer Perlennadel auf eine Unterlage aufgesteckt.
b) Kordeln werden doppelt genommen und verknotet. Durch den Knoten kann ein Draht geschoben, verdreht und in die Unterlage gesteckt werden.

Einfacher Schleifentuff

a) Ein Band in mehreren Schlaufen übereinander legen.
b) Die unteren Schlaufenenden zusammenfassen und zusammendrahten.
c) Damit das Schlaufenende kein Wasser zieht, die Drahtstelle mit Kautschukband abwickeln.

Bonbonschleife

a) Ein Band so übereinander legen, dass auf beiden Seiten Schlaufen entstehen und jeweils ein Bandende hängen bleibt.
b) Die Schlaufenmitte mit einem kurzen Stück Band oder Bast abbinden.
c) Durch den Knoten einen Draht schieben und zusammendrehen.

Für einen Strauß benötigen Schleifen und Kordeln einen langen Draht, in Gestecken sollten sie mit zwei Drahtenden verankert werden.

Bandenden werden immer sauber und gleichartig gerade, schräg oder wie ein „Schwalbenschwanz" ab- bzw. eingeschnitten.

Einen **Knoten** in die Silberkordel schlingen …

Für einen **Schleifentuff** eignet sich ein Band mit Drahtkante.

Für eine **Bonbonschleife** beidseitig Schlaufen legen und je ein Bandende hängen lassen.

… angabeln …

Das Band in gleichmäßige Ziehharmonikaschlaufen legen.

Die Schlaufenmitte mit einem kurzen Stück Band oder Bast abbinden.

… und auf den Kranz stecken.

Die unteren Schlaufenenden mit einem Draht zusammenfassen und auf den Kranz stecken.

Durch den Knoten einen Draht schieben und zusammenzwirbeln

oder Aufwickeln von Floralien. Er verleiht den Gestaltungen eine festliche oder romantische Wirkung.

Schmucknadeln

Schmucknadeln gibt es in unzähligen Formen, Farben, Größen und Längen, und sie können sehr vielseitig und effektvoll eingesetzt werden.

unten: Mühlenbeckia ist universell einsetzbar, zum Beispiel für Straußgerüste oder zur Herstellung von Gefäßen.
ganz unten: Hier wurde die Gefäßform mit Ranken der Mühlenbeckia erweitert.

Fasern

Faserige Werkstoffe sind sehr beliebt in Sträußen, Gestecken und zum Abdecken von Pflanzensubstrat. Sisal, Kokosfasern und Baumwolle eignen sich gut, um Drähte, Wasserröhrchen, Steckmasse oder Unterlagen zu umwickeln.

Mühlenbeckia

Mit einfachem Wickeldraht lassen sich die Ranken des Neuseeländischen Knöterichs in fast jede Form bringen. Ob als Straußgerüst, Ummantelung oder Dekoration von Gefäßen, als Gefäßmaterial selbst, als Wandgerüst oder Kranz – dieser Werkstoff ist universell einsetzbar und sollte in der Grundausstattung eines Hobbyfloristen nicht fehlen.

Kerzen

Kerzen gibt es in zahllosen Varianten für alle Anlässe. Hochwertige Kerzen aus gereinigtem Paraffin mit einem geflochtenen Baumwolldocht und ungiftigen Farbstoffen brennen sauber und gleichmäßig. Wegen des Brandrisikos erfordert die Verarbeitung von Kerzen besondere Sorgfalt. Eine verbreitete Methode zur Befestigung ist das Andrahten von Kerzen. Die Drähte, je nach Kerzendurchmesser 2 bis 4 Stück, werden an einem Ende über einer Kerzenflamme erhitzt und so weit wie notwendig in die Kerze eingeschoben. Für einen besseren Halt der Kerze können Sie die Drähte mit einem Drahtschneider schräg anschneiden, leicht angewickelt auseinander biegen und in eine Unterlage einstecken. Beim Herunterbrennen der Kerze können sich die Drähte jedoch so stark erhitzen, dass sie das Wachs von innen zum Schmelzen bringen. Wegen der guten Wärmeleitfähigkeit von Metall kann es sogar zu Schwelbränden der Unterlagen kommen. Um dies zu

---

Regeln für den Umgang mit Kerzen

- Kerzen immer **zimmerwarm** verarbeiten. Kalte Kerzen brechen leicht oder platzen auseinander.
- Jede Kerze muss **gerade** und **sicher** befestigt werden.
- Kerzen dürfen **nicht zu eng** aneinander positioniert werden. Durch die Hitzeeinwirkung bringen sich sonst die Kerzen gegenseitig zum Schmelzen. Als Faustregel gilt: Kerzen mindestens zwei Finger breit auseinander stellen.
- **Entflammbare Werkstoffe oder Materialien** keinesfalls nah an der Kerze oder über ihr einarbeiten. Das gilt insbesondere für die Adventsfloristik, wo viele trockene oder eintrocknende Werksstoffe verwendet werden.
- Kerzen und Werkstücke mit Kerzen immer auf eine **feuerfeste Unterlage** (Teller, Ständer oder Schale aus Keramik, Metall oder hitzebeständigem Glas) stellen.
- Kerzen dürfen **nie unbeaufsichtigt** brennen.
- Angezündete Kerzen keinesfalls an geöffnete oder gekippte Fenster oder Türen stellen. Zugluft kann nicht nur Brände verursachen, sondern die Kerzen rußen, tropfen oder schief abbrennen lassen.
- Zum **Löschen** der Kerzenflamme tauchen Sie den weichen Docht in das flüssige Wachs und richten ihn danach wieder vorsichtig auf.

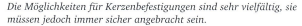

Die Möglichkeiten für Kerzenbefestigungen sind sehr vielfältig, sie müssen jedoch immer sicher angebracht sein.

Eine bewährte Methode zum Andrahten von Kerzen ist das Einstecken von erhitztem Stützdraht in den Kerzenboden.

Das Ei ist ein wichtiges Symbol für den Frühling und kündigt die Osterzeit an. Natürliche Eier unterschiedlicher Vogelarten haben attraktive, sanfte Farben und manchmal interessante Sprenkelmuster. Besonders schön sehen sie in Kombination mit Frühlingsblühern aus.

verhindern, legen Sie **vor dem Andrahten Metallplättchen aus dem Fachhandel** (oder ein Stück Alufolie) **auf den Kerzenboden**. Mittlerweile werden auch Kerzen mit integrierten Metallplättchen oder Steckhaltern angeboten. Kerzen- oder Teelichthalter aus Metall oder Glas, spezielle Pinholder oder stabile Schmuckdrahtwicklungen können bewusst als dekorative Elemente in die floralen Gestaltungen eingebracht werden. In manchen weihnachtlichen Arrangements können auch Lichterketten attraktiv aussehen.

Eier

Das Ei ist ein Symbol für Fruchtbarkeit und ewiges Leben. Traditionell werden zu Ostern Eier bemalt, verschenkt, versteckt, an Sträucher und Sträuße gehängt – und natürlich in frühlingshafte Gestecke, Pflanzarbeiten, Kränze und Girlanden eingearbeitet. Manche Dekorations- und Floristikläden bieten um die Osterzeit ausgeblasene und sorgfältig gesäuberte Eier an.

Tab. 1	Natürliche Eier	
Benennung	**Größe**	**Farbe**
Wachtelei	Etwa 2 cm	Schwarz-bräunlich gesprenkelte Schale
Hühnerei	Etwa 7 cm	Weiß, braun oder leicht grünlich. Eier ohne Haltbarkeitsstempel sind nicht überall zu bekommen.
Entenei	Etwas größer als Hühnerei	Leicht grünliche Schale und stabiler als ein Hühnerei
Putenei	Größer als Hühner- und Entenei	Helle Schale mit kleinen hellbraunen Sprenkeln
Gänseei	Etwa 9 cm lang, bis 5 cm breit	Schneeweiße Schale und stabiler als ein Hühnerei
Emuei	Etwas kleiner als Straußenei	Färbung türkis
Straußenei	Größtes Vogelei, etwa 15 cm lang, 200 g schwer, leicht kugelig	Cremefarbene Schale

Der Arbeitsplatz

Wer regelmäßig floristische Werkstücke gestaltet, möchte sich vielleicht einen eigenen Arbeitsplatz mit guter Beleuchtung, Stromanschluss und Stauraum einrichten, wo alle Werkzeuge und Hilfsmittel schnell zur Hand sind. Die Arbeitsfläche sollte so ausgerichtet sein, dass Sie bequem stehen und arbeiten können. Eine lohnende Anschaffung ist ein höhenverstellbarer Hocker. Er dient als Stehhilfe und kann auch für andere Tätigkeiten auf entsprechende Arbeitshöhe eingestellt werden.

Besteht keine Möglichkeit, einen separaten Arbeitsplatz einzurichten, verstauen Sie Ihre Werkzeuge und die wichtigsten Hilfsmittel in einem geräumigen Werkzeugkoffer, den Sie bequem an den jeweiligen Arbeitsort mitnehmen können.

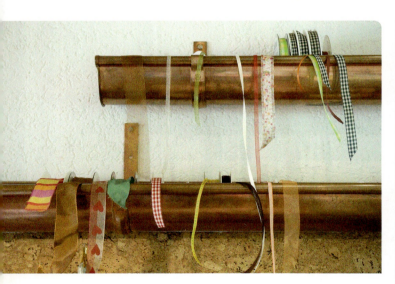

oben: Eine praktische Idee zur Aufbewahrung von Bändern: an der Wand montierte Stücke von Regenrinnen.
rechts: In einem Werkzeugkoffer verstaut können Sie Ihr Werkszeug überall hinnehmen.
rechte Seite: Richten Sie sich einen Arbeitsplatz ein, an dem Werkstoffe und Materialien in Körben gut verstaut und griffbereit liegen.

Pflanzliche Werkstoffe

Woran denken Sie zuerst, wenn Sie einen Strauß oder ein Gesteck gestalten möchten? Sicherlich an Blüten und Blätter, eventuell noch an Zweige. Was brauchen Sie für eine Pflanzarbeit? Natürlich Pflanzen.

Mit diesen pauschalen Begriffen wird man aber der Vielfalt an Werkstoffen, die uns die Pflanzenwelt zur Verfügung stellt, nicht gerecht; denn auch Knospen, Stiele, Äste, Rinde, Stacheln, Dornen, Wurzeln, Zwiebeln, Knollen, Früchte, Fruchtstände und Samen lassen sich für florale Gestaltungen nutzen.
Wer mit pflanzlichen Werkstoffen gestaltet, sollte einige botanische Grundkenntnisse besitzen. Je mehr Sie von einer Pflanze oder einem Pflanzenteil wissen, umso besser können Sie mit diesem Werkstoff umgehen und ihn perfekt in Szene setzen.
Für die gestalterische Verwendbarkeit von Pflanzen und ihren Teilen spielen äußere Kriterien die Hauptrolle – vor allem Farben und Formen. Pflanzen bestehen aus Wurzeln, Sprossachse, Blättern, Knospen und Blüten.
Wegen ihrer unterschiedlichen Genetik, Herkunft, Standort- und Lebensbedingungen sind alle Pflanzenteile verschieden ausgeprägt und stellen eine unendlich vielfältige Werkstoffpalette dar.

Kleine Pflanzenkunde

Knospen

Als Knospen wird das Jugendstadium von Blüten, aber auch von Blättern und Sprossen bezeichnet.

Sprosse

Sprosspflanzen bestehen aus zwei Grundorganen: **Wurzel** und **beblätterter Spross**.
Der Spross setzt sich aus der Sprossachse und den Blättern zusammen. Sprossachsen können aufrecht, kletternd, windend, kriechend oder hängend wachsen. Diese Wachstumsbewegungen spielen in der Gestaltung eine wesentliche Rolle und werden bei den Bewegungslinien auf Seite 85, Tabelle 9 noch weiter ausgeführt.

Tab. 2 Bewegungen von Sprossachsen		
Bewegungsrichtung	**Eigenschaften**	**Pflanzenbeispiele**
Aufrecht	Wachsen senkrecht empor	Königskerze Rittersporn
Kletternd	Wachsen mit Hilfe von Haftwurzeln oder Ranken an einer Stütze empor	Efeu Wein Passionsblume Kranzschlinge
Windend	Wachsen mit windenden Bewegungen an Stützen empor	Ackerwinde Hopfen Clematis Geißblatt
Kriechend	Sprossachsen liegen auf dem Boden	Zierkürbis Polsterstauden
Hängend	Sprosse wachsen nach unten	Efeu-Topfsorten Asparagus-Sorten Leuchterpflanze

Kleine Pflanzenkunde

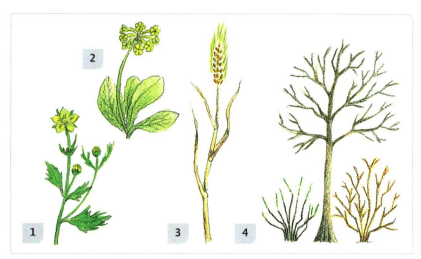

(1) Stängel, (2) Schaft, (3) Halm, (4) Äste und Zweige befinden sich nur an verholzten Pflanzen wie Sträucher und Bäume.

Stängel
Der Stängel ist krautig, beblättert, verzweigt und gleichmäßig in Nodien und Internodien gegliedert. Besonders bei Schnittblumen wie Nelken und Chrysanthemen sind diese Kennzeichen deutlich zu erkennen.

Schaft
Gerbera, Amaryllis, Schlüsselblumen und Alpenveilchen bilden Schäfte aus. Ein Schaft ist zwar krautig, besitzt aber keine Blätter und das Internodium ist gestreckt.

Halm
Alle Gräser- und Getreidesorten sowie Bambus bilden Halme. Sie sind innen hohl, unverzweigt, beblättert und haben gut sichtbare Nodien mit Querschneidewänden.

Die Sprossachse wird in **Nodien** und **Internodien** aufgeteilt. Die Nodien sind verdickte Knoten, an denen sich Blätter befinden. Als Internodien bezeichnet man die Abstände zwischen den Nodien. Manche Pflanzen wie Gänseblümchen und Primeln bilden Rosetten und zeigen keine Internodienstreckung. In der Floristik sprechen wir nicht von Sprossen, sondern von Stängeln, Schäften, Halmen, Ästen, Zweigen. Doch was sind die Unterschiede?

Tab. 3 Alter und Wuchsform von Sprossen

Botanische Zeichen	Alter und Wuchsform	Merkmale	Pflanzenbeispiele
☉	Einjährig	Vermehren sich durch Aussaat, blühen und sterben im gleichen Jahr	Viele Garten- Beet- und Balkonblumen, z. B. Studentenblume
⊙⊙	Zweijährig	Von Aussaat oder vegetativer Vermehrung bis zur Blüte und Befruchtung vergehen zwei Jahre, danach stirbt die Pflanze ab	Bartnelke Gänseblümchen Stiefmütterchen Vergissmeinnicht
♃	Staude	Mehrjährige, krautige Pflanze, die im Winter oberirdisch abstirbt, überwintert und im Frühjahr neu austreibt	Astilbe Pfingstrose Purpurglöckchen Rittersporn
♄	Halbstrauch	Wächst strauchartig Jungtriebe bleiben über einen längeren Zeitraum grün und krautig und verholzen erst nach einigen Monaten	Rose Fuchsie Pelargonie Lavendel
♄	Strauch	Bildet eine Vielzahl von Trieben, die verholzen und sich oft zu einem breit verzweigten Busch entwickeln	Flieder Forsythie Perückenstrauch Schneeball
♄	Baum	Auf einem längeren Stamm bildet sich eine verzweigte Krone	Ahorn Apfel Kastanie Kirsche

Stamm

Am Stamm, dem verholzten Hauptspross von Sträuchern und Bäumen, wachsen Äste und Zweige.
Anhand von Alter und Wuchsform des Sprosses können Unterteilungen in ein- und zweijährige Pflanzen, in Stauden, Halbsträucher, Sträucher und Bäume vorgenommen werden.

> **Pflanzen und ihre Bedürfnisse**
> Um Verbrauchern die Orientierung über Eigenschaften und Pflegebedürfnisse zu erleichtern, werden im Handel und in Katalogen einheitliche, allgemein verständliche Symbole verwendet.
> ☉ Einjährig
> ☉ Zweijährig
> ♃ Staude
> ♄ Halbstrauch
> ♄ Strauch
> ♄ Baum
> ⸘ Hängepflanzen
> ⸘ Kletterpflanzen

Sprossmetamorphosen

Metamorphosen entstehen, um der Pflanze die Anpassung an einen bestimmten Standort zu ermöglichen.
Schwertlilien besitzen Rhizome, Gladiolen Sprossknollen. Bei einer Zwiebel unterliegen nicht nur die Sprossachse, sondern auch die Blätter einer Metamorphose.
Weitere Metamorphosen sind Sprossranken (Wein, Passionsblumen), Sprossdornen (Schlehen) sowie die Stamm-Sukkulenz bei Kakteen und Sukkulenten.

Blätter

Die Blätter spielen in der Floristik neben den Blüten die größte Rolle.
Blätter sind normalerweise grün, denn sie bilden das Chlorophyll, das die Pflanze zur Photosynthese braucht. Bei farbigen Blättern sind andere Farbstoffkörper über dem Chlorophyll gelagert, dagegen fehlt bei weiß panaschierten Blättern teilweise das Blattgrün. Laubblätter bestehen aus Blattspreite, Blattstiel und Blattgrund. Die Blattformen, Blattränder, Blattadern sowie Blattstellungen sind unterschiedlich ausgebildet. Etwas Wissen über den äußeren Blattaufbau und die Anordnung der Blätter an der Sprossachse erleichtert nicht nur die Pflanzenbestimmung, sondern erweitert den Blick für die unterschiedlichen Verwendungsmöglichkeiten in der Gestaltung.

Blattarten

In der Reihenfolge ihrer Bildung werden Keim-, Nieder-, Laub- und Hochblätter unterschieden.
Als **Keimblätter** bezeichnet man – je nach Art – das Blatt oder Blattpaar, das nach der Keimung des Samens zuerst erscheint.
Niederblätter (Zwiebelschalen) sind schuppenförmig und bestehen aus dem Blattgrund.
In der floralen Gestaltung werden häufig **Laubblätter** verwendet. Doch Laubblatt ist nicht unbedingt gleich Laubblatt, selbst wenn die Blätter von ein und derselben Pflanze stammen. So können sich beispielsweise Jugendblätter und Altersblätter in der Form unterscheiden. Efeu bildet anfangs gelappte Blätter und dann später ganzrandige Altersblätter.
Auch die **Hochblätter** werden für floralen Gestaltungen geschätzt. Sie befinden sich oberhalb der Laubblätter und können unterschiedliche Ausbildungen und Aufgaben besitzen. Auffällig gefärbte Hochblätter (Weihnachtsstern, Bougainvillea) dienen dem Anlocken von Insekten. Das **Hüllblatt** (Spatha) von Aronstabgewächsen (Calla, Anthurie) zählt ebenfalls zu den Hochblättern.

links: Ein Strauß aus dem Garten mit Blättern in unterschiedlichen Farben und Formen.
rechts: Das gelbe Hochblatt der Calla umhüllt die in Form eines Kolbens angeordneten Einzelblüten.

Blattmetarmophosen

Vielfach sind Blätter oder Teile des Blattes umgewandelt, um zusätzliche oder neue Aufgaben zu übernehmen. Wir unterscheiden Blattranken (Clematis), Blattdornen (Kakteen), Blattsukkulenz (Agave), Zisternen (Bromelien), Urnenblätter (Dischidia) und Fangblätter (Fleisch fressende Pflanzen).

Nach der Lebensdauer der Blätter werden sommer-, immer- und wintergrüne Pflanzen voneinander unterschieden.

Sommergrüne Pflanzen (Hartriegel) werfen ihre Blätter nach ihrer Vegetations- bzw. Wachstumsperiode im Herbst ab.

Immergrüne Pflanzen (Buchs, Spindelstrauch) werfen ihre Blätter erst nach mehreren Vegetationsperioden ab.

Wintergrüne Pflanzen (Liguster, Brombeere), werfen ihre Blätter zu Beginn der nächsten Vegetationsperiode, also im Frühjahr, ab.

Wurzeln

Bis auf wenige Ausnahmen bilden Sprosspflanzen Wurzeln aus, die meist unterirdisch wachsen. Genau wie bei Sprossen und Blättern kommen auch bei den Wurzeln Metamorphosen vor. Dazu gehören Wurzelknollen (Dahlien), Haftwurzeln (Efeu), Luftwurzeln (Orchideen) und Haustorien (Misteln).

Blüten

Die Blüten sind die wichtigsten Werkstoffe für das floristische Gestalten, denn sie steuern Farbe, Form und manchmal auch Duft bei. Botanisch gesehen sind die Blüten ein Teil des Sprosses und dienen der generativen Vermehrung. Manche Pflanzen bilden nur eine Blüte, andere tragen viele – dann aber meist kleine – Blüten, deren Aufbau jeweils bestimmten Gesetzmäßigkeiten folgt. Die Anordnung von Blüten bezeichnet man als **Blütenstand** (Infloreszenz), und auch hier gibt es vielfältige, ganz unterschiedliche Formen. Einige Pflanzenfamilien sind nach der Form ihrer Blüten oder Blütenstände benannt wie Doldengewächse und Korbblütler.

Früchte

Nach der Befruchtung von Blüten bilden sich Samen, die meist von einer Fruchtwand umgeben sind. Die Früchte – beispielsweise Kürbisse, Äpfel oder Erdbeeren – dienen dem Schutz und der Verbreitung der Samen. Die Einteilung der Fruchttypen in Kategorien ist komplex und wird auch in der Fachliteratur nicht immer einheitlich dargestellt.

Streufrüchte öffnen sich bei ihrer Reife, sodass der Samen ausgestreut wird. Man unterscheidet nach der Anzahl der Fruchtblätter und der Art ihrer Öffnung beispielsweise zwischen Balgfrüchten, Hülsen, Schoten und Kapseln.

Schließfrüchte hingegen bleiben bei der Reife geschlossen und fallen dann im Ganzen ab. Sie können in saftige Schließfrüchte (Stein-, Beeren- und Kernfrüchte) und in trockene Schließfrüchte (Nüsse und Spaltfrüchte) unterteilt werden.

Einige Früchte bestehen aus mehreren Einzelfrüchten. Zu diesen zusammengesetzten Früchten gehören Sammelfrüchte und Fruchtstände.

Botanische Pflanzennamen

In gärtnerischer und floristischer Fachliteratur werden Pflanzen mit ihren botanischen Namen bezeichnet, die ihren Ursprung im

Einheimische Früchte in einer mit Getreideähren beklebten Styropor-Halbkugel

Lateinischen und Altgriechischen haben. Diese Namen sind präzise, unmissverständlich und erlauben die Verständigung über Sprachgrenzen hinweg.

Die Namensgebung ist nicht festgeschrieben, sondern kann durch neue Ergebnisse der botanischen Forschung jederzeit Veränderungen unterworfen sein.

Die noch heute gültige, binäre (doppelte) Nomenklatur wurde von dem schwedischen Naturforscher **Carl von Linné** (1707–1778) eingeführt. Eng verwandte Arten werden mit einem **gemeinsamen Gattungsnamen** und einem **unterscheidenden Artnamen** bezeichnet. Der Gattungsname wird immer groß geschrieben. Den Artnamen, der oft etwas über Herkunft, Eigenschaften oder Verwendungsmöglichkeiten von Pflanzen aussagt, schreibt man klein.

> **Botanische Namen**
> Die botanische Bezeichnung der Sonnenblume lautet *Helianthus annuus*. Der Gattungsname *Helianthus* leitet sich vom Griechischen her (helios = Sonne, anthemus = Blüte), der lateinische Artname *annuus* bedeutet einjährig. Sie gehört zur Familie der Korbblütler (*Asteraceae*).

Verwandte Gattungen werden zu botanischen Familien zusammengefasst, deren Namen meist auf *-aceae* enden. Pflanzen, die zu einer Familie gehören, weisen gemeinsame Merkmale auf. Zu der Familie *Rosaceae*, den Rosengewächsen, gehören nicht nur Rosen, sondern Äpfel, Kirschen und sogar Frauenmantel. Für Interessierte an botanischen Namen sind Nachschlagewerke im Literaturverzeichnis genannt (siehe Seite 275).

Neben dem trockenen Gras und den braunen Blättern leuchten die ersten Frühlingsblüher umso mehr.

Pflanzliche Werkstoffe rund ums Jahr

Moderne Produktions- und Transportmöglichkeiten sorgen dafür, dass uns die meisten Schnittblumen und Topfpflanzen fast ganzjährig zur Verfügung stehen.

Wer jedoch einen Garten besitzt oder gern Feld, Wald und Wiesen durchstreift, kann vor der eigenen Tür eine große Vielfalt an reizvollen Werkstoffen entdecken. Auch der Rhythmus der Jahreszeiten mit den wechselnden Farben und Formen der Natur stellt uns immer wieder vor neue Herausforderungen.

Frühling

Nach einem langen Winter kommt der Frühling zuerst zaghaft mit Schneeglöckchen und Krokussen daher. Ganz allmählich werden die Farben kräftiger, die Formen größer. Noch gibt es in der Natur nicht viel Grünes zu finden. Wir erfreuen uns am **Moos**, das auf den Wiesen und Baumstümpfen zu finden ist. Für Sträuße und Gestecke verwenden wir immergrünen Buchs und Efeu in Begleitung von Wurzeln, vorjährigem Laub, trockenem Gras, Heu und Stroh. Der Kontrast von trockenen und frischen Werkstoffen schafft Spannungen und erhöht die Leuchtkraft der noch zarten Blüten. **Knorrige Äste** drücken Urwüchsigkeit aus. Sie können in Kombination mit frischen Werkstoffen wie bunten **Frühlingsblumen** und austreibenden **Zwiebeln** für Sträuße, Gestecke, Konstruktionen und Pflanzungen verwendet werden. Reizvoll sind Äste von alten Apfelbäumen und Schlehen, die mit grauen Flechten bewachsen sind.

> **Gemüse-Floristik**
> Verwenden Sie für frühlingsfrische Gestaltungen **Keimlinge** von Mungobohnen oder Gartenkresse und natürlich **Steckzwiebeln** in Rot, Weiß und Gelb. Getrocknete Linsen, Erbsen und Bohnen können Sie zum Abdecken von Steckmasse und Pflanzensubstrat nutzen.

Gedrehte Astformen von der Korkenzieher-Haselnuss und -weide sind vor allem in der Frühlings- und Osterzeit beliebt. **Birkenreisig** eignet sich hervorragend zum Binden und Winden von Kränzen und Nestern. Der **Jahresaustrieb** von Ranunkelstrauch und Hartriegel zeigt sich wenig verzweigt. Die bleistiftdicken Zweige können als lange Stecken oder kurze Astabschnitte eingesetzt werden. Exotisch anmutend sind die bizarren Formen der Bänderweide. Traditionsgemäß stellen wir in der Osterzeit Zweige von Forsythie und Kirsche in die Wohnung und erfreuen uns an den ersten Blüten und zartgrünen Blättern. Farbintensiv zeigen sich **Rinden** des Hartriegels (gelb, grün, rot), der Blutpflaume (schwarz), des Bambus und Ranunkelstrauchs (gelbgrün).

Der Anteil an frischen Pflanzen und Blumen nimmt nun in der Natur stetig zu, bis im Mai die Beet- und Balkonzeit beginnt – und damit der Übergang zum Sommer.

Sommer

Endlich erblühen die **Alten Rosen** im Garten. Begleitung erhalten sie durch Frauenmantel und Lavendel. **Kräuter** wie Thymian, Rosmarin und Salbei haben nicht nur in der Küche ihren großen Auftritt, sondern auch in duftenden Sträußen, Gestecken und Kränzen. Wer sich ein wenig Urlaubsgefühl nach Hause holen möchte, fragt in seinem Blumengeschäft nach **mediterranem Grün** von Oliven und Pistazie oder holt sich Früchte aus dem Süden in Form von Zitronen- oder Orangenbäumchen auf die Terrasse oder in den Garten. Das

> **Unkraut? Von wegen!**
> Ackerwinde oder Zaunrübe sind für viele Gartenbesitzer ein Graus. In Bezug auf die Möglichkeiten ihres floristischen Einsatzes sind sie aber wahre Kostbarkeiten – und im Blumengeschäft normalerweise nicht erhältlich. Also greifen Sie zu, Ihr Garten wird es Ihnen danken.

Grün von Buchs, Efeu und den Sträuchern ist endlich ausgereift. Wer braucht da noch Salal und Lederfarn? **Zweige** von Perückenstrauch, **Blattwerk** von Bergenie und Heuchera: Fast alles ist verwendbar und sollte auf Haltbarkeit geprüft werden. Große flächige Blätter stehen für Sträuße und Gestecke in reichhaltiger Auswahl zur Verfügung. Es wird bunt in den Gärten. Ein- und zweijährige **Sommerblumen, Stauden** und **Sträucher** wetteifern mit ihren Blüten in allen Farben und Formen. Wer keinen Garten hat, macht einen Spaziergang durch die Wiesen, um Margeriten und Schafgarbe zu pflücken. Dort finden Sie auch

Die Leichtigkeit des Sommers, eingefangen in einem Wiesenblumenstrauß

langes Gras und Heu zum Flechten, Wickeln und Knoten. Auf den Feldern stehen die frischen, noch grünen **Getreideähren**. Die ersten **Früchte** aus dem Garten, Erdbeeren und Kirschen, können für dekorative Stillleben verwendet und anschließend vernascht werden.

Herbst

Die Zeit vergeht schnell und wenn Sie nicht aufpassen, haben die Mähdrescher das reife **Getreide** und **Stroh** vor Ihnen geerntet. **Biegsame Zweige** zum Winden, Binden und Flechten besitzen Waldrebe, Winterjasmin und Blauregen mit seiner silbrigen Rinde und dem verschlungenen Wuchs. Die **Ranken** älterer Clematis fallen durch bastartig abblätternde Rinde und fedrige oder wollige Samenstände ins Auge. Brombeerranken mit ihrer wunderschönen Oberfläche und den Farbverläufen von Grün bis Dunkelviolett eignen sich zum Winden von Kränzen. **Hohle Halme** von Bambus und Japani-

Der Herbst bietet Früchte im Überfluss.

> **Zwiebeln & Co.**
> Kaufen Sie sich im Gartenmarkt eine Packung mit Herbstzeitlosen. Die Zwiebeln brauchen kaum Fürsorge. Selbst wenn Sie das Gießen vergessen, erscheinen nach kurzer Zeit wunderschöne Blüten in Weiß oder Violett, die Sie in herbstliche Stillleben arrangieren oder einfach nur auf eine Schale legen können. Auch Knollen von Alpenveilchen sorgen für farbenfrohe Überraschungen.

schem Knöterich können als natürliche Wasserröhrchen oder Steckhilfe dienen. Um **dornige Zweige** von Robinien und Berberitzen im Winter griffbereit zu haben, kann man sie bereits im späten Sommer schneiden und durch Einklemmen in einem Eimer in Form bringen. Dekorative Stacheln tragen Rosen und Brombeeren.

Ein elegant gebogener Wildrosentrieb mit orangeroten Hagebutten ist schon ein kleines Kunstwerk und bedarf eigentlich keiner weiteren Inszenierung. Im Herbst verführen **Früchte** zum Riechen, Schmecken, Ansehen und Anfassen – und faszinieren mit ihrer Vielgestaltigkeit: glatt, stachelig, glänzend, hölzern, mit Borsten, Stacheln oder Höckern, oder zart und durchscheinend wie die Früchte der Schneebeere und die Hüllblätter der Silbertaler. Fast überall können jetzt Pflanzenteile mit interessanten Texturen, die gut eintrocknen und über den Winter ihre Form und Farbe behalten, geerntet und gesammelt werden. Bei einem Spaziergang im Wald sollten Sie auf **Zapfen** und **Baumpilze** achten, die für den Grab- und Adventsschmuck benötigt werden.

Besonders reizvoll sind um diese Jahreszeit die Blätter, die in prächtigen Farben leuchten. Neben den **Laubblättern** der Bäume faszinieren auch die kleinen, in Bodennähe wachsenden Blätter von Bergenien, Erdbeeren oder Storchschnabel, die sich attraktiv verfärben.

Zahlreiche Strukturpflanzen gibt es im Herbstzauber-Sortiment beim Gärtner. Selbst Kartoffel- und Spargel**wurzeln**, Wurzelballen abgestorbener Kübelpflanzen sowie Wurzelstöcke von Rosen und Wein müssen nicht unbedingt auf den Kompost. Sie liefern interessante Werkstoffe.

Winter

Im November brauchen wir Grün von Tanne, Lebensbaum, Ilex oder Buchs für Gestecke für

Nelken, Zimt, Sternanis und andere aromatische Gewürze – so duftet der Winter.

> **Barbarazweige**
> Traditionell schneidet man am Barbaratag (4. Dezember) frische Zweige von Kirsche, Apfel, Forsythie oder anderen Gehölzen und stellt sie ins geheizte Zimmer. Mit etwas Glück tragen sie zur Weihnachtszeit Blüten.

Allerheiligen und Totensonntag und natürlich für die Adventsbinderei. Besonders haltbar sind Zweige von kompakten, langsam wachsenden Immergrünen. Einheimische Zapfen, Quitten, Zieräpfel, Lampionblume, die Sie bereits im Herbst auf Vorrat gesammelt haben, kommen jetzt zum Einsatz. In der Adventzeit haben auch **exotische Früchte**, **Fruchtstände** und **Rinden** wie Zimt, frische und getrocknete Orangen, Granatäpfel, Datteln, Feigen und roter Pfeffer ihren Reiz.

Die klassische „Weihnachtsblume" ist die Christrose, die als Pflanze oder Schnittware in festlichen Arrangements eingesetzt werden kann. Auch Amaryllis, Alpenveilchen und Azaleen werden um die Jahreswende gern für florale Gestaltungen verwendet. Blumengeschäfte bieten schon die ersten vorgetriebenen Tulpen, Hyazinthen und Narzissen an, die einen Vorgeschmack auf den Frühling geben.

Woher nehmen …?

Sammeln in der Natur

Wer mit offenen Augen durch die Natur geht, wird viele reizvolle Werkstoffe entdecken. Aber sammeln Sie bei aller Begeisterung nur das, was Sie später auch verarbeiten. **Geschützte Arten sollten Sie keinesfalls pflücken oder ausgraben**. Welche Pflanzenarten unter Schutz stehen, kann man im Bundesnaturschutzgesetz oder in der Bundesartenschutzverordnung nachlesen. Zuchtformen geschützter Arten wie Schlüsselblumen, Maiglöckchen, Leberblümchen, Silberdisteln sind in guten Gärtnereien und Blumengeschäften zu haben.

Gedächtnisstütze

Wer gern Werkstoffe in der Natur sucht, sollte sich ein Sammelbuch zulegen und darin – nach Jahreszeiten oder Pflanzenteilen geordnet – gute Fundstellen notieren. Allzu leicht vergisst man sonst bis zum Herbst, wo man zum Beispiel im Frühling eine blühende Zierquitte gesehen hat. Haben Sie die Fundstelle jedoch vermerkt, können Sie sich gezielt auf den Weg machen, um die Früchte zu sammeln. In dem Sammelbuch sollten Sie sich auch notieren, von wem Sie Zweige, Blüten oder Früchte aus dem Garten bekommen können.

In einem Sammel- und Notizbuch können Sie notieren, was Sie sonst vielleicht vergessen würden: Fundstellen besonderer Pflanzen, ihre botanischen Bezeichnungen, Gestaltungsideen, Termine für Gartenmessen und vieles andere.

Sammeln Sie auch Früchte mit Bedacht, denn sie und die in ihnen enthaltenen Samen sind wichtig für die Erhaltung ihrer Art. Außerdem dient ein Großteil der Früchte vielen Tieren als Nahrung.

Gewöhnen Sie sich aber an, zum Spaziergang eine Gartenschere in die Tasche zu stecken. Herbst- und Winterstürme haben Äste und Zweige abgeknickt, von denen Sie sich ruhig bedienen können. Im Frühjahr werden besonders an Flüssen und Wegen Bäume und Sträucher ausgeschnitten und es fallen reichlich Zweige „zum Mitnehmen" an. Wer Buchs, Efeu, Koniferengrün und Fruchtzweige sucht, sollte auch unübliche Wege gehen und der kommunalen Kompostierungsanlage einen Besuch abstatten.

Blumen aus dem Garten

Ein eigener Garten ist ein unerschöpfliches Reservoir an Blumen, Blättern, Astwerk und Früchten. Damit sie lange halten, spielt **der richtige Schnitt-Zeitpunkt** eine Rolle. Ideal sind die

links: Geschützte Blumen dürfen nicht gepflückt oder ausgegraben werden.
rechts: Blumenvielfalt im Garten

Tab. 4 Schnittreife von Gartenblumen

Schnittblume	Optimaler Erntezeitpunkt
Akelei	Wenn erste Knospen sich öffnen
Allium	Wenn pro Dolde etwa 30 % der Blüten geöffnet sind Tipp: Wasser regelmäßig wechseln, Stiele neu anschneiden und nicht zu tief ins Wasser stellen, sonst unangenehmer Zwiebelgeruch
Alpenveilchen	Voll aufgeblüht
Anemone, Kronen-	Sobald die Blüte gut ausgefärbt und ausgebildet, aber noch geschlossen ist
Aster, Sommer-	Sobald die Blütenköpfe aufgeblüht sind
Astilbe	Wenn fast alle Blüten im Blütenstand geöffnet sind, viele Blätter entfernen
Bartnelken	Wenn erste Blüten geöffnet sind
Bäume/Sträucher (z. B. Aprikose, Kirsche, Mandel, Pflaume)	Wenn eine bis drei Knospen pro Trieb aufgeblüht sind
Christrose	Wenn die Blüte und der erste Staubblattkreis geöffnet sind
Chrysantheme	Wenn sich die ersten Blüten geöffnet haben
Clematis	Blüten müssen gut ausgefärbt sein, am besten mit Zweig schneiden
Dahlie	Wenn Blüten gut geöffnet und die Stiele fest ausgebildet sind. Noch geschlossene Blüten welken rasch.
Eisenhut	Wenn drei Viertel der Blüten geöffnet sind, Blätter entfernen
Fackellilie	Wenn die ersten Blüten der Traube geöffnet sind
Fetthenne, Schöne	Kann bereits im knospigen, grünen Zustand geerntet werden oder wenn die ersten Einzelblüten eines Blütenstandes sich öffnen
Flammenblume, Phlox	Sobald sich die Trugdoldenform durch geöffnete Blüten abzeichnet
Forsythie	Wenn die Knospen Farbe zeigen
Fuchsschwanz, Garten-	Wenn die Ähren voll erblüht sind
Gladiole	Wenn die Blüten Farbe zeigen
Goldrute	Wenn etwa 30 % der Einzelblüten am Blütenstand aufgeblüht sind
Herbstaster	Wenn eine größere Anzahl der Blüten an der Dolde geöffnet ist
Hortensie	Wenn die Blütenstände gut ausgereift und ausgefärbt sind, auch zum Trocknen geeignet
Hyazinthe	Wenn die Knospen Farbe zeigen und sich ein Blütennagel vom Stängel löst
Kornblume	Wenn die oberste Blüte geöffnet ist
Levkoje	Wenn die Hälfte bis zwei Drittel der unteren Blüten geöffnet sind, Pflanzen können mit Wurzeln geerntet und ins Wasser gestellt werden, viele Blätter entfernen
Lilie	Wenn einige der unteren Knospen sich zu öffnen beginnen und Farbe zeigen, gute Haltbarkeit bei heißem Wetter
Löwenmäulchen	Wenn die Hälfte bis zwei Drittel des Blütenstands aufgeblüht ist
Margerite	Wenn mindestens 2 bis 3 Kreise der Staubblüten geöffnet sind
Narzisse	Wenn sich die Blüten zu neigen beginnen (Gänsehals-Stadium) und die Blütenknospe Farbe zeigt. Auch voll aufgeblüht geerntete Narzissen halten sehr lang. Ernte bei mehrblütigen Sorten: eine Blüte offen und der Rest noch knospig
Nelke	Halb offen, direkt nach Beginn der Blütenöffnung
Pfingstrose	Die größte Blütenknospe muss gut ausgefärbt und kurz vor dem Aufbrechen sein, Knospen sollten weich sein, sonst blühen sie nicht auf
Prachtscharte	Wenn die obere Hälfte des Blütenstands aufgeblüht ist

Tab. 4 Schnittreife von Gartenblumen

Schnittblume	Optimaler Erntezeitpunkt
Ringelblume	Wenn der erste Kreis der Zungenblüten sich öffnet
Rittersporn	Wenn mindestens 1 bis 3 Blüten an der Rispe geöffnet sind
Rose	Je nach Sorte sehr unterschiedlich, meist wenn die Knospen etwa halb geöffnet sind
Skabiose	Wenn die äußeren Blütenblätter sich entfalten, vor dem Öffnen der Röhrenblüten
Schafgarbe, Gold-	Wenn mindestens 70 % der Einzelblüten geöffnet sind oder bereits voll erblüht, gut zum Trocknen geeignet
Schleierkraut	Wenn etwa ein Drittel der Blüten der Trugdolde geöffnet sind
Schmuckkörbchen	Wenn erste Einzelblüte gut geöffnet ist
Schmucklilie	Wenn etwa 30 % der Einzelblüten geöffnet sind
Sonnenblume	Die Scheibenblüten sollten etwa zu 50 bis 70 % aufgeblüht sein, viele Blätter entfernen
Schleierkraut, Mehrjähriges	Wenn etwa die Hälfte der Blüten geöffnet sind
Schwertlilie	Die am weitesten entwickelte Blüte sollte kurz vor dem Aufblühen sein, Samenstand zum Trocknen geeignet
Skabiose	Wenn Blütenköpfe halb geöffnet und gut ausgefärbt sind
Sterndolde	Wenn erste Blütenköpfe geöffnet sind, sehr wärmeverträglich; zum Stecken muss sie sehr lange Wasser gezogen haben
Strandflieder	Wenn die meisten Blüten geöffnet sind, sehr gut zum Trocknen geeignet
Tränendes Herz	Wenn zwei Drittel der Trauben geöffnet sind
Tulpe	Wenn die Knospen Farbe zeigen und Stiele fest sind
Wicke, Duftende Platterbse	Wenn die unterste Blüte voll entwickelt ist und Farbe zeigt, Blüten öffnen sich nur bei Sonne und Wärme
Wolfsmilch	Wenn die Hochblätter gut durchgefärbt und unscheinbare Blüten im Zentrum sind
Zierspargel	Wenn die Triebe gut ausgereift und intensiv gefärbt sind
Zinnie, Garten-	Wenn die Staubgefäße im Blütenzentrum gut ausgebildet und die Stiele fest sind

Morgenstunden, wenn die Pflanzen mit Wasser gesättigt sind und ein festes Gewebe besitzen. Alternativ können Sie Blumen in den **kühleren Abendstunden** schneiden und den Stielen über Nacht Zeit geben, sich mit Wasser voll zu saugen. Die pralle Mittagssonne an einem heißen Sommertag ist jedoch definitiv der falsche Zeitpunkt. Beim jährlichen Strauchschnitt fallen viele brauchbare Werkstoffe für Gerüste und Dekorationen an. Selbst beim Formschnitt von Buchs und Koniferen können Sie Werkstoff für Girlanden, kleine Kränzen oder flächige Gestecke abzweigen. In einem „Floristengarten" sollten neben vielen Blütenpflanzen auch Pflanzen mit besonderem Blattwerk und Hauswurz-Arten einen Platz bekommen.

Die **Haltbarkeit von Blüten** ist im hohem Maße von ihrer Schnittreife abhängig und von Art zu Art sehr unterschiedlich. Zu knospig geschnittene Blumen benötigen zum vollständigen Erblühen sehr viel Energie. Einige Blumen sollten dennoch mit reifen Knospen geschnitten werden, andere dagegen in voller Blüte. Auch bei Blättern und Blattranken ist darauf zu achten, dass sie ein gut gefestigtes Gewebe besitzen. Sehr junge Blätter und frisch ausgetriebene Sprossteile welken sehr schnell und können nicht verwendet werden.

Bei der Ernte dürfen die Blüten nicht gedrückt werden. Sie können die Blumen lose über dem Arm halten oder in einen Blumenkorb legen. Anschließend werden sie so schnell wie möglich frisch angeschnitten und in Wasser gestellt.

Wenn die Blumen nicht gleich arrangiert werden, bewahren Sie sie an einem kühlen, zugfreien Platz auf.

Pflanzliche Werkstoffe

Tab. 5 Empfehlenswerte Pflanzen für den Anbau im eigenen Garten

	Deutscher Name	Botanische Bezeichnung
Gartenblumen	Bartnelke Garten-Fuchsschwanz Schmuckkörbchen Zierlauch	*Dianthus barbartus* *Amaranthus caudatus* *Cosmos bipinnatus* *Allium* in Arten
Blütenstauden	Christrose Fetthenne, Schöne Frauenmantel Herbstanemone, Japanische Hortensie Lampionblume Mohn, Island- Schleierkraut Sterndolde	*Helleborus niger* *Sedum spectabile* *Alchemilla mollis* *Anemone japonica* *Hydrangea macrophylla* *Physalis alkekengi* *Papaver nudicaule* *Gypsophila paniculata* *Astrantia major* ssp. *major*
Blattschmuckstauden	Bergenien-Sorten Elfenblume Funkien-Sorten Purpurglöckchen-Sorten Salbei Wolfsmilch	*Bergenia* Cultivars *Epimedium* in Arten *Hosta* Cultivars *Heuchera* Cultivars *Salvia* in Arten *Euphorbia* in Arten
Strukturpflanzen	Currystrauch Hauswurz Lavendel Wollziest	*Helichrysum italicum* *Sempervivum* in Arten *Lavandula angustifolia* *Stachys byzantina*
Gräser	Chinaschilf Ruten-Hirse	*Miscanthus sinensis* *Panicum virgatum*
Ziergehölze	Buchsbaum Hagebuttenrosen Hartriegel Stechpalme Kirschlorbeer Korkenzieherhasel Korkenzieherweide Perückenstrauch Schönfrucht Schneeball Spindelstrauch/Pfaffenhütchen Zierapfel-Sorten	*Buxus sempervirens* *Rosa canina* *Cornus alba* *Ilex aquifolium* *Prunus laurocerasus* *Corylus avellana* *Salix matsudana* *Cotinus coggygria* *Callicarpa bodinieri* *Viburnum* in Arten *Euonymus* in Arten *Malus* Cultivars
Kletterpflanzen	Clematis Efeu Geißblatt	*Clematis* Cultivars *Hedera helix* *Lonicera caprifolium*

Natur in der Stadt

Selbst wenn Sie in einer Großstadt wohnen, können Ihnen pflanzliche Werkstoffe direkt vor die Füße fallen – etwa Laub und Früchte (Platanen, Kastanien, Lederhülsenbaum) beim Herbstspaziergang durch den Park. Sicherlich werden auch in Ihrem Wohnumfeld die Grünanlagen gepflegt. Fragen Sie ruhig einmal nach, ob Sie geschnittene Zweige oder Koniferengrün erhalten können.

Einkaufsquellen

Für pflanzliche Werkstoffe gibt es verschiedene Einkaufsquellen, und jede hat jeweils ihre Vorteile.

In **Floristikfachgeschäften** und **Gärtnereien** erhalten Sie fachkundige Beratung und können ausgefallene Schnittblumen und Beiwerk einkaufen, in vielen Geschäften sogar mit einer Frischegarantie. Oft werden auch Werkzeuge, Draht, Steckmasse und Gefäße angeboten, und vielleicht finden Sie sogar die passenden Servietten und Kerzen für Ihren Tischschmuck.

Gartencenter führen vor allem ein umfangreiches Sortiment an Pflanzware.

Besonders frisch ist oft die Ware an **Marktständen**, manchmal findet man hier sogar Gartenblumen. In ländlichen Gebieten haben sich in den letzten Jahren **Felder** mit „Blumen zum Selbstpflücken" etabliert.

Den Last-Minute-Einkauf kann man sogar im **Supermarkt** erledigen. Die Auswahl ist nicht riesig, aber für einen kleinen Strauß oder einen schnellen Tischschmuck ausreichend.

Das **Internet** ist vor allem als Einkaufsquelle für Ausgefallenes zu empfehlen.

Halten Sie bei Autofahrten die Augen nach Feldern offen, auf denen Sie Blumen frisch und preiswert selber schneiden können.

Lifestyle- und **Gartenmessen** liegen zurzeit im Trend. In oft bezauberndem Ambiente stehen hier Mitarbeiter bekannter Stauden- oder Rosengärtnereien für die persönliche Beratung der Kunden zur Verfügung.

Ein Blick für Qualität

An den **Stielenden von Blumen** kann man – wie bei Spargel – die Frische ablesen. Auch die **Blüten** geben Hinweise auf die zu erwartende Haltbarkeit. Achten Sie beim Rosenkauf auf feste Blütenköpfe. Bei Gerbera schauen Sie auf die Anzahl der aufgeblühten Blütenkränze im Körbchen, die Auskunft über den Schnittzeitpunkt gibt. Sind weniger als zwei Kränze geöffnet, wurde die Blüte zu früh geerntet und wird nicht lange halten. Bei zwei oder drei aufgeblühten Kränzen können Sie bis zu zwei Wochen Freude an der Blüte haben.

Achten Sie auch auf den Zustand des Wassers, in dem die Blumen in der Verkaufsstelle stehen. Es sollte klar und sauber aussehen und keinesfalls muffig riechen. Überlegen Sie vor dem Kauf, wann Ihre Blumen ihre volle Wirkung entfalten sollen. Für einen Tischschmuck dürfen die Blüten voll geöffnet sein – Lilien und Nelken beispielsweise brauchen aber zum Erblühen oft mehrere Tage. Soll ein Strauß andererseits als Raumschmuck lange Freude machen, verarbeiten Sie am besten Knospen und halb geöffnete Blüten.

Für den Transport lassen Sie die Schnittblumen und Zimmerpflanzen in Papier verpacken. Die Verpackung dient als Verdunstungsschutz und sichert, dass Ihre Blumen unbeschädigt zu Hause ankommen. Im Winter ist Klarsichtfolie als zusätzlicher Kälteschutz empfehlenswert, im Sommer dagegen wirkt sie wie ein unbelüftetes Gewächshaus: Die Blumen „schwitzen", und wenn die Kondensfeuchtigkeit nicht entweichen kann, droht Fäulnis oder Pilzbefall.

Globalisierung

Das Angebot an pflanzlichen Werkstoffen wächst von Jahr zu Jahr. Hauptanbaugebiete für Blu-

Sehr beliebt und empfehlenswert sind die Gartenmessen.

links: Diese Blumenstiele standen bereits längere Zeit nicht im Wasser; ihre Leitungsbahnen sind verstopft.
rechts: Die Haltbarkeit vieler Blumen lässt sich an der Festigkeit und dem Aussehen ihrer Blüten ablesen.

rechts: Kranz mit exotischen Früchten und Orchideen
unten: In der Gedenktagsfloristik stehen gebleichte und gefärbte Exoten hoch im Kurs.

In den Mittelmeerländern werden Pflanzen auf Grund des Klimas direkt an der Luft getrocknet und in der Sonne ausgebleicht. Italien besitzt eine sehr lange Tradition in der Weiterverarbeitung von Trockenblumen, aber inzwischen verlagert sich die Produktion von gebleichten oder gefärbten Fertigprodukten zunehmend nach China.

Dennoch kann sich die Beschaffung von Exoten zukünftig schwieriger gestalten. Einerseits steigen die Treibstoff- und Frachtkosten. Andererseits dezimieren zunehmende Buschbrände in Australien und Südafrika, Ausweitung der Wüsten oder starke Regenfälle zu ungewöhnlichen Zeiten die Pflanzenbestände. Obwohl in manchen Ländern bereits mit der Kultivierung begonnen wurde, ist langfristig mit einem Rückgang der Exoten zu rechnen.

Das wachsende Umwelt- und Gesundheitsbewusstsein hat dazu geführt, dass Kunden vermehrt nach Schnittblumen ohne Pflanzenrückstände fragen und sich – vor allem bei Importware aus Entwicklungsländern – Gedanken um die Produktionsbedingungen machen. In manchen Fällen kann man mit bloßem Auge auf Blättern milchigweiße Rückstände von Spritzmitteln erkennen, insofern ist es nicht verwunderlich, dass **Bio- und Fair Trade-Blumen** auf immer breitere Akzeptanz treffen. Es ist nicht auszuschließen, dass für Blumen und Pflanzen künftig eine international einheitliche Kennzeichnungspflicht eingeführt wird, wie sie für andere Produkte bereits existiert.

men sind neben Holland Italien, Kenia, Südafrika, Ecuador und Neuseeland. Mediterrane Pflanzen werden in großem Umfang in Italien produziert. Dänemark und Holland besitzen sehr gute Topfpflanzenproduzenten. Baumschulware, Stauden sowie saisonale Beet- und Balkonpflanzen bekommen Sie abgehärtet und in besten Qualitäten von deutschen Gärtnern.

Insbesondere zu den Gedenktagen werden wegen ihrer langen Haltbarkeit gern Exoten (Luffa, Lotoskapseln, Proteenblüten) verwendet. Für Grabschmuck lassen sie sich gut mit unseren immergrünen Gehölzen, Baumpilzen und Zapfen kombinieren.

Techniken für den Umgang mit pflanzlichen Werkstoffen

Versorgung pflanzlicher Werkstoffe

Putzen von Schnittblumen

Nach dem Einkauf oder der Ernte sollten Sie die Blumen so schnell wie möglich „putzen". Schneiden Sie alle kranken und beschädigten Blätter ab. Dann entfernen Sie die Blätter im unteren Drittel der Stiele, damit sie in der Vase nicht mit Wasser in Berührung kommen. Sonst gelangen Substanzen in das Wasser, die Fäulnis begünstigen und die Haltbarkeit der Blumen verringern.
Je nach Blattbesatz werden auch am oberen Stängelteil ein oder mehrere Blätter abgeschnitten, um den Wasserverlust durch

> **Warum putzen?**
> Neben dem Anschneiden spielt das Entfernen von Blättern, Blattresten, Stacheln und Nebentrieben eine große Rolle, um
> – die Haltbarkeit der Blumen zu erhöhen.
> – den Wasserbedarf der Blume zu reduzieren und
> – die Linienführung in der Gestaltung zu unterstreichen.

links: Etwa ein Drittel der unteren Blätter werden entfernt. Die Blätter von Chrysanthemen sind so weich, dass sie mit den Händen abgestreift werden können.
rechts: Bei Rosen können die unteren Blätter und Stacheln auch mit einem Entdorner entfernt werden.

Transpiration (Verdunstung) zu verringern. So können die Schnittblumen den Wasserhaushalt vorwiegend für die Frische ihrer Blüten einsetzen. Von Rosen, Chrysanthemen und Sonnenblumen werden recht viele Blätter entfernt – jedoch nicht alle. Bei Zweigen ist aus gestalterischer Sicht eine Reduzierung des Blattwerks von großer Bedeutung, um Bewegungsformen hervorzuheben.

Richtiger Anschnitt

Der **Anschnitt** der Blumenstiele sollte **unmittelbar vor dem Einstellen in das Wasser** erfolgen. Durch den Ernteschnitt ist die Blume von ihren übrigen Pflanzenteilen getrennt, der Wasser-

Lang, schräg und sauber sollte der Anschnitt nicht nur bei Rosen, sondern auch bei den meisten anderen Blumen sein

Mit der Flamme eines Feuerzeuges lässt sich schnell und unkompliziert der Milchsaftfluss von Glockenblumen, Mohn oder Weihnachtssternen stoppen.

Spezielle Pflegemaßnahmen

Zweige und Blumen halten bedeutend länger, wenn sie sorgfältig vorbereitet werden. Im Lauf von Jahrhunderten haben besonders die Japaner eine Reihe von Methoden entwickelt, um Blüten und Zweige lange frisch zu halten. Alle Vorbereitungstechniken dienen dazu, die Wasseraufnahme der Stiele zu verbessern.

Alkoholbehandlung

Alkohol und Essig regen die Stiele zur Wasseraufnahme an. Für den **Weihnachtstern** beispielsweise wird das fünfminütige Einstellen in 40%igen Alkohol empfohlen. Sie können Brennspiritus, einfachen Wodka oder Gin verwenden. Anschließend werden die Blüten in ein mit Frischhaltemittel angereichertes Wasser gestellt.

Anbrennen

Stiele von **Mohn, Glockenblumen, Wolfsmilch-** und **Seidenpflanzengewächsen** enthalten Milchsaft und sollten angebrannt werden. Dazu halten Sie die Stielenden etwa eine halbe Minute in die offene Flamme einer Kerze oder eines Feuerzeugs. Meist schwärzen sich die Stielenden dabei. Durch die Hitze werden die Lufteinschlüsse aus den Stielen getrieben. Stellt man die Blumen ins Wasser, saugen sich die Stiele sofort voll, um die Luft zu ersetzen. Außerdem werden die Stielenden sterilisiert, sodass Bakterien weniger Angriffsmöglichkeiten finden.

Anklopfen

Sehr **harte Stielenden** können etwas zerdrückt werden, um die Wasseraufnahme zu erhöhen. Mit einem festen Schlag wird das Ende des Zweiges gespalten. Die Stiele dürfen nicht zerklopft und zerfasert werden. Sie können sonst kein Wasser mehr aufnehmen und die Mikroorganismen würden sich im abgestorbenen Gewebe rasch vermehren. Besser sind ein langer schräger Schnitt sowie das kreuzweise Einschneiden mit der Rosenschere.

> **Milchsaft**
> Der Milchsaft vieler Pflanzen enthält Substanzen, die Hautreizungen verursachen können.
> Tragen Sie bei der Arbeit mit solchen Pflanzen Handschuhe oder waschen Sie sich gleich anschließend gründlich die Hände.
> Augenkontakt mit dem Milchsaft bitte vermeiden oder notfalls mit viel klarem Wasser spülen!

fluss ist also unterbrochen. Da der Transport in der Regel ohne Wasser erfolgt, trocknet die Schnittfläche am Stielende ein. Deshalb müssen die meisten Stiele lang und schräg mit einem scharfen Blumenmesser angeschnitten werden, um eine große Oberfläche für die Wasseraufnahme zu schaffen. Die Stängel dürfen keinesfalls gequetscht werden.
Einige Blumen und Zweige benötigen wegen der besonderen Beschaffenheit ihrer Stiele spezielle Pflegemaßnahmen.

Stiele werden unter Wasser schräg angeschnitten, um die Bildung von Lufteinschlüssen zu verhindern und damit die Wasseraufnahme zu verbessern. Diese Methode zählt zu den wichtigen Vorbereitungstechniken im Ikebana.

Versorgung 43

links: Hyazinthen und Narzissen müssen vor dem Binden mit anderen Blumen eine Weile separat in Wasser gestellt werden, damit sie ihren Schleim aus den Stielen absondern können.
rechts: Für Christrosen und Alpenveilchen ist das kreuzweise Einschneiden der Stielenden oder Einritzen der Stiele zu empfehlen, um die Wasseraufnahme zu verbessern. Diese Blüten sollten auch nicht direkt in Steckmasse gesteckt werden, da sie dort kaum Wasser aufnehmen können.

Anschneiden unter Wasser

Eine bewährte Technik ist das Schneiden der Stiele unter Wasser, um die Bildung von Lufteinschlüssen zu verhindern. Dazu einen Eimer oder die Spüle mit Wasser füllen, die Stiele hineinhalten und mit dem Messer oder einer Gartenschere die unteren zwei Zentimeter der Stiele abschneiden. Der Schnitt wird schräg ausgeführt, damit die Fläche zur Wasseraufnahme größer ist. Zur Ernte **empfindlicher Blumen** im Garten nehmen Sie am besten einen Eimer mit Wasser mit hinaus, um den Unterwasserschnitt sofort vor Ort ausführen zu können.
Für **Calla- und Aronstabblüten**, **Celosien** und einige Wildblumen empfehlen die Japaner, nach der Unterwasserbehandlung die Stiele mit Salz einzureiben, um die Wasseraufnahme zu verbessern.

Ausschleimen

Hyazinthen und **Narzissen** sondern nach dem Schnitt einen klebrigen Schleim ab, der die Schnittflächen – die eigenen und die anderer Blumen – verklebt.

Sie sollten daher einige Stunden oder über Nacht allein in warmem Wasser stehen.

Einritzen

Weiche und fleischige Stiele von **Cyclamen** und **Christrosen** werden nicht nur kreuzweise eingeschnitten, sondern an den Seiten zusätzlich eingeritzt, um die Fläche für die Wasseraufnahme zu vergrößern.

Entfernen von Pollen

Große Pollentaschen von **Lilien** und **Gloriosa** sehen sehr attraktiv aus. Weil aber der Pollen auf Kleidung, Tischwäsche oder Haut hartnäckige Flecken hinterlässt, entfernt man die Pollentaschen oft. Da durch die Pollenbildung der Blume lebenswichtige Substanzen entzogen werden, kann

links: Vorsichtiges Entfernen von Pollen bei einer Lilienblüte
rechts: Ein Stück Maschendraht und ein mit Wasser gefülltes, höheres Gefäß reichen aus, um die Stiele von Gerbera oder Ringelblumen wieder in eine gerade Form zu bringen.

sich durch das Entfernen der Pollentaschen die Haltbarkeit sogar verlängern.

Geradeziehen

Die Stiele mancher Blumen neigen von Natur aus dazu, sich zu krümmen oder zu biegen. Hängt man die Blütenköpfe von **Gerbera** und **Ringelblumen** über einem Wassergefäß in ein Drahtgitter, ziehen sich die Stiele wieder gerade. Blumen können auch Kopf an Kopf in Papier gewickelt und in warmes Wasser gestellt werden. Das Papier darf aber nicht mit Wasser in Berührung kommen, sonst zieht die Feuchtigkeit nach oben und schadet den Blüten.

Heißwasserbehandlung

Chrysanthemen, **Sonnenblumen** und **Rosen** sowie Milchsaft führende Blütenstiele werden in feuchtes Zeitungspapier oder in ein Tuch gewickelt, um sie zu schützen.

Wenn es schnell gehen soll, reicht es aus, die Stiele in ein Gefäß mit heißem Wasser einzutauchen. Damit die Blüten nicht durch aufsteigenden heißen Wasserdampf beschädigt werden, kann man sie in Zeitungspapier einwickeln.

Die unteren Stielenden lässt man etwa 5 cm aus der Umhüllung schauen, taucht sie für eine halbe Minute in kochendes Wasser und sofort danach in kaltes Wasser. Das kochende Wasser treibt die Lufteinschlüsse aus den Stielen. Durch das kalte Wasser ziehen sich die Stiele wieder zusammen und saugen Wasser auf.

Öffnen der Markhöhle

Blumen mit hohlen Stielen saugen Wasser sehr gut, wenn das Wasser in die Markhöhle eindringen kann. Dabei schneidet man das untere volle Stielende ab, sodass die Öffnung zu sehen ist, und sticht mit einer Nadel kurz unterhalb der Blüte in den Stängel ein.

Bei sehr stark erschlafften Blumen sticht man die Markhöhle am unteren und oberen Ende an und stellt die Stiele tief ins Wasser. Die Luft kann durch den oberen Einstich entweichen und das Wasser dringt in den Stängel ein. Diese große Saugfläche macht die **Amaryllis** in kürzester Zeit wieder frisch. Arbeitet man mit einer sterilen Nadel, sauberem Wasser und Frischhaltemittel, ist keine Beeinträchtigung der Haltbarkeit durch Fäulnis oder Verletzung zu befürchten.

Bei **Tulpen** lässt sich durch diese Behandlung das Wachsen in der Vase verhindern.

Rinde entfernen

Ist bei **dickeren Stielen** ein Anklopfen nicht möglich, hilft ein Abschälen der Rinde.

Wasser im Schaft

Es kann vorkommen, dass Sie eine **Amaryllis**blüte gekauft haben, deren Schaft nicht sehr stabil ist.

Entweder Sie stützen den Schaft mit einem Holzstab (siehe Foto Seite 51) oder Sie drehen ihn herum und füllen ihn mit Wasser. Das Zellgewebe erholt sich und der Schaft wird wieder fest.

Tauchen

In Japan legt man **belaubte Zweige** oft über Nacht komplett in Wasser, weil sie auch durch die Blätter Feuchtigkeit aufneh-

links: Öffnen der Markhöhle bei einer Amaryllis
rechts: Ungewöhnlich, aber hilfreich: Wasser in die Schäfte von Amaryllis zu gießen, damit sie wieder Saftspannung erlangen. Amaryllis, die zu Dekorationszwecken kopfüber aufgehängt werden, können auf diese Weise mit Wasser versorgt werden.

Erschlaffte Blumen mögen Erholungsbäder. Sie werden wieder frisch und straff.

men. Diese Methode kann bei **Galaxblättern** angewendet werden. Blumen mit glatter, wachsiger Oberhaut (**Phalaenopsis, Kranzschlinge**) können Sie zur Auffrischung der Saftspannung ebenfalls ins Wasser tauchen. Die Blumen erholen sich in der Regel sehr rasch, die Haltbarkeit ist jedoch oft geringer als bei ständig in Saftspannung gebliebenen Blumen.

Wasser für die Blumen

Je früher die Blumen in ein – selbstverständlich sauberes – Gefäß mit Wasser eingestellt werden, umso länger halten sie. Besonders gut eignet sich **sauberes, abgestandenes, handwarmes Regenwasser**. Wer keine Regentonne hat, nimmt abgestandenes Wasser aus dem Wasserkocher. Kaltes Wasser frisch aus dem Hahn enthält Luft, die an den Stielen und deren Schnittstellen viele Luftbläschen bildet. Diese Bläschen können in die Leitgefäße eindringen und den Wassertransport unterbinden.
Wärmeres Wasser enthält weniger gelöste Luft. Außerdem kann Wärme die Lebensvorgänge – auch den Wassertransport – in den Blumen fördern.
Sogar die **Höhe des Wassers** in der Vase ist wichtig, weil der seitliche Druck die Wasseraufnahme der Stiele fördert. Gerbera, Calla und Tulpen benötigen wegen ihrer weichen Stiele nur einen niedrigen Wasserstand.

Schnittblumennahrung

Spezielle Schnittblumennahrung bewirkt bei fast allen Blumen eine deutliche Verlängerung ihrer Haltbarkeit und ein sicheres Aufblühen der Knospen. Ausschlaggebend für eine optimale Haltbarkeit der Blumen ist eine durchgehende Versorgung mit **Frischhaltemittel** vom Erzeuger über den oder die Zwischenhändler bis zum Endverbraucher. Diese Frischhaltekette lässt sich mit der Kühlkette bei gefrorenen Lebensmitteln vergleichen. Auch tagesfrische Blumen aus dem eigenen Garten halten bei guter Versorgung deutlich länger.
Im Fachhandel werden verschiedene Frischhalteprodukte als Granulat oder in flüssiger Form

> **Tipps für schlaffe Blütenköpfe:**
> Legen Sie **Hortensien** oder **Rosen** für einige Zeit an einem kühlen Ort in eine kleine Wanne mit Wasser. Die Stängel sollten Sie vor und nach dem Tauchbad schräg anschneiden. Gartenblumen können auch in die Regentonne gelegt werden, wenn sie sauberes Wasser enthält. Selbst in der Badewanne können sich Ihre Blumen wieder erholen.
> **Tulpen** und **Rosen** können Sie in feuchtes Zeitungspapier einschlagen und für einige Zeit in warmes Wasser stellen. Alternativ schneiden Sie die Blütenstängel etwas kürzer und stellen sie tief in Wasser ein. Grundsätzlich sollten Sie vorher möglichst viele Blätter und Nebentriebe entfernen.
> Diese Methoden verhelfen schlappen Blüten zu neuer Frische. Welke Blüten können so nicht mehr gerettet werden – aber vielleicht kann man sie noch trocknen?

Gerbera und andere Blumen mit weichen Stielen mögen keinen hohen Wasserstand. Rosen dagegen stehen gern in viel Wasser. In gemischten Sträußen den Wasserstand besser hoch als zu niedrig halten.

angeboten. Beim Floristen erhält man beim Blumenkauf oft kleine Portionstütchen oder Phylokarten. Für Hortensien, Schneeball, Flieder und Rosen gibt es spezielle Blumennahrung.

Das Vasenwasser braucht bei Verwendung von Blumennahrung nicht gewechselt werden, verlangt jedoch das regelmäßige Nachfüllen mit Frischhaltelösung. Auch das nochmalige Anschneiden der Blumenstiele ist überflüssig, weil sich keine zersetzenden Bakterien mehr bilden können.

Der Inhalt einer handelsüblichen Verpackung in Form eines kleinen Beutels mit Frischhaltemittel reicht nur für ½ Liter Wasser. Bei größeren Sträußen müssen mehrere Beutel verwendet werden. Auf **Hausmittel** wie Zucker, Aspirin, Kaliumpermanganat, Salmiakgeist oder eine Kupfermünze im Vasenwasser sollten Sie allerdings keine allzu großen Hoffnungen setzen. Sie sind hochwertiger Schnittblumennahrung in der Wirkung deutlich unterlegen.

> **Frischhaltemittel – was ist drin?**
> Die meisten Frischhaltemittel enthalten Zucker, Phytohormone und Wasser verbessernde Stoffe.
> **Zucker** dient der Ernährung als Ersatz für die Assimilation.
> **Phytohormone** ersetzen die Steuerungshormone, die sonst in der Wurzel gebildet werden. Sie beeinflussen den Stoffwechsel derart, dass die schädlichen und das Verblühen fördernden Stoffwechselprodukte der Blume (Ethylen) selbst vermindert produziert werden.
> Von großer Bedeutung sind Stoffe zur **Verbesserung der Wasserqualität**. Sie regulieren den pH-Wert und töten Bakterien ab.

Achten Sie bei der Verwendung von Frischhaltemittel auf die richtige Dosierung. Ein kleines Tütchen Frischhaltemittel reicht nur für einen halben Liter Wasser.

Wer möchte kann sich auch für den Einsatz von **EM** (Effektiven Mikroorganismen) zur Wasserreinigung entscheiden. Für eine Vasenfüllung werden 10 Keramik Pipes empfohlen (siehe Bezugsquellen, ab Seite 273).

Für welches Produkt Sie sich auch entscheiden: Bitte befolgen Sie die Dosierungsanleitungen und bewahren Sie Frischhaltemittel an einem kindersicheren Ort auf. Auch Haustiere sollten nicht von dem Wasser trinken, da dies zu Schädigungen des Blutes führen kann.

Der richtige Standort

Sträuße und Gestecke stellen Sie nicht an Plätze, an denen die Wasserverdunstung stark gefördert wird. Sonneneinstrahlung, Zugluft oder direkte Heizungsnähe sind zu vermeiden – es sei denn, das Arrangement wurde genau für diesen Platz angefertigt und die Haltbarkeit der Blumen spielt eine untergeordnete Rolle.

Wer lange Freude an einem Werkstück haben möchte, sollte sich die Mühe machen, es über Nacht an einem **kühleren und luftfeuchten Ort** zu stellen, vielleicht in den Flur oder auf den Balkon. Auch das **Besprühen mit Wasser** ist sinnvoll, denn das Wasser dringt in die Blätter ein und festigt das Gewebe, erzeugt durch die Verdunstung Kühle und reduziert so die Verdunstung der körpereigenen Feuchtigkeit. Legen Sie in die Nähe von Blumen **keine Früchte**. Reife Früchte geben das Reifegas Ethylen ab, ein Phytohormon, das als gasförmiges Stoffwechselprodukt den Reifevorgang beschleunigt. Bei empfindlichen Schnittblumen (Orchideen, Wicken, Nelken) kann Ethylen zum Vertrocknen der Knospen und Blüten („Einschlafen") führen, bei Alstromerien können die Blätter vergilben. Auch alternde Pflanzenteile produzieren dieses Gas. Kontrollieren Sie deshalb Ihre Blumen re-

Eine schonende Konservierungsmöglichkeit ist das Gefriertrocknen von Planzenteilen wie hier im Gesteck die Rosenblüten.

gelmäßig und entfernen Sie **Verblühtes und Verwelktes**. **Orchideen** und **Anthurien** gehören zu den Blumen, die nicht zu kalt stehen möchten. Sie fühlen sich **bei Zimmertemperatur** am wohlsten.

Konservieren von Blumen

Naturgemäß halten auch die schönsten frischen Sträuße nur eine bestimmte Zeit. Zum Glück gibt es verschiedene Möglichkeiten, Blumen zu konservieren und so länger Freude an ihnen zu haben.

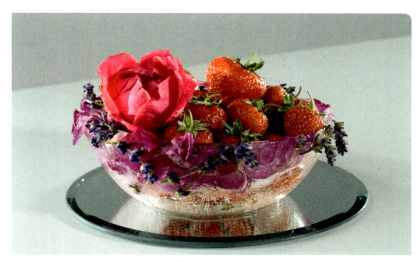

Ein bezaubernder, wenngleich kurzlebiger Hingucker ist die Schale aus Eis mit eingefrorenen Blütenblättern.

Tab. 6   Konservierung von Blumen und Pflanzenteilen

Methoden	Pflanzenteile	Anwendung	Verwendung
Ohne Hilfsmittel			
Aufhängen	Blüten und Fruchtstände mit Stielen, aber auch Getreidehalme und Lavendel	Stiele zu Bündeln zusammenfassen, mit Gummibändern fixieren und trocken aufhängen	Trockenfloristik, Trocknen von einzelnen Blüten und Sträußen mit langen Stielen
Auslegen	Einzelne Blüten, Blätter, Früchte	Auslegen auf Zeitungspapier oder einlagig in Kisten	Blüten-Potpourri Trockenfloristik
Einstellen	Kompakt gebundene Sträuße mit kurzen Stielen und Werkstoffen, die sich gut zum Eintrocknen eignen wie z. B. Rosen, Herbst-Hortensien, Disteln, Strandflieder	Sobald Blüten in den Trocknungsprozess übergehen, Sträuße aus dem Wasser nehmen, Stiele und Vase säubern, Strauß wieder in die Vase, aber ohne Wasser und in die Nähe einer warmen Heizung stellen	Herbstliche Trockensträuße
Pressen	Flache Blüten und Blätter	In eine Blumenpresse oder zwischen Zeitungspapier legen und mit Büchern beschweren	Zum Laminieren Trockenfloristik Florale Bilder
Einfrieren	Blüten, Blätter, Früchte	Einlegen in Kunststoffbehälter, mit Wasser übergießen und einfrieren	Für Dekorationen und Gefäße
Mit Hilfsmittel			
Sand, Waschpulver, Silicagel	Einzelne kleinere Blüten, Rosen	Einlegen in Blechgefäße und vorsichtig mit Sand oder Pulver abdecken	Trockenfloristik
Glyzerin	Fruchttragende Zweige	Glyzerin mit doppelter Menge Wasser kochen, Zweige mindestens 10 cm tief in das noch heiße Gemisch einstellen, nach 2 Wochen ist Zellsaft ersetzt worden	Trockenfloristik
Wachs	Rosenblüten, Früchte	Tauchen in flüssiges Wachs	Grabschmuck, Adventsschmuck
Zucker, Eiweiß	Essbare Blüten wie Veilchen und Rosen	Tauchen in Eiweiß und Zucker	Zum Garnieren von Speisen

Vorübergehende Aufbewahrung

Bis zum Verschenken oder Dekorieren sollten Gestecke oder Sträuße möglichst frisch und unbeschädigt bleiben und kühl aufbewahrt werden. Sie können das Werkstück locker in Folie einwickeln oder mit Zeitungspapier, das mit einem Zerstäuber feucht gehalten wird, überdecken.
- **Gestecke** werden durch die nasse Steckmasse ausreichend mit Wasser versorgt.
- Ein **Strauß mit Naturstielen** wird in eine Vase gestellt.

- **Sträuße mit angedrahteten Stielen** und andere Arrangements können gegen starke Verdunstung und vorzeitiges Welken vorsichtig mit Wasser übersprüht werden.
- **Anstecker** und **kleine Kränze** werden in eine Folientüte gelegt. Die Tüte wird aufgeblasen und luftdicht verschlossen. Wurden keine temperaturempfindlichen Blüten verarbeitet, kann die Tüte zusammen mit dem Schmuck in den Kühlschrank gelegt werden.

Verpackung für unterwegs

Soll ein **Strauß** auf eine mehrstündige Fahrt mitgenommen werden, wird er mit etwas Wasser besprüht und in Papier verpackt. Die Stiele können mit Küchentüchern umwickelt, angefeuchtet und in einen Folienbeutel gesteckt werden. In Höhe der Bindestelle wird der Beutel an den Strauß gebunden.

links: Den Strauß sollten Sie zuerst mit Wasser einsprühen und in Folie verpacken, um ihn dann kühl bis zum Abend oder nächsten Tag aufzubewahren.
unten links: Feuchte Küchentücher oder spezielle Beutel aus dem Floristengeschäft eignen sich gut für längere Transporte.
unten rechts: Papier schützt Ihren Strauß vor Verdunstung und Witterungseinflüssen.

Brautsträuße und andere aufwändige Arrangements kann man zum Transport nicht einfach in Papier verpacken und hinlegen, sonst knicken womöglich Blüten ab. Hilfreich ist ein mit Papier weich ausgepolsterter Karton, in dem das Werkstück gut eingebettet und stabil liegen kann.

Große Gestecke und **Pflanzgefäße** werden vorsichtig mit Papier oder Frischhaltefolie umwickelt, damit Blüten und Blätter nicht abbrechen.

Vorbereitung pflanzlicher Werkstoffe

Frische Schnittblumen werden in der Regel natürlich, „wie gewachsen", verarbeitet.
Weiche, hohle oder empfindliche Stängel sollte man aber stützen. Auch bei Blättern und Ranken bietet sich für eine bessere Verarbeitung das Stützen und Stabilisieren an. Bei Brautsträußen und in der Trauerbinderei sollen Werkstoffe manchmal Positionen einnehmen, die nicht ihren natürlichen Bewegungen entsprechen. Dann sind besondere Vorbereitungstechniken notwendig.
In der floralen Gestaltung besitzen auch trockene natürliche Werkstoffe und Seidenblumen

Egal ob einzelne Blüte oder Strauß – vor dem Einstellen in eine Vase sind alle Stiele frisch anzuschneiden.

ihre Berechtigung. Wegen ihrer langen Haltbarkeit und weil sie keine Wasserversorgung benötigen, empfehlen sich diese Werkstoffe für bestimmte Raumsituationen und Anlässe, insbesondere in der Gedenkfloristik.
In Bezug auf die vorbereitenden Arbeitstechniken stellen naturgetrocknete Werkstoffe gleiche oder ähnliche Ansprüche wie frische Blumen und Blätter. Seidenblumen, die einen Kunststoffstängel mit Drahtkern besitzen, müssen bei Bedarf nur gekürzt oder verlängert werden.

Einkürzen der Stiele

Ein schräger, ziehender Schnitt mit einem scharfen Messer öffnet die Leitbahnen und ermöglicht eine bessere Wasseraufnahme, erleichtert das Stecken in Steckmasse und bietet guten Halt.
Bei einem fertig gearbeiteten Strauß ist das Ab- und Anschneiden der Stielenden ein sehr wichtiger Arbeitsvorgang vor dem Einstellen in eine Vase.
Möchten Sie Werkstoffe auf einen Kenzan stecken, schneiden Sie weiche Stiele gerade an, verholzte Zweige in einem Winkel von 45°.

Stützen

Stängel von Blüten und Blättern werden gestützt, damit sie zusätzlichen Halt bekommen. Dazu wird ein grün lackierter Stützdraht in der Stärke ausgewählt, die dem Stiel und der Schwere des Werkstoffs entspricht. Die Lackierung verhindert das Rosten und bewirkt, dass der Draht am Blüten- oder Blattstängel farblich kaum auffällt.
Die Länge des Drahtes richtet sich nach der späteren Verwendung.
Der Stützdraht von Blumen für einen Strauß muss bis unterhalb der Bindestelle reichen, aber nicht unbedingt bis zum Stielende.
Die Stiele von Werkstoffen für Gestecke werden in voller Länge gestützt und einschließlich Draht in der Steckhilfe verankert. Sichtbare gestützte Stiele können Sie zusätzlich auch mit Tape umwickeln und im Werkstück mit grünen Werkstoffen überspielen und kaschieren.

links: Bei Hyazinthen reicht es aus, den Schaft gerade abzuschneiden.
rechts: Wird Draht in eine Gerberablüte eingesteckt, darf er nur minimal über den Blütenboden hinausragen, damit er nicht auffällt.

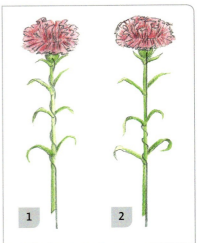

Stützen von innen
(1) Blumen mit hohlen Stielen werden von innen gestützt. Der Draht kann, muss aber nicht bis zum Blütenboden reichen.
(2) Das Stützen von innen kann auch durch den Blütenboden erfolgen.
(3) Schienen: Dafür werden zwei Stücke Stützdraht parallel am Stiel angelegt und mit einem Tapeband fest abgewickelt.
(4) Ein etwas stärkerer Holzstab wird von unten in den hohlen Schaft einer Amaryllis geschoben. Halt erhält er durch die sich nach oben verjüngende Sprossachse. Um das Aufrollen des Schaftes zu verhindern, wird der untere Teil mit einem Klebeband umwickelt.

Stützen von außen
(1) Der Stützdraht wird von unten in den Blütenboden eingestochen und mit einigen Windungen am Stiel entlang nach unten geführt.
(2) Hier wird der Stützdraht auch in den Blütenboden eingeschoben, aber parallel am Stiel entlang geführt und erst im unteren Bereich um den Stängel gewickelt.

Stützen von Blütenstängeln

Das Stützen wird bei Blumen und Blättern mit weichen oder krautigen, oft hohlen, Stielen durchgeführt. Grün lackierter Stützdraht gibt den Blumen zusätzlichen Halt und ermöglicht das Biegen der Stängel. Für sehr feine Blumen wird auch Silberdraht verwendet.
Hohle Stiele (**Gerbera, Narzissen, Anemonen, Ranunkeln**) können von innen gestützt werden. Dazu wird ein grüner Draht vorsichtig von unten in den Stiel eingeführt und bis zum Blütenboden durchgeschoben. Da der Draht unsichtbar im Stiel verläuft, bleibt das natürliche Aussehen der Blume gewahrt. Bei **Gerberablüten**, die in der Vase weiter wachsen, muss der Draht entsprechend hoch in den Blütenboden geschoben werden.

Bei **Studentenblumen, Zinnien und Narzissen** ist es besser, den Draht von oben durch den Blütenkopf hindurch in den hohlen Stängel zu stecken. Vorsichtig ausgeführt, schadet diese Stützvariante den Blumen nicht. Blumen (**Nelken, Iris**), die keine

links: Stiele von Equisetum und andere hohle Stiele können, wenn sie mit Draht gestützt sind, vorsichtig geknickt und gebogen werden.
rechts: Nelken werden von außen gestützt. Der Draht wird von unten in den Blütenboden eingestochen und in etwa drei bis vier gleichmäßigen Windungen um den Stiel gelegt.

Hohle Amaryllisstiele können mit einem Holzstab gestützt werden.   *Ein Stück Klebeband verhindert das Aufrollen des Schaftes.*

hohlen Stiele besitzen, müssen von außen gestützt werden. Dabei wird der Draht von unten in den Blütenboden eingestochen und in zwei bis vier gleichmäßigen Windungen eng um den Stiel nach unten gelegt.

Möglich ist auch, den Draht von unten in den Blütenboden zu schieben und parallel und dicht am Stiel entlang nach unten zu führen. Das Drahtende wird durch mehrere Wicklungen am unteren Blütenstiel gesichert und an den Stiel gedrückt. Blätter dürfen dabei nicht gequetscht oder eingeschnürt werden.

Blumen mit glatten Stielen können auch geschient werden. Dabei wird der Draht in den Blütenboden gestochen, parallel am Stiel angelegt und mit einem Tapeband festgewickelt, wobei das Band gedehnt wird, damit es eng und gleichmäßig anliegt. Für die Schäfte der **Amaryllis** werden gerade Äste verwendet, für **Calla** und **Hyazinthen** dünne Holzstäbe.

Das Stützen von hohlen und fleischigen Blattstielen erfolgt durch das vorsichtige Einführen von Stützdraht in den Blattstiel.

draht. Dafür schieben Sie den Draht vorsichtig in den Blattstiel bis hinauf in die Blattrippe. Durch sachtes Biegen können Sie die Blätter in die gewünschte Stellung bringen.

Beblätterte Zweige oder Farnwedel werden gestützt, indem man den Draht dicht um den Zweig oder Blattstängel herumlegt, ohne die Blätter zu beschädigen. Der Draht wird vorher mit Tapeband abgewickelt.

Stützen von Blättern

Das Stützen von **hohlen und fleischigen Blattstielen** (Funkien, Bergenien) erfolgt ebenfalls durch das Einführen von Stütz-

Stützen von Blättern
(1) Blätter werden auf der Blattunterseite gestützt.
(2) Brautsträuße erfordern z. B. das zusätzliche Abwickeln des Stützdrahtes mit Abwickelband.

Schienen

In **Brausträußen** und **grafisch betonten** oder **üppigen Sträußen** werden Werkstoffe oft geschient. Blumen und Zweige werden so vorbereitet, dass sie weich zur Seite schwingen oder sich nach unten bewegen können. Oft wird nur ein Stängelstück von 10 bis 12 cm Länge präpariert, das durch die Bindestelle verlaufen soll. Dazu werden am Stiel zwei Drahtstücke angelegt und mit Blumenband umwickelt. Anschließend wird der Stängel an dieser Stelle durch leichtes Reiben in die gewünschte Position gebogen.

Andrahten

Das Andrahten dient der Verlängerung oder dem Ersatz von Stielen. Der Draht kann den gesamten Stiel ersetzen oder an der Stelle ansetzen, wo eine extreme Biegung erforderlich ist – bei Brausträußen oft direkt oberhalb der Bindestelle. Die Drahtstärke richtet sich nach der Länge und dem Gewicht des Werkstoffs. Für die Herstellung einer Glamelie aus Blütenblättern (siehe Seite 56) wird besonders feiner Silberdraht verwendet.

Andrahten von Stielen

Für die Verlängerung von Stielen wird ein entsprechender Stütz- oder Steckdraht mit einigen Windungen um das Stielende gewickelt. Das kürzere Drahtende endet mit dem Stiel der Blüte und das andere Drahtende bildet die Verlängerung.
Weiche Stiele werden mit zwei dünneren Drähten angedrahtet, um den Druck auf den Stiel gering zu halten. Damit der Draht griffiger wird und sich besser um die Stiele schmiegt, kann er vorher mit Floristenband abgewickelt werden.

Andrahten von Blütenköpfen

Für **sehr kleine Blüten**, die für Anstecker und Haarschmuck verwendet werden, biegt man einen dünnen Silberdraht wie eine Haarnadel und dreht die Enden mehrmals umeinander, sodass eine kleine Öse entsteht. Die zwei Drahtenden werden von oben durch den Blütenkopf gesteckt und von unten soweit durchzogen, bis sich die Öse im Blütenkopf befindet. Dieser neue Drahtstiel kann nun mit einem Blumenband umwickelt werden. Bei Bedarf wird er vorher mit einem stärkeren Draht verlängert.
Blüten und Samenstände (Küchenschellen) können mit einem kleinen Haken angedrahtet werden. Dazu schneiden Sie den Werkstoff kurz ab, schieben einen dünnen Draht durch Stängel und Blüten- bzw. Samenstand und biegen oben einen kleinen Haken. Dann wird der Draht wieder zurückgezogen, bis er feststeckt.
Amaryllis-, Lilien- und Tulpenblüten werden etwa 4 cm unterhalb des Blütenkopfes abgeschnitten. Zuerst wird ein Stützdraht durch den Stiel bis in den Blütenboden geschoben. Danach werden Stängel und Draht mit einem weiteren Stützdraht gegabelt und umwickelt. Der innere Draht verstärkt den natürlichen Blütenstiel, und das Gabeln unterstützt das Gewicht der Blüte.
Rosen besitzen relativ dicke und holzige Stiele, die bei Ansteckern und Brausträußen durch dünnere, biegsame Drahtstiele ersetzt werden. Der Stiel wird 2 bis 3 cm unterhalb des Blütenkopfes abgeschnitten, dann wird ein Drittel eines Stützdrahts seitlich durch den Blütenboden geschoben. Da-

Angedrahteter Rosenblütenkopf

Beim Schienen wird nicht der ganze Stiel, sondern nur ein Stängelstück bis etwa 10 cm mit Draht präpariert. Dazu werden am Stiel zwei Drahtstücke angelegt und mit einem Tapeband umwickelt. Durch leichtes Reiben kann der Stängel an der geschienten Stelle vorsichtig gebogen werden.

Vorbereitung 53

links: Zuerst wird die Mittelrippe auf der Blattunterseite im unteren Drittel mit einem Stützdraht quer durchstochen. In der Mitte wird der Draht wie eine Haarnadel umgebogen, parallel zur Blattrippe in Richtung Stiel wieder nach unten geführt und um den Stielansatz gewickelt.
rechts: Zarte Blätter und Blüten werden mit feinem Silberdraht angedrahtet.

bei halten Sie die Blüte vorsichtig in einer Hand und wickeln mit der anderen Hand das kurze Drahtende mehrmals um den Stiel.
Der restliche Draht, der nach unten gebogen wird, dient als verlängerter Stiel. Die Stärke des Stützdrahts sollte auf Größe und Gewicht der Blüte abgestimmt sein.
Stängelende und Draht werden zum Schluss mit Tape umwickelt.

Andrahten von Blättern und Ranken

Zum Stabilisieren von Blättern wird die Mittelrippe auf der Blattunterseite im unteren Drittel zum Stielansatz mit einem Stützdraht quer durchstochen und der Draht durchgeschoben. In der Mitte wird er wie eine Haarnadel umgebogen, sodass er parallel zur Blattrippe in Richtung Stiel geführt werden kann. Am Stielansatz werden Draht und Stiel mit dem längeren Drahtende befestigt und mit Tapeband abgewickelt.
Soll die farbige Unterseite eines Blattes sichtbar gemacht werden, wechselt man die Technik auf die Blattoberseite.
Der Platz, den ein Blatt oder eine Ranke in einem Werkstück einnehmen soll, bestimmt die Art der Stabilisierung.
Bei Verwendung in einem Strauß wird ein Draht so um die Ranke gelegt, dass diese oberhalb und unterhalb der Bindestelle gestützt ist. Anschließend wird der Draht abgetapt.
Beim „**Schichten**" von Blättern werden diese flächig übereinander gelegt und zusammen angedrahtet.

(1) Andrahten: Das kürzere Drahtende endet mit dem Werkstoffstiel und das andere Ende bildet die Verlängerung.
(2) Das Angabeln ähnelt dem Andrahten, jedoch stehen unten zwei gleichlange Drahtenden heraus.

Vor allem stiellose Werkstoffe müssen zur Weiterverarbeitung angedrahtet werden.

links: Zum Flachtüllen eignen sich längliche Blätter.
rechts: Durch das Rundtüllen ergeben sich kleine Tüten. Wenn es ganz schnell gehen soll, können die Blätter auch getackert werden (Bildmitte).

Andrahten von sehr kurzen Werkstoffen

Kurze Stängelabschnitte von Schleierkraut, Buchs oder Beerendolden werden zu kleinen Büscheln (Tuffs) gefasst und mit einem Stützdraht zwei bis dreimal umwickelt.

Andrahten von trockenen Werkstoffen

Das Andrahten ist vor allem bei stiellosen Werkstoffen (Baumschwämme, Trockenfrüchte, getrocknete Fruchtscheiben) notwendig, um sie in Sträuße, Gestecke und Unterlagen einarbeiten zu können. Die Bandbreite

Ein Steckdraht wird in die unterste Schuppenreihe so eingelegt und verdreht, dass ein langer Drahtstiel entsteht.

der trockenen Werkstoffen ist so groß, dass Sie von Fall zu Fall entscheiden sollten, wo am besten angedrahtet werden kann und ob vorgebohrt werden muss.

Andrahten von Zapfen

Sollen Zapfen **aufrecht verarbeitet** werden, ziehen Sie den Draht zwischen einer unteren Schuppenreihe durch.
Zur **längsseitigen Verarbeitung** werden die Zapfen mittig angedrahtet.
In beiden Fällen biegen Sie beide Drahtenden nach unten und verdrehen sie der besseren Stabilität wegen miteinander. Bei einseitig angespitzten Drähten soll das lange Drahtende mit der Spitze enden, sodass das Durchstecken in Unterlagen erleichtert wird.
Bei **schweren Pinienzapfen** wird auf der gegenüberliegenden Seite des Zapfenbodens ein zweiter Draht befestigt.

Beim „**Flachtüllen**" werden Blätter leicht eingerollt und einzeln oder als Dreiergruppe mit einem der Werkstoff-Festigkeit angepassten Draht umwickelt. Einzelne oder mehrere Blätter können vor der Drahtung auch in eine Tütenform („**Rundtüllen**") gerollt werden.
Werden die Blätter zum Einstecken in Kränze vorbereitet, erweist es sich als günstig, sie zu gabeln, um mehr Festigkeit in der Unterlage zu erhalten.

Kurze Werkstoffe werden zu kleinen Tuffs zusammengefasst und mit einem Stützdraht zwei bis dreimal umwickelt. Dafür sollte man allerdings nur solche Werkstoffe verwenden, die auf Wasserentzug nicht allzu empfindlich reagieren.

Andrahten von Gras, Heu und Stroh

Ein **Grasbüschel** wird in die Hand genommen und mittig oder am Ende mit einem Steckdraht mehrmals umwickelt. Der in der Mitte sichtbare Draht kann mit einem Knoten aus demselben Werkstoff oder mit Naturbast kaschiert werden.
Langes Gras können Sie zuerst verknoten oder mit Naturbast abbinden, ehe Sie den Draht durch die Unterseite des Knotens ziehen und festdrehen.

Andrahten fester Früchte, Zwiebeln und Knollen

Wer Früchte verarbeiten möchte, muss sie vorher andrahten oder aufspießen.
Für **Schweres Obst und Gemüse** verwendet man 16er oder 18er Drähte. Ein Draht wird kurz unterhalb des Bodens horizontal durch die Frucht gesteckt, ein zweiter in gleicher Höhe rechtwinklig zum ersten. Alle vier überstehenden Drahtenden werden nach unten gebogen, unter der Frucht fest zusammengedreht und bei Bedarf mit Tape abgewickelt.
Kleine und weiche Früchte (Feigen, Pilze) müssen vorsichtig angedrahtet werden. Im allgemeinen reicht ein Stützdraht aus, der unterhalb der Frucht horizontal durch den Boden geschoben, nach unten gebogen und abgewickelt wird. Weintrauben werden gegabelt.
Bei **Walnüssen** wird ein starker Draht von unten zwischen die zwei Nusshälften geschoben.
Maiskolben präparieren Sie am besten wie langes Gras.

Aufspießen weicherer Früchte, Zwiebeln und Knollen

Zum Aufspießen von Früchten sind Holzstäbe ideal, weil im Gegensatz zu Draht die Haltbarkeit der Werkstoffe nicht durch Oxidation beeinträchtigt wird. Die Stärke der Stäbe ist von der Größe und Stabilität der Früchte abhängig. Zahnstocher eignen sich für kleine **Zieräpfel** und **Erdbeeren**, Schaschlikspieße oder Splittstäbe für größere Früchte. Für den Einsatz von Früchten und Zwiebeln in Sträußen oder Gestecken verwendet man am besten zwei Stäbe. Zwei Verankerungen lassen sich nicht so leicht drehen und garantieren einen besseren Halt.
Alle Holzspieße werden vor dem Einstecken angespitzt. Verarbeiten Sie keine allzu reifen Früchte, die durch ihr weiches Zellgewebe schnell von den Stäben fallen.

> **Praxistipp:**
> Um die Haltbarkeit der Früchte zu verlängern, empfiehlt es sich, die Stabspitzen etwas anzufeuchten und in Anis- oder Zimtpulver, die eine desinfizierende Wirkung besitzen, zu tauchen.

Das Aufspießen hat allerdings einen Nachteil: Stäbe sind sehr statisch und schränken die gestalterische Freiheit ein, weil sie sich nicht in alle Richtungen biegen lassen.

Auffädeln

Das Auffädeln ist eine sehr alte Technik, die sich für Blüten, Blütenblätter, Blätter, Früchte, Sämereien, Holz- und Stängelabschnitte gut eignet.
Auffädeln können Sie fast alle Werkstoffe, vorausgesetzt, sie sind weich oder besitzen ein Loch oder einen Hohlraum, der sich zum Durchfädeln von Draht, Wolle, Lederband, Kunststoffschnur oder anderem Material anbietet.

Gras- und Heubüschel lassen sich gut andrahten.

Die Stärke der Stäbe ist abhängig von der Größe der Früchte.

Zum Auffädeln auf Drähte oder Schnüre eignen sich viele verschiedene Werkstoffe.

Unzählige einzelne Aststückchen werden einzeln umwickelt, zu einer Kette aufgereiht und in eine neue Form gebracht. Die Drähte zwei- bis dreimal um die Aststücke legen und fest verdrehen, damit sie auch dann noch sicher halten, wenn die Aststücke trocknen und leicht schrumpfen.

Weiche Werkstoffe kann man mit dem Fädeldraht oder einer Nadel durchstechen, härtere Werkstoffe werden vorgebohrt.
Für eine andere Methode des Auffädelns werden viele einzelne, kleinteilige Werkstoffe (Blütenblätter von Rosen, Nelken, kurze Astabschnitte von Hartriegel, Reetgras oder Zimtstangen) mit Draht umwickelt, sodass eine Kette entsteht. Diese Ketten sind in Sträußen, Gestecken oder in der Adventsfloristik vielseitig einsetzbar.

Angabeln

Das Angabeln ähnelt dem Andrahten, allerdings stehen unten zwei gleich lange Drähte heraus. Angegabelte Werkstoffe werden **zum Stecken eines Kranzes** auf einer Unterlage oder **für Brautsträuße** (Glamelie) benötigt. Für eine Glamelie werden die Blütenblätter einzeln verwendet oder paarweise schuppenartig übereinander gelegt. Damit der sehr dünne 0,5er Silberdraht die Blütenblätter nicht einreißt, sticht man ein Stück Draht von vorn nach hinten durch, biegt es haarnadelförmig um und führt es in etwas Abstand zum Einstich wieder zur Vorderseite. Ein zweiter Draht wird ebenso durchgestochen, jedoch von der Blütenblatt-Rückseite aus. Danach werden alle vier Drahtenden zusammengedreht. Etwa zwei Drittel der angedrahteten Blütenblätter können zusätzlich mit einem 0,8er Draht verstärkt und mit Tape abgewickelt werden.

Angegabelte Werkstoffe: Konifere, Hauswurz und Buchs

oben: Für eine Glamelie werden die Blütenblätter paarig übereinander gelegt und angegabelt. Möglich ist auch, die Silberdrähte nach dem Angabeln zu verdrehen und abzutapen.
rechts: Durch leichtem, aber beständigem Druck der Hände auf die Epidermis lassen sich frische Äste leicht biegen, ohne zu brechen.

Biegen

Durch vorsichtiges Reiben der Epidermis mit den Händen können **Stiele und Äste** leicht gebogen werden. Durch den Druck löst sich die Festigkeit des Gewebes etwas auf und der Werkstoff wird biegsam.
Gräser und Blätter lassen sich durch vorsichtiges Wickeln über der Hand oder einen Finger gut in eine gebogene Position bringen.
Stiele von Calla oder Tulpen halten Sie vor dem Biegen unter lauwarmes, fließendes Wasser.

Sicherlich die Ausnahme, aber eine Möglichkeit zum Biegen von Stielen: das Entfernen der Epidermis.

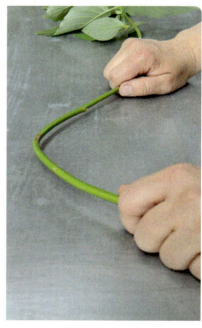

ca. 0,5 bis 1 cm in das Wachs getaucht und vorsichtig zum Trocknen gelegt. Diese schnelle, einfache Methode eignet sich, wenn nur wenige Stiele zu wachsen sind. Wird mehr flüssiges Wachs benötigt, erhitzt man es im Wasserbad auf der Herdplatte.
Die Blüten können Sie abschließend mit Verdunstungsspray überziehen.
Experimentierfreudige Blumenliebhaber sollten den Einsatz von flüssigem Latex ausprobieren.

Wasserentzug

In einer Floristikzeitschrift haben Sie sicherlich schon einmal Arrangements mit **Tulpen** oder **Calla** gesehen, die in sehr ungewöhnlich verschlungenen Positionen verarbeitet wurden. Vielleicht wollten Sie diese Gestaltung einmal ausprobieren – aber Ihnen ist ein Stiel nach dem anderen abgebrochen?
Das ist ganz natürlich, denn Ihre Blumenstiele waren gut mit Wasser versorgt. Das Geheimnis solcher skurrilen Gestaltungen liegt im Wasserentzug! Wenn Sie die Blumen für mehrere Stunden aus dem Wasser nehmen, werden sie schlaff und extrem biegsam. Ist dieses Stadium erreicht, werden die Blumen wieder angeschnitten, in Wasser oder in nasse Steckmasse gesteckt und in die gewünschte Position gebogen, bis sie sich wieder erholen.

Substrat von den Wurzeln entfernen

Durch Auswaschen oder Abschütteln von Substrat von den Wurzeln können ganze Pflanzen – zum Beispiel Frühlingsblüher, **Amaryllis** oder epiphytische **Or-**

Entfernen des Substrats von einer Orchidee

chideen – wie Schnittblumen behandelt sogar in Sträuße eingebunden werden. Meist wickelt man die Wurzeln in angefeuchtes Moos ein und versorgt sie durch regelmäßiges Sprühen mit Wasser.

Ausdünnen von Zweigen

Blätter, Seitentriebe sowie sich kreuzende Verzweigungen werden entfernt, um die Wuchsform eines Zweigs sichtbar zu machen.

Bei diesem Zweig ist eine dynamische Bewegung wegen der vielen Blätter kaum zu erkennen.

Glänzende Blätter nach dem Einsprühen von Blattglanz.

Blattglanz aufsprühen

Blattglanz-Spray lässt Blätter sehr frisch und gesund aussehen und beseitigt auch eventuelle Wasser- und Kalkflecken, die noch aus der Produktion stammen. Besonders Efeu oder Buchs wirken mit Blattglanz erheblich frischer als durch bloßes Abwaschen. Bei Zimmerpflanzen verhindert Blattglanz die Staubablagerung. Allerdings darf das ölhaltige Präparat nur **auf glatten Blättern** verwendet werden.

Die Bewegungslinie des Zweiges kommt mit reduziertem Blattwerk viel besser zum Ausdruck.

Abbinden von Pflanzen

Möchten Sie **hochgebundene Rankpflanzen** lieber als abfließende Gestaltungsmittel in einem Strauß oder Gesteck verwenden, so können Sie diese losbinden, vorsichtig entwirren und einige Tage hängen lassen. Die Laubblätter haben dann genügend Zeit, um sich wieder dem Licht zuzuwenden.

Oder Sie legen einige Pflanzen mit ihren Töpfen einfach hin, damit diese ihre Bewegungsrichtung ändern. Der Vorteil liegt darin, dass die Sprossachsen sehr interessante Bewegungen vollziehen und vor der Verarbeitung in einem Werkstück nicht mehr angedrahtet werden müssen.

Verarbeitung pflanzlicher Werkstoffe

Ästhetik, Achtung des pflanzlichen Werkstoffs und statische Stabilität stellen wichtige Kriterien für die Wahl der Techniken dar. Die einzelne Technik darf im floralen Arrangements nur dann sichtbar sein, wenn sie als gestalterisches Element eingesetzt wird. Einige Techniken können sowohl mit pflanzlichen Werkstoffen als auch mit Draht oder

Kreuz und quer ein- und aufgelegte Zweige sehen interessant aus, dienen hier aber vorrangig als Steckhilfsmittel, denn sie stützen die Tulpen ab.

anderen technischen Materialien durchgeführt werden. Auch können manche Techniken nacheinander ausgeführt werden und einander bedingen.

Andere Techniken werden seit Jahrhunderten als „blumenbinderische Traditionen" von Generation zu Generation weitergegeben oder entstammen dem Kunsthandwerk.

Es gibt Techniken, die zügig und einfach von der Hand gehen und andere, die sehr viel Erfahrungen voraussetzen. Unkomplizierte Arbeitsweisen werden oft für großzügige und flächige Arbeiten eingesetzt, bei ihnen braucht man eher Geduld.

Abstützen

Zweige, Äste, Ranken oder Wurzeln werden so verarbeitet, dass sie sich gegenseitig abstützen und – wie ein Gerüst – eingesteckten Blumen Halt geben.

Anbinden

Das Anbinden von Werkstoffen an eine Konstruktion sollte an zwei Punkten erfolgen, damit die Floralien sich nicht verdrehen können und eine feste Position erhalten. Je nach Festigkeit der Stiele und der beabsichtigten Gestaltung können natürliche oder technisch wirkende Befestigungsmittel verwendet werden (siehe Seite 18). Weiche, empfindliche Stiele sollten Sie nicht direkt, sondern besser mit einer achtförmigen Zwischendrehung an die Konstruktion binden.

links: Zweimaliges Anbinden gibt den Floralien mehr Halt. Sie können nicht mehr wegkippen.
rechts: Achterknoten

Aufhängen von Schäften

Das Aufhängen von **Amaryllisblüten** kann aus zwei Gründen erfolgen: erstens um das Schaftgewebe wieder zu festigen und zweitens als Dekoration. In beiden Fällen werden die Schäfte mit Wasser befüllt. Zuvor umwickeln Sie die Schaftenden mehrmals mit Rebdraht und stecken unter diesem Draht einen Zahnstocher mittig durch den Schaft. Er dient der Befestigung eines Steckdrahtes, der mit dem unteren Haken durch die Schaftöffnung geführt wird und mit dem oberen Haken an einem Gitter oder Stab aufgehängt werden kann.

Aufreihen

Werkstoffe und Materialien kann man wie Perlen auf einen Faden oder Draht aufziehen. Allein durch die Wahl zwischen flexiblen Trägern (Draht, Faden, Schnur) oder starren Stäben ergeben sich vielfältige Gestaltungsmöglichkeiten, und weitere eröffnen sich durch regelmäßige oder unregelmäßige Abfolge der aufgereihten Werkstoffe. Das

Für Dekorationszwecke müssen die Amaryllisschäfte sicher aufgehängt werden

Auffädeln von **Blüten**, **Blättern** und **Früchten** lässt sich bis in die Antike zurückverfolgen. Noch heute sieht man auf Märkten im Mittelmeerraum oft dekorative Ketten aus Gewürzen und Früchten, während auf Hawaii und in Indien wunderschöne Blütenketten hergestellt werden.
Feste Früchte wie Kastanien müssen vorgebohrt werden. Hagebutten und Ebereschen lassen sich mit einer dicken, stabilen Polsterernadel auffädeln. Die Enden der Schnüre oder Bänder werden zum Schluss sorgfältig verknotet. Bei kleinen gefädelten Kränzen auf Draht empfiehlt es sich, die Enden zu Ösen umzubiegen und ineinander zu verhaken.

Aufspießen

Das Aufspießen von **Früchten** wurde bereits auf Seite 55 vorgestellt.
Im Herbst bietet es sich an, mit Zahnstochern Kartoffeln, Möhren oder Ingwerknollen aufzuspießen und korbartige Gefäße herzustellen.
Blätter, **Blüten** und **Rinde** werden auf Drähte und Stäbe aufgespießt (siehe Stapeln Seite 70).

Ein „Korb" aus Kartoffeln, die mit Holzspießchen miteinander verbunden sind.

links: Eine Spirale aus Rebdraht verhindert, dass die aufgefädelten Werkstoffe abrutschen.
Mitte: Drahtenden können nach dem Auffädeln der Werkstoffe zu Ösen umgebogen werden.
rechts: Um eine Kette zur Runde zu schließen, haken Sie die umgebogenen Ösen am Anfang und Ende des Drahtes einfach ineinander.

> **Braunfärbung vermeiden**
> Ausgehöhlte Früchte und Gemüse können mit Antioxidationsmittel („Knödelweiß" aus dem Supermarkt) gewaschen oder mit Zitronensäure beträufelt werden, um unerwünschte Braunfärbungen zu vermeiden. Auch Ascorbinsäure aus der Apotheke ist dafür gut geeignet.

Aushöhlen

Vielleicht haben Sie schon einmal eine Melone ausgehöhlt und darin einen Obstsalat angerichtet, oder zu Halloween eine Laterne aus einem ausgehöhlten Kürbis gebastelt? Besonders im Herbst gibt es viele **Früchte** und **Wurzelknollen**, die – ausgehöhlt und mit Folie ausgeschlagen – als natürliche Steckunterlage genutzt, mit Kerzen geschmückt oder mit Reagenzgläsern gefüllt werden können.

Das Mark von Holunderstängeln lässt sich ebenfalls leicht entfernen, sodass die ausgehöhlten Stängelabschnitte als pflanzliche Wasserröhrchen verwendet werden können.

Binden

Bereits in der Antike wurden **Kränze** und **Girlanden** (siehe Seite 223 ff. und 241 ff.) gebunden. Dieses Handwerk gab sogar einem ganzem Berufszweig seinen Namen: den Blumenbindern. Bis heute ist das Binden eines Straußes die wichtigste Technik in der Floristik, deren perfekte Beherrschung sehr viel Übung und Erfahrung im Umgang mit den pflanzlichen Werkstoffen erfordert. Beim **Straußbinden** werden die Stiele von Blüten, Blättern und Ästen entweder spiralförmig oder parallel zusammengefasst (siehe ab Seite 136).

Die Werkstoffe können auch unabhängig von der Straußbinderei spiralförmig als Büschel oder parallel als Bündel zusammengebunden werden (siehe Bündeln). Daneben gibt es andere Methoden des Bindens, etwa das **freie Anbinden** von Werkstoffen auf Maschendraht, Gitter oder an Konstruktionen mit Hilfe von Rebdraht, Kabelbindern und anderen Hilfsmitteln (siehe Anbinden, Seite 60).

Selbst große Blätter (Rhabarber) können zu beutelförmigen Gebilden zusammengebunden werden.

links: Ein spiralförmig gebundener Strauß
rechts: Parallel gebundene Amaryllis

links: Unzählige Lavendelbündel wurden gefertigt, angedrahtet und auf einen Strohrömer gesteckt.
rechts: Durch das Auftragen von flüssigem Wachs erhielt dieser Kranz seine interessante Oberfläche.
unten: Verschiedene Bündelungen

Bohren

Baumscheiben, **Holzwürfel**, **Japanischer Knöterich** oder **Bambus** sind Werkstoffe, die sich gut durchbohren lassen. Die gebohrten Löcher können zum Aufhängen oder Einstellen von Reagenzgläsern genutzt werden. Weniger harte Früchte oder Aststücke kann man auch mit einer starken Polsternadel oder einem Steckdraht durchstechen.

Bündeln

Gerade Zweige und **Äste**, etwa von Weide oder Hartriegel, werden parallel zusammengebunden, sodass sie eine formale Einheit aus gleichen Teilen bilden. Die Bündel können waagerecht, senkrecht oder diagonal weiterverarbeitet werden. In der Regel besitzen die Werkstoffe einer Bündelung die gleiche Länge. Die Bündel selbst können jedoch unterschiedlich sein: dick, dünn, schmal, breit, aus einem oder mehreren Werkstoffen.
Buschen oder Bündelungen sind die ursprünglichen Formen des Straußes mit parallel verlaufenden Stielen. Insofern könnte man den Parallelstrauß als zeitgemäße Interpretation der traditionellen Bündelung verstehen.
Bündelungen werden gern als Gerüstkonstruktionen für Sträuße und Gestecke verwendet. Dazu binden Sie die Bündel mittig oder jeweils an beiden Enden zusammen. Gummiringe sind als technische Fixierung durchaus akzeptabel und werden später gestalterisch verdeckt.
Eine reizvolle Gestaltung stellen Bündelungen in Bootsform dar. Dafür legen Sie mehrere Äste parallel zusammen und bündeln sie an beiden Seiten. In die mit Folie ausgeschlagene Form können Sie Gestecke einarbeiten oder Pflanzen einstellen.
Weitere Varianten sind einfache, spiralförmige Bündelungen mit straußartiger Spreizung oder die Verknüpfung vieler Bündel untereinander, durch die sogar Netze, etwa aus Kiefernnadeln, gestaltet werden können.

Bestreichen

Werkstoffe und Materialien werden mit Farbe, Lehm, Ton, mit Spachtelmasse oder Wachs bestrichen, um ihnen eine andere Farbe, Textur, Struktur oder Form zu geben.

Drahten

Hier geht es nicht um das Stützen und Verlängern von Floralien, sondern um die Verarbeitung von Werkstoffen mit Hilfe von Draht. Für das Befestigen von Werkstoffen in floralen Gestaltungen haben sich verschiedene Techniken bewährt. Der Draht muss immer auf den Werkstoff abgestimmt sein: Er muss stark genug sein, ohne aber den Werkstoff zu zerquetschen. Für sehr wichtige Stellen wird schwarzer Stützdraht verwendet, sonst reicht Rebdraht oder doppelter Wickeldraht aus.

T-Drahtung

T-Drahten

Mit der T-Drahtung werden **linear wirkende Werkstoffe** parallel oder mit Überschneidungen über oder in eine Grundgestaltung gearbeitet.
Beispielsweise können Zweige über einem Strauß oder einem Gesteck positioniert oder in eine Palisadenform gebracht werden. Dafür wird ein Steckdraht im rechten Winkel über einen Ast gelegt, gebogen und mit einer Zange fest nach außen verdreht. Je nach Werkstofflänge werden ein oder zwei T-Drahtungen mit nur einem oder zwei Drahtenden (Gabel) vorgenommen.

Einfaches Andrahten

Zum Fixieren von **Ästen**, **Zweigen** oder **Ranken** untereinander sowie für Konstruktionen und Gerüste wird Draht umlegt und festgedreht. Hier können die Werkstoffe auch schräg angelegt werden.

Kreuzknoten

Sie werden für besonders **feste Werkstoffe** zur Fertigung von Konstruktionen verwendet. Zwei Äste werden über Kreuz angelegt und mit Draht kreuzweise so fixiert, dass sie fest verbunden sind und sich nicht mehr bewegen. Der Draht wird mit einer Flachzange vom Körper weg gedreht, zum Schluss werden die Drahtenden abgeschnitten.

Durchstecken

Das Durchstecken von **Stäben** (Hartriegel, Reet) durch ein Gitter kann durchaus Parallelen zum Flechten aufweisen. In diesem Fall werden aber nicht nur lange, sondern oft auch **kürzere Astabschnitte** horizontal, vertikal, diagonal, parallel oder kreuz und quer in Maschendraht oder Broncenet durchgezogen. Möglich ist auch, den Werkstoff in kleine Stücke zu schneiden und diese zusätzlich mit Hilfe von Holzleim auf die durchgezogenen Stäbe aufzubringen. Interessant kann es auch aussehen, aus Wickeldraht ein Knäuel zusammenzuballen und Aststücke oder Stäbe einzustecken.

Einhängen

Feste, verzweigte Äste werden nur mit Hilfe ihrer Verzweigungen ein- oder aufgehängt. Störende, nicht zur technischen Fixierung geeignete Verzweigungen werden ausgeschnitten. Gerade Äste (Weide, Hartriegel) oder sehr feste Gräserstiele werden erst mit gebogenen Drahtenden versehen, an denen sie einander aufgehängt werden können. Dazu stecken Sie einen Steck-

links: Einfache Verbindungen mit Rebdraht
Mitte oben: Kreuzknoten
Mitte unten: Hartriegelzweige wurden so präpariert, dass sie aufgehängt werden können.
unten: In eine aus Wickeldraht geformte Kugel werden unzählige kurz geschnittene Stäbe eingesteckt.

draht in die Mitte des Stiels ein und biegen ihn zu einem Haken. Alternativ kann ein Draht mehrfach um das untere Stielende gewickelt, dann nach oben gebogen und zu einem Haken geformt werden.

Einritzen

In Rinde oder Früchte werden Muster eingeritzt. Beispiele dafür sind Melonen für die Sommerdekoration, Kürbisse zu Erntedank und Halloween oder Orangen in der Adventszeit.

Einstellen

Blumen, Blätter, Zweige werden ohne vorheriges Binden in ein Gefäß, Reagenzröhrchen oder eine Konstruktion eingestellt. Das Einstellen erfolgt in der Regel frei, es kann aber hilfreich sein, Äste als Einstellhilfen zu nutzen. Beim Einstellen in Konstrukte sollten die Werkstoffe befestigt werden. In allen Fällen ist es wichtig, die Wasserversorgung der frischen Werkstoffe zu gewährleisten.

Einsprühen

Werksstoffe können je nach Vorhaben und Zielsetzung mit Sprühkleber, Farbspray, Klarlack, Elefantenhaut, Blattglanz oder Wasser eingesprüht werden.

Falten

Dass man Papier toll falten kann, ist nicht neu. Aber auch manche Blätter und Gräser eignen sich hervorragend zum Falten und Knicken.

Büffetschmuck einmal anders

links: Gefaltete Blätter, auf einem Holzstab aufgespießt
oben: Zöpfe können aus drei oder vier Strängen, aus ganzen oder zerfaserten Blättern geflochten werden.

Bestimmte Falttechniken erwecken den Eindruck eines Stapels, und durch gleichmäßig wellenartiges Falten entstehen rhythmisch wiederholte Strukturen. Je nach Werkstoff und Material werden die gefalteten Kanten schmal oder dick gearbeitet.

Flechten

Bereits Kinder lernen das Flechten von Zöpfen und Kopfkränzen. Für das Flechten von pflanzlichen Werkstoffen bieten sich verschiedene Möglichkeiten an:
- **Zöpfe** aus langem Heu, Stroh, Gras, Blättern und biegsamen Zweigen.
- **Körbe, Matten und andere Formen** aus einem oder mehreren Werkstoffen, ähnlich den Flechttechniken der Korbmacher.
- **Einflechten** von pflanzlichen Werkstoffen in fertige Geflechte oder Konstruktionen. Das Einflechten kann auf traditionelle Weise in gleichmäßigen Abständen erfolgen oder durch folgende Variante: Dabei zieht die obere Hand den Werkstoff nach unten und die untere Hand holt ihn an unregelmäßig versetzter Stelle wieder nach oben. Drahtgitter zum Beispiel besitzen den Vorteil, dass man sie schön in Form biegen kann.

oben links: Eine aus langem Wiesengras geflochtene Tischdecke
oben rechts: Geflecht aus Typhagras
unten: Durch Gitterdraht unregelmäßig geflochtenes Gras
ganz unten: Steelgras, gerade und gleichmäßig in ein Gitterdraht eingeflochten

Geflochtene Strukturen zeichnen sich meist durch starke Verdichtungen aus. Sie können als eigenständiges Gestaltungselement fungieren oder zwischen Gefäß und Blumen vermitteln. Erkundigen Sie sich im Blumenfachgeschäft auch einmal nach vorgefertigten, geflochtenen Matten und Gefäßen aus exotischen Gräsern.
Wer möchte, kann auch farbige Bänder, Drähte oder andere Materialien mitflechten.

Formen

Pflanzliche Werkstoffe wie Moos, Heu, Stroh und Mühlenbeckia können, ebenso wie geschmeidiger Wickel- oder Myrtendraht, zusammengeballt, zusammengedrückt und mit der Hand zu Kugeln, Spindeln, Hörnchen oder anderen plastischen Formen „modelliert" werden.

Formen pflanzlicher Werkstoffe
Zur Fixierung werden die Werkstoffe mit einem Draht umwickelt. Legt man in die Mitte einen stärkeren Draht ein, lassen sich die Formen besser biegen.

Einige Formen werden als dekorative Gestaltungsmittel (Heusicheln, Heuherzen) verwendet, andere dienen als Unterlage und werden durch Umwickeln, Bekleben oder Haften weiterverarbeitet.
Formen aus sehr zarten und leichten Fasern (Sisal, Gräserfruchtstände) können mit Sprühkleber fixiert werden.

Formen aus Draht
Drahtformen halten von selbst. Wird Draht allein geformt, spricht man im floristischen Sprachgebrauch auch vom Crashen. Die erforderliche Drahtstärke und Menge hängt von der

Heu lässt sich mit Hilfe von Myrtendraht in verschiedene Formen bringen.

Verarbeitung 67

oben links: Silberner Wickeldraht wird von der Rolle abgespult und mit den Händen locker in die gewünschte Form gedrückt. Damit das Gebilde Stabilität erhält, werden einzelne Drahtschlaufen miteinander verbunden.
links: Mit langen Kiefernnadeln, einer Christrose und etwas Dekoschnee bekommt die Kugel aus silbernem Wickeldraht winterlichen Charakter.
oben rechts: Häkeln von Rebdraht

Gestaltungsabsicht ab; so verwendet man Wickeldraht für Gerüste und Myrtendraht für Anstecker. Beim Crashen wird Draht von der Rolle abgespult und dann mit den Händen in die gewünschte Form gebracht. Dazu nehmen Sie jeweils eine Drahtschlaufe auf und stecken sie in eine andere. Es werden so lange Schlaufen von innen nach außen und von außen nach innen gesteckt, bis die gewünschte Festigkeit erreicht ist.

Füllen

Es mag sich ganz einfach anhören, Schalen, Gläser oder andere Gefäße mit gesammelten Früchten oder getrockneten Blütenblättern zu füllen. Dabei sind jedoch auch Gestaltungskriterien wie Verdichtung und Auflockerung, Gruppierung sowie Form-, Farb- und Texturauswahl zu berücksichtigen.
Ebenso reizvoll sind Schichtungen mit farblicher oder stofflicher Varianz, die man mit Früchten, trockenen Floralien oder ausgewaschenen Frühlingszwiebeln in höheren Gefäßen erzielen kann.

Haften

Werkstoffe werden mit Drahtnadeln auf Unterlagen aus Stroh, Styropor, Kork oder Steckmasse gehaftet. Diese Technik eignet sich besonders für Formarbeiten und wird am Beispiel eines Kranzes auf Seite 226 ff. vorgestellt.

Häkeln

Mit den Fingern bilden Sie Schlaufen wie beim Häkeln. Dabei ziehen Sie immer eine neue Schlaufe durch zwei vorhandene, bis die gewünschte Größe Ihres Geflechts erreicht ist. Je nach verarbeiteter Drahtqualität entstehen dabei lockere, flächige Drahtgeflechte in Matten- oder Bandform oder auch netzartige Formen und Gefäße.

Kleben

Die Auswahl des Klebemittels richtet sich nach den **Werkstoff- und Materialeigenschaften**. Geben Sie Klebstoff immer reichlich Zeit zum Aushärten, damit Werkstoffe und Materialien fest mit ihrer Unterlage verankert bleiben. Damit der Kleber im fertigen Werkstück nicht mehr zu sehen ist, müssen Sie sehr sauber arbeiten. Blätter, Äste, Rinde,

Furnierholz oder andere Materialien werden nebeneinander, überlappend oder übereinander auf eine Fläche geklebt. Dadurch werden Einzelelemente zu einer neuen Einheit zusammengefügt und es entstehen neue Texturen und Strukturen.

Heißkleber
Die bewährte Heißklebepistole eignet sich besonders für **stabile, feste und trockene Werkstoffe**. Dünne Klebstofffäden, die sich bei der Arbeit oft bilden, können nach dem Erkalten des Klebers mit der Hand oder mit Hilfe eines Föhns leicht entfernt werden.

Kaltkleber
Der transparente, wasserfeste Floralkleber eignet sich für **frische und trockene Blüten, Blätter und Früchte**. Kaltkleber wird bevorzugt für die Verarbeitung kleiner, filigraner Werkstoffe für Anstecker oder zum Aufkleben auf zarte Drahtgestelle verwendet (siehe Seite 251).

Doppelseitiges Klebeband
Empfindliche Blüten und Blätter lassen sich recht schnell mit doppelseitigem Klebeband auf Unterlagen befestigen. Mit Hilfe des Klebebandes können Sie Matten und Kränze herstellen sowie Gefäße veredeln (siehe Seite 233).

Sprühkleber
Der Kleber wird für **sehr leichte, transparente und trockene Werkstoffe** (Sisal, Skelettblätter) und Materialien (Papier) verwendet.

Holzleim bietet sich für das flächige Kleben trockener Floralien an. Nach dem Trocknen wird der Leim transparent und ist optisch nicht mehr wahrzunehmen.

Holzleim
Dieser weiße Leim trocknet transparent auf, ist also im fertigen Werkstück sehr unauffällig. Für **stärkere Werkstoffe** wird der Leim pur verwendet und für stark zerkleinerte oder feine Werkstoffe mit Wasser im Verhältnis 3:1 verdünnt.
Sie können Holzleim mit dem Pinsel auftragen oder die Werkstoffe eintauchen und auf die Unterlage drücken.
Feine oder zerkleinerte Pflanzenteile werden in einer Schale mit verdünntem Holzleim vermischt und mit den Händen flächig auf eine Unterlage aufgebracht.

Tapetenkleister
Tapetenkleister wird nach Packungsanweisung angerührt und eignet sich zum Aufkleben von **Papier und leichten Werkstoffen** (Sisal, Skelettblätter, Fasern). Er wird beispielsweise zur dekorativen Gestaltung von Gefäßen und Formen, zur Stabilisierung von Konstruktionen aus Maschendraht oder zur Herstellung von Matten verwendet.

Klemmen
Zur Befestigung von Konstruktionen kann man Äste 1–2 cm tief spalten und auf einen – nicht zu dicken – Gefäßrand stecken. Oberhalb des Spalts wird jeder Ast zur besseren Fixierung mit einem Draht zusammengebunden. Der Spalt funktioniert ähnlich einer Klammer.
Aus dem Ikebana stammt die Technik, zwei oder mehr **Zweige** kreuzweise waagerecht oder leicht gekrümmt als Steckhilfe in eine Gefäßöffnung zu klemmen. Die Zweige sollten frisch sein, damit sie sich leicht biegen las-

links: Klammer aus Clematis am Gefäßrand
unten: Äste als Steckhilfe in einer Schale. Diese Technik entstammt ursprünglich dem Ikebana.

Lange Grashalme lassen sich leicht verknoten.

Für das Einlaminieren eignen sich – ebenso wie für das traditionelle Pressen – nur flache Blüten und Blätter.

sen und nicht brechen. Die Enden können abgerundet werden, um sie der Gefäßwandung anzupassen.

Knoten

Lange und biegsame Blätter, **Ranken**, **Gras** und **Heu** lassen sich verknoten. Solche Knoten können Verbindungen schaffen, Strukturen erzeugen oder eingesteckten Blüten Halt geben.

Knüpfen

Langes Gras kann mit den Händen in Maschendraht geknüpft werden – ähnlich wie beim Knüpfen eines Teppichs.

Laminieren

Frische oder **gepresste Floralien** werden in geeignete Folie eingelegt und mit einem Laminiergerät eingeschweißt. Einzelne zerschnittene Folienstücke können mit Schmucknadeln auf Unterlagen gesteckt und in eine Form (Kugel, Kranz) gebracht werden. Es liegt in der Natur der Laminiertechnik, dass sie sich nur für sehr flache Werkstoffe eignet.

Legen

Auch wenn das Legen eigentlich eine sehr einfache Tätigkeit ist, birgt sie gestalterische Herausforderungen, denn neben der Haltbarkeit der Floralien müssen Aspekte wie Farben, Formen, Größen, Verdichtungen, Gruppierungen sowie die Proportionen der Werkstoffe untereinander und in Bezug auf ihre Umgebung berücksichtigt werden. Es gibt viele interessante Einsatzgebiete für die Legetechnik.

Muster und Ornamente werden in flache Schalen oder auf eine andere feste Unterlage (Pappe, Holz) gelegt.
Zur Herstellung von **Wandbildern oder Friesen** befestigen Sie die gelegten Werkstoffe mit Hilfe von Haften, Pins oder Kleber. Wasserpflanzen und Blüten können **auf oder in Wasser** gelegt werden, und aus Früchten, Blüten und anderen Pflanzenteilen lassen sich reizvolle **Teppiche** auslegen und **Stillleben** arrangieren.

Herbstliches Stillleben als aufgelegter Tischschmuck

Lochen

Für moderne Dekorationen können mit Hilfe einer Lochzange Löcher in weiche, flächige Werkstoffe gestanzt werden.

Pinnen

Beim Pinnen werden Werkstoffe oder Materialien mit einem scharfen oder spitzen Gegenstand fixiert. Dazu eignen sich Nägel, einfache Stecknadeln oder Perlennadeln, Zahnstocher, Draht und Stäbe, aber auch florale Werkstoffe wie Zweige, Dornen und Stacheln. Die Technik liegt zurzeit im Trend und stellt eine Alternative zum Kleben dar. Einlaminierte Blüten oder Blätter (Olive, Buchs, Ilex) werden meist auf Styroporunterlagen gepinnt, um Flächen oder Körperformen (Quader, Kugeln) zu gestalten.

Schuppierungen

Vorbild für Schuppierungen sind die gleichmäßig angeordneten Überlappungen der einzelnen Schuppen von Zapfen. Bevorzugte Formen wie Kreise, Kugeln, Pyramiden und Kränze wirken sehr ornamental und zeitlos. Die Herstellung von Schuppierungen erfordert Geduld, sauberes Arbeiten und eine sorgfältige Werkstoffauswahl. Blätter von Efeu, Perückenstrauch, Kirschlorbeer, Wollziest sowie die Hüllblätter vom Silberblatt sind geeignete Werkstoffe und werden meist mit der Blattspitze auf Lücke gesetzt. Schuppierungen können gewickelt, geheftet oder geklebt werden.

Angetrocknete Blätter lassen sich besonders gut spleißen.

Spleißen

Zum Spleißen positionieren Sie einen Bandspleißer oder Kenzan direkt an der Tischkante. Dann drücken Sie lange, schmale Blätter (Rohrkolben) mit dem unteren Ende darauf und ziehen sie vorsichtig über die Tischkante nach unten. Dabei entstehen feine Fasern, die sich zum Bewickeln von Drähten und zum Flechten eignen.

Stapeln

Beim Stapeln werden gleiche oder verschiedenartige, meist gerade oder flächige Werkstoffe übereinander gehäuft oder geschichtet. Werkstoffe können streng gestapelt oder sehr lässig durcheinander angeordnet werden. Spannung innerhalb eines Stapels lässt sich durch verschiedene Teilformen und unregelmäßige Anordnungen erzeugen, wobei die Statik zu beachten ist. Stapel lassen sich mit verschiedenen Techniken erzeugen. Blätter oder Rindenstücke beispielsweise können auf Drähte oder Stäbe gespießt oder mit Stecknadeln übereinander gepinnt werden.

links: Das Pinnen ist eine moderne Technik, die sich auch für klassische Formen wie Kugeln, Kegel oder Quader sehr gut eignet.
rechts: Segel aus Silberblättern

Die Äste werden links und rechts durchbohrt, auf Metallstäbe aufgespießt und damit aufgestapelt.

Stecken

Diese Technik wird im Kapitel über Gestecke (siehe ab Seite 164) ausführlich erläutert. Dabei können verschiedene technische und natürliche Hilfsmittel wie Steckschaum und Kenzan verwendet werden.

Tackern

Weiche Blätter und Gräser können mit einer einfachen Heftklammerzange verbunden werden. Für stärkere und trockene Werkstoffe (Rinde, Furnierholz), die auf Holzflächen aufgebracht werden, verwendet man einen Tacker aus dem Baumarkt.

Pflanzen

Bei dieser natürlichsten Verarbeitungsform werden Pflanzen in Substrat eingesetzt (siehe ab Seite 183), das ihnen Nährstoffe und Halt bietet und so ihre Wachstumsbedingungen verbessert.

Verdrillen

Zum Zusammenbinden von Ästen für Gerüste und Konstruktionen ist ein Drilldrahtbinder oder Drahtrödler bestens geeignet. Er verlangt etwas Armkraft, aber man kann sehr schnell mit ihm arbeiten und bei Bedarf die eintrocknenden Äste mit den speziellen Kupferdrähten nachziehen.

Vergolden

Diese Technik, für die neben echtem Blattgold und -silber auch preiswerteres Blattmetall verwendet werden kann, ist vor allem zum „Veredeln" von Gefäßen und Präsentationsflächen, aber

Verdrillen von Ästen mit einem Drahtrödler

auch von Blättern und Früchten beliebt. Der saubere und trockene Untergrund wird dünn mit Sprühkleber eingesprüht. Dann legen Sie vorsichtig mit einer Pinzette oder einem Anschießer (einem speziellen, flach-breiten Pinsel) ein Metallblättchen auf. Mit einem weichen, dicken Pinsel wird es behutsam angedrückt und geglättet.

Wachsen

Mit Wachs können Stielenden versiegelt (Seite 58), Gefäße veredelt und hergestellt (ab Seite 80) sowie Früchte und Zapfen konserviert werden. Wachs oder Kerzenreste werden im Wasserbad geschmolzen. Inzwischen spießen Sie Früchte auf Holzstäbe oder drahten Blüten und Zapfen an. Wenn das Wachs etwas abgekühlt ist, tauchen Sie die Werkstoffe hinein und stecken die Stäbe bzw. Drähte zum Trocknen in Steckmasse.

Weben

In der floralen Gestaltung ist gelegentlich vom „Weben" die Rede. Streng genommen handelt es sich dabei aber um eine textile Technik, während in der Floristik Arbeitsweisen zum Einsatz kommen, die eher mit der Korbflechterei vergleichbar sind. Aus diesem Grund wird in diesem Buch der Begriff „Flechten" verwendet (siehe ab Seite 65).

Wickeln

Um Werkstoffe zusammenzuhalten, umwickelt man sie mehrfach – dicht oder in großen Abständen. Ein Werkstoff kann mit sich selbst oder mit anderen Werkstoffen und Materialien in eine Form gebracht oder auf einer Form gebenden Unterlage fixiert werden.
Das Wickeln kann aus technischen Gründen erfolgen oder bewusst als gestalterisches Mittel eingesetzt werden. Geeignete Werkstoffe sind lange, biegsame und besonders geschmeidige Ranken, Gräser und Fasern. Blätter und Gräser können auch über den Zeigefinger gewickelt werden, damit sie besser schwingen oder eine Biegung erfahren.
Als Wickeln bezeichnet man umgangssprachlich auch das Binden von Kränzen (siehe ab Seite 223).
Selbst Draht und Metall- oder Holzgestelle können mit verschiedenen Floralien bewickelt werden.

Winden

Beim Winden werden sehr biegsame und lange Werkstoffe (Ran-

> **Vorsicht!**
> Wachs niemals direkt im Topf auf der Herdplatte schmelzen, sondern immer im Wasserbad. Der Flammpunkt von Paraffin und Mischprodukten kann recht niedrig sein, bei Überhitzung kann es zur Selbstentzündung kommen. Im Wasserbad ist jedoch gewährleistet, dass das Wachs nicht über 100 °C erhitzt wird.

Gitterdraht hüllt ein Stück Steckmasse ein, das zum Anbringen der Kerze benötigt wird. Die entstandene Gitterdrahtrolle ist mit Koniferengrün umwickelt. Die Seiten wurden mit weihnachtlichen Werkstoffen und Accessoires gefüllt.

*links: Mit Blattgold veredelte Granatäpfel und Efeublätter
rechts: Eine Rosenblüte erhält einen Überzug aus Wachs.*

Verarbeitung 73

ken von Brombeere, Clematis) artgleich oder vermischt ineinander geschlungen und verschlungen. Je nach Werkstoff und Verarbeitung kann auf Hilfsmittel wie Draht verzichtet werden. Diese Technik eignet sich besonders gut zur Herstellung von Kugeln und naturnahen Kränzen (siehe Seite 231), die Gestaltung ausgewogener Formen ist jedoch nicht einfach.

Zwirbeln

Mit Hilfe von zusammengedrehtem Draht lassen sich aus verschiedenen Werkstoffen sehr interessante Flächen und Körper gestalten.
Für eine **parallele Gestaltung** werden gerade Werkstoffe (Äste, lange Blätter, Zimtstangen, umwickelte Reagenzröhrchen) nebeneinander angelegt. Legen Sie auf die Arbeitsfläche mindestens zwei doppelt gelegte Stücke Rebdraht in der Länge ihres geplanten Werkstücks zuzüglich einer Zugabe zum Zwirbeln. Zwischen die doppelt gelegten Drähte wird ein Stück des Werkstoffs geschoben und mit zwei Umdrehungen jedes Drahtes fixiert. Dann legen Sie weiteren Werkstoff an den ersten an und verzwirbeln die Drähte erneut. Fahren Sie so fort, bis die gewünschte Länge erreicht ist. Überstehende Drahtenden werden abgeschnitten. Die parallele Anordnung eignet sich für Wandbehänge und Matten sowie Konstruktionen wie aufgestellte „Zäune" und „Orgelpfeifen".
Für **runde Gestaltungen** benötigen Sie sehr biegsame Floralien (Ranken, Gräser, Olivenzweige), die schneckenförmig oder in einzelnen, immer größer werdenden Kreisen angelegt werden. Je nach Stärke der Werkstoffe und Größe der Scheibe werden mehrere doppelt liegende Rebdrähte in ausreichender Länge an den inneren Werkstoffring gebunden. Bei jeder weiteren Umrundung des Werkstoffs wird dieser jeweils an den Drahtpunkten ein bis zweimal umzwirbelt.

oben: Paralleles Zwirbeln
unten: Kreisförmiges Zwirbeln

links: Clematisranken werden in einen Kranz gewunden.
unten: Hier erfolgte das Winden der roten Furnierholzstreifen nur in eine Richtung.

Gefäße, Formen, Konstruktionen

Florale Gestaltungen stehen fast immer in enger Wechselbeziehung zu ihrem Gefäß – in Bezug auf Farbe, Form, Größe, Oberfläche und Stil. Wegen der enormen Vielfalt der Gefäße wird auf die gestalterischen Anforderungen detailliert im Zusammenhang mit den Beschreibungen der einzelnen Werkstücke eingegangen. An dieser Stelle sollen die technischen und funktionalen Aspekte der Gefäße im Vordergrund stehen.

Grundlegende Anforderungen

Alle Gefäße müssen regelmäßig gesäubert werden. Zum Entfernen von Rückständen und zum Abtöten von Bakterien genügt einfaches Geschirrspülmittel. Kalkablagerungen lassen sich mit Essig oder Reinigungstabletten für Zahnersatz leicht beseitigen. Vasen für frische Schnittblumen, Gefäße für Gestecke mit feuchter Steckmasse und Pflanzbehältnisse müssen absolut wasserdicht sein. Im Zweifelsfall ist es sinnvoll, sie mit geeigneten Mitteln abzudichten. Wenn wasserdurchlässige Gefäße verwendet werden sollen, stehen verschiedene Möglichkeiten zur Abdichtung zur Auswahl.

Die einfachste Variante, aber nicht immer geeignete, ist das **Auslegen mit Folie**. Dabei wird eine kräftige Kunststofffolie am oberen, inneren Gefäßrand eingeschlagen, getackert, genäht oder geklebt.

unten: Eine einfache und schnelle Methode zum Abdichten von Gefäßen ist das Einlegen von Folie. Die Folienkanten können etwas umgelegt, angenäht, angetackert oder geklebt werden.
rechts oben: Wasserglas (in Plastikflasche) eignet sich hervorragend zum Abdichten poröser Gefäße und exotischer Früchte.
rechts unten: Hochwertige Gefäße, die nur wegen ihrer Form beklebt werden sollen, werden vorher mit Frischhaltefolie umwickelt. So wird das Gefäß selbst nicht beschädigt und die Ummantelung lässt sich jederzeit abnehmen. Auch andere Formen, die eine Weiterverarbeitung erfahren sollen, können mit Folie umwickelt werden.

Poröse Gefäße können Sie mit **Klarlack** oder **Bootslack** ausschwenken oder auch von außen bestreichen.
Zum Ausschwenken von porösen Tonvasen und zum Abdichten von trockenen Früchten und Halmen, die als Wasserröhrchen die-

nen sollen, eignet sich auch **Wasserglas** (Natrium- oder Kaliumsilikat), das in Apotheken erhältlich ist.
Mit Maschendraht umwickelte Formrohlinge aus Papier oder Heu können **mit Frischhaltefolie umwickelt** werden, bevor sie dekorativ weiterverarbeitet werden. Auch empfindliche Gefäße, die wegen ihrer Form floristisch verwendet werden sollen, können auf diese Weise vor Feuchtigkeitsschäden geschützt werden. Beachten Sie bei der Verwendung von Lacken und anderen Produkten immer die Gebrauchsanweisungen und Sicherheitsvorschriften und arbeiten Sie in einem gut belüfteten Raum. Bei der Arbeit im Freien wählen Sie einen windgeschützten Platz, damit keine Fremdstoffe auf die Beschichtung wehen können.

Herstellung, Erweiterung und Veredelung

Obwohl es Gefäße in fast allen Formen, Größen, Farben und Materialien zu kaufen gibt, hat es für kreative Menschen einen besonderen Reiz, ganz individuelle Gefäße selbst herzustellen, vorhandene Gefäßformen zu erweitern oder ältere, nicht mehr zeitgemäße Gefäße aufzuarbeiten und zu verändern.
Der Begriff Gefäß wird in der Floristik meist sehr weit gefasst. Er beschreibt neben klassischen Gefäßen aus Keramik und anderen Produkten auch Formen, die aus natürlichen Werkstoffen oder anderen Materialien hergestellt werden. Näheres zu deren Herstellungstechniken können Sie auch im Kapitel Konstruktion ab Seite 208 nachlesen.

Werkstoffe und Materialien

Pflanzliche Werkstoffe

Florale Werkstoffe zur Herstellung von Gefäßen, Formen und Konstruktionen werden in den Tabellen 7a und 7b vorgestellt. Viele Werkstoffe lassen sich im Garten oder in der freien Natur finden, oft kann auch „Abfall" vom Gehölz- und Heckenschnitt verwertet werden.

Materialien

Baumärkte sind wahre Fundgruben für Materialien, die sich für Gefäße und Gestelle kreativ zweckentfremden lassen.

Bauschaum

Bauschaum ist ein ungewöhnliches Material. Eine natürliche Wirkung kann man ihm nicht bescheinigen, aber er eignet sich für sehr interessante Gestaltungen.

Blei

Bleifolie bekommen Sie beim Dachdecker. Je nach Stärke ist sie gut biegsam und kann als

Dieser Kranz wird auf einer Platte aus Bleifolie präsentiert.

Tab. 7a Pflanzliche Werkstoffe für den Aufbau von Konstruktionen

Pflanzenteile	Deutscher Name	Botanische Bezeichnung
Äste	Apfel Hartriegel Hasel, Korkenzieher- Kirsche Schlehe	Malus Cultivars Cornus alba Corylus avellana 'Contorta' Prunus in Arten Prunus spinosa
Halme	Chinaschilf Flügelknöterich, Japanischer Rohrkolben, Breitblättriger Schachtelhalm, Winter-	Miscanthus sinensis Fallopia japonica Typha latifolia Equisetum hyemale
Ranken	Efeu Waldrebe, Gewöhnliche Wein, Wilder	Hefera helix Clematis vitalba Parthenocissus quinquefolia
Rinde	Kiefer, Schwarz- Zimtbaum (Zimt)	Pinus nigra Cinnamomum zeylanicumi
Blätter	Buchs Kirschlorbeer Olive Pappel, Silber-	Buxus sempervirens Prunus laurocerasus Olea europaea Populus alba
Zapfen	Fichte, Gewöhnliche Kiefer, Wald- Pinie	Picea abies Pinus sylvestris Pinus pinea
Nadeln	Kiefer, Schwarz- Kiefer, Wald- Pinie	Pinus nigra Pinus sylvestris Pinus pinea
Sonstiges	Wolfsmilch, Dornige	Euphorbia spinosa

Tab. 7b	Pflanzliche Werkstoffe für die Gestaltung von Konstruktionen	
Werkstoffeigenschaften	Deutscher Name	Botanische Bezeichnung
Blüten mit langen Stielen und Bewegung	Amaryllis-Sorten Amazonaslilie Calla-Sorten Milchstern Tulpen (vor allem frz. Sorten) Schmucklilie, Immergrüne Steppenkerze Zierlauch	*Hippeastrum* Cultivars *Eucharis amazonica* *Zantedeschia* Cultivars *Ornithogalum* in Arten *Tulipa* Cultivars *Agapanthus praecox* *Eremurus* in Arten *Allium* in Arten
Gerade Werkstoffe	Schachtelhalm, Winter- Trommelschlägel	*Equisetum hyemale* *Craspedia globosa*
Lineare Blätter	Bärengras Steelgras	*Xerophyllum tenax* *Xanthorrhoea australis*
Flächige Blätter	Bergenie Bronzeblatt, Galax Funkien-Sorten Pfeilblatt Philodendron, Baum- Purpurglöckchen-Sorten	*Bergenia crassifolia* *Galax urceolata* *Hosta* Cultivars *Alocasia sanderiana* *Philodendron bipinnatifidum* *Heuchera* Cultivars
Früchte	Brombeere, Echte Granatäpfel Lampionblume Lotusblume, Indische Seidenpflanze, Baumwoll- Weintrauben Zierapfel-Sorten Ziergurken	*Rubus fruticosus* *Punica granatum* *Physalis alkekengi* *Nelumbo nucifera* *Asclepias fruticosa* *Vitis vinifera* *Malus* Cultivars *Cucumis dipsaceus*
Füllende Werkstoffe	Buchsbaum Fetthenne, Schöne Lavendel Perückenstrauch Schneeball	*Buxus sempervirens* *Sedum spectabile* *Lavandula angustifolia* *Cotinus coggygria* *Viburnum opulus*
Rankende und verbindende Werkstoffe	Ackerwinde Baumwürger, Rundblättriger Efeu Jasmin Passionsblume Ruhmeskrone Spargel, Feder- Spargel, Stechwinden-	*Convolvulus arvensis* *Celastrus orbiculatus* *Hedera helix* *Jasminum polyanthum* *Passiflora caerulea* *Gloriosa superba* 'Rothschildiana' *Asparagus setaceus* *Asparagus asparagoides*
Hängende Werkstoffe	Fuchsschwanz, Garten- Greisenbart/Tillandsie Gundermann, Gewöhnlicher Leuchterblume, Hängende	*Amaranthus caudatus* *Tillandsia usneoides* *Glechoma hederacea* *Ceropegia linearis* ssp. *woodii*
Wasserpflanzen	Wasserlinse, Winzige	*Lemna minuta*

Verbindungselement (schmale Bandstreifen), für Gefäße oder auch zur Abdeckung eines Tischs oder Arbeitsplatzes im Außenbereich verwendet werden. Blei ist gesundheitsschädlich, darum sollten Sie beim Umgang mit diesem Material immer Handschuhe tragen.

Draht

Gitter und gefäßartige Konstruktionen sind recht einfach aus Draht zu flechten. Um vorgefertigte Körbe und Gefäße zu vergrößern, arbeiten Sie Steckdrähte in die Grundform ein oder legen das Geflecht separat in das Gefäß ein. Zusätzlich können Sie das Drahtgerüst mit Stäben, Ästen, dünnen Zweigen und Fasern durchflechten und auch Reagenzgläser darin befestigen.

Drahtkorb aus Steckdraht

Sie benötigen Steckdrähte oder Spanndraht, deren Stärke sich nach der Verwendung Ihres Geflechtes richtet.
Unlackierte Drähte können mit Naturfasern umwickelt oder in Hohlstängel von Getreide oder Schachtelhalm geschoben werden. Für farbige Gestaltungen eignen sich auch bunte Trinkhalme.

- Man beginnt mit zwei sich überkreuzenden Drähten, die mit den Händen zwei- bis dreimal verdreht werden.
- Weitere Drähte werden hinzugenommen, überkreuzt und wieder verdreht, sodass gleichmäßige oder nach außen hin kleiner bzw. größer werdende Gittersegmente entstehen.
- Bereits verdrehte Drähte werden nicht noch einmal miteinander verbunden, sondern mit neuen überkreuzt.

Werkstoffe und Materialien 77

- Abschließend werden alle Drähte gleichmäßig abgeschnitten, umgebogen oder mit Werkstoffen verdeckt.

Geflochtenes Drahtgestell

Die Flechttechnik bietet sich auch für verschiedene Fußkonstruktionen (rund, Entenfuß), Gefäße und andere Konstruktionen (Fächer, Straußhalterungen) an. Größen und Abstände können variabel gestaltet werden. Gearbeitet wird mit 16er oder 18er Steckdrähten, die mit Pflanzenfasern umwickelt oder in Halme geschoben werden. Zusätzlich benötigen Sie blaugeglühten Wickeldraht oder Rebdraht. Wer möchte, kann natürliche Fasern in die Gestaltung einarbeiten.
- Fassen Sie eine ungerade Zahl Steckdrähte zu einem parallelen Bündel zusammen, das Sie in der Mitte mit Wickeldraht eng und gleichmäßig abwickeln.
- Die äußeren Drahtenden werden für einen Fuß rechtwinklig, für einen Korb oder eine Gefäßhalterung nach oben umgebogen und jeweils spinnenartig auseinander gespreizt
- In die Spreizungen wird Wickel- oder Rebdraht abwechselnd jeweils ober- und unterhalb der Steckdrähte eingeflochten, erst sehr eng und dann immer größer werdend. Sie können zwischen dichten und lockeren Flechtabständen variieren.
- Bei Füßen kommt es vor allem auf eine glatte, feste und stabile Auflagefläche an. Gefäße biegen Sie während der Arbeit in die gewünschte Form.
- Zur Fixierung des Flechtwerks kann jeder Steckdraht am äußeren Rand mit Wickeldraht umwickelt werden.

Eisen

Eisen wird oft zum Schweißen individueller Gestelle, Gerüste und Unterbauten (Kränze) verwendet.
Dafür werden Eisenstangen beispielsweise in standfeste Steine, Baumscheiben mit entsprechender Bohrung oder in Fertigzement eingestellt und stabilisiert.

Für diesen Korb werden zwei Steckdrähte überkreuzt und mit den Händen zwei- bis dreimal verdreht. Weitere Drähte werden hinzugenommen, überkreuzt und verdreht, bis die gewünschte Form erreicht ist. Abschließend werden alle Drähte gleichmäßig abgeschnitten, umgebogen oder mit Werkstoffen verdeckt.

1

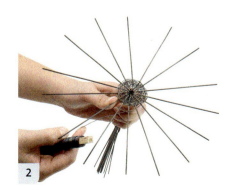
2

3

(1) Eine ungerade Anzahl von Steckdrähten wird zu einem Bündel zusammengefasst und in der Mitte mit blau geglühtem Wickeldraht eng und sauber abgewickelt.
(2) Die jeweils äußeren Drähte werden für den Fuß rechtwinklig abgeknickt, für den oberen Korb etwas gebogen und spinnenartig auseinander gespreizt. In die Spreizungen wird Wickeldraht im Wechsel ober- und unterhalb der Steckdrähte eingeflochten.
(3) Gestalteter Korb aus Drahtgeflecht.

links: Gesteck mit Filz und Dahlien
Mitte: Selbst aus den Klebefäden der Heißklebepistole lassen sich interessante Gefäße herstellen.
rechts: Mit etwas Dekoschnee erhalten die netzartigen Gebilde aus Klebefäden eine winterliche Anmutung.

Filz
Schafwolle ist ein natürliches, sehr weiches Produkt. Der Handel bietet Fertigprodukte wie Matten, Bänder, Kordeln, aber auch Gefäße und Accessoires an. Auch eingefärbte Wolle zum Filzen eigener Entwürfe ist erhältlich. Filzbänder eignen sich sehr gut für den Außenbereich. Gefilzte Kordeln lassen sich, wenn man sie mit einem Steckdraht verstärkt, gut in Formen (Herz) biegen. Filz kann auch zum Ummanteln von Gefäßen verwendet werden.

Gips
Gips wird in Wasser eingerührt und muss zügig verarbeitet werden, da er binnen weniger Minuten abbindet. Ausgehärteter Gips ist reinweiß, kann aber mit Pigmenten oder Abtönfarbe eingefärbt werden.
Vor dem Aushärten lässt sich Gips sehr gut strukturieren, beispielsweise durch das Eindrücken von Blättern, Ästen oder Früchten, auf größeren Flächen auch durch die Art des Auftrags und Bearbeitung mit verschiedenen Spachteln.

Stabile Formen aus Maschendraht können Sie mit pastös angerührtem Gips bestreichen oder mit Gipsbinden umwickeln.
Gips kann auch zum Befestigen von Ästen in Gefäßen genutzt werden. So erhalten die Äste einen festen Stand und können für Nester, Bäumchen oder andere interessante Formen verwendet werden.

Heißkleber
Das transparente Klebemittel selbst eignet sich zur Herstellung netzartiger Gewebe, die man als Gefäße, zur Umrandung von Gefäßen oder als Steckhilfsmittel nutzen kann.
Für die Herstellung des Gewebes benötigen Sie ein Gefäß als Form gebenden „Unterbau", das Sie mit Geschirrspülmittel bestreichen. Darauf ziehen Sie den heißen, zähflüssigen Kleber kreuz und quer in zahlreichen Linien. Hat Ihr Netz die nötige Dichte und Stabilität, tauchen Sie es mitsamt dem Unterbau in kaltes Wasser, sodass die Klebemasse erkaltet und vorsichtig abgenommen werden kann. Das fertige, transparente Netzgewebe können Sie nun mit einem Farbspray Ihrer Wahl aufpeppen oder mit Sprühkleber und Dekoschnee winterlich veredeln.

Holz
Der vielseitige Werkstoff Holz findet in der Floristik viele ganz verschiedene Einsatzgebiete:
Kurze Holzbretter können mit Steckmasse bestückt und als Gesteckunterlagen verwendet werden.
Latten werden zur Herstellung von Rahmen für Wandbilder genutzt.
Holzscheiben und -würfel können durchbohrt und mit Reagenzgläsern bestückt oder als Ständer für Eisen- oder Holzstäbe sowie Steckdrähte verwendet werden.
Bauholz und Bohlen eignen sich für Hinter- und Untergründe, Präsentationsflächen und Arbeitstische.

Werkstoffe und Materialien 79

Maschendraht und Broncenet
Diese vielseitigen Materialien werden als **Einsteckhilfe**, für die Herstellung von **Gefäßen**, **Ummantelungen**, **Matten**, **Kissen** und **Grundgerüsten** sowie für **Formarbeiten** benutzt. Für Matten oder Kissen legen Sie den Maschen- oder Gitterdraht in gewünschter Größe doppelt und füllen den Zwischenraum mit Moos, Blättern, Heu oder Stroh. Abschließend nähen Sie die offenen Seiten mit Wickeldraht zu.

Papier
Handgeschöpftes Papier, Geschenk-, Seiden-, Japan- oder Architektenpapier kann mit Sprühkleber oder Tapetenkleister auf **Gefäße oder andere Untergründe** geklebt werden.
Papierfetzen, die in Tapetenkleister getaucht wurden, eignen sich zum **Abdecken und Verstärken von Gefäßen und Konstruktionen** aus Maschendraht.
Stärkere Papiere und Pappen können für **Manschetten** und als **Ummantelung von Gefäßen** verwendet werden.
Dekorative Wachs- und Ölpapiere lassen sich schnell einrollen und können als **Tüten** verwendet werden.
Papier eignet sich auch gut, um einzelne Flächen in und auf transparent wirkenden Gerüsten und Konstruktionen zu gestalten.

Schneewatte
Die dekorative Watte dient zur winterliche Ummantelung von Gefäßen und Formen. Sie eignet sich ebenfalls sehr gut zur Gestaltung von Präsentationsflächen.

Sisal
Durch Auftragen von Sprühkleber erhalten diese aus der Agave gewonnenen Fasern Stabilität und lassen sich gut mit den Händen zu Nestern, Kränzen und Spindeln formen. Mit Hilfe von Tapetenkleister und verschiedenen Floralien können aus Sisal auch Matten hergestellt werden.

unten: Papiere können Sie mit Tapetenkleister auf glatte Gefäßoberflächen und andere Untergründe aufkleben.
rechts: Schneewatte wirkt bezaubernd winterlich und ein bisschen romantisch. In den Schneeball ist ein Reagenzglas versteckt, das die Phalaenopsis mit Wasser versorgt.
ganz rechts: Schalen aus Sisal sind leicht herzustellen. Decken Sie eine Schüssel mit Frischhaltefolie ab und breiten Sie darauf lagenweise Sisalfasern aus, die Sie mit Sprühkleber fixieren, bis eine stabile Form entstanden ist.

Schnell zu realisieren sind Kissen und Matten aus Maschendraht, die mit Heu, Stroh oder Moos gefüllt werden können.

Strukturpaste

Zur Herstellung von **Wandbildern** wird Strukturpaste, die man auch für die Acrylmalerei verwendet, auf Holzbretter oder Leinwände aufgebracht und mit Floralien, Muscheln, Steinen oder anderen Werkstoffen gestaltet. Tönt man die Paste mit Farbpigmenten, Acryl- oder Abtönfarben ein, kommt ihre plastische Wirkung noch besser zur Geltung. Strukturpasten sind mit verschiedenen Zuschlagstoffen wie Lava-Granulat, Glasstäbchen oder Sand im Fachhandel für Künstlerbedarf erhältlich. Eine preiswertere Alternative ist Kunstharz-Spachtelmasse aus dem Baumarkt, in die Sie selbst Struktur gebende Stoffe wie Sand oder Kies mischen können.

Styropor

Styroporunterlagen eignen sich vorzüglich zum Haften, Pinnen, Umwickeln oder Bekleben. Das Schaummaterial lässt sich in alle erdenklichen Formen schneiden und mit Heiß- oder Styroporkleber auch zu **Umrahmungen** und **Gefäßen** verarbeiten. Der Fachhandel bietet viele fertige Styroporformen an, die Sie auch als Gefäße gestalten, bestecken oder bepflanzen können.

Ton

Ton lässt sich in feuchtem Zustand gut modellieren, trocknet aber schnell aus und muss darum in gut verschlossenen Plastikbeuteln aufbewahrt werden. In Bastelgeschäften und Hobbyabteilungen von Baumärkten bekommt man verschiedene Tonqualitäten in erdigen Farbtönen. Durch den Brand wird aus Ton stabile Keramik, doch auch lufttrocknende Tone haben in der Floristik viele Einsatzgebiete. Früher verwendete man Ton als Steckhilfsmittel für Trockengestecke. Heute dient er als Grundstoff, um auch ohne Brennen **neue Gefäße herzustellen** oder zu **verändern**.

Für die Herstellung eines Gefäßes ist es sinnvoll, zuerst einen stabilen Unterbau aus Maschendraht und Stäben anzufertigen und mit Papier oder Vlies zu umkleben. Mit etwas Wasser wird der Ton zu einem Brei vermischt und in mehreren dünnen Schichten aufgetragen. Auch fertige Körbe und Kugeln sowie Rohlinge aus Steckmasse können mit Tonbrei bestrichen werden. Zur Erhöhung der Festigkeit kann der Tonmasse Holzleim zugegeben werden. Durch den Trocknungsprozess verliert der Ton bis 10 % seines Volumens und es entstehen Risse, die für großflächige Gestaltungen durchaus reizvoll sein können. Wenn jedoch eine geschlossene Oberfläche gewünscht ist, müssen die Risse in einem zweiten Arbeitsgang mit Tonbrei verstrichen werden.

Zum Strukturieren können in die Oberfläche des feuchten Tons trockenes Herbstlaub, Hortensienblüten, Skelettblätter oder Zimt (als Stücke oder gemahlen) eingedrückt werden.

Ungebrannte Tongefäße sehen sehr individuell aus, sind aber brüchig und sollten vor Feuchtigkeit geschützt werden, damit sie sich nicht auflösen. Damit ungebrannter Ton keine Flecken auf Möbeln und anderen Untergründen hinterlässt, legen Sie Filz unter die Gefäße.

Wachs

Mit Hilfe der Hohlformtechnik können Vasen, Töpfe und Schalen aus Wachsresten gefertigt werden. Das Prinzip ist recht einfach:
- Legen Sie eine Schale mit stabiler Folie aus und gießen Sie geschmolzenes Wachs hinein.
- Decken Sie den Boden einer zweiten Schale mit Folie ab. Setzen Sie diese Schale in die erste und beschweren Sie sie mit einem Stein. Bei diesem Arbeitsschritt sollte möglichst kein Wachs auslaufen.
- Nach dem Aushärten werden die Folien vom Wachs und den Schalen gelöst.
- Die Oberfläche der Wachsschale kann nach Wunsch mit

Diese Kugeln wurden mit Ton bestrichen und erhielten dadurch eine erdverbundene Ausstrahlung.

einem Föhn geglättet werden. Damit sie fest steht, glätten Sie den Boden mit einem alten Bügeleisen.

Wachs schmilzt bereits ab 40°C, und der Flammpunkt liegt – je nach Qualität und Zusammensetzung – nicht weit über 100°C. Darum sollten Sie es nie direkt im Topf auf der Herdplatte schmelzen, sondern immer im Wasserbad, zum Beispiel in einer ausgewaschenen Konservendose in einem alten Kochtopf. Stellen Sie die Herdplatte auf niedrige bis mittlere Hitze ein und achten Sie darauf, dass kein Wachs auf die Hitzequelle gelangt. **Das Schmelzbad darf nie unbeaufsichtigt bleiben!**
Sollte das Wachs bei aller Vorsicht Feuer fangen, löschen Sie keinesfalls mit Wasser (Gefahr einer Fettexplosion), sondern verwenden Sie eine Löschdecke. Genau wie das Filzen ist das Wachsen eine Arbeit, die man sehr gut im Freien ausführen kann. Für **Grundformen** verwenden Sie einfache, glatte Gefäße aus Kunststoff, Glas oder Metall. Die obere Öffnung sollte groß genug sein, um das Wachs leicht eingießen zu können. Bestreicht man die Gefäße vor dem Füllen mit Spülmittel, lässt sich die erstarrte Wachsform später besser ablösen.
Sehr interessant sieht es aus, wenn man Zweige, Gräser, getrocknete Früchte, Blätter, kleine Zapfen, Zimt und Orangenscheiben in das Wachs eingießt. Eine Wachsschicht eignet sich auch zum **Veredeln** simpler **Tontöpfe**, mit Laub ummantelter Gefäße oder mit Papier beklebter Objekte. Selbst gerollte oder gefaltete **Tüten** oder **Formen** aus normalem Kopier- oder Geschenkpapier können durch mehrmaliges Tau-

chen oder Bestreichen zu wasserdichten Gefäßen werden.
Flächige Formen oder Teller aus Sisal wirken wie geeist, wenn man sie mehrfach mit fast erkaltetem, weißen oder bläulichen Wachs bestreicht.
Färbemittel für weißes Wachs sind im Bastelfachhandel erhältlich. Weil der endgültige Farbton aber erst nach dem Erkalten erkennbar wird, ist eine kleine Probe ratsam.
Wachsgefäße sind bei ausreichender Stärke der Wachsschicht normalerweise wasserdicht und lassen sich gut als Gefäße nutzen, allerdings dürfen sie nicht der Wärme ausgesetzt werden.

Zement
Normaler Zement wird mit Sand vermischt und zu Beton verarbeitet. Für den Hobbybereich empfiehlt sich Fertigzement, der nur mit Wasser angerührt wird und in Baumärkten in kleinen Gebinden erhältlich ist. Er kann in Getränkekartons eingegossen und vor dem Abbinden mit Stäben

links: Gewachste Tüten lassen sich leicht herstellen. Hier wurde die DIN-A-4-Fotokopie eines Notenblatts zur Tüte gerollt, am oberen Rand einmal getackert und anschließend zuerst mit der Spitze, dann mit dem Öffnungsrand in leicht abgekühltes weißes Wachs getaucht. Zur Weiterverarbeitung und zum Trocknen die Tütenspitze in einen Flaschenhals stellen. Das Wachs für den mittleren Teil der Tüte lässt sich in dieser Position gut mit einem Pinsel auftragen.
unten: Ein Kranzkörper zum Bepflanzen mit einem Überzug aus rotem Wachs. Wachs kann bei starker Sonneneinstrahlung schmelzen und bei Frost spröde werden und reißen.
ganz unten: Füße aus Fertigzement

oder Reagenzröhrchen bestückt werden. Nach dem Trocknen lässt sich die Kartonage problemlos entfernen.

Basiswissen

In der Natur beobachtbare Gesetzmäßigkeiten und Eigenschaften bilden die **theoretische Basis** für das **Ordnen und Gestalten von pflanzlichen Werkstoffen** und helfen dabei, die jeweils passenden Blumen und Pflanzen auszuwählen und miteinander zu kombinieren.

Merkmale pflanzlicher Werkstoffe

Jede Pflanze besitzt eine für sie typische Form (Gestalt bzw. Habitus). Diese Form ergibt sich aus ihrem inneren und äußeren Aufbau sowie den Wachstumsbewegungen. Zur Beschreibung der Gestalt von Pflanzen und ihrer Teile benutzt man den Vergleich mit geometrischen Formen: Linien, Flächen und Körper. Diese ein-, zwei oder dreidimensionalen Ordnungen sollten vom Gestalter bewusst eingesetzt werden (Tabelle 8).

Bewegungslinien

Alle Pflanzen zeichnen sich entsprechend ihrer Genetik und Umwelt durch individuelle Entwicklungs- und Wachstumsbewegungen aus. Die meisten Pflanzen wachsen dem Licht und der Sonne entgegen, einige wenige Richtung Erdmittelpunkt, also nach unten.

Durch die genaue Beobachtung der Bewegungsrichtungen von Sprossachse und anderen Pflanzenteilen (Tabelle 9, rechts) kann den pflanzlichen Werkstoffen eine bestimmte **aktive** oder **passive Bewegung** zugeordnet werden, die bei uns Menschen unterschiedliche Wirkungen und Empfindungen auslösen (Dynamik/Statik). Starke, vertikale und dynamische Bewegungslinien vermitteln Unruhe, horizontale und statische Ruhe.

Je nach **Kraft** und **Bewegung**, die ein Werkstoff aufweist, benötigt er einen bestimmten Abstand zum nächsten. Besonders kraftvolle, aktive Bewegungen besitzen Pflanzen oder Pflanzenteile, deren Wuchsrichtung senkrecht nach oben verläuft und in einer Spitze endet. Solche raumgreifenden Bewegungen benötigen einen großen Freiraum. Im Gegensatz dazu gibt es Bewegungen, die nur wenig Kraft spüren

Die abfließenden Bewegungen sind gezielt und ausdrucksstark eingesetzt.

Tab. 8 Geometrische Gestaltungselemente			
Gestaltungselement	**Dimension**	**Wirkung**	**Pflanzenteile**
Linie	Eindimensional	Linear-richtungsweisend	Halme, Gräser, Asttriebe
Fläche	Zweidimensional	Flächig-eben	Blätter
Körper	Dreidimensional	Körperlich-plastisch	Blüten, Früchte

Tab. 9　Bewegungslinien

Symbol	Bewegungslinien	Verlauf der Linien	Freiraum im Werkstück	Wirkung	Pflanzenbeispiele
	Aufstrebend	Senkrecht nach oben aufstrebend	Über den Endpunkt hinaus	Stärkster Ausdruck: edel, stolz, kraftvoll	Rittersporn, Gladiole, Königskerze
	Aufstrebend allseitig entfaltend	Aufstrebend mit allseitiger, oft sehr ausgeprägte Entfaltung der Blüte	Großer Freiraum; Freistellen und Belassen der Stiele	Vornehm, edel, herrschend	Amaryllis, Lilie, großer Zierlauch, Zyperngras
	Aufstrebend einseitig entfaltend	Zuerst senkrecht, Bewegung zum Ende hin gebremst	Großer Freiraum in Richtung der Entfaltung	Edel, erhaben, raumgreifend,	Strelitzie, Anthurien, Calla
	Aufstrebend, gering entfaltend	Aufstrebend, im Endpunkt sehr gering bis sammelnd	Ordnen sich anderen Formen unter	Füllend, anspruchslos	Rose, Nelke, Gerbera, Dahlie
	Allseitig ausschwingend	Nach allen Seiten gleichmäßige Bewegungen	Großer Freiraum um sich herum	Solitär, raumgreifend, schwingend	Agave, Yucca, Grünlilie
	Einseitig ausschwingend	Aufstrebende Bewegung wechselt zu schwingendem oder bogenförmigem Verlauf	Vermittelnd in Richtung des Verlaufs	Dominierend oder begleitend, elegant, weich mit geringer Spannung	Freesien, Phalaenopsis, viele Gräser
	Kletternd – windend	Meist aufstrebende Bewegungen mit kletterndem und sich windendem Verlauf	Vermittelnd in Richtung des Verlaufs	Begleitend, weich bis spielend mit geringer Spannung	Blauregen, Duftwicke, Efeu-Sorten, Kletterrosen
	Brüchig	Ständige Brechung der Bewegungslinien und -richtungen	Verlangen ruhigen Hintergrund und großzügigen Freiraum	Bizarr, kantig, skurril anmutend	Schlehe, Weißdorn, Sanddorn
	Spielend	Keine eindeutige Wachstumsrichtung erkennbar	In Richtung des Linienverlaufs	Begleitend, ungezwungen, frei	Korkenzieherweide, Clematis
	Lagernd – flächenbildend	Bewegungen passen sich dem Untergrund an, sind unbedeutend	Ohne Freiraum, nur am Boden entlang	Passiv, kriechend, flächig	Moose, Flechten, Polsterstauden
	Lagernd – sammelnd	Auf den Wuchspunkt gerichtet	Kein Freiraum nach außen	Passiv, ruhig, sammelnd, in sich gekehrt	Rosetten von Hauswurz
	Abfließend	Wachstum nach unten, Endpunkte der Ranken wachsen wieder Richtung Sonne	In Richtung der Wuchsbewegung, hauptsächlich nach unten	Passiv vermittelnd zwischen Gefäß/Basis und aufstrebenden Bewegungen	Efeu-Topfsorten, Asparagus-Sorten
	Abfallend	Wachstum Richtung Erdmittelpunkt	Nach unten wachsend, Gegengewicht zu aufstrebenden Bewegungen	Ausgeprägte Passivität, kraftlos	Leuchterblumen, Gehölz-Äste von Trauerformen, z. B. Trauerweide

86 Merkmale pflanzlicher Werkstoffe

> **Aktivität und Passivität**
> Je weiter sich die Bewegung von der Senkrechten zur Waagerechten entwickelt, umso passiver erscheint sie uns.

lassen und daher als passiv eingestuft werden können.
Um eine größere gestalterische Sicherheit zu erlangen, sollten die Bewegungen der einzelnen Pflanzenteile bewusst wahrgenommen werden. Dabei beobachten wir innerhalb einer Pflanze oft mehrere verschiedene Bewegungen wie z. B. aufrecht wachsende Blüten und einseitig ausschwingende Blätter.
In der Mehrzahl der Werkstücke finden wir diese Kombination verschiedener Bewegungen wieder.

Flächen- und Körperformen

Stilistisch betrachtet kann man auf Grund der äußeren Begrenzungslinien in allen Blüten, Blättern und Früchten geometrische Flächenformen (Rechteck, Dreieck, Kreis) bzw. Körperformen (Kegel, Kugeln, Säulen) erkennen. Diese Flächen- und Körperformen werden durch ihre Wachstumsbewegungen geprägt

und stellen bestimmte Anforderungen an die Gestaltung.

Rechteck und Säule

Alle vier Seiten eines Rechtecks stehen im rechten Winkel zueinander. Die sich gegenüberliegenden Seiten sind immer gleich lang. Stellen Sie ein Rechteck auf eine schmale Seite, so vermittelt die Form einen aufstrebenden Eindruck. Denken Sie an voll erblühte Hyazinthen oder einen Rohrkolben, deren Säulenform in der Ansicht einem Rechteck entsprechen. Der aufstrebende Charakter geht sofort verloren, wenn das Rechteck auf eine lange Seite gestellt wird und einen liegenden, ruhenden und damit passiven Eindruck erweckt.

Dreieck, Kegel und Pyramide

Das Dreieck weist mit seinen Spitzen in den Raum. Der Ausdruck eines Dreieckes ändert sich durch verschiedene Winkel und Seitenlängen. Jede geometrische Form (gleichseitig, gleich- oder

rechts: Linien und Flächen von Ranken und Blättern des Efeus
unten: Blüten und Früchte besitzen meist Körperformen.

ungleichschenklig) besitzt eine eigene Dynamik. Deren Wirkung hängt auch davon ab, ob das Dreieck auf einer Spitze oder einer Seitenlinie steht. Die Ausrichtung der Spitze entscheidet über den Eindruck einer Aufwärts- oder Abwärtsbewegung. Dynamisch erscheinen Bewegungen nach oben, da sie den Blick weit über die Form hinaus lenken. Dazu gehören Gladiolen oder die seitlich gerichteten Blüten von Freesien und Strelitzien.
Kegel sind in der Ansicht dreieckig und besitzen einen kreisförmigen Grundriss. Pflanzliche Vertreter sind Fichten und Le-

bensbäume. Weintrauben und Blüten vom Goldregen stellen hängende Kegelformen dar. Kegel werden oftmals mit Pyramiden verwechselt. Pyramiden besitzen ebenfalls von der Seite aus betrachtet einen dreieckigen Umriss, stehen jedoch auf einer drei-, vier- oder vieleckigen Grundfläche. Sie sind weniger in der Natur als in konstruierten Bereichen (Formschnittgehölze, Gefäße) zu finden.

Die Wirkung von Kegeln und Pyramiden ist immer abhängig von der Richtung der Spitze und dem Verhältnis der Grundfläche zur Höhe des Körpers.

Kreis und Kugel

Der Kreis und seine Körperform – die Kugel – sind in sich geschlossen und besitzen eine ruhige und sammelnde Ausstrahlung. In ihnen streben die Kräfte gleichmäßig nach innen zum Mittelpunkt und nach außen zur Umrisslinie. Bei diesen Formen gibt es weder Anfang noch Ende. Der Kreis, der sich auch in einem Kranz oder der Sonne wieder findet, steht als Symbol für Unendlichkeit. Blumen mit kreisförmigen Blüten sind alle Korbblütler (Sonnenblumen, Gerbera). Kugelförmige Blüten finden wir bei Zierlauch und Schmucklilie. Die Kugel wirkt auf Grund ihres Volumens statischer als der Kreis. Gleichzeitig ist sie instabiler, weil sie nur an einem Punkt Bodenhaftung besitzt und schnell in Bewegung geraten kann.

Oberflächen

Jede Fläche eines Pflanzenteils (Stängel, Blatt, Blüte, Frucht) besitzt eine eigene stoffliche Wirkung, die objektiv oder subjektiv sein kann.

Die Oberflächenbeschaffenheit – rau oder glatt, hart oder weich – können wir mit den Augen sehen und mit den Händen fühlen. Für das subjektive Empfinden, das unterschiedlich ausgeprägt sein kann, spielen auch Farbe und Form der Werkstoffe und Materialien, Lichteinwirkung, Standort und Alter der Pflanzen eine Rolle. Weil das subjektive Empfinden stark vom Betrachter abhängt, ist nicht immer eine eindeutige Zuordnung von Pflanzenteilen möglich.

Umgekehrt kann auch die Oberfläche die Intensität der Farbe beeinflussen. Glatt ausgeprägte Oberflächen lassen Farben leuchtender und heller erscheinen als raue Texturen.

In der floristischen Gestaltung haben die Oberflächen bei texturbetonten Sträußen, Geste-

Die einzelnen bemoosten Zweige besitzen Textur und die Zweige miteinander Struktur (siehe Kasten Seite 88 unten).

Die weiße Farbe unterstützt die zarte, seidige Textur der Tulpenblüte.

Die Fruchtstände der gewöhnlichen Waldrebe besitzen eine wollig-weiche Textur.

Merkmale pflanzlicher Werkstoffe

Tab. 10   Texturen

Texturen	Wirkung	Pflanzenbeispiele
Metallisch	Kühl, hart, modern, metallisch glänzend	Blüten und Blätter der Anthurie, Blätter des Gummibaums
Gläsern	Zerbrechliche Wirkung durch zarte Farben und leichte Formen, Glätte und Glanz korrespondieren mit Transparenz.	Blüten von Glockenblumen, Freesien, Christrose
Porzellanartig	Weiße Blüten mit glatter, fester Oberfläche wirken reiner, plastischer und kräftiger als gläserne Blüten.	Blüten von Seerose, Maiglöckchen, Gardenie, Kranzschlinge, Lilie
Ledern	Glatte und derbe Oberfläche	Blätter der Seerose und Sukkulenten
Samtig	Fühlen sich weich an. Reine dunkle Farben unterstützen die edle und vornehme Wirkung.	Blätter von Usambaraveilchen, Blüten von Gloxinien
Wollig/flauschig	Erinnern an wollige, weiche Stoffe oder Fasern, meist stumpfe Farben (weißlich/grau).	Reife Fruchtstände von Clematis, Perückenstrauch, Weidenkätzchen, Blätter von Wollziest und Königskerze
Seidig	Zart, leicht, rein, weich, duftig, dünn	Blüten von Wicken, Mohn, Kirschen
Rustikal	Dunkle, trübe Farben unterstützen die raue, derbe Ausstrahlung.	Zapfen, Rinde, Zweige, Blüten von Strohblumen, Zinnien
Brokatartig	Erinnern an warm und edel wirkende Brokatstoffe (raue Oberfläche mit eingewebten Metallfäden), die oft kupferfarben glänzen.	Blätter von Begonie und Buntnessel

cken, Objekten sowie Wanddekorationen (florale Bilder) eine große Bedeutung.
Mit ähnlichen Texturen sind Gleichklänge, mit unterschiedlichen Oberflächen Kontraste zu erzielen. Entsprechend der Wirkung der stofflichen Erscheinung kann folgende Einteilung vorgenommen werden (Tabelle 10).

Geltungsansprüche

Eine gute floristische Gestaltung berücksichtigt neben Individualität und natürlichem Wuchs der Pflanzen auch deren unterschiedliche Eigenschaften. Aus der Wahrnehmung dieser Eigenschaften leiten wir als Gestalter bestimmte Geltungsansprüche und Wertigkeiten ab. Dabei beschreiben wir Pflanzen mit Attributen des menschlichen Wesens, etwa stolz, herrschend, unterordnend oder gesellig. Diese Einteilung beschreibt den Anspruch auf den Freiraum der Blume oder Pflanze, aber auch ihre wertmäßige Stellung in der Gestaltung.
Eine kraftvolle Blüte der Strelitzie stufen wir wesentlich höher ein als eine fast unscheinbare Blüte des Gänseblümchens, zu der wir uns zum Pflücken auch noch bücken müssten. Der natürliche Wuchs und die Körperform bestimmen demnach den Geltungsanspruch. Je **dominanter** das Erscheinungsbild einer Pflanze ist, umso **höher** stufen wir ihren Geltungsanspruch und ihre Wertigkeit ein. Die Einteilung der Pflanzen erfolgt in drei Wertstufen: hoher, mittlerer, geringer Geltungsanspruch.

Hoher Geltungsanspruch

Blumen und Pflanzen mit hohen Geltungsansprüchen benötigen viel Freiraum. Nur in Einzelstellung entfalten sie ihre ganze Pracht. Wir können zwischen Herrschafts- und Edelformen unterscheiden.
Die **Herrschaftsformen** erheben sich über andere und zeichnen sich durch stolzen Wuchs aus. Ihre Gestalt ist kraftvoll. Ihre Blütenstände entfalten sich frei und nehmen Raum ein (Amaryllis, Lilien) oder haben eine auffallende Form (Heliconie).

Textur und Struktur
Alle Oberflächen von Werkstoffen und Materialien, die wir als zweidimensionale Flächen mit Breite und Länge wahrnehmen, bezeichnen wir als **Textur**.
Wird die Höhe als innere Gliederung einer Form mit einbezogen, sprechen wir von **Struktur**. Sie beschreibt die dreidimensionale Wahrnehmung von Breite, Länge und Höhe.
Im Winter, wenn die Natur sich im unbelaubten Zustand zeigt, können Strukturen am deutlichsten wahrgenommen werden. Mit zunehmender Belaubung gewinnen Gehölze wieder an Textur.

Bühne frei für die Solisten

In einem Werkstück ist es sinnvoll, nur wenige „Solisten" zu verwenden. Alle anderen Blumen werden ihnen untergeordnet.

Zwei Varianten bieten sich an, diese starken Persönlichkeiten in eine Gestaltung einzubringen:

Herrschaftsformen wollen über andere herrschen. Wir nehmen daher einen oder nur zwei bis drei „Herrscher" als Gruppe zusammen und gestalten diese über Blüten oder Pflanzen mit geringerem Geltungsanspruch.

Edelformen umspielen Sie mit grazilen Ästen, Gräsern oder Ranken. In die Basis fügen Sie einige untergeordnete, Halt gebende Formen ein, welche die Kostbarkeit der Blüten zu unterstreichen.

oben: Eine Strelitzienblüte: erhaben und kraftvoll
rechts: Edel und kostbar wirkende Orchideen benötigen nicht viel Beiwerk.

Edelformen zeichnen sich durch die Eleganz und Kostbarkeit ihrer Blüten (Orchideen, Anthurien, Edelrosen, Calla) aus.

Mittlerer Geltungsanspruch

Die Blumen und Pflanzen in dieser Gruppe sind sehr anpassungsfähig. Einerseits sind sie so ausdrucksstark, dass man sie solitär oder in einer kleinen Gruppe arrangieren kann. Andererseits passen sie in eine relativ dicht gedrängte Fülle, sind gesellig oder ordnen sich einer Herrschaftsform unter. Blumen und Pflanzen mit mittlerem Geltungsanspruch werden in Geltungs- und Prunkformen unterteilt.

Die **Geltungsformen** besitzen noch einen relativ hohen Gel-

Geltungsansprüche bei einer Parkanlage: Bäume besitzen hohe, Sträucher mittlere und Rabattenpflanzen geringe Geltungsansprüche.

Auch gefüllt blühende Tulpen wirken sehr prunkvoll.

Sehr viele kleine Blüten sehen entzückend in großer Gemeinschaft aus.

tungsanspruch. Tulpen zum Beispiel können sich Herrschaftsformen unterordnen, aber auch Blüten und Pflanzen mit geringerer Geltung beherrschen. Durch entsprechende, oft reduzierte Anordnung und Freistellung der Blüten im Werkstück können sie sogar zur Herrschaftsform aufgewertet werden.

Bindet man zahlreiche Tulpen in einem Strauß, mindert die dichte Anordnung ihren Geltungsanspruch und sie ordnen sich der Gruppenwirkung unter.

Zu den **Prunkformen** gehören besonders großblütige und runde Blüten von Dahlien, Hortensien, großblumige Chrysanthemen, Garten- und Pfingstrosen.

Geringer Geltungsanspruch

Gemeinschaftsformen fügen sich in die Gemeinschaft problemlos ein und fallen durch geringe Wuchshöhen und schlichte Formen auf. Sie brauchen wenig Freiraum und ordnen sich bereitwillig den Formen mittlerer und großer Geltung unter. Ein einzelnes Stiefmütterchen in einer Rabatte übersieht man leicht. Werden jedoch Hunderte gepflanzt, nehmen wir ihre ausdrucksvollen Blütengesichter wahr.

Zu den Pflanzen mit geringem Geltungsanspruch gehören auch Pflanzen, die als **verbindende Persönlichkeiten** bezeichnet werden, etwa Blätter, Gräser sowie kriechende, hängende oder fließende Bewegungsformen.

Manipulation des Geltungsanspruchs
Im Herbst gibt es oft Sträuße mit nur einer Sonnenblume, die sehr tief in den Strauß gebunden wird. Dadurch wird die kraftvolle, langstielige Sonnenblume zu einer Blume mit geringem Geltungsanspruch herabgemindert. Andersherum ist es möglich, Blüten mit einem weniger ausgeprägten Geltungsdrang durch Einzelstellung oder dominierende Größe zu einer Geltungs- oder sogar Herrschaftsform aufzuwerten.
Durch überlegte Gestaltung können also die Eigenarten der Werkstoffe bewusst verändert werden.

rechts: Die Zierlauchkugeln mit langen Stielen zeigen sich in ihrer ganzen Pracht und können sich voll entfalten.
unten: Die kurzstieligen Sonnenblumen und Kugeln des Zierlauchs dagegen ordnen sich der Gesamtform unter.

Ordnen und Anordnen von pflanzlichen Werkstoffen

Ordnungsarten

Ausgestattet mit etwas theoretischem Wissen über Vorbereitung und Eigenschaften der floralen Werkstoffe geht es nun an die Gestaltung. Möchten Sie ein florales Arrangement mit klassischem Charakter oder mögen Sie lieber etwas Modernes?
Neben Ihren eigenen Vorlieben richtet sich die Ordnungsart nach Anlass, Raum, Architektur und Stil der Umgebung.
Die Natur dient auch hier als Vorbild. Der Charakter einer Ordnung ist entweder gleichmäßig (symmetrisch) oder ungleichmäßig (asymmetrisch). Innerhalb einer Ordnung können kleine Abweichungen auftreten, aber Symmetrie und Asymmetrie können nicht gleichzeitig existieren.

Symmetrie

Unter Symmetrie oder strenger Ordnung versteht man in erster Linie **Spiegelbildlichkeit**, also die Deckungsgleichheit zweier Hälften, die durch eine Mittelachse geteilt werden. Die Seiten müssen nicht identisch sein, sollten aber optisch ausgewogen erscheinen. Die Symmetrie bezieht sich auch auf Mengen, optische Gewichtungen, Farben und Formen. Das Hauptmotiv befindet sich immer in der geometrischen Mitte, durch welche die Symmetrieachse verläuft. Nebenmotive werden paarweise in gleicher Größe, Form, Farbe und Abstand spiegelbildlich angeordnet. Neben dieser Monosymmetrie existieren noch weitere Formen der Symmetrie, die alle in der Natur zu finden sind. Die Unter-

Symmetrisch gearbeitetes kugeliges Gesteck aus Früchten.

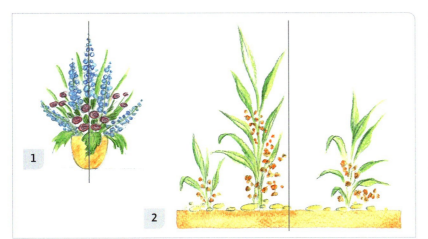

Ordnungsarten
(1) Symmetrische Anordnung
(2) Asymmetrische Anordnung

Ordnen und Anordnen von pflanzlichen Werkstoffen

Tab. 11 Arten der Symmetrie

Symmetriearten	Eigenschaften	Werkstücke
Monosymmetrie	Eine Symmetrieachse	Gleichmäßige Herzformen
Disymmetrie	Zwei Symmetrieachsen Merkmale: Achsen und Kreuzungspunkt der Achsen, Hauptmotiv in der Mitte	Langgestreckte Tischgestecke, Bogensträuße, Friese, Formbinderei (Rechtecke, Rauten, Ellipsen)
Radiärsymmetrie	Drei und mehr Symmetrieachsen	Rund gearbeitete Sträuße, Gestecke und Kränze mit gleichmäßiger Werkstoffverteilung, Formbinderei (Quadrat, Kreis, gleichschenklige Dreiecke)
Dreh- oder Rotationssymmetrie	Entsteht durch Drehung von Nebenmotiven um einen Mittelpunkt	Kränze mit Werkstoffen, die nur in eine Richtung weisen
Reihensymmetrie	Nicht mittenorientiert, einzelne Elemente oder Gruppen einer Reihe zeigen gleiche Merkmale und Zugehörigkeiten und sind um gleichmäßige Abstände miteinander verschoben	Girlanden

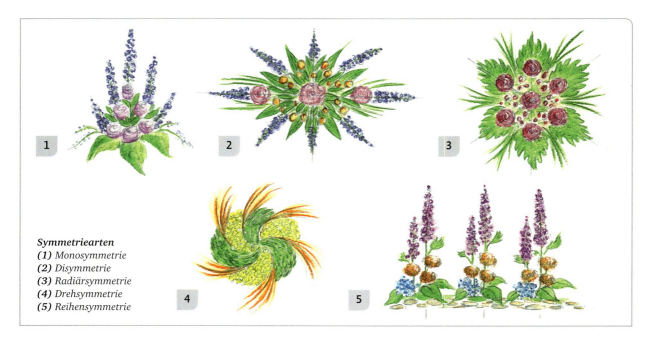

Symmetriearten
(1) Monosymmetrie
(2) Disymmetrie
(3) Radiärsymmetrie
(4) Drehsymmetrie
(5) Reihensymmetrie

schiede ergeben sich aus der Anzahl der vorhandenen Symmetrieachsen oder Symmetrieebenen und sind in Tabelle 11 vorgestellt.

Die Wirkung symmetrischer Werkstücke ist festlich, streng, ruhig, klassisch und kann je nach Werkstoffauswahl auch verspielt und romantisch anmuten. Symmetrie wird zum größten Teil für repräsentative und festliche Anlässe verwendet. In rund gebundenen Sträußen, Kränzen, Girlanden, Kugeln, Tropfen- und Kreuzformen werden die Werkstoffe in der Regel symmetrisch angeordnet. Symmetrische Werkstücke besitzen ein optisches Gleichmaß, das schnell zu erfassen ist.

Auch Blüten, Früchte und Fruchtstände sind sehr häufig symmetrisch aufgebaut.

Asymmetrie

Das wesentlichste Merkmal der asymmetrischen Ordnung ist die **Ungleichheit**. In der Asymmetrie gibt es keine optische Mitte, keine Spiegelachse und auch keine gleichmäßige Verteilung der Elemente. Ihre Harmonie beruht auf dem Verhältnis der ungleichen Teile untereinander und zur Gesamtheit. Um eine ausgewogene

Verteilung ohne Betonung der Mitte zu erreichen, werden verschieden starke Dominanzen (Gruppen) benötigt. Die größeren Teile bestimmen die Form und den Charakter des Ganzen, während kleinere Teile sie begleiten oder sich unterordnen. Ein wichtiges Hilfsmittel zur Gestaltung dieser Proportionen ist der **Goldene Schnitt** (siehe Seite 105 ff.).
Die Asymmetrie steht der Natur näher als die Symmetrie. Sie ist die bevorzugte Ordnungsart für alles Moderne und für die vegetative Gestaltung sogar die einzig mögliche Ordnungsart. Ihre Wirkung ist frei, natürlich, dynamisch und spannungsreich.

Symmetrie trifft Asymmetrie
Eine asymmetrische Ordnung kann Teile enthalten, die in sich symmetrisch sind – und umgekehrt. So kann beispielsweise ein Baum einen asymmetrischen Kronenaufbau besitzen, aber symmetrische Blätter, Blüten und Früchte tragen. In der Floristik wäre es denkbar, asymmetrische Begonienblätter in einen symmetrischen Strauß zu integrieren.

Das asymmetrisch gestaltete Gesteck besitzt zwei verschieden lang ausgearbeitete Seiten mit unterschiedlich angeordneten Werkstoffen.

Neben Symmetrie und Asymmetrie werden in der Floristik weitere Möglichkeiten zum Ordnen von Werkstoffen genutzt.

Weitere Ordnungsgefüge

Reihung

Die Reihung ist ein Ausdruck einer Zusammengehörigkeit, die durch die Regelmäßigkeit aufeinander folgender Teile gekennzeichnet ist.
Reihungen können linear als aufgefädelte Ketten oder als flächige Muster in Tisch- oder Wanddekorationen gestaltet werden. Die räumliche Erfassung einer Reihe geht immer nur in eine Richtung. Die Arbeitsweise geht in eine Richtung (eindimensional), die räumliche Ausdehnung beschränkt sich nur auf die spezifische Ausdehnung der Werkstoffe selbst.

Einfache oder stetige Reihung
In Form, Farbe und Größe gleiche Elemente werden in gleichen Abständen angeordnet. Die einfache Reihung einzelner Blütenformen findet man oft in Kränzen und Girlanden. Für klassische Bühnendekorationen eignet sich die einfache Reihung von Schmuckelementen oder Pflanzgefäßen. Von ihnen geht eine gleichmäßige Wirkung aus.

Tab. 12 Gegenüberstellung der Ordnungsarten

	Symmetrie	Asymmetrie
Bevorzugte Gestaltungsart	Dekorativ	Vegetativ, formal-linear
Merkmale	Spiegelgleich durch Spiegelachse	Nicht spiegelgleich, da keine Spiegelachse
Hauptmotiv/-gruppe	Befindet sich in der geometrischen Mitte	Befindet sich rechts oder links versetzt von der geometrischen Mitte
Optisches Gewicht	Ausgewogen durch spiegelbildliche Anordnung gleicher Nebengruppen	Ausgewogen durch Anordnung ungleicher Gruppen (Haupt-, Gegen- und Nebengruppe) nach dem Goldenen Schnitt und Hebelgesetz
Waagepunkt	Liegt unter der geometrischen Mitte	Liegt meist zwischen geometrischer Mitte und dem Hauptmotiv
Wirkung	Feierlich, repräsentativ, streng, klar	Frei, natürlich, ungezwungen, spannungsvoll
Anwendung	Biedermeierstrauß, Tischdekorationen, Trauerschmuck, Formarbeiten (Kränze, Girlanden, Festons)	Naturnahe Gestecke und Pflanzarbeiten, Graphisch wirkende Sträuße und Gestecke

Ordnen und Anordnen von pflanzlichen Werkstoffen

Reihen von Rosen und Zierfrüchten in einem Tablett

Reihungen: *oben: Einfache Reihung, unten: Rhythmische Reihung*

Rhythmische Reihung
Bei der rhythmischen Reihung werden mindestens zwei verschiedene Elemente in gleich bleibender Abfolge angeordnet. Die regelmäßige Wiederholung der Elemente, auch Rapport oder Intervall genannt, führt zu einer gleichmäßigen Ausprägung von Mustern.
Die Wirkung der rhythmischen Reihung kann durch verschiedene Abstände der Einzelteile zueinander gesteigert werden.

Abgestufte Reihung
Die abgestufte Reihung besteht aus gleichen Elementen, die jedoch schrittweise in Form, Größe oder Abstand verändert werden.

Unregelmäßige oder freie Reihe
Die lineare Ordnung ist hier noch klar zu erkennen. Verschiedene Werkstoffe und Materialien werden in unterschiedlichen Größen, Formen oder Abständen aufgereiht.

Streuung

Unter Streuung verstehen wir die Verteilung gleicher oder verschiedener Elemente auf einer Fläche oder im Raum.
Bei der **regelmäßigen Streuung** werden gleiche oder unterschiedliche Formen in optisch gleichmäßigen Abständen verteilt. Spannungsreicher zeigen sich **Streuungen mit Verdichtung**, in denen die Anordnungsdichte der Formen variiert. Unterschiedlich große Verdichtungen können bis zu einer Gruppierung führen.

links: Gleichmäßig gestreute Anordnung von Margeriten auf einem Kranz aus Schleierkraut.
rechts: Heruntergefallene Blüten einer japanischen Kirsche liegen ungleichmäßig verstreut auf einer Wiese.

Gruppierung

Die Gruppierung ist eine flächige (zweidimensionale) oder räumliche (dreidimensionale) Ordnung. Mindestens drei – meist unterschiedliche – Elemente werden zu einem neuen sinnvollen und harmonischen Ganzen zusammengefügt.
Einzelne Werkstoffe setzen entsprechend ihren Geltungsansprüchen innerhalb der Gruppe Schwerpunkte und stellen das Hauptmotiv dar. Die Nebenmotive und bei der Asymmetrie zusätzlich ein Gegenmotiv ordnen sich ihm unter.
Neben der Gestaltung einer einzelnen Gruppe ist auch das Anordnen mehrerer Gruppen möglich.
Ihre Einteilung basiert jeweils auf unterschiedlichen Gruppengrößen sowie auf Höhen- und Größenunterschieden. Dabei finden sich innerhalb jeder Gruppe Gemeinsamkeiten in der Auswahl der Werkstoffe, Materialien, Farben, Formen und Texturen.

Die Sonnenblumen wurden in Gruppen in das Herz gearbeitet.

Gruppierungen können symmetrisch oder asymmetrisch gestaltet werden. Sie beziehen sich nicht nur auf die Anordnung von Werkstoffen, ihre Größen, Mengen und Farben innerhalb eines Werkstückes, sondern auch auf die Anordnung des oder der Werkstücke im Raum.

Gruppierung innerhalb eines Werkstückes

Von Gruppierung wird auch gesprochen, wenn innerhalb eines Werkstückes nicht jede Blüte, jedes Blatt oder jede Frucht einzeln, sondern in Gruppen angeordnet wird (siehe Foto links).

Gruppierung in symmetrischer Anordnung

Bei der symmetrischen Gruppierung werden gleich große Gruppen aus gleichen Einzelelementen in flächige oder räumliche Beziehung zueinander gestellt.
Die **Hauptgruppe** (Hauptmotiv) steht immer in der geometrischen Mitte und bestimmt die Gestaltung. Die gleichwertigen **Nebengruppen** werden rechts und links der Hauptgruppe angeordnet und unterstützen diese in Form, Farbe und Textur.

Die Buchskegel sind symmetrisch rechts und links vom Altar angeordnet.

96 Ordnen und Anordnen von pflanzlichen Werkstoffen

Dieser Altar begünstigt die asymmetrische Anordnung der Vasen.

und die Entschiedenheit in der Gliederung. Ist der Winkel zu flach, geht die Raumwirkung verloren.
Asymmetrie mit ungleichen Teilen vermittelt viel Spannung. Mehr Ausgeglichenheit wird erreicht, indem Sie Haupt-, Neben- und Gegengruppe als symmetrische Einzelgruppen arbeiten, jedoch durch unterschiedliche Hochstellung (vergleichbar mit einem Siegertreppchen) eine Rangordnung herstellen.

Gruppierung in asymmetrischer Anordnung

Im Blickpunkt steht die Dominanz der **Hauptgruppe**, die durch Wuchsrichtung, Form, Größe oder Farbe gekennzeichnet ist. Um die geometrische Mitte konsequent zu vermeiden, wird die Hauptgruppe (Hauptmotiv) rechts oder links von ihr angeordnet. Durch das Hauptmotiv läuft die gedachte Gruppenachse, von der aus die Gewichtung nach beiden Seiten gleich sein muss. Zum optischen Gewichtsausgleich steht ihr eine **Gegengruppe** gegenüber.

Um die räumliche Wirkung der Gestaltung zu verstärken, wird der Hauptgruppe zusätzlich eine **Nebengruppe** zugeordnet. Gegen- und Nebengruppe stehen meist im rechten Winkel zueinander und ihre Abstände von der Hauptgruppe entsprechen der Gestaltung nach dem Goldenen Schnitt. Auf Grund unserer Sehgewohnheiten empfinden wir rechtwinklige Zuordnungen als harmonisch. Selbst in Architektur und Design vermittelt Rechtwinkligkeit Ruhe und Statik. Ist der Winkel zu spitz angelegt, fehlen der optische Freiraum

Goldene Linien und Punkte
Bei einem runden Strauß oder Gefäß wird der jeweilige Durchmesser als Grundlage zur Berechnung des Goldenen Schnitts genommen.
Soll in einem rechteckigen, flachen Gefäß eine asymmetrische, floristische Gestaltung entstehen, teilt man die zwei Seitenlängen jeweils nach dem Goldenen Schnitt (siehe Zeichnung unten) und verbindet die gegenüberliegenden Teilungspunkte. Es entstehen so genannte Goldene Linien und Punkte. Sie markieren die möglichen Positionen der Hauptgruppe bzw. des wichtigsten Werkstoffs.

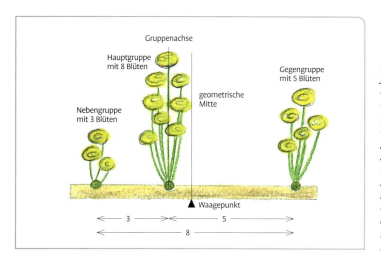

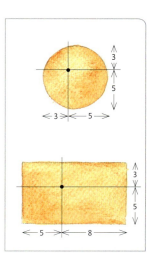

*Grundschemata für eine asymmetrische Gruppierung
links: Haupt-, Gegen- und Nebengruppe sind in Anzahl, Größe und räumlicher Anordnung entsprechend des Goldenen Schnitts angeordnet.
rechts: Goldene Linien und Punkte*

Weitere Ordnungsgefüge 97

Staffelungen
(1) Eine einfache Reihung von Blüten zeigt keine Räumlichkeit.
(2) Räumlichkeit wird erst durch Staffelung erreicht.
(3) Staffelung mit Verdichtung im unteren Bereich.
(4) Staffelung mit Verdichtung im oberen Bereich.

Staffelung

Durch die Staffelung von Blüten und anderen Werkstoffen erreichen Sie innerhalb einer Gruppe mehr Räumlichkeit.
Die Staffelung ist eine einfache Form der Gruppierung und wird immer mit dem gleichen Werkstoff vorgenommen, wobei Farbe, Größe und Entwicklungszustand einer Pflanzenart unterschiedlich sein können.

In Sträußen, Gestecken und Kränzen werden oft mehrere Staffelungen eingearbeitet.
Bei einer **einfachen Staffelung** werden alle Elemente mit nahezu gleicher Größe und gleichem Abstand zugeordnet.
Eine **Staffelung mit Verdichtung im unteren Bereich der Basis** vermittelt das Gefühl von Kraft und Spannung. Kleinere Blüten mit langen Stielen empfinden wir normalerweise als nach oben wegstrebend und sich auflösend. Innerhalb der Staffelung werden sie jedoch von der optischen Anziehungskraft der offenen Blüten in der Basis festgehalten.
Bei abfließenden Arrangements befindet sich die **Verdichtung meist oben**.
Staffelungen sorgen in der Gestaltung für eine innere Gliederung. Ihr Reiz liegt zwischen Verdichtung und Auflockerung.

Stufenweise Veränderung
In einer Staffelung werden Größen und Abstände stufenweise verändert, wobei die Größen nach dem Massenanziehungsgesetz von innen nach außen abnehmen. Die Abstände hingegen nehmen nach dem Goldenen Schnitt von innen nach außen zu.
Das heißt: Die größten und bereits voll aufgeblühten Blumen sollten Sie in der Basis verarbeiten. In entsprechenden Abständen nach oben können Sie dann die meist an langen Stielen befindlichen kleineren Blüten oder Knospen anordnen.

Natürliche Staffelungen von Knospen und Blüten an einer Pflanze des isländischen Mohns.

Pflanzliche Linienverläufe – Möglichkeiten der Anordnung

Ein sehr wichtiges Ordnungskriterium beim Gestalten mit Blumen sind die natürlich gewachsenen Linienverläufe von Pflanzen und Pflanzenteilen (siehe Bewegungslinien, Seite 85) und deren Positionierung im Werkstück. Uns interessieren dabei vor allem Stiele, Zweige, Blätter, Blüten und Wurzeln. Besonders die gebogenen Pflanzenteile verkörpern Dynamik und geben die weitere Gestaltung vor.

Das Gefühl für den Umgang mit Linien muss häufig erst geschult werden. Vorraussetzung ist ein genaues Studieren der natürlichen Linienverläufe und Bewegungen. Der Winter bietet für solche Studien die richtigen Anschauungsobjekte. Auf Grund der fehlenden Belaubung sind bei Gehölzen die Anfangs- und Endpunkte der Bewegungen klar zu erkennen. Pflanzliche Linienverläufe kommen in der Natur in radialer, paralleler, diagonaler, sich windender, sich überschneidender und freier-unregelmäßiger Form vor.

Radialer Linienverlauf

Alle pflanzlichen Werkstoffe werden so angeordnet, dass die Bewegungen real oder optisch aus einem Wachstumspunkt entspringen, wie bei einem Strauch. Beim Strauß ist dies die Bindestelle, beim Gesteck ist es ein gedachter Punkt innerhalb oder unterhalb der Steckbasis.
Charakteristisch sind die stärkere Verdichtung im Entwicklungszentrum und die radiale Bewegung aus dem Zentrum heraus.

Paralleler Linienverlauf

Werden Pflanzenteile senkrecht platziert, „wachsen" alle Werkstoffe aus einem eigenen Wuchspunkt und halten auf dem größten Teil ihrer Länge einen gleichmäßigen Abstand. Durch den Einsatz unterschiedlicher Entwicklungsstadien (Knospe, Blüte, Frucht) sowie gerader, gebogener und umgeknickter Stiele kann das Werkstück spannungsreich gestaltet werden. Die Sichtbarkeit der Werkstoffstiele ist da-

links: Die neuen Triebe wachsen radial aus einem gemeinsamen Wachstumspunkt hervor.
rechts: Hier wurden die Blumenstiele parallel angeordnet.

Überschneidungen schaffen Verbindungen.

bei ein wichtiges Element. Parallele Linienverläufe lassen sich in vielen Werkformen umsetzen, besonders ausdrucksstark jedoch in Gestecken. Bei parallel gebundenen Sträußen werden die Werkstoffe sehr dicht und oftmals bündelartig verarbeitet. Sogar in Kränzen lassen sich einige Werkstoffe parallel anordnen.

Diagonaler Linienverlauf

Streng genommen handelt es sich hier um einen parallelen Linienverlauf. Die Werkstoffe werden jedoch schräg angeordnet, sodass das Werkstück zu einer Seite hin geneigt erscheint. Dabei ist die Statik zu beachten. Den diagonalen Linienverlauf können Sie in Überschneidungen oder in frei angeordneten Gestaltungen verwenden.

Sich windender Linienverlauf

Der sich windende Linienverlauf kann sich nach oben ausrichten, nach unten fallen oder sich in horizontaler Richtung bewegen. Oft wird er als Akzent oder zur Erhöhung der Dynamik in Werkstücken mit anderen dominierenden Linienverläufen eingesetzt. Vorbilder sind rankende Pflanzen, die nach allen Richtungen Halt und Licht suchen, und ungewöhnlich gedrehte Stängel von Mohn oder Zierlauch. Die größte Anwendungsbreite findet sich im Vegetativen, wo Naturnahes dargestellt wird.

Die jungen Hopfentriebe winden sich umeinander.

Sich überschneidender Linienverlauf

Überschneidungen kann es in allen Gestaltungsarten geben. Sie wirken aufregend und ausdrucksvoll. Die Linien der Pflanzenteile kreuzen sich und die Richtungskräfte fließen gegensätzlich. Die Werkstoffe sollten keine oder nur wenige Blätter besitzen. Da im

Mittelpunkt der Gestaltung immer die Linien stehen, eignen sich besonders Blumen mit langen, blattlosen Stielen (Tulpen, Calla), lange, biegsame Gräser und Blätter, mit Draht gestützte Halme (Getreide, Schachtelhalm) sowie auf Draht gesetzte Äste und Stäbe.

Überschneidungen werden entweder gleichmäßig verteilt oder mit Hilfe von Verdichtungen und Auflockerungen deutlich erkennbar gemacht. Die Winkel der gebundenen, gesteckten oder gestellten Stiele können unterschiedlich angeordnet werden. Rechte Winkel sind zu Gunsten des fließenden Verlaufs zu vermeiden.

Besonders spannungsreich zeigen sich Überschneidungen in der Asymmetrie.

Ebenso kann es reizvoll sein, Überschneidungen mit Werkstoffen unterschiedlicher Oberflächen vorzunehmen. Glatte, grüne, blattlose Stiele überkreuzen sich mit stachelbesetzten Zweigen (Wildrosen, Schlehen).

Sich überschneidende Linienverläufe finden Anwendung bei Tisch- und Wanddekorationen. Für Gestecke sollten Sie flache Schalen oder aus Naturmaterialien hergestellte Gefäße bevorzugen. Bei Topfpflanzen können beispielsweise mit Überschneidungen von Ästen ausdrucksstarke Arrangements geschaffen werden.

Frei angeordneter Linienverlauf

Hier ist die Ausrichtung der Stiele auf einen gemeinsamen Punkt (radial) oder in gleicher Richtung (parallel) zu vermeiden. Das Besondere ist ein eigener Wuchspunkt für jeden Werkstoff, aber keine gemeinsame Linienführung. In einigen Fällen kann der Wuchspunkt sogar fehlen. Mit entsprechender, oft minimaler Blumenauswahl können Bewegungslinien und Geltungsansprüche bewusst eingesetzt werden. Eine wichtige Rolle spielen Farbauswahl und -verteilung. Einfarbigkeit oder wenige aufeinander abgestimmte Farben bringen eine gewisse Ruhe in die Gestaltung.
Symmetrische und asymmetrische Werkstücke sind möglich, wobei sich die Symmetrie meist auf den Umriss des Werkstücks bezieht.
Gestecke oder in Steckhilfen eingestellte Blumen sowie Kränze können in der freien Anordnung sehr gut gestaltet werden. Die vegetative Gestaltungsart entspricht dem frei angeordneten Linienverlauf am besten.

Anfang und Ende der Ranken sind nicht mehr zu erkennen.

Wuchspunkte

Positionierung der Wuchspunkte

Ursprung und Verlauf pflanzlicher Bewegungslinien spielen auch in der Gestaltung eine wichtige Rolle, denn es gilt, diese Wuchspunkte gezielt zu positionieren. Sie können sich im Gefäß, unterhalb, oberhalb oder neben dem Gefäß befinden. In der Fachliteratur werden die Begriffe Wuchspunkt, Wuchsmittelpunkt und Entwicklungspunkt gleichbedeutend verwendet. Als Sammelpunkte werden die Punkte der Linienzusammenführung bezeichnet, die nicht den natürlichen Ursprüngen der Bewegung entsprechen, wie das beispielsweise bei Stehsträußen mit langen Stielen der Fall sein kann.

Anzahl und Anordnung der Wuchspunkte

In einem Strauß gibt es nur einen Wuchspunkt (die Bindestelle), in einem Gesteck können dagegen ein oder mehrere Wuchspunkte vorhanden sein. Die Wuchspunkte können sowohl symmetrisch als auch asymmetrisch angeordnet werden

Der Wuchspunkt befindet sich im Gefäß. Diese Position ist die gebräuchlichste Variante und schnell erfassbar.

Würde man die Stiele unterhalb der flachen Schale weiterführen, ergäbe sich ein imaginärer Wuchspunkt.

Der Wuchspunkt liegt nicht nur weit oberhalb des Gefäßes, sondern auch über den Stielen.

102 Wuchspunkte

Tab. 13 Wuchspunkte

Wuchspunkt	Anordnung der Stiele	Anwendung
Im Gefäß	Radiale Anordnung: Stiele werden so eingefügt, dass sie den Anschein erwecken, aus einem Punkt zu entspringen	Sträuße, Gestecke in hohen Gefäßen
Unterhalb des Gefäßes	Stiele werden radial angeordnet, sodass deren gedachte Verlängerungen einem optischen Punkt entspringen (imaginärer Wuchspunkt), der unterhalb des Gefäßes liegt.	Gestecke in niedrigen Gefäßen
Oberhalb des Gefäßes	Die gedachten Verlängerungen hochgestellter Stiele treffen sich in einem optischen Punkt oberhalb des Werkstücks. Von diesem Punkt aus können weitere Linien im Werkstück verlaufen.	Stehsträuße mit langen Stielen, Konstruktionen
Neben dem Gefäß	Anfänglich starre Stiele werden so angeordnet, dass sie den Anschein erwecken, vor, hinter oder neben dem Gefäß zu beginnen	Werkstoffe in Gestecken und Konstruktionen, die von hohen Ständern und Sideboards runterhängen, aber keine abfließenden Eigenschaften besitzen

Anordnung von Wuchspunkten
(1) Der Wuchspunkt befindet sich im Gefäß.
(2) Der Wuchspunkt befindet sich unterhalb des Gefäßes.
(2) Der Wuchspunkt befindet sich oberhalb des Gefäßes.

Alle Stiele im Blumengesteck scheinen aus einem einzigen Punkt zu erwachsen.

Ein Wuchspunkt

Die Mehrheit der Sträuße und Gestecke wird mit einem Wuchspunkt gearbeitet. In der Regel handelt es sich um radial gestaltete Werkstücke.

Mehrere Wuchspunkte

Große und längliche Gefäßformen ermöglichen es, Werkstücke mit mehreren Wuchspunkten zu arbeiten. Werden durch Gruppierung in einem Werkstück mehrere Wuchspunkte radial gestaltet, sollten die Wachstumsbewegungen der einzelnen Werkstoffe jeder Gruppe so verlaufen, dass sie die Bewegungslinien der anderen Gruppen nicht stören – auch dann nicht, wenn sie zueinander verlaufen. Insbesondere bei sehr lockeren Gestaltungen mit größeren Freiräumen sind die Bewegungen im oberen Bereich so anzuordnen, dass sie sich einander zuwenden, damit ein harmonischer, in sich geschlossener Eindruck entsteht.

Bei parallelen, diagonalen, sich windenden, sich überschneidenden und frei angeordneten Linienverläufen spricht man auch von Ausgangspunkten. Ein gemeinsamer Bezugspunkt, von dem alle Linien ausgehen, ist nicht vorhanden. Jede Linie besitzt einen eigenen Ausgangspunkt.

Mehrere Wuchspunkte
(1) Bei dieser radialen Anordnung der Werkstoffe treffen sich die Stängel unterhalb des Gefäßes zu einem imaginären Wuchspunkt zusammen.
(2) In einer parallelen Anordnung besitzt jeder Stängel einen eigenen Wuchspunkt, der sich in oder unterhalb der Steckbasis befinden kann.

rechts: In dieser Pflanzschale sind mehrere Wuchspunkte eindeutig zu erkennen.
links: Auch bei einem Gesteck können mehrere Wuchspunkte angedeutet werden.

Merkmale eines Werkstücks

Umriss

Mit dem Umriss wird die äußere Gesamtform eines Werkstücks bezeichnet. Begrifflich behelfen wir uns wieder mit den geometrischen Grundformen.
Ein rund gebundener Strauß zeichnet sich durch einen, von oben betrachtet, kreisförmigen Umriss aus, seine Seitenansicht ist meist halbkreisförmig.
Je nach Menge und Eigenschaften der verwendeten Werkstoffe und ihrer Anordnung im Strauß können sehr kompakte oder aufgelockerte Straußformen gebunden werden. Dadurch ergeben sich unterschiedliche Umrissformen.

Umrissformen von Werkstücken **(1)** *quadratisch,* **(2)** *rund,* **(3)** *halbkreis- oder bogenförmig,* **(4)** *dreieckig*

Dieser Strauß zeichnet sich durch einen gleichmäßig runden Umriss aus.

Proportionen

Die Proportion gibt in der Floristik u. a. das optisch gute Verhältnis von Maßen (Strecken) an, etwa die Beziehung von Breite, Tiefe und Höhe eines Werkstücks. Ziel jeder Gestaltung ist ein harmonischer Gesamteindruck, doch um diesen zu erreichen, genügt die Intuition meist nicht. Bereits in der Antike haben sich zahlreiche Gelehrte, Architekten und Künstler mit der Thematik der Proportionen auseinandergesetzt.

Proportion der Gleichheit

Klassischen Gartenanlagen, Bauwerke und Kunstwerke empfinden wir oft dann als „schön", wenn einzelne Elemente in einem harmonischen Verhältnis zueinander stehen. Sie gelten als ideal angeordnet und erfüllen so ein wichtiges Schönheitskriterium: Die Gleichheitsproportion. Auch die Kosmetikwerbung bedient sich solcher Kriterien und sucht nach Gesichtern, die sehr gleichmäßige Proportionen aufweisen.
In der Natur sind viele Beispiele für Gleichheitsproportionen zu finden. Einmal gibt es die paarig angelegten Teile vieler Organis-

men – denken Sie an eine Orchideenblüte, an die Flügel eines Schmetterlings oder an den menschlichen Körperbau.
Auch nichtpaarige Elemente können das Gleichheitskriterium erfüllen. So sind die Blütenblätter einer Sonnenblume gleichgroß. Kugel- oder quaderförmige Werkstücke, Gefäße oder Formschnittgehölze erfüllen ebenfalls das Prinzip der Gleichheit und werden als besonders harmonisch empfunden.
Innerhalb eines spiegelbildlich aufgebauten Werkstücks spielen die Gleichheitsproportionen die wichtigste Rolle. Strenge Formarbeiten (Herz, Kugel, Kegel) erfüllen diese Kriterien und vermitteln eine klassische und festliche Wirkung.

Proportion der Ungleichheit oder „Der Goldene Schnitt"

In der Natur gibt es nicht nur gleichmäßige Formen. Das ideale Verhältnis ungleicher Elemente wird mit dem **Goldenen Schnitt** beschrieben und kann mathematisch berechnet werden.
Der Italiener **Leonardo Fibonacci** formulierte bereits um 1200 das „Gesetz der stetigen Teilung" mit einer von ihm entwickelten Zahlenreihe: 1, 2, 3, 5, 8, 13, 21, 34, 55 usw. Jede Zahl stellt die Summe der beiden vorhergehenden Zahlen dar. Teilt man die höhere Zahl durch ihre vorhergehende

Kurze Formel
Die mathematische Beschreibung des Goldenen Schnittes lautet: Wenn eine Strecke in zwei ungleiche Teile aufgeteilt wird und die kleinere Strecke zur größeren in dem Verhältnis steht wie die größere Strecke zur gesamten Strecke, so spricht man vom Goldenen Schnitt.
Als Formel: a:b = b:c.

kleinere Nachbarzahl, so ergibt sich immer annähernd die Zahl 1,6 (siehe Tabelle 14).
In Floristikbüchern werden diese Proportionen immer wieder aufgezeigt, entweder als Verhältnis 3:5 (5:8, 8:13 usw.) oder 1:1,6. Sie wissen jetzt, dass beide Proportionsangaben für den Golde-

ganz oben rechts: Die Blüte des Tausendschönchens ist gleichmäßig aufgebaut.
oben rechts: Der Aufbau des Begonienblatts ist ungleichmäßig.
oben links: Nicht nur die Höhenausdehnung von Gefäß und Werkstück, sondern auch die Breite eines Werkstücks im Verhältnis zu seiner gesamten Höhe können nach dem Goldenen Schnitt festgelegt werden. Diese Zeichnung zeigt ausgewogene Proportionen am Beispiel eines Straußes.

nen Schnitt stehen und ein und dasselbe aussagen.
Die Verhältniszahlen des Goldenen Schnitts entstammen der Natur.
Ein Weinblatt hat die Form eines Pentagramms und Pentagons (Fünfeck). Innerhalb des Penta-

Tab. 14	Der Goldene Schnitt in Zahlen						
a : b	=	b : c	a + b	=	c	c : b	~ 1,6
2 : 3	=	3 : 5	2 + 3	=	5	5 : 3	~ 1,6
3 : 5	=	5 : 8	3 + 5	=	8	8 : 5	~ 1,6
5 : 8	=	8 : 13	5 + 8	=	13	13 : 8	~ 1,6
8 : 13	=	13 : 21	8 + 13	=	21	21 : 13	~ 1,6
13 : 21	=	21 : 34	13 + 21	=	34	34 : 21	~ 1,6

106 Merkmale eines Werkstückes

Tab. 15	Proportions- und Bewegungsrichtungen von Werksstoffen in einem Werkstück	
Proportionsrichtung	Ausdehnung	Bevorzugte Bewegungen
Senkrecht nach oben	In die Höhe	Aufwärtsstrebend, dynamisch
Senkrecht nach unten	In die Tiefe	Abfließend
Horizontal	In die Breite	Kriechend, sammelnd
Diagonal	In Höhe, Breite, Tiefe	Aufrecht, abfließend
Allseitig	In Höhe, Breite, Tiefe	Aufrecht, ausschwingend, abfließend

links: Mehrere Schalen sind dicht nebeneinander über den gesamten Tisch aufgestellt. Die Proportion richtet sich vorrangig in die Horizontale aus.

gramms verhalten sich die Strecken zueinander wie 3:5 und 5:8.

Sehen wir uns eine Sonnenblumenblüte an, erkennen wir, dass das Verhältnis Durchmesser des Blütenbodens zur Breite des Blütenringes auch 3:5 entspricht. Beim Menschen steht die Kopfhöhe zum Oberkörper im Verhältnis 3:5, der Oberkörper wiederum zum Unterkörper zeigt die Proportion 5:8. Diese Proportionen sind ebenfalls bei unseren Gliedmaßen zu finden.

Bei der Gestaltung floraler Werkstücke wird diese proportionale Gesetzmäßigkeit in der Dreidimensionalität angewendet, das heißt, in alle Richtungen, in die das Werkstück strebt. Die Gefäße werden bei der Erarbeitung harmonischer Proportionen mit einbezogen.

Mit der Proportionsermittlung des Goldenen Schnittes können daher
- die Höhe, Breite und Tiefe eines Werkstücks,
- das Verhältnis der floralen Füllung zum Gefäß sowie
- die Anordnung von Gruppen im Werkstück bestimmt werden.

unten links: Der Sommerstrauß ist nach allen Seiten gestaltet.
unten Mitte: Die Ausrichtung der Proportionen und Werkstoffe geht nach oben.
unten rechts: Durch die abfließenden Werksstoffe richtet sich die Proportion des Werkstücks nach unten.

Durch klar definierte Proportionen ergibt sich ein logischer Aufbau in der Gestaltung. Man erkennt die Notwendigkeit, sich im Vorfeld Gedanken über seine Arbeit zu machen und als Vorbereitung bemaßte Skizzen anzufertigen.

Unter- und Überproportionen

Die Proportionen nach dem Goldenen Schnitt gelten zwar als Idealmaße, dienen in der Floristik aber meist nur als Anhaltspunkt. Werkstücke, die vom Goldenen Schnitt abweichen, sind spannungsreicher und aussagekräftiger. Bei unter- und überproportionierten Gestaltungen ist der bewusste Einsatz von Linien, Bewegungen und Formen von großer Bedeutung. Möchte man einen durchgehenden Tischschmuck (Girlande, Fries) über die gesamte Tischlänge gestalten, kann man die Proportion überstrecken, etwa auf ein Breiten-Längen-Verhältnis von 1:10. Die obige Abbildung zeigt verschiedene Möglichkeiten der Unter- und Überproportionen in Bezug auf die Höhe.

Welche Größenverhältnisse zwischen Blume und Gefäß empfinden Sie als harmonisch?

Optisches Gewicht

Jeder Körper besitzt ein physikalisches Gewicht, das gemessen und in Maßeinheiten (Gramm, Kilogramm) angegeben werden kann. Das Gewicht ist eine objektive, feste Größe.

Gleichzeitig besitzt jeder Körper ein optisches Gewicht, denn die Wahrnehmung seiner Größe, Form, Bewegung, Farbe, Textur und Struktur ist auch subjektiv geprägt. Aus diesen Eindrücken

Runde Formen sollen in der Basis angeordnet werden, gestreckte und leichte Formen im oberen Bereich.

Einflüsse auf die Proportionen

Einige Werkstoffe und Gestaltungsmittel besitzen Eigenschaften, die das Auge täuschen. Bei der Arbeit mit ihnen kann es sinnvoll sein, vom Goldenen Schnitt abzuweichen.

links oben: Hier stehen die Proportionen von Werkstück und Gefäß in einem ungewöhnlichen Verhältnis zu einander: Die Gefäße nehmen die größte Längenausdehnung ein.
links unten: Die Halme des japanischen Knöterich sind überproportional lang in das Gesteck gearbeitet.

108 Merkmale eines Werkstückes

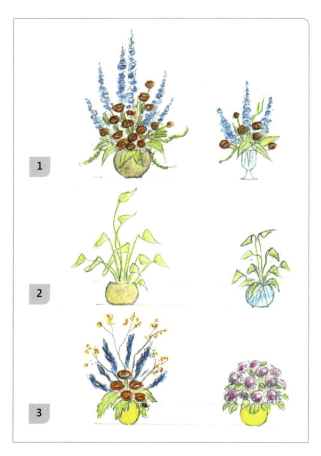

Das optische Gewicht wird durch verschiedene Faktoren wie Form, Material und Bewegungsformen beeinflusst.
(1) Breite Gefäße können nicht nur mehr, sondern auch wesentlich längere, hoch aufragende Blumen aufnehmen als schmale Gefäße.
(2) Im Gegensatz zu transparenten Glasgefäßen können in rustikal wirkenden Gefäßen mehr Blumen arrangiert werden.
(3) Kleinblütige Blumen und zarte Gräser können wesentlich höher aufragen als runde sammelnde Formen, die sich eher für kompakte Gestaltungen eignen.

Runde Blüten-, Blatt- oder Fruchtformen wirken optisch anziehend, ganz gleich ob sie sich im Bewegungszentrum unten oder oben befinden. Ihre haltende Kraft scheint die auflösenden, wegstrebenden Formen festzuhalten.

Werkstoffe: Geöffnete Blüten empfinden wir schwerer, darum werden sie nahe der Basis eingearbeitet. Optisch leichtere Knospen dagegen fügt man in größerem Abstand zur Basis ein.

Einfluss von Form und Bewegung

Formen mit einer geschlossenen Umrisslinie wirken klar, darum ist es einfacher, ihnen ein optisches Gewicht zuzuordnen als Formen mit einem unregelmäßigen oder offenen Umriss. Dieses Prinzip wird sogar bei der Betrachtung geometrischer Grundformen erkennbar: Quadrat und Würfel erscheinen optisch schwerer als Dreieck und Pyramide. Lagernde Formen vermitteln Schwere, aufstrebende, schlanke Formen stehen für Leichtigkeit. In diesen Eindruck fließt zusätzlich die Bewegungsrichtung mit ein. Hängende oder zur Erde zurückgebogene Werkstoffe erscheinen schwerer als emporstrebende, gerade Floralien.

und eigenen Erfahrungen ordnen wir den Körpern bestimmte Gewichte zu: Wolken und Gräser sind federleicht, Steine schwer. Das optische Gewicht ist also eine subjektive Variable. Zwei identische Vasen beispielsweise haben für einen Betrachter das gleiche optische Gewicht. Ist jedoch eine mit Wasser gefüllt, unterscheiden sich ihre physikalischen Gewichte. Um dies festzustellen, müsste man sie anheben oder wiegen.
Das optische Gewicht besitzt Einfluss auf die Anordnung der

oben: Der hängende Gartenfuchsschwanz vermittelt Schwere.
rechts: Die Glasvase unterstützt die Leichtigkeit des Sommerstraußes.

> Die Farbe wird erst nach der Form berücksichtigt, das heißt, Form geht vor Farbe.

Lagernde Formen (große Blüten, Steine) gehören auch dann näher in die Basis, wenn sie hell sind. Dunkle Werkstoffe mit aufstrebenden Bewegungsformen dürfen hoch aufragen.

Einfluss der Farbe

Dunkle Farben erscheinen schwerer als helle, ihr Umriss hebt sich vor hellem Hintergrund klarer hervor und wirkt kleiner als ein gleicher Körper in heller Farbe. Helle Farben strahlen dagegen stärker über ihren Umriss hinaus. Dunklere Blütenfarben besitzen ein ähnliches optisches Gewicht wie große Blüten und werden im allgemeinen nahe der Basis angeordnet.

Einfluss von Material und Oberflächen

Material und Oberflächen stehen im engen Kontext.
Eine Vase aus Glas empfinden wir leichter als eine aus Keramik, obwohl beide das gleiche physikalische Gewicht besitzen können.
Das Auge kann sich vom Materialeindruck jedoch auch täuschen lassen. Obgleich Kunststoffgefäße in Terrakotta-Optik wenig wiegen, wirken sie optisch doch recht „gewichtig".

Die Hornveilchen und die Textur des Gefäßes passen gut zueinander und steigern sich gegenseitig in ihrer Ausstrahlung.

Einfluss der Größe

Den Zusammenhang zwischen Größe und Gewicht eines Gegenstandes sehen wir als selbstverständlich an: je größer, desto schwerer und je kleiner, desto leichter, vorausgesetzt, alle anderen Faktoren sind gleich.

Einfluss der Gruppierung

Damit ein Werkstück optisch ausgewogen wirkt, muss das optische Gewicht beider Seiten eines Arrangements annähernd gleich sein.
Intuitiv kann man sich auf sein Gefühl verlassen, das immer nach einem Ausgleich strebt. Die Einzelformen oder Gruppen werden symmetrisch oder asymmetrisch immer so angeordnet, dass sie im richtigen Gleichgewichtszustand erscheinen. Dabei können die Seiten durchaus ungleich gestaltet sein, sie müssen aber das Gefühl der Ausgewogenheit und Harmonie, vermitteln. Um das zu erreichen, nimmt man unter der Mitte des Werkstücks einen Waagepunkt an und vergleicht gefühlsmäßig die Gewichtsverhältnisse auf beiden Seiten.
Bei einer symmetrischen Gestaltung liegt der Waagepunkt unter der Symmetrieachse.

Optisches Gewicht	
Leicht	Schwer
Transparent	Undurchsichtig
Glatt	Rau
Seidig	Derb
Lang und schlank	Gedrungen und rund
Hoch, aufragend	Breit, lagernd
Helle Farbe	Dunkle Farbe
Viele kleine Blüten	Einzelne große, geschlossene Blüte

Bei einer asymmetrischen Gestaltung verlagert sich der Waagepunkt zur Hauptgruppe hin. Er liegt unterhalb der Gruppenachse. Große Gruppen oder Formen werden näher am Schwerpunkt angeordnet als kleinere. Bei etwa gleicher Entfernung werden einer großen Form mehrere kleine gegenübergestellt.

Das Gleichgewichtsprinzip bezieht sich nicht nur auf die optische Schwereverteilung im Werkstück, sondern auch auf die Dimension eines Raumes. So verlangen Höhe, Tiefe und Breite eines Raumes nach entsprechender Hinter-, Mittel- und Vordergrundgestaltung.

Harmonien und Kontraste

Harmonie bedeutet, wie in der Musik, Zusammenklang verschiedener Teile. In der Floristik wird durch die Abstimmung von Bewegungen, Formen, Farben, Texturen und Größen Ausgewogenheit und Harmonie angestrebt. Harmonien werden auch durch den Aufbau von Gemeinsamkeiten und Verbindungen zu Anlässen, Stimmungen, Personen oder Räumen erzeugt.

Auch wenn Harmonien und Kontraste im ersten Moment als gegensätzlich empfunden werden, gehören sie zusammen und bedingen einander.

Bei gestalterischen Arbeiten gehen wir häufig intuitiv vor. Um mehr Sicherheit und Entschiedenheit zu gewinnen, ist es aber sinnvoll, ein fertiges Werkstück zu analysieren und die Gestaltung zu hinterfragen. Dabei kann die folgende Tabelle 16 helfen.

Kontraste
Kontraste beruhen auf entgegengesetzten Eigenschaften, die unterschiedliche Spannungen erzeugen können.
Sie sind das stärkste Mittel zur Steigerung und Aktivierung der Gestaltungselemente: Form, Bewegung, Farbe, Textur.
Kontraste stehen immer im Zusammenhang mit den Proportionen.

Tab. 16   Checkliste: Verhältnismäßigkeiten von Werkstoffen im Werkstück

Menge	Auf Strecken bezogen: Dimensionen = Ausdehnungen, Distanzen, Längen, Abstände	Lang - Kurz Groß – Klein Breit – Schmal Hoch – Tief
Menge	Auf Größen bezogen: Massen = Quantitäten, optische Präsenz	Viel – Wenig
Form		Kompakt - Locker Leicht – Schwer
Bewegung		Dynamisch - Statisch Gerade – Gebogen Aufstrebend – Abfließend
Farbe		Hell – Dunkel Bunt – Unbunt Rein – Trüb
Textur		Frisch – Trocken Holzig - Krautig Rau - Glatt Rustikal - Seidig Pflanzlich – Nichtpflanzlich

Farbenlehre

Bei der Betrachtung von Gegenständen und Räumen nimmt das menschliche Auge zuerst die Farbe und danach die Form und Oberflächenbeschaffenheit wahr. Die Farbwahrnehmung ist eine sehr **subjektive Empfindung** und kann körperliche und emotionale Reaktionen auslösen. Blumen und Pflanzen verbinden wir vordergründig mit Farben. So denken wir an rote Rosen, weiße Lilien, blaue Kornblumen und grüne Wiesen. Rot empfinden wir als warm, Blau als kühl.
Die Wirkung der Farben wird durch Licht, Umgebungsfarben und Texturen beeinflusst.
Als Farbe sehen wir die Oberflächen von Gegenständen, die den Lichtstrahl reflektieren oder absorbieren. Weiß reflektiert, Schwarz absorbiert alle Farben. Unterschiedliche Lichtintensität und Lichtqualität verändern die Farbtöne.
Ein entscheidender Faktor für die Farberscheinung von Blüten und Blättern ist deren Oberflächenbeschaffenheit, die Textur. Stellt man verschiedene rote Blumen in ungefähr gleichem Farbton und gleicher Helligkeit zum Vergleich nebeneinander, kann man feststellen, dass das Rot je nach Textur der Blüte ganz unterschiedlich erscheint. Eine Tulpe wirkt porzellanartig, eine Anthurie metallisch kühl, der Mohn erinnert an Seidenpapier. Der Ausdruck heller, kühler Farben wird durch glänzende und glatte Oberflächen verstärkt. Rau wirkende Texturen lassen Farben getrübter erscheinen.
Bei der floralen Gestaltung werden die Farben dem Thema, dem Anlass, der Stimmung, der Jahreszeit und der Raumsituation angepasst. Außerdem misst man den Farben verschiedene symbolische Bedeutungen bei und ordnet sie traditionsgemäß bestimmten Anlässen und Festen zu.

Der Farbkreis

Für den gestalterischen Umgang mit Farben ist es hilfreich, sich an Regeln zu halten.
Sie basieren auf der Wahrnehmung und Wirkung von Farben und dienen der objektiven Beurteilung von Farbkombinationen. Genau wie bei der Auswahl unserer Garderobe oder Wohneinrichtung gilt es, auch in der floristischen Gestaltung alle Komponenten in eine farbliche Harmonie zu bringen. Jede als angenehm empfundene Farbkombination wird als harmonisch bezeichnet. Viele Künstler und Wissenschaftler haben sich mit Farbwirkungen beschäftigt und versucht, allgemein gültige Regeln und Farbanordnungen aufzustellen. In der Floristik wird zumeist der **zwölfteilige Farbkreis von Johannes Itten** verwendet.
In diesem Farbkreis wird jeder Farbe ein bestimmter Platz zugeordnet. Die Grundfarben Gelb, Rot und Blau sind die Farben erster Ordnung, auch **Primärfarben** genannt. Sie werden in Form eines gleichseitigen Dreiecks im Innenbereich des Kreises angeordnet. Gelb befindet sich oben, Rot rechts unten und die Farbe Blau links unten.
Durch Mischung von jeweils zwei Grundfarben zu gleichen Anteilen entstehen die **Sekundärfarben** oder Farben der zweiten Ordnung. Aus Rot und Gelb wird Orange, aus Rot und Blau ergibt sich Violett, und die Mischung aus Blau und Gelb lässt Grün entstehen.
Aus einer Grundfarbe und einer benachbarten Farbe zweiter Ordnung entsteht durch Mischen im gleichen Mengenverhältnis eine

Der Farbkreis 113

Der zwölfteilige Farbkreis nach Itten mit Primär-, Sekundär- und Tertiärfarben.

Farbe dritter Ordnung. Zu diesen **Tertiärfarben** gehören Gelborange, Rotorange, Rotviolett, Blauviolett, Blaugrün und Gelbgrün. Sie werden zusammen mit den Primär- und Sekundärfarben im äußeren Kreis angeordnet.
Die jeweils gegenüberliegenden Farben sind zugleich Komplementärfarben, die sich, als Farbpaar kombiniert, in ihrer Wirkung steigern.
Die Wahl bestimmter Farbharmonien oder Farbkontraste beeinflusst die Wirkung der floralen Werkstücke. Um Eigenschaften und Wirkungen von Farben voll zum Ausdruck zu bringen, müssen erkennbare Unterschiede oder Kontraste herausgearbeitet werden.
Kontraste sind immer dann vorhanden, wenn zwischen zwei zu vergleichenden Farben deutliche Gegensätze zu erkennen sind. Je nach Grad dieser Abweichung entsteht eine schwache oder starke Kontrastwirkung.

Farbharmonien der kleinen Kontraste

Die Farbunterschiede sind sehr gering, wenn die Farben auf dem Farbkreis dicht beieinander liegen.

Gleichklang
Hierbei wird eine Farbe durch Aufhellung mit Weiß oder Abdunkelung mit Schwarz in ihrem Tonwert verändert. Eine solche Abstufung nennt man auch Ton-in-Ton.

Nachbarfarben
Es werden Farben verwendet, die im Farbkreis nebeneinander liegen, z. B. Gelb, Gelborange, Orange und Rotorange. Die Wirkung ist fein abgestuft, aber kräftiger, weil es sich um reine Farben handelt.

Farbharmonien der großen Kontraste

Bei diesen Farbzusammenstellungen liegen die Farben weit voneinander entfernt. Sie wirken dadurch auffälliger und bunter als die Harmonien der kleinen Kontraste.
Alle nachfolgend aufgeführten Farbklänge lassen sich außerdem durch Weiß und Schwarz, den so genannten Nichtfarben oder „unbunten" Farben, ersetzen, kombinieren und ergänzen.

Zweiklang
Für den Zweiklang gibt es verschiedene Möglichkeiten. Er kann gebildet werden durch

links: Gleichklang: In diesem Strauß finden wir viele verschiedene Töne aus der Rot-Familie – von sattem Bordeaux bis zu zartem Rosa.
rechts: Nachbarfarben: Gelb, Gelborange, Orange, Rotorange

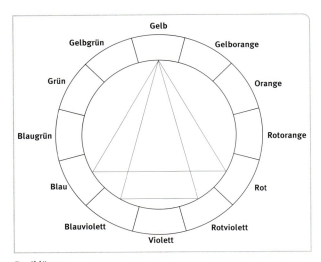
Dreiklänge

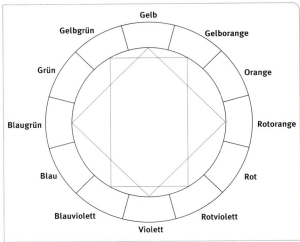
Vierklänge

Nachbarschaftsfarben, durch zwei Tonwertstufen der gleichen Grundfarbe (Ton-in-Ton-Abstufung) oder durch die Kombination einer bunten und einer „unbunten" Farbe.
Der stärkste Farbkontrast wird allerdings durch die Verwendung von zwei Komplementärfarben erreicht (siehe dazu Kasten Seite 115).

Dreiklang

Ein Dreiklang besteht aus drei Farben, die auf dem zwölfteiligen Farbkreis ein gleichseitiges oder gleichschenkliges Dreieck bilden.
Der Dreiklang ist immer von starken Kontrasten gekennzeichnet und wirkt kräftig und auffallend. In der Ausgangsstellung wird das **gleichseitige Dreieck** durch die Primärfarben Gelb, Rot und Blau gebildet.
Ein **gleichschenkliges Dreieck** setzt sich aus den Farben Gelb, Rotviolett und Blauviolett zusammen.
Durch das Drehen der Dreiecke innerhalb des Farbkreises ergeben sich weitere Farbkombinationen und Kontraste.

Vierklang

Die Farben stehen in einer quadratischen oder rechteckigen Beziehung zueinander und setzen sich aus den jeweiligen Komplementärfarben zusammen. Das **Quadrat** zeigt in der Grundstellung mit seinen Ecken auf die Farben Gelb, Rotorange, Violett und Blaugrün, das **Rechteck** auf Gelborange, Rotviolett, Blauviolett und Gelbgrün. Durch Drehung entstehen, wie beim Dreiklang, neue Farbzusammenstellungen. Vierklänge wirken sehr bunt und lebhaft.

Farbkontraste nach Johannes Itten

Bei der Zusammenstellung von Blüten werden meist mehrere Farben verwendet, sodass innerhalb der Farbzusammenstellung in einem Werkstück auch mehrere Kontraste vorkommen, die sich gegenseitig bedingen.
Dabei unterscheiden wir objektive Kontraste, die physikalisch oder mathematisch messbar sind, und subjektive Kontraste, die von Person zu Person unterschiedlich wahrgenommen werden.

Farbe-an-sich-Kontrast

Dieser Kontrast ist am einfachsten zu erkennen. Alle Farben des Farbkreises werden rein verwendet und zeigen sich mit ihrer stärksten Leuchtkraft. Sie wirken immer fröhlich, sonnig und lebhaft.
Die Zusammenstellung der Grundfarben Gelb, Rot und Blau ergibt den intensivsten Farbe-an-sich-Kontrast.

Hell-Dunkel-Kontrast

Die Helligkeit einer Farbe ergibt sich aus ihrer Eigenschaft, Licht zu reflektieren.
Der größte Hell-Dunkel-Kontrast wird mit den Nichtfarben Weiß und Schwarz erreicht. Bei den reinen Farben zeigen Gelb und Violett die größten Helligkeitsunterschiede.

Komplementärkontrast

Die Farben, die einander im Farbkreis gegenüber liegen, bilden so genannten Komplementärkontrast.
Sie stellen gleichzeitig eine Form des Farbe-an-sich-Kontrastes dar. Die Komplementärfarben enthal-

Der Farbkreis

Die intensive Ausstrahlung dieses Kranzschmucks beruht auf den Grüntönen in sehr unterschiedlicher Helligkeit und auf dem Komplementärkontrast von Rot und Grün

Kleiner Test: Wie viele und welche Komplementärkontraste können Sie erkennen?

Komplementärkontraste:
Gelb und Violett
Gelborange und Blauviolett
Orange und Blau
Rotorange und Blaugrün
Rot und Grün
Rotviolett und Gelbgrün

Die Krokusblüte zeichnet sich durch einen Quantitäts- und einen Komplementärkontrast aus.

ten immer die drei Grundfarben und werden von uns als ausgewogen wahrgenommen. Sie steigern sich gegenseitig in ihrer Leuchtkraft und wirken daher sehr aktiv.

Quantitätskontrast
Bei der Betrachtung von Blüten können wir erkennen, dass sie unterschiedliche Farbmengen aufweisen (siehe Foto links). Der Quantitätskontrast beschreibt die Verwendung unterschiedlicher Mengen an Farben, unabhängig von der Farbe selbst und deren Qualität.
Die mengenmäßig vorherrschende Farbe beeinflusst wesentlich die Farbwirkung des gesamten Werkstücks.
Leuchtende Farben sollten Sie in kleineren Flächen und dunklere Farben in größeren Flächen anordnen.

Qualitätskontrast
Eine weitere Möglichkeit, Spannung zu erzeugen, ist der Qualitätskontrast. Je reiner eine Farbe ist, desto qualitativ hochwertiger wird sie eingestuft. Verwendet man in einem Strauß mehrere Blüten mit reinen Farben, so wirken sie leuchtend, fröhlich und bunt. Diese Farben eignen sich gut für Dekorationen zum Kindergeburtstag oder für ein Sommerfest.
Wem diese Farbkombinationen zu dominant erscheinen und wer lieber zurückhaltende Farbtöne bevorzugt, sollte auf Farben mit geringer Sättigung zurückgreifen.
Die Leuchtkraft einer Farbe kann durch Aufhellung mit Weiß oder durch Abdunklung mit Schwarz gemildert werden.
Trübe Farben ordnen sich den reinen Farben unter. Eine leicht getrübte Farbe wirkt im Vergleich zu einer reinen Farbe stumpf, während die reine Farbe inmitten getrübter, abgedunkelter oder unbunter Farben zu leuchten beginnt.

Kalt-Warm-Kontrast
Farben lösen bestimmte Assoziationen aus. Oftmals beruhen sie auf persönlichen Erfahrungen und den damit verbundenen

Die Zitronen verstärken die kühle, frische Wirkung der gelben Blüten.

Empfindungen. Blau assoziieren wir mit Wasser, Rot mit Feuer. Im Farbkreis liegt die kälteste Farbe Blaugrün der wärmsten Farbe Rotorange gegenüber. Werden kalte und warme Farben in gleicher optischer Menge verwendet, gleicht sich die Gesamtwirkung aus. Die Wirkung kann jedoch gesteigert werden, indem einer Kombination von warmen Farben ein Akzent mit einer kalten Farbe zugeordnet wird.

Simultankontrast
Wird über eine längere Zeit eine bestimmte Farbe intensiv betrachtet, so entsteht in unserem Auge ein Nachbild in der Komplementärfarbe.

Weitere Farbwirkungen
Aktiv-Passiv-Kontrast: Leuchtende Farben scheinen uns eher aktiv, trübe Farben hingegen eher passiv zu sein.

Gewichtskontrast: Der Betrachter misst jeder Farbe ein bestimmtes optisches Gewicht zu. Bei gleicher Größe erscheinen uns helle Blüten und Gefäße leichter als dunkle.

Entfernungskontrast: Leuchtende und warme Farben wirken näher als trübe und kalte Farben. Helle Blüten wirken höher als dunkle. Helle Farben lassen kleine und enge Räume größer und weiter erscheinen.

Akzente

Ein Akzent ist ein sparsam eingesetztes, aber betonendes, gestalterisches Element, das sich durch Bewegung, Form, Farbe und Textur vom übrigen Werkstoff oder Material abheben kann. Zwar wirkt das Element nur in geringem Umfang im Gesamtbild mit, prägt aber auf Grund seiner Beschaffenheit den Gesamteindruck wesentlich. Es beeinflusst das optische Gleichgewicht und steht im Kontrast zu den anderen Gestaltungselementen.

Bewegungsakzent

Ein Bewegungsakzent wird eingesetzt, wenn prägnante Bewegungen das Wesen eines Werkstücks bestimmen. Er wird in Form einer Gegenbewegung gestaltet, wodurch der Eindruck der Hauptbewegung verstärkt wird.

Formakzent

Ein Formakzent kann durch wenige kleine Flächen in einem Werkstück, das überwiegend aus linearen Formen besteht, gebildet werden. Umgekehrt können in einem flächig anmutenden Werkstück eine oder mehrere feine Linien die Gesamtwirkung verstärken.

Farbakzent

Unter einem Farbakzent versteht man die Betonung einer Gestaltung durch eine Farbe in geringer Menge, die einer Farbe in großer Menge gegenübersteht (siehe Qualitätskontrast, Seite 115). Farbakzente können durch Komplementär- oder Nachbarschaftsfarben sowie den Einsatz von Kalt-Warm-, Hell-Dunkel- oder Qualitätskontrasten gesetzt werden.

Texturakzent

Texturakzente können sehr spannungsreich sein: glatt neben weich, matt neben glänzend oder frische Werkstoffe neben trockenen.

In diesem Arrangement sind mehrere Akzente zu erkennen – in Bezug auf Textur, Farbe, Form und Bewegung.

Gestaltungsarten

Entsprechend ihrer Wirkung auf den Betrachter werden die Werkstücke einer Gestaltungsart zugeordnet. Sie grenzen sich durch bestimmte Eigenschaften voneinander ab und prägen jeweils einen charakteristischen Ausdruck der Gestaltung.

Dekorativ

Die dekorative Gestaltungsart wird am häufigsten angewendet. Sie ist die füllige Anordnung von floristischen Werkstoffen und zielt auf eine besonders schmückende, repräsentative Gesamtwirkung des Werkstücks. Die Symmetrie als Ordnungsart wird bevorzugt. Der Gesamtumriss wirkt dicht und geschlossen. Alle verwendeten Werkstoffe ordnen sich der Gesamtwirkung unter und geben damit ihren eigenen Charakter weitgehend auf. Voraussetzung für einen fülligen Blumenschmuck ist eine größere Menge an floristischen Werkstoffen. Die Bewegungslinien werden vielfältig eingesetzt, sie stehen jedoch nicht vordergründig im Blickpunkt. Der Betrachter kann die Außenlinie des Blumenarrangements als geschlossenen Umriss klar definieren. Bei diesem Gestaltungsstil können auch nicht natürliche Schmuckmittel (Bänder, Kugeln, Accessoires) eingesetzt werden.

Für dekorative Sträuße und Gestecke werden symmetrische Gefäßformen mit klassischem Charakter (Amphoren, Kugelvasen oder tiefe Schalen) bevorzugt. Die Gefäße sind entsprechend voluminös und besitzen eine weite Öffnung, um eine Vielzahl von Blumen und sonstigem Beiwerk aufzunehmen.

Möchten Sie dekorativ arbeiten, gehen Sie immer von der geometrischen Mitte aus, wobei Sie die Werkstoffe weitgehend spiegelbildlich anordnen. Rosen, die auf der rechten Seite erscheinen, müssen sich auf der linken Seite wiederholen. Dasselbe gilt für Bewegungen, Formen, Farben und Texturen. Die Anordnung der Werkstoffe kann bis zur absoluten, dichten, geometrischen Umrissform führen, wobei eine neue Gesamtform entsteht (siehe Formarbeiten Seite 216 ff.).

Für die dekorative Gestaltung eignen sich Blumen, deren Blüten einen dekorativen Charakter besitzen, sowie eine große Anzahl von Früchten.

Dekoratives Herz

Vegetativ

Bei der vegetativen Gestaltungsart dient die Natur als Vorbild und die Pflanze steht als Individuum im Mittelpunkt. Die Natur ist Modell und Inspirationsquelle zugleich.

Vegetativ anmutendes Gesteck mit Scilla

Formen und Linien werden naturnah nachempfunden. So können Sie mit dieser Gestaltungsart ganze Vegetationsgemeinschaften in ihrer natürlichen Umgebung darstellen.
Hierbei sind Kenntnisse in Pflanzensoziologie gefragt, das heißt Pflanzen bzw. Blüten und Blätter sind so auszuwählen, dass diese den Anschein erwecken, gemeinsam in der Natur zu wachsen. Spaziergänge schulen diesen Blick für Vegetationsgemeinschaften wie Wiese, Teichufer, Waldrand oder Bauerngarten. Dem individuellen Wuchs der Pflanzen wird als Bewegungslinie größte Beachtung geschenkt, denn sie bestimmt die Position und die Richtung im Arrangement. Die Asymmetrie kommt der vegetativen Gestaltung am nächsten.
Natürlich wirkende Freiräume zwischen den Werkstoffen sind einzuhalten. Die Werkstoffauswahl richtet sich nach dem tatsächlichen jahreszeitlichen Vorkommen und sollte Knospen sowie verschiedene Blüh- und Fruchtstadien beinhalten.
Vegetative Werkstücke brauchen sehr schlichte, erdfarbene und oft niedrige Gefäße, die den natürlichen Boden darstellen. Die Gestaltung des Bodens mit Steinen, Sand, Laub, Rinde und Wurzeln wird zu einer wichtigen Ergänzung des biotopartigen Milieus. Dekorative Schmuckmittel sowie Verfremdungen von Pflanzenteilen werden nicht eingesetzt oder vorgenommen, denn künstlich ist nicht natürlich.

Formal-linear

Bei der formal-linearen Gestaltungsart stehen die Formen der Pflanzenteile und deren Bewegungslinien im Vordergrund. Die Werkstoffauswahl wird auf ein Minimum reduziert.
Ihre Platzierung richtet sich nach der optimalen Wirkung des einzelnen Pflanzenteils im Zusammenspiel mit den anderen.
Eine klare Linie wird in ihrer Erscheinung gesteigert, wenn ihr eine bewegte, unruhige Linie gegenübersteht. Eine sammelnde Kraft geht von einer kugeligen Blütenform (Zierlauch) oder einer großen Blattfläche (Bergenie) aus. Blüte und Blatt wirken statisch und verlangen nach einem dynamischen Gegenspieler, einer Linie.
Formationen sind möglich und können die Wirkung steigern. Linien überschneiden sich nicht zufällig, sondern werden bewusst eingesetzt.
Bei dieser Gestaltungsart ist es gestattet, die gegebene natürliche Form zu verändern. Schmuckmittel können verwendet werden, als Ordnungsart kommt vorrangig die Asymmetrie zum Einsatz. Geltungsansprüche müssen nur bedingt beachtet werden. Große und dominierende Blüten verlieren durch Abschneiden der Stiele zwar ihre Geltungsansprüche, gewinnen aber als Formen.
Das verwendete Gefäß ist als gestalterische Form von Bedeutung. Da nur sehr wenige Werkstoffe verarbeitet werden, bleibt das Gefäß sichtbar. Das Gefäß mit seiner technisch konstruierten Form dient als Kontrast zu den organisch gewachsenen, pflanzlichen Formen.
Farbkontraste steigern die Wirkung zusätzlich.
Die optimale Wirkung eines sehr grafisch gestalteten, formal-linearen Arrangements setzt einen ruhigen Hintergrund und/oder eine solitäre Platzierung im Raum voraus.

Formal-lineares Gesteck mit Calla

Tab. 17 Gegenüberstellung der Gestaltungsarten

	Dekorativ	Vegetativ	Formal-linear
Werkstoffmenge	Üppig	Wenig bis üppig	Wenig
Bevorzugte Werkstoffe	Alle Bewegungsformen und vorrangig runde Blüten	Individuelle Wuchsrichtungen entsprechend eines Naturausschnitts	Skurrile Formen und Bewegungen (Exoten, Orchideen)
Einordnung der Werkstoffe	Ordnen sich der Gesamtform unter	Natürliche, individuelle Bewegungen stehen im Vordergrund	Im Mittelpunkt stehen Bewegungslinien und Formen
Gefäße	Klassische Gefäße wie bauchige Vasen, Pokale, Amphoren	Flache Schalen	Designer-Gefäße
Bevorzugte Ordnungsart	Symmetrie	Asymmetrie	Asymmetrie
Bevorzugte Werkstücke	Sträuße, Gestecke, Kränze, Formbinderei	Naturnahe Gestecke und Pflanzarbeiten	Sträuße und Gestecke
Wirkung	Festlich, repräsentativ	Natürlich, ungezwungen	Extravagant, modern, grafisch
Präsentation	Wirken auch vor unruhigen Hintergründen und in Menge (Paar, Reihe, Gruppe), dienen oft zur Repräsentation	Vor ruhigem Hintergrund mit Freiraum und alleine	Vor ruhigem Hintergrund als florales Objekt mit viel Freiraum

links: Das fächerförmige Gesteck ist symmetrisch aufgebaut.
rechts: Durch Veränderung der Werkstoffanordnung kommt es zur Asymmetrie im Gesteck.

Natürlich ist es auch möglich durch Veränderung von Bewegungen und Formen die Gestaltung so zu beeinflussen, dass beispielsweise eine dekorative Gestaltung in eine vegetative oder formal-lineare Gestaltung umgewandelt werden kann und umgekehrt. Diese Bewegungsänderungen lassen sich durch Hinzufügen oder Weglassen von Werkstoffen vornehmen.

So kann zum Beispiel durch Wegnahme von Werkstoffen aus einer geschlossenen Kugelform eine Auflösung dieser Form erreicht werden. Durch Hinzufügen aufstrebender, ausschwingender oder abfließender Werkstoffe lässt sich in weiteren Arbeitsschritten aus einer ruhigen geschlossenen Form ein dynamisches, bewegungsreiches Arrangement gestalten.

Der fließende Übergang von einer Gestaltungsart in die nächste wird in der Floristik als **Graduierung** bezeichnet. Er verlangt ein fundiertes Wissen der Ordnungs- und Gestaltungsarten sowie sehr viel Erfahrung, bietet jedoch unendliche Möglichkeiten für individuelles Gestalten.

Stilkunde

Pflanzen begleiten den Menschen seit jeher nicht nur als **Nutzpflanzen und Schmuck**, sondern auch zur **Verehrung von Göttern**.

Die Stilkunde beschäftigt sich mit Stilmerkmalen, die einer bestimmten Epoche zugeordnet werden können. Jeder geschichtliche Zeitraum ist von politischen, gesellschaftlichen, religiösen und sozialen Einflüssen geprägt, die sich auf die Lebensweise der Menschen auswirken. Die sich immer wandelnden Wertvorstellungen sowie neue technische und wissenschaftliche Erkenntnisse beeinflussen Architektur und Kunst. Dabei wenden sich die Menschen immer dem Alten ab und Neuem zu, das anders und meist fortschrittlicher ist. Einige Merkmale bleiben jedoch erhalten und erfahren eine jeweils zeitgemäße Neuinterpretation. Interessant ist, dass sich die **klassischen Einflüsse der Antike** bis heute erhalten haben und wir immer noch **Kränze und Girlanden** binden und der Lorbeer den Siegern gilt.

Die Stilkunde hilft uns Blumen und Pflanzen, Farben, Symbole, Architektur- und Kunstmerkmale einer Epoche zuzuordnen und diese in bestimmten Raumsituationen (Kirchen, Schlösser) und für entsprechende Anlässe stilgerecht umzusetzen.

Das alte Ägypten (3000 v. Chr. – 300 v. Chr.)

Gäste wurden mit Blumensträußen begrüßt und man band ihnen Girlanden und Kränze. Zu Festen trugen die Frauen Halsketten aus Blüten des Granatapfelbaumes sowie Stirnbänder und Haarschmuck aus Lotosblüten.

Von Bedeutung waren die etwa 1,50 m hohen Stabgebinde, an denen mehrere Sträuße aus Palmwedeln und Lotosblüten sehr dicht aneinander gebunden wurden. Sie dienen heute noch als Vorbild für die „**Palmbüsche**", die zu Ostern und am Palmsonntag zur Weihe getragen werden. Den Verstorbenen wurden auf ihrem Weg in das Jenseits Halsketten aus Lotosblüten, Kornblumen, Mohn und Rittersporn mitgegeben.

Beliebt war der starke Duft der Blauen Ägyptischen Seerose, der

Klassische Räumlichkeiten erfordern klassische Formen wie diese Girlande.

Die Biedermeierzeit war geprägt von **häuslicher Behaglichkeit** und ist eng verbunden mit Mode und Inneneinrichtung. Kleinmöbel, Nähtische, Etageren und **Blumentische** sind charakteris-

Jugendstilmotiv

an Hyazinthen erinnert, da Wohlgerüche auf die Anwesenheit eines Gottes hindeuteten. Eine weitere bedeutsame Pflanze war

der Erfrischung und Kühlung. Auch hier symbolisierten die Kränze die starke Verbundenheit mit den Göttern und dem Staat.

Die Bürger verwendeten Blumen für **Sträuße und Girlanden**. Wegen des Wohlgeruchs wurden Wände und Fußböden mit Blu-

Moderne – Das Bauhaus (1919–1933)

Im Jahr 1919 wurde das Bauhaus in Weimar gegründet. Viele namhafte Künstler prägten das Bauhaus und deren Hinwendung zur **funktionalen Qualität, Materialgerechtigkeit und Ästhetik**. Ihr Wirken schuf das Fundament für modernes Industriedesign. Zu ihnen gehörte auch Johannes Itten (siehe Seite 112 ff.).

20. Jahrhundert (1945–2000)

Die Blumenbinderei entwickelte sich zur **floralen Kunst**. Die seit 1954 industriell hergestellte Steckmasse revolutionierte das Stecken von Blumen. Gleichzeitig inspirierte **Ikebana**, die japanische Kunst des Blumensteckens, die europäischen Floristen und Blumenfreunde.

Pflanzliche Werkstoffe wurden aus der ganzen Welt importiert und die Kultivierung von Schnittblumen und Pflanzen in **computergesteuerten Gewächshausanlagen** wurde vorangetrieben. Blumen arrangierte man nicht nur zu Feierlichkeiten. Mittlerweile gehörten sie zur Selbstverständlichkeit im **täglichen Leben**. Durch die Entwicklung der **Hydrokultur** ließen sich auch große Pflanzen in Büros problemlos pflegen und erhöhten den Wohlfühleffekt bei der Arbeit. **Floristen** fertigten Sträuße und Gestecke nach den Regeln der allgemeinen Gestaltungs- und Farbenlehre. Handwerkliche Techniken wurden vereinfacht und erweitert. Gestalterische Hilfsmittel, Materialien und Gefäße kamen in einer **enormen Vielfalt** auf den Markt. In den ländlichen Gebieten wurde die Brauchtumspflege neu entdeckt.

21. Jahrhundert

Blumen und Pflanzen gehören zum festen Bestandteil der **Wohn- und Arbeitskultur**. Die Zahl der Menschen, die sich für florales und gärtnerisches Gestalten interessieren und praxisorientierte Kurse besuchen, nimmt zu.
Noch nie gab es so viele Zeitschriften, Bücher und andere Medien, die Möglichkeiten der floristischen und gärtnerischen Gestaltung aufzeigen.
Auch Reisen in aller Herren Länder geben den Menschen neue Impulse für eigene gestalterische Versuche, und exotische Pflanzen und Accessoires bringen Urlaubsatmosphäre in die eigenen vier Wände. **Winter- und Hausgärten** werden zum erweiterten Wohnbereich und es entwickelt sich eine neue Qualität der **Garten- und Dekorationskultur**.

Symbole

Ein Symbol gilt als **Zeichen oder Sinnbild für eine verborgene Aussage**. Symbole stehen immer im Kontext mit Gesellschaft und Kultur der jeweiligen Zeit. In Brauchtum, Tradition und Religion besitzen Symbole einen besonders hohen Stellenwert.

Vor allem zu Ostern und Weihnachten, in der Hochzeitsfloristik und bei der Trauerbinderei spielt der Symbolgehalt der verwendeten Werkstoffe und ihrer Farben auch heute noch eine nicht zu unterschätzende Rolle und sollte in die Gestaltung mit einfließen.

Rote Rosen sind bekannt als blumiger Ausdruck für Liebe, Leidenschaft und tiefe Zuneigung. Rosen sind aber auch ein Symbol für Vergänglichkeit.

Auch ein Trauerkranz aus immergrünen Werkstoffen besitzt gleich mehrere symbolische Aussagen. Der Kranz stellt die Unsterblichkeit, die Ringform einen Anfang ohne Ende dar. Der grüne Werkstoff bedeutet ewiges Leben.

Rote Rosen und Herzen sind die bekanntesten Symbole und werden überall verstanden.

Gestaltungsthemen

Nicht nur **Farben** und **Symbolik** von Blumen und Pflanzen, sondern auch verschiedene **Anlässe** sowie **Wohnambiente** und **Raumsituationen** nehmen neben den Jahreszeiten Einfluss auf florale Gestaltungen. Die Themen sind jedoch noch vielschichtiger und hängen zudem von persönlichen Stimmungen, Vorlieben und Gegebenheiten ab, sodass sie nicht alle benannt werden können.

Kreativen Menschen wird häufig die Frage gestellt: Woher nimmst Du die Ideen? Sie entstammen aus Emotionen, sie entwickeln sich aus Arbeitstechniken, die ausprobiert und weiterentwickelt werden. Sie können sich inspirieren lassen von **Architektur**, **Kunst** und **Design**, von **Naturimpressionen**, von **Landschaften** oder **Länder**n.

Normale alltägliche Gegenstände werden aus pflanzlichen Werkstoffen hergestellt (Körbe, Taschen) und neu interpretiert. Ein Werkstoff gefällt Ihnen besonders gut oder Sie haben von ihm so reichlich, dass sie unbedingt damit arbeiten wollen. Manchmal ist auch ein Thema vorgegeben und Sie analysieren, welche Blüten und Pflanzen, Farben, Formen und Stofflichkeiten, Gefäße und Schmuckmittel dazu passen.

Ideen und Themen gibt es unendlich viele. In der Floristik wie in allen anderen kreativen Bereichen geht es darum, sie zu entdecken und mithilfe angemessener Arbeitstechniken in den Werkstücken umzusetzen.

Frühlingsblüher in einer Nestform – kann man Frühlingsstimmung schöner zum Ausdruck bringen?

Jahreszeiten

Blumen, Gefäße und deren Farben werden auf die vier Jahreszeiten abgestimmt. Dabei orientieren wir uns an der **natürlichen Vegetationszeit** der Pflanzen und nicht an den möglichen Angebotszeiten des Blumenhandels. Sonnenblumen kann man zwar auch im Januar kaufen, doch authentisch wirken sie um diese Zeit kaum.

Dabei stellt sich generell die Frage, ob es denn überhaupt wünschenswert ist, dass viele Blumen heute ganzjährig verfügbar sind – oder ob uns dadurch nicht das Gefühl für die Jahreszeiten und die Vorfreude auf ihre jeweiligen Besonderheiten abhanden kommt.

Anlässe

Was wären festliche Anlässe ohne Blumen? Sie werden gerne verschenkt, dienen als Raum- und Tischdekoration oder als Schmuck der Hauptpersonen eines Festes.

Die **Art des Anlasses** entscheidet, welche pflanzlichen Werkstoffe und Accessoires verwendet werden. Manchmal lässt sich der Anlass durch ein **bestimmtes Motto oder Thema** noch weiter definieren. Solche Vorgaben erleichtern die Auswahl von Farben und Werkstoffen. In vielen Fällen werden die Blumen für einen bestimmten Anlass auch aufgrund ihrer traditionellen, symbolischen Bedeutung gewählt.

Es gibt jedoch auch Beispiele, bei denen sich die Wertvorstellungen von Blumen und Pflanzen auf Grund gesellschaftlicher und modischer Einflüsse sowie Verfügbarkeit verändern.

Bisher unterschied man in der europäischen Floristik typische Hochzeits- und Trauerblumen. Heute gibt es in dieser Hinsicht sehr fließende Übergänge. Die weiße Calla wurde vor Jahren hauptsächlich für Beerdigungen angebaut und verarbeitet. Heute schätzt man sie als eine der elegantesten Blumen und verarbeitet sie zunehmend für Brautsträuße oder Arrangements in modernen Wohnbereichen.

Anlässe im Lebensverlauf

Viele Feste sind an Stationen im Leben einer Person gebunden. Das sind einmal die traditionellen Familienfeste wie Taufe, Einschulung, Erstkommunion, Konfirmation oder Jugendweihe, Hochzeit oder die alljährlich stattfindenden Geburtstage.

Tab. 18 Hochzeitstage

Anzahl der Ehejahre	Benennung der Hochzeitstage
Eheschließung	Grüne Hochzeit
1 Jahr	Baumwollene oder Papierne Hochzeit
2 Jahre	Lederne Hochzeit
3 Jahre	Hölzerne Hochzeit
5 Jahre	Zinnerne Hochzeit
7 Jahre	Kupferne Hochzeit
8 Jahre	Blecherne Hochzeit
10 Jahre	Rosenhochzeit
12 ½ Jahre	Petersilienhochzeit
15 Jahre	Gläserne Hochzeit
20 Jahre	Porzellanhochzeit
25 Jahre	Silberne Hochzeit
30 Jahre	Perlenhochzeit
35 Jahre	Leinenhochzeit
37 ½ Jahre	Aluminiumhochzeit
40 Jahre	Rubinhochzeit
50 Jahre	Goldene Hochzeit
60 Jahre	Diamantene Hochzeit
65 Jahre	Eiserne Hochzeit
67 ½ Jahre	Steinerne Hochzeit
70 Jahre	Gnadenhochzeit
75 Jahre	Kronjuwelenhochzeit

Weitere Anlässe können ein Schul- oder Ausbildungsabschluss, die bestandene Prüfung oder der Einzug in ein neues Zuhause sein. Normalerweise sind Alter, Geschlecht, Lieblingsfarben oder der Wohnstil der jeweiligen Person bekannt, sodass man bei der Gestaltung eines blumigen Geschenks, des Tisch- oder Raumschmucks sehr individuell auf die Hauptperson des Festes eingehen kann.

Religiöse und traditionelle Feste im Jahresverlauf

Für traditionsreiche Feste verwendet man meist Werkstoffe

Die Klassiker zu Weihnachten: grüne Nadelgehölze, rote Äpfel und glänzende Christbaumkugeln.

Tab. 19 Aufstellung Hochzeitsschmuck

Hochzeitsschmuck	Gestaltungsmöglichkeiten
Schmuck zum Polterabend	Eingangsbereich Büffetschmuck Tischschmuck
Brautschmuck	Brautstrauß für Standesamt Brautstrauß für die Kirche Strauß zum Werfen Körperschmuck Kopfschmuck Hutschmuck
Schmuck für den Bräutigam	Reversschmuck Florale Krawatte Florales Einstecktuch Kragenschmuck Schulterschmuck Floraler Kummerbund
Schmuck für Brauteltern und Schwiegereltern	Sträuße Reversschmuck
Blumenschmuck für Brautführer/-innen und Blumenkinder	Sträuße Kopfkränzchen Armschmuck Körbchen mit Streublumen Anstecker
Autoschmuck	Schmuck für die Motorhaube oder sonstiger Schmuck Schmuck für die Fenster (Kränzchen)
Schmuck für die Kutsche	Girlanden
Schmuck für das Standesamt	Ringkissen Gesteck für Tisch im Standesamt
Kirchenschmuck	Eingangsportal der Kirche Altarschmuck Schmuck für die Bankreihen Schmuck für die Stühle des Brautpaars
Tisch- und Tafelschmuck	Schmuck für den Eingangsbereich Tischschmuck Büffetschmuck Serviettenschmuck Florale Namensschilder Schmuck für die Stühle

mit hohen traditionellen und symbolhaften Wertigkeiten, die ihren Ausdruck in entsprechender Farb- und Formauswahl finden. So stimmen wir uns mit grünen Koniferenzweigen, roten Äpfeln, Blüten und Kerzen auf die Adventszeit ein. Zu Ostern wählen wir gern Gelb und zartes Grün, die Farben des erwachenden Frühlings.

Private Anlässe

Zu den privaten Anlässen gehören neben den Familienfesten auch Einladungen zu Gartenfesten und Partys oder kleine Aufmerksamkeiten als Dankeschön, Genesungswunsch oder Entschuldigung. Selbst hier will überlegt sein, welche Blumen und Pflanzen sich für eine Frau, einen Mann oder ein Kind eignen.

Offizielle Anlässe

Jubiläen, Einladungen zu Vernissagen oder Geschäftseröffnungen sind weitere Anlässe, Blumen oder Pflanzen zu verschenken. Kennt man die Umgebung oder die Person nicht persönlich, gestaltet man das florale Geschenk am besten neutral in Bezug auf Farben, Werkstoff- und Gefäßauswahl.

Tisch- und Tafelschmuck

Neben einem guten Essen steht ein sorgfältig gedeckter und geschmackvoll geschmückter Tisch als Inbegriff vollendeter Gastlichkeit. Das ist der Fall, wenn Tischwäsche, Geschirr, Besteck und

Blumen und Kerzen gehören bei festlichen Anlässen immer dazu.

Werden auf den Tischen noch Speisen platziert, sollten Sie den Schmuck sparsamer und nicht störend einsetzen.

floraler Tischschmuck mit Anlass und Raum eine ansprechende Einheit bilden. Bereits in der Antike zählte der Tischschmuck zum festen Bestandteil feierlicher Anlässe. Über Jahrtausende hinweg entwickelte sich je nach Epoche und Land eine unterschiedliche Tafelkultur, die ihren Ausdruck auch in Ess- und Trinkgewohnheiten sowie Tischmanieren fand. Die Tische werden entsprechend dem Anlass, der Anzahl der Gäste und der vorgegebenen Räumlichkeit gestellt. Für kleine private Feiern eignen sich runde, ovale, aber auch kleine quadratische oder rechteckige Tische. Runde und ovale Tische vermitteln besonders das Gefühl der Gemeinsamkeit und fördern die Kommunikation, allerdings lassen sich solche Tischformen schlecht mit anderen kombinieren. Bei großen Feierlichkeiten wird oft eine geschlossene Tafel in T-, U- oder E-Form gewünscht, an deren Kopfende die Ehrengäste sitzen. Die Tische können auch einzeln gestellt werden. Je nach Tischform und Größe eröffnen sich verschiedene Möglichkeiten der floralen Gestaltung.

Werden auf den Tischen noch Kuchen, Tortenplatten, Behältnisse für Zucker und Sahne platziert, sollten Sie den Schmuck entsprechend sparsamer und nicht störend einsetzen. Möglich sind hier kleinere Einzelgefäße, die in einer Reihe oder Gruppe angeordnet werden.

Steht ein Büffet im Mittelpunkt der Gastlichkeit, können die Tische natürlich voll ausdekoriert

Tipps für Tischdekorationen
- Länge und Tiefe der Tische geben die Platzverfügbarkeit an. Der Platzbedarf für ein Gedeck beträgt etwa 80 cm in der Breite und bis zu 40 cm in der Tiefe. Auf runden oder ovalen Tischen steht meist mehr Platz zur Verfügung als auf einem rechteckigen Tisch. Gewöhnliche Festzeltgarnituren zeichnen sich durch eine sehr geringe Tiefe von 50 cm aus.
- Ein runder Tisch verlangt nach einem runden Arrangement, ein ovaler Tisch nach einer elliptischen Form und lange Tische nach schmalen Varianten. Gestecke werden meistens schmal und nach den Seiten hin auslaufend gearbeitet.

Tischschmuck ohne Gefäß
Werden in der Mitte des Tisches einzelne Blütenköpfe oder Früchte wie ein Tischfries gelegt, schieben Sie diskret eine transparente Folie darunter, damit sich keine feuchten Flecken auf der Tischdecke ausbreiten.

Obst und Gemüse

Für sommerliche und herbstliche Tischdekorationen eignen sich auch Früchte. Obst und Gemüse muss immer frisch, sauber und fest sein. Beschädigungen bei der Verarbeitung sollten Sie unbedingt vermeiden, weil austretende Säfte lästige Insekten anlocken können.

Der Tischschmuck sollte sich immer an den Räumlichkeiten und dem Ambiente orientieren.

werden. Das Büffet erhält einen eigenen Blumenschmuck.
Für sehr feierliche Gelegenheiten oder ein Dinner für zwei Personen wäre auch ein hoch aufragender Tischschmuck denkbar. Um den Blickkontakt zum Gegenüber nicht zu stören, sollte die Gestaltung in Augenhöhe von 25 bis 45 cm Höhe frei bleiben. Wichtig ist auch eine gute Standfestigkeit des Tischschmucks.
Oft wird der Blumenschmuck ganz zum Schluss auf den bereits eingedeckten Tisch gestellt.
Um die Gedecke vor Verschmutzung zu schützen, können die Gefäße für den Transport zur Tischmitte mit einem Handtuch abgesichert werden. Günstig ist, die Gefäße vorher noch einmal abzuwischen und zu kontrollieren, ob alle Werkstoffe auch gut positioniert sind.
Ein Tischschmuck wird meist nur für einen Tag, manchmal nur für wenige Stunden angefertigt. Alle Werkstoffe sollten frisch sein und viele offene Blüten zeigen. Pollen kann allerdings unschöne Spuren auf der Tischwäsche hinterlassen. Und Blüten mit starkem Duft können vor allem in kleineren Räumen mit dem Geruch der Speisen in Konkurrenz treten. Hinzu kommt, dass manche Gäste starke Blütendüfte eventuell nicht mögen oder allergisch darauf reagieren. Gräser und Blumen, die für Allergiker problematisch sein könnten, verwenden Sie am besten nur für Tischdekorationen im Freien.
Zum feierlichen Ambiente einer Hochzeit oder einem Geburtstag passen Stuhlhussen, die auf der Rückseite der Lehne mit einem Band, einer Girlande oder einem Kränzchen geschmückt werden. Noch einladender wird der Tisch,

Wer sitzt wo?

Zu einer festlichen Tafel gehören selbstverständlich Tischkarten, die den Gästen ihren Platz zuweisen. Eine nette Geste sind kleine Kränze oder aufgefädelte Floralien mit Namenschildern, die die Gäste mit nach Hause nehmen können. So bleibt ihnen das Fest noch lange in Erinnerung.

wenn dem Platz eines jeden Gastes Individualität verliehen wird, vielleicht durch kleine Blütenkränze, die um die Teller gelegt werden, oder durch zierlichen Blumenschmuck auf Platzdeckchen, Menükarten oder Servietten.

linke Seite: Die in hohe Vasen eingestellten Blumen lassen auf dem Büffet ausreichend Tischfläche frei. Die Blumen müssen frisch und sorgfältig ausgesucht sein, damit weder Blütenblätter noch Blütenstaub auf die Speisen fallen.

Praxiswissen

Die Werkstücke sind sehr eng mit der verwendeten Arbeitstechnik wie **Binden, Stecken und Pflanzen** verbunden. Die **Gestaltung von Werkstücken** erfordert ein hohes Maß an Pflanzenkenntnis in dem Sinn, dass die Pflanzen durch die Verarbeitung nicht geschädigt oder beeinträchtigt werden.

Der Strauß

Ein schöner Strauß ist etwas Wunderbares. Es gibt kaum eine Gelegenheit, zu der ein Strauß nicht passend wäre, denn er drückt Stimmungen aus und schafft Stimmungen. Mit einem Strauß lassen sich vielfältige Emotionen vermitteln, etwa Liebe, Hoffnung, Anerkennung, Achtung, Würdigung, Anteilnahme und Trauer. Dabei ist die Symbolik der verschiedenen Blumen von großer Bedeutung. Aber auch Farben und Bewegungen der Werkstoffe spielen neben dem Verwendungszweck eine große Rolle. Sträuße werden von allen Werkstück-Typen am häufigsten gearbeitet, mal als Geschenk, mal als Dekoration für Feste und Räumlichkeiten. Sie werden für das Tragen in der Hand gebunden oder für das Einstellen in Vasen. Wie alle Formen der Floristik unterliegen auch Sträuße in Form und Werkstoffauswahl einer ständigen Veränderung und zeitgemäßen Interpretation. Ihr wesentliches Merkmal, die Bindestelle, bleibt jedoch von solchen Zeiterscheinungen unberührt.

Gestalterische Grundlagen

Für das Binden eines Straußes steht uns eine Fülle von Blumen und Beiwerk zur Verfügung. Wie bereits ausgeführt wurde, besitzen die pflanzlichen Werkstoffe verschiedene Eigenschaften in Bezug auf Form, Bewegung, Farbe und Textur. All diese Eigenschaften nehmen Einfluss auf die Gestaltung eines Straußes.

Form und Bewegung

Die Formen und Bewegungen der verwendeten Werkstoffe prägen die äußere und innere Form des Straußes, also seinen Umriss und seine Ausstrahlung. Der Umriss kann rund und kompakt, rund und aufgelockert, formbetont, aufrecht, bogenförmig, abfließend oder in einer anderen Form gestaltet sein. Entsprechend Ihrer Straußform sollten Sie die Auswahl der Blüten, Blät-

Ein schöner Blumenstrauß macht Freude – immer und überall.

ter, Zweige und Ranken bewusst vornehmen.
Für einen rund gebundenen Strauß mit einer relativ geschlossenen Kuppelform benötigen Sie **kompakte, sammelnde Blütenformen.**
Soll der Strauß aufgelockert gestaltet werden, brauchen Sie ebenfalls kompakte, runde Blütenformen, die Sie in der Basis anordnen, sowie **aufstrebende und ausschwingende Bewegungen,** die den lockeren nach oben gerichteten tropfenförmigen Straußumriss herstellen.
Ausschwingende und abfließende Bewegungen eignen sich für die Gestaltung von leicht gewölbten und bogenförmigen Sträußen. Bei einem abfließenden Strauß wird nur die **Bewegung nach unten** betont. Natürlich können auch die **prägnanten, aufstrebenden Bewegungen** einzelner Blüten in den Mittelpunkt gerückt werden.

Farbe und Textur

Weitere Straußvariationen ergeben sich durch eine gezielte Auswahl von Farben und Texturen. Die Farbauswahl wird besonders von äußeren Vorgaben (Stimmungsbilder, Anlass, Ambiente, Symbolgehalt) beeinflusst. **Farbmenge und Verteilung** sind weitere Gestaltungskriterien und sollten bewusst – also nicht zufällig – eingesetzt werden.
Das gilt ebenso für die **Oberflächentexturen** von Blüten, Früchten und Blättern. Soll die Textur als Gestaltungselement in den Vordergrund gerückt werden, kann sie als Kontrast oder Harmonie zur Unterstreichung bestimmter Aussagen und Stimmungen genutzt werden. Dabei bedingen sich Farbe und Textur untereinander und sind im Einklang zu verwenden. So lassen beispielsweise zarte und helle Farben eine seidige Textur noch feiner erscheinen, während ein

Die unterschiedlichen Bewegungen der Werkstoffe lassen sich gut erkennen.

Formen und Bewegungen der pflanzlichen Werkstoffe beeinflussen den Umriss und geben die Straußform vor.
(1) Werkstoffe mit aufstrebenden Bewegungen unterstützen alle nach oben gerichteten Straußformen.
(2) Bei einem bogenförmigen Strauß stehen ausschwingende und abfließende Bewegungen im Mittelpunkt.
(3) Mit abfließenden Bewegungen wird die Bewegungsrichtung nach unten betont.

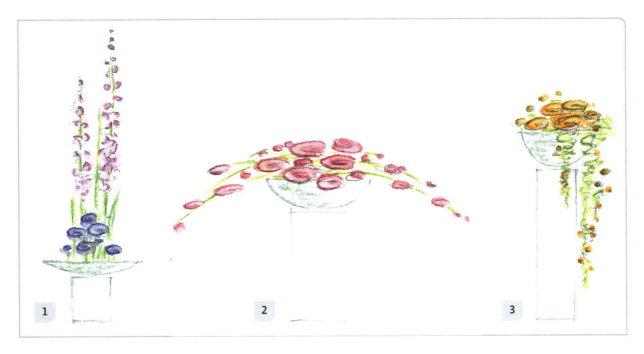

Bindestellen
(1) Spiralförmig mit einer Bindestelle
(2) Parallel mit einer Bindestelle
(3) Parallel mit zwei Bindestellen
(4) Parallel angelegte Stiele mit einer an den Straußstielen entlanglaufenden Bindung.

dunkles Blau eher samtig wirkt und somit eine seidige Wirkung schwächt oder sogar aufhebt. Werden Blüten und andere Werkstoffe auf Grund ihrer besonderen Textur bewusst zusammen gebunden, sprechen wir von texturbetonten Sträußen.

Veränderung der Proportionen

Das Spiel mit Proportionen kann zu neuen Straußvarianten führen. Ein interessantes Beispiel sind Stehsträuße mit sehr lang verarbeiteten Stielen und einer Bindestelle, die sehr weit oben angelegt ist.

Bindetechniken

Die Bandbreite der Straußformen und -varianten ist riesig, doch allen liegen nur zwei Bindetechniken zu Grunde. Die Blumenstiele werden für den Strauß entweder radial (spiralförmig) oder parallel angeordnet.

Bindetechnik für einen spiralförmig gebundenen Strauß

Das Binden spiralig angelegter Blütenstiele ist der wichtigste

Haltehand und Arbeitshand
Rechtshänder binden in der linken Hand. Sie ist die Haltehand und die rechte Hand legt die Blumen an. Bei Linkshändern ist rechts die Haltehand und die Blumen werden von links angelegt. In allen weiteren Ausführungen werden wir rechtshändig vorgehen.

Einheitliche Richtung
Die Blüten zeigen immer nach links oben und die Stiele nach rechts unten. Für Übungszwecke können Sie sich einen Blütenstängel in dieser Richtung auf den Tisch legen. Er erinnert Sie an die richtige Anlegeposition der Stiele im Strauß.

handwerkliche Vorgang und Voraussetzung für das Gestalten eines rund gebundenen Straußes. Alle Floralien liegen vorbereitet und sortiert auf Ihrem Arbeitstisch.
– Sie beginnen mit dem Aufnehmen des ersten Blütenstiels zwischen Daumen und Zeigefinger der linken Hand.
– Ein zweiter Stiel wird schräg auf den ersten, gerade gehaltenen Stiel angelegt. Dabei befindet sich die Blüte immer links oben und das Stielende rechts unten. Dieser Kreuzungspunkt gibt die spätere Bindestelle vor und darf nicht zu hoch, aber

auch nicht zu tief angesetzt werden. Die Höhe der Bindestelle ist abhängig von der gewünschten Größe des Straußes. Mit der rechten Hand wer-

(1) Der Anfang des Straußes erfolgt mit zwei übereinander gelegten Stielen. Der Kreuzungspunkt gibt die spätere Bindestelle vor.
(2) Mit der rechten Hand werden weitere Stiele aufgenommen und angelegt. Um eine exakte Straußform zu erreichen, drehen Sie den Strauß während des Bindens mehrfach.
(3) Die Stiele werden immer in der gleichen Richtung angelegt: links oben die Blüten, rechts unten die Stiele.
(4) Zum Abbinden benötigen Sie einen Bindebast. Sie halten den Strauß in der linken Hand und legen den Bast über Ihren Daumen. Mit Daumen und Zeigefinger halten Sie den Bast fest und führen ihn etwa dreimal über der linken Hand von vorn nach hinten herum. Der Bast wird dabei leicht gezogen, damit er zwischen die Stiele und die haltende Hand rutscht.
(5) Zum Abbinden können Sie den Strauß so auf eine Tischkante legen, dass die Blumenstiele frei über die Tischkante ragen. Der Bast wird verknotet und sauber abgeschnitten.
(6) Die Straußstiele werden mit einer Rosenschere auf eine Länge gekürzt. Falls sich unterhalb der Bindestelle noch Laubblätter, Nadeln oder Seitentriebe befinden, müssen diese nun entfernt werden.
(7) Wenn Sie die Stiele spiralförmig gebunden haben und die Bindestelle fest genug ist, bleibt Ihr Strauß stehen.
(8) Zum Schluss die Stielenden schräg anschneiden.
(9) Nun kann der Strauß in eine Vase eingestellt werden.

Bindetechniken 137

Weiche Stiele, die im Außenbereich angelegt sind, können durch zu festes Anbinden abgeschnürt werden. Das lässt sich verhindern, indem man ein Blatt unter den Bast legt.

- den weitere Stängel immer in derselben Richtung an der Bindestelle angelegt.
- Mit Daumen, Zeigefinger und Mittelfinger der linken Hand halten Sie alle Stiele fest.
- Die nächsten Stiele werden weiterhin in die gleiche Richtung angelegt; jetzt aber noch stärker angewinkelt.
- Zwischendurch übernimmt die rechte Hand den Strauß und übergibt diesen mit einer leichten Drehung wieder in die linke Hand.
- Wenn die Menge der Stiele allmählich zunimmt, bilden Daumen und Zeigefinger einen Ring. Die anderen Finger liegen locker um die Stiele unterhalb des Straußes.
- Bis zur gewünschten Größe des Straußes wechseln sich Drehung des Straußes und das schräge Anlegen der Stiele ab.
- Nun sollten Sie prüfen, ob der Strauß gleichmäßig gearbeitet wurde, und eventuell Korrekturen vornehmen. Dabei geben Sie den Strauß mit einer Rechtsdrehung von 90° in die rechte Hand. Die linke Hand nimmt den Strauß mit einer weiteren 90°- Drehung wieder zurück.
- Sind Sie mit Ihrer Arbeit zufrieden, wird der Strauß an der Stelle gebunden, an der Sie die Stiele gehalten haben.
- Für das Abbinden der Bindestelle benötigen Sie einen Bindebast. Sie halten den Strauß in der linken Hand und legen den Bast über ihren Daumen. Mit Daumen und Zeigefinger halten sie den Bast fest und führen ihn über der linken Hand vorn um die Stiele nach hinten herum. Dieser Vorgang wird je nach Größe des Straußes etwa 3- bis 5-mal wiederholt.
- Bei sehr großen Sträußen legen Sie das lose Bastende über den linken Arm zur hinteren Seite des Straußes. Hier können Sie den Bast loslassen. Sie umgreifen den Strauß von rechts nach hinten und nehmen das lose Bastende wieder auf. Wichtig ist, den Bast leicht zu ziehen, damit er zwischen die Stiele

Tipps & Tricks für Straußanfänger:
- Üben Sie am bestens zuerst mit wenig Blumenarten und verzichten Sie auf Blumen mit sehr glatten und empfindlichen Stielen.
- Verwenden Sie von Anfang an grünes Beiwerk als Abstandshalter. Um einen hohen Spreizeffekt zu erreichen, wird es tief in die Basis gezogen.
- Günstig erweist sich der ständige Wechsel zwischen höheren und niedrigen Anlegen von Blumen und Beiwerk. Dadurch entstehen verschiedene Höhen und Tiefen im Strauß und er erhält einen sehr natürlichen und lockeren Ausdruck, da die Bewegungen besser zur Geltung kommen.
- Feine Gräser werden vor dem Binden in kleine Gruppen zusammengefasst und als Gräserbündel spiralförmig in den Strauß eingebunden.
- Durch mehrfaches Drehen während des Bindens wird die Form gleichmäßiger. Die Gefahr, dass der Strauß in der Vase kippt, verringert sich.

Bei ersten Bindeversuchen kann es hilfreich sein, sich nur auf das spiralförmige Anlegen der Stiele zu konzentrieren. Wenn Sie dies sicher beherrschen, wenden Sie der Ausgestaltung des Straußes im oberen Bereich mehr Aufmerksamkeit zu.

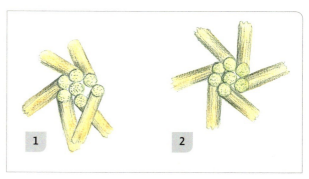

Querschnitt von Stielen in der Bindestelle
(1) Das Bild zeigt einen in der Gegenrichtung angelegten Stiel. Er muss wieder herausgezogen und neu angelegt werden.
(2) Nur gleichmäßig in eine Richtung angelegte Stiele gewährleisten eine feste Bindestelle.

und die haltenden Finger rutscht. Nach den ersten Umschlingungen kann man die haltende Hand etwas lockern und den Bast unterhalb der Hand um die Blumenstiele ziehen. Achten Sie darauf, dass der Bast sich dort um die Stiele legt, wo die schmalste Stelle ist.
- Nun können Sie den Strauß vorsichtig auf einen Tisch legen und zwar so, dass die Bindestelle auf der Tischkante liegt und die Stiele frei über die Tischkante ragen. Der Bast wird sorgfältig verknotet und sauber abgeschnitten.
- Laubblätter, Nadeln oder Seitentriebe, die sich eventuell noch in oder unter der Bindestelle befinden, werden ent-

Es muss nicht immer eine Vase sein. Ein spiralförmig gebundener Strauß kann auch in einer flachen Schale stehen.

Unterhalb der Bindestelle ist deutlich zu erkennen, ob Sie alle Stängel konsequent in eine Richtung angelegt haben.

Tipps zur Bindestelle:
- Vor dem Zusammenbinden kontrollieren Sie, ob alle Stiele in derselben Richtung angelegt wurden.
- Ragen ein oder mehrere Stängel in die andere Richtung, entstehen Zwischenräume und Überschneidungen in der Bindestelle. Die Stiele rutschen aus ihr heraus oder können geknickt bzw. gequetscht werden. In diesem Fall müssen Sie die in Gegenrichtung verlaufenden Stiele wieder vorsichtig herausziehen und richtig anlegen oder den Strauß noch einmal von Anfang an neu binden.
- Naturbast wird vor der Verwendung gewässert. Er ist dann geschmeidiger und reißt nicht so schnell. Beim Trocknen zieht er sich wieder zusammen und sorgt für eine bessere Festigkeit der Bindestelle.
- Die Bindestelle soll schmal, fest und sauber sein.
- Unterhalb der Bindestelle dürfen sich keine Blätter, Nadeln oder Seitentriebe befinden.
- Als Faustregel für den Schnitt der Stiele gilt: 2/3 oberhalb, 1/3 unterhalb der Bindestelle.
- Weiche und empfindliche Stängel (Hyazinthen, Tulpen, Nelken) müssen besonders vorsichtig gebunden werden. Eine Möglichkeit ist, diese Stiele nicht im Außenbereich anzulegen, sondern mit Blattstielen zu überlagern. Sie können auch ein schmales Blatt auf die Bindestelle legen und dann erst den Strauß abbinden.
- Sehr füllige Sträuße dürfen Sie zwischendurch abbinden.

fernt. Dann kürzen Sie alle Stiele mit einer Gartenschere auf einheitliche Länge und schneiden sie mit dem Messer schräg an.
- Wenn die Bindestelle fest genug ist, bleibt der Strauß auf seinen Stielenden stehen. Sie können stolz auf Ihren spiralförmig rund gebunden Strauß sein und ihn in eine Vase einstellen.

Aber da ja bekanntlich noch kein Meister vom Himmel gefallen ist, heißt es auch hier: Üben, Üben, nochmals Üben. Nur durch das eigenhändige Halten und Binden entwickeln Sie das notwendige Gefühl für die Gestaltung eines Straußes.

Die oben beschriebene Methode der spiraligen Bindung ist die üblichere. Es ist aber auch möglich, an einer äußeren Seite zu beginnen. Das Gebinde entwickelt sich dann zur Mitte hin und findet auf der anderen Seite seinen Abschluss. Auch dabei werden die Stiele konsequent spiralförmig angelegt. Diese Bindetechnik empfiehlt sich bei größeren, lockeren Straußformen mit ausschwingenden und spielerischen Bewegungen, bei denen sich die Bewegungslinien nicht nur von innen nach außen, sondern auch von außen nach innen ziehen können. Im Prinzip kann jeder spiralförmig gebundene Strauß auch aufgestellt und in einer großen

Bedenken Sie beim Straußbinden, dass Sie jeder Blüte die Möglichkeit des Aufblühens geben, um ihre Lebendigkeit zu erhalten.

Schale präsentiert werden. Er besitzt gegenüber den parallel gebundenen Stehsträußen sogar eine sehr große Standfläche. Gewohnheitsmäßig werden Sträuße allerdings in Vasen eingestellt. Ein gestalteter Strauß wird grundsätzlich gebunden in ein Gefäß eingestellt. Größe, Form und Material des Gefäßes haben großen Einfluss darauf, ob er seine Form voll zur Geltung bringen kann.

Die Gefäßform kann in hohem Maß die Wirkung eines Straußes beeinflussen. Ein runder Strauß verlangt nach einem bauchigen Gefäß, denn die Stiele eines spiralig gebundenen Straußes brauchen ausreichend Raum, damit der obere Teil des Straußes seine Form behält. Sie dürfen nicht in einer zu engen und schmalen Vase zusammengequetscht wer-

Ein Strauß in einer hohen Vase

Derselbe Strauß in einer niedrigen Vase

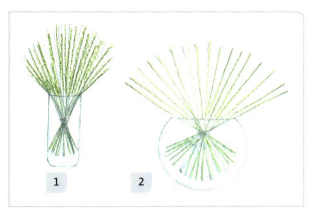

Vasenformen
(1) In der schmalen Vasenform sind die Stiele zu eng platziert.
(2) Besser entfalten sich die spiralförmig gebundenen Stiele in einer bauchigen Vase.

den. Das typische Beispiel für eine völlig ungeeignete Form ist die schmal nach unten verlaufende grüne Friedhofsvase aus Kunststoff.
Auch die Öffnung des Gefäßes muss dem Straußvolumen angepasst sein, ihm Halt geben und verhindern, dass er kippt. Sträuße, bei denen die Bewegungslinien im Vordergrund stehen, kommen in schlichten Gefäßen am besten zur Geltung.

Bindetechnik für den parallel gebundenen Strauß

Das Binden von parallel angelegten Stielen wird vorgenommen bei
- **Biedermeiersträußen**,
- **Stehsträußen** mit geraden, aufstrebenden Werkstoffen,
- Brautsträußen, die im Arm getragen werden (**Armsträuße**),
- „**Etagensträuße**", bei denen die Blätter und Blüten jeweils etagenartig in verschiedenen Höhen angeordnet werden. Diese Sträuße werden vorrangig in Holland gebunden.

Alle Werkstoffstiele werden konsequent parallel angeordnet, sodass die Stängel auf ihrer ganzen Länge einen ungefähr gleichmäßigen Abstand haben.
Der Strauß wird mit der ganzen Hand gehalten. Alle Stängel liegen in und unterhalb der Bindestelle exakt parallel nebeneinander. Bei sehr vielen oder dicken Stielen kann die Bindestelle mit einem Gummiband fixiert werden, das vor dem Abbinden wieder entfernt wird.
Zum Schluss werden die Stielenden gleichmäßig und gerade auf eine Länge abgeschnitten.
Für Parallelsträuße sind flache Schalen oder schlichte, meist hohe zylindrische Glasgefäße zu bevorzugen, damit sie in ihrer ganzen Länge wirken können. Um den Strauß kippsicher in ein Gefäß einzustellen, können Sie in die Gefäßöffnung geklemmte Zweige, Steine zum seitlichen Stabilisieren oder einen Kenzan verwenden. Das Ziel sollte immer sein, den Strauß gekonnt in Szene zu setzen. Denken Sie daran, dass ein hoher Strauß mit vielen Ranken und Gräsern einen wesentlich größeren Freiraum um sich herum benötigt als ein kleiner kompakt gebundener Biedermeierstrauß.

Stiele

Normalerweise werden alle Sträuße mit natürlichen Stielen gebunden. Für bestimmte Straußvarianten, insbesondere in der Braut- und Eventfloristik, ist es jedoch erforderlich, Blüten, Blätter und Ranken anzudrahten, um diese in entsprechende Positionen zu bringen. Dadurch haben sich über viele Jahre unterschiedliche Arbeitstechniken entwickelt. Wir unterscheiden
- Sträuße mit natürlichen Stielen,
- Sträuße mit gedrahteten Stielen,
- Sträuße mit natürlichen und gedrahteten Stielen (Mischtechnik) und die
- Englische Technik.

Sträuße mit natürlichen Stielen

Blumen für Sträuße, die über dem Arm getragen oder in Gefäße eingestellt werden, bindet man mit natürlichen Stielen. Ebenso werden dichte, runde Handsträuße (fürs Standesamt, zum Werfen, für Festlichkeiten und Bälle) mit natürlichen Stielen gebunden.
Im Unterschied zu den in Vasen eingestellten Sträußen benötigen Handsträuße einen schlanken Griff, der meist mit einem Band umwickelt wird, damit er sich gut festhalten lässt. Spiralförmig

Natürliche Stiele, spiralförmig gebunden.

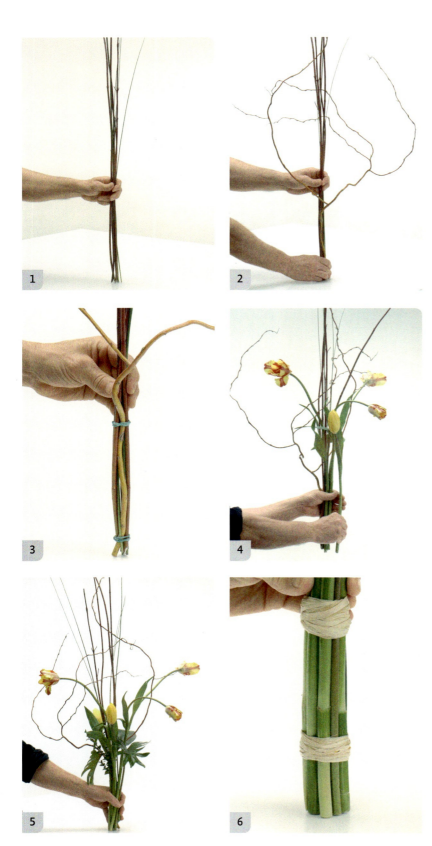

angelegte Stiele sind dafür nicht immer vorteilhaft, da sie beim Umwickeln zusammengedrückt und sogar abgeknickt werden können. Auch abfließende Werkstoffe sind nur bedingt einsetzbar. Selbst Stiele, die im äußeren Bereich des Straußes verwendet werden sollen, müssen vorher geschient werden. Auf dicke, fleischige Blütenstängel sollten Sie möglichst ganz verzichten. Ob Sie die spiralförmige oder parallele Bindetechnik anwenden, entscheiden Sie als Gestalter auf Grund Ihrer Zielsetzung.

Sträuße mit angedrahteten Stielen

Alle Werkstoffe werden gedrahtet und mit Tape umwickelt (siehe Seite 52 ff.), sodass sie sich frei formen und in jede gewünschte Position bringen lassen. Selbst von Natur aus nicht biegsame Stiele (Rosen, Nelken) können so abfließend verarbeitet werden. Begonnen wird normalerweise mit den am längsten abfließenden Werkstoffen. Dazu werden

Der parallel gebundene Strauß
(1) Zuerst legen Sie einige gerade Äste parallel zueinander an.
(2) Um mehr Räumlichkeit zu schaffen, sollten Sie Struktur gebende, geschwungene Äste mit einbinden, die natürlich im unteren Bereich auch parallel angelegt werden.
(3) Um sich das parallele Anlegen zu erleichtern, können Sie die zuerst angelegten Äste mit Gummibändern fixieren.
(4) Auch die Blütenstiele werden konsequent parallel angelegt.
(5) Mit einigen Blättern wird der vertikal hochgebundene Parallelstrauß vervollständigt.
(6) Parallel gebundene Sträuße dürfen mehrere Bindestelle besitzen. Sie dienen nicht nur der sicheren Befestigung der Stiele, sondern auch als gestalterisches Hilfsmittel.

die Drähte im oberen Bereich jeweils in einem Winkel von 45 bis 60 Grad geknickt und über die linke Hand parallel angelegt. Zuerst wird über der Hand eine Mittelblüte angelegt. Den Bereich zwischen Blüte und Ranken arbeiten Sie aus, indem Sie von unten nach oben gleichmäßig und im Wechsel abfließende Ranken, Blüten und kurze, füllende Werkstoffe anlegen, die den Draht verdecken.

Die größte Straußbreite befindet sich in Höhe der Mittelblüte. Dieser über der Hand liegende Bereich sollte etwas gewölbt gestaltet werden, um einen harmonischen Übergang von der vorderen zur hinteren Seite des Straußes zu erreichen.

Sind Vorderseite und Mitte des Straußes gestaltet, wird die Rückseite erarbeitet. Der Aufbau der Rückseite dient dem optischen und tatsächlichen Gewichtsausgleich zum vorderen, lang ausgestalteten Bereich.

Zum Schluss kann die Unterseite des Straußes mit breiten, dicht geschuppt angelegten Blättern abgedeckt werden.

Die Andrahttechnik darf nicht sichtbar sein und die Werkstoffstiele dürfen nicht in der Hand verrutschen. Zur Sicherheit binden Sie zwischendurch mit eng anliegendem Kunststoffbast ab. Die Bindestelle sollte möglichst weit oben und direkt unter den abdeckenden Blättern liegen. Die Drähte werden auf die gewünschte Grifflänge eingekürzt, mit Tape umwickelt, dann mit Watte aufgepolstert und mit einem Band abwickelt. Weiche Bänder erhöhen den Tragekomfort des Straußgriffes. Den Anfang des Bandes fixieren Sie mit einer Stecknadel, und für den Abschluss bieten sich kleinere Schmucknadeln an, die schräg in die Drähte eingeschoben werden. Sträuße mit angedrahteten Stielen sind relativ leicht und besitzen einen schlanken Griff. Die dichte Verarbeitung sorgt für eine gute Haltbarkeit der Werkstoffe, die sich durch Einsprühen mit Wasser noch erhöhen lässt. Zarte und empfindliche Blüten sollten Sie wegen des längeren Wasserentzugs nicht verwenden. Die gestalterischen Möglichkeiten sind durch die biegsamen Werkstoffe vielseitig, aber die Technik ist sehr zeit- und arbeitsintensiv und verlangt Übung und Erfahrung.

Mischtechnik

Bei dieser Technik werden nur solche Werkstoffe angedrahtet, die im Strauß lang abfließen oder am äußeren Straußbereich angelegt werden sollen, aber nicht von Natur aus die entsprechende Bewegung besitzen. Sehr dicke Stiele werden ebenfalls durch Draht ersetzt.

Alle anderen Werkstoffe werden mit natürlichen Stängeln verarbeitet. Sie können bei Bedarf gestützt oder geschient werden. Bei sehr dichter Anordnung der Werkstoffe ist sogar das Andrahten mehrerer dünner Stiele mit einem Draht möglich. Dies erspart Zeit und Werkstoff, gleichzeitig werden Gewicht und Stärke des Straußgriffs reduziert. Ob Sie einen abfließenden Strauß ausschließlich mit angedrahteten Stielen oder in der Kombination aus natürlichen und angedrahteten Stiele binden, die Vorgehensweise ist gleich (siehe Fotos auf Seite 144), auch wenn die Werkstoffauswahl für Sträuße in der Mischtechnik wesentlich anspruchsvoller ist.

Englische Technik

Die klassischen englischen Brautsträuße gehören zur Formbinderei. Zu ihnen zählen Sträuße in kompakter und geschlossener Tropfen- und Bogenform sowie die Glamelie. Um diese Formen perfekt arbeiten zu können, werden die Werkstoffe ohne natürliche Stiele verwendet.

Werden alle Stiele angedrahtet, entsteht trotz der Werkstofffülle ein sehr schmaler Straußgriff, den die Braut auch über längere Zeit ohne Anstrengung in der Hand halten kann.

Mischtechnik
(1) Bei der Mischtechnik werden natürliche und angedrahtete Stiele verarbeitet. Vor allem bei abfließenden Werkstoffen und Floralien mit besonders dicken Stielen ist das Andrahten sinnvoll.
(2) Um Länge und Form des Straußes frühzeitig festzulegen, sollten Sie mit den abfließenden Ranken beginnen.
(3) Im oberen Bereich können Sie mit einer besonders schönen Blüte die Mitte des Straußes betonen. Achten Sie immer auf einen gleichmäßigen und harmonischen Übergang zwischen dem abfließenden und dem oberen Bereich.
(4) Der Ausbau einer harmonischen Straußform sollte hier noch weitergeführt werden.

Von allen Werkstoffen werden die Stiele abgeschnitten und die Blüten direkt unterhalb des Blütenkopfes mit feinstem Stützdraht (Silberdraht) angedrahtet. Für schwere Blüten wählen Sie einen etwas stärkeren Draht aus. Für die Mittelachse der Tropfenform wird ein Steck- oder Stützdraht in gewünschter Länge ausgewählt und mit Tape umwickelt. Für eine Bogenform werden zwei Drähte benötigt.
Auf diesen Draht wickeln Sie die vorbereiteten Werkstoffe mit Tape auf. Sie beginnen dabei mit der Spitze und legen nach und nach die Floralien zu einer immer breiter werdenden Tropfenform an.
Die Werkstoffe werden nur im oberen Bereich der Drahtform verarbeitet und dürfen sich nicht zu einer Spirale verschieben.

Englische Technik
(1) Bei der englischen Technik werden die einzelnen Blüten und Blätter mit feinem Silberdraht angedrahtet.
(2) Ein Führungsdraht wird mit Tapeband umwickelt. An diesem befestigen Sie – ebenfalls mit Tapeband – die einzeln angedrahteten und abgetapten Werkstoffe.
(3) Der Anfang ist sehr schmal zu gestalten. Mit zunehmender Tropfenform werden die Werkstoffe jedoch breiter angelegt.

Sträuße zum Verschenken und Dekorieren

Höhen und Tiefen schaffen
Die größeren Blüten werden mit kurzen Stielen nahe der Basis eingebunden, hoch gewachsene Blumen allseitig in den Raum. Ausschwingende Bewegungen vermitteln zwischen den oberen und unteren Straußbereichen.

Seitliche Umrissformen rund gebundener Sträuße
(1) Ein halbrunder Straußumriss ergibt sich aus vornehmlich runden Blütenformen, die sehr kompakt gebunden werden.
(2) Locker, gegliederte Sträuße zeigen oft einen tropfenförmigen Umriss.

relativ geschlossener tropfenförmiger Umriss feststellbar.
Auch hier ist die Verteilung der Werkstoffe in Form, Größe, Farbe und Textur gleichmäßig und ausgewogen vorzunehmen. Jede Blumenart sollte im Strauß mehrmals und in verschiedenen Ebenen und Raumrichtungen mit Hilfe von Staffelungen verwendet werden. Das bedeutet, dass alle Blumen unterschiedlich lange Stiele besitzen oder unterschiedlich weit in den Strauß eingebunden werden. Dadurch stehen ihre Blüten auf verschiedenen Höhen. Im Randbereich des Straußes sollten Sie seitlich ausschwingende Zweige und Blätter anlegen. Selbst einige abfließende Bewegungen können verwendet werden.
Die langen, raumgreifenden Blütenstände von Lilien, Gladiolen oder Rittersporn benötigen beispielsweise viel Raum um sich herum, um zu wirken und sich zu entfalten. Runde Blütenformen von Rosen oder Dahlien hingegen werden kurzstielig nahe der Bindestelle angeordnet und betonen die Mitte des Straußes. Durch ihre sammelnde Kraft der Kreisbewegung ziehen sie optisch alle wegstrebenden Blüten zur Mitte und sorgen damit für einen Zusammenhalt.

Parallel hoch gebundene Sträuße

Für parallel hoch gebundene Sträuße benötigen Sie gerade, aufstrebende und streng wirkende Werkstoffe wie Schachtelhalm, Gladiolen oder Rittersporn. Parallelsträuße wirken grafisch und konstruiert, unabhängig davon, ob sie symmetrisch oder asymmetrisch gestaltet werden. Die Stielführungen können auch in Bögen oder Winkeln verlaufen, wie man sie in natürlich gebogenen oder abgeknickten Zweigen findet.

Für luftige Wiesensträuße bietet sich das locker aufgegliederte Binden an.

Sträuße zum Verschenken und Dekorieren 149

links: Mit langen geraden Werkstoffen wie Rittersporn und Halmen des japanischen Knöterichs lassen sich relativ einfach parallele Sträuße binden.
rechts: Verschieden große, mit Wollziest beklebte Pappmanschetten bilden das Grundgerüst für diesen Etagenstrauß, in dem die Werkstoffe parallel eingebunden wurden.
ganz rechts: Die reduzierte Werkstoffauswahl erhöht die Extravaganz des formallinearen Straußes.

Die Stielkonstruktion sollten Sie in die Gestaltung bewusst einbeziehen. Neben einer fixierenden Hauptbindestelle können weitere Bindestellen erarbeitet werden, die jedoch auch nur gestalterische Wirkung besitzen.
Farbe und Stofflichkeit der Bindematerialien können beispielsweise als Akzent die Blütenfarben aufgreifen. Als Bindematerialien mit gestalterischem Wert empfehlen sich Naturbast, Kokosstrick, farbige Kordeln, Bänder und lange Ranken (Ackerwinde). Das sorgfältige gerade Abschneiden der Stiele auf eine Länge sorgt dafür, dass der Strauß sicher steht und ausreichend Wasser aufnehmen kann. Steine, eingeklemmte Zweige oder ein Kenzan können zusätzlich verwendet werden, um die Standfestigkeit zu verbessern.
Parallel hoch gebundene Werkstücke entfalten besonders als Stehsträuße ihre ganze Wirkung und verlangen nach offenen, flachen Schalen. Der Wasserstand sollte so hoch wie möglich sein und ist selbstverständlich regelmäßig zu kontrollieren.

Formal-lineare Sträuße

Diese Straußkategorie beschreibt grafisch gestaltete Sträuße, deren Bewegungslinien sowie die Flächen- und Körperformen der Werkstoffe und Materialien im Mittelpunkt der Gestaltung stehen. Kontrastierende Formen und Linien werden spannungsreich miteinander kombiniert:
– aufstrebende Bewegungen mit abfließenden,
– lagernde Bewegungen mit ausschwingenden,
– lange, hohe Blütenformen mit kompakten.
Alle Werkstoffe benötigen viel Freiraum um sich herum, damit ihre Formen und Bewegungen deutlich erkennbar werden und bleiben. Wenige Werkstoffe oder eine besonders deutlich betonte Bewegungslinie reichen aus. Grafisch wirkende Sträuße werden meist in asymmetrischer Weise gebunden.
Blumen, Früchte und Blätter können Sie durch Andrahten und Biegen in die gewünschte Form bringen und in ihrer Erscheinung sogar verfremden. So erzeugen beispielsweise geknickte Schachtelhalmstängel brüchige Bewegungen. Verschiedene Techniken können zum Einsatz kommen und Schmuckmittel werden je nach Geschmack und Anlass verwendet.
Im Wohnbereich wirken grafisch gestaltete Sträuße besonders auf hohen Säulen oder Anrichten. Sie benötigen viel Freiraum um sich und wirken am besten vor einem neutralen Hintergrund.

Aufgebundene Einzelblüten

Allein die Blüte steht im Mittelpunkt. Eine dominierende, herrschende Strelitzie, eine edle Lilienblüte, eine großblütige Rose oder eine kostbare Orchidee suchen das Zusammenspiel mit Gräsern, einem geschwungenen Ast oder einigen Blättern.
Die Einzelblume an sich benötigt wenig Begleitung, sodass pflanzliches und dekoratives Beiwerk nur dezent eingesetzt wird. Aufgebundene Einzelblüten sind eine schöne Zugabe zu einem Geschenk, aber beispielsweise auch

ein nettes Dankeschön für eine Einladung.

Bogenförmige Sträuße

Für einen bogenförmigen Strauß benötigen Sie einerseits weit ausschwingende Werkstoffe wie Ginster, Fuchsschwanz, Gräser oder Asparagus, und andererseits abfließende Ranken von Efeu, Ackerwinde oder Zaunrübe.

Die Bewegungen erfolgen bei einem symmetrischen Strauß gleichmäßig nach beiden Richtungen, bei einem asymmetrischen hingegen verstärkt nach einer Seite. Symmetrisch gearbeitete Sträuße wirken streng und klassisch. Mehr Schwung ist in asymmetrischen Sträußen zu finden, deren Bögen sich von der Mitte ausgehend rechts und links in ihrer Ausdehnung nach dem Goldenen Schnitt richten. Die Proportion der beiden Seiten zueinander kann bei 1:2 oder 1:3 liegen, wobei Überstreckungen zu einer oder beiden Seiten weitere Gestaltungsmöglichkeiten eröffnen. Die quer verlaufende Raumrichtung wird in beiden Ordnungsarten durch einen Bogen in den Mittelpunkt gestellt. Sie haben die Wahl zwischen verschiedenen Bogenformen wie Parabel, Hyperbel oder Halbkreis und können sich die Gestaltung mit vorgeformten Gerüsten auch vereinfachen.
Genügen die vorgegebenen Bewegungen der Werkstoffe nicht

links: Eine Rose als einzelne Blüte, aufgebunden mit wenig Beiwerk
unten links: Die Bogenform ist hier nur angedeutet.
unten rechts: Bogenförmiger Strauß mit langen Weidenzweigen

Ihren Vorstellungen, können Sie manipulierend eingreifen. Bei langen Tulpen oder Calla bietet sich das Stützen von innen oder das vorsichtige Biegen und Formen der Stiele in der Hand oder unter fließendem Wasser an. Bänder und Kordeln können ebenfalls angedrahtet oder in die Ranken eingebunden werden. Alle Werkstoffe sollten Sie gut vorbereiten und nach ihren zugedachten Positionen im Strauß sortieren. Für die Straußmitte werden die festen kompakten Blüten, Blätter oder Früchte dicht und füllig angelegt. Sie sind relativ unempfindlich und können die biegsamen Zweige und Ranken, die vereinzelt bereits in der Basis eingearbeitet werden, seitlich wegdrücken. Die breiteste und dichteste Stelle des Straußes befindet sich im Bereich des Straußgriffs. Abschließend werden die weit ausschwingenden Werkstoffe an den Seiten angelegt.
Besonders schwierig ist es, eine gleichmäßige Bogenform ausschließlich mit Naturstielen zu arbeiten. Mit der Mischtechnik (Verwendung natürlicher und angedrahteter Stiele) ist ein schön geformter Bogen leichter zu bewerkstelligen. Diese Technik empfiehlt sich vor allem für

locker gebundene Sträuße mit ausschwingenden Werkstoffen. Bei der Vasenauswahl sind bauchige, klassische oder moderne, längliche Gefäße mit einer elliptischen Öffnung zu bevorzugen. Eine besonders wirkungsvolle Präsentation wird auf einer erhöhten Säule erzielt.

Garbenförmige Sträuße

Zu den Vorfahren der stehenden Sträuße gehören die auf „eigene Beine" gestellten trockenen Lavendel- oder Rosensträußchen, die bereits in viktorianischer Zeit, in der zweiten Hälfte des 19. Jahrhunderts, modern waren. Sicherlich kennen Sie die stehenden Getreidegarben und Getreidepuppen, die früher nach der Ernte auf dem Feld aufgestellt wurden. Heute dienen sie der Dekoration, beispielsweise für die Ausgestaltung des Entedankfestes in der Kirche. In der Trockenfloristik sind diese stehenden Sträuße weiterhin aktuell. Garben können aus Getreide, Lavendel, Rosen und anderen frischen oder trockenen Werkstoffen gebunden werden. Wichtig ist, recht viel Werkstoff bereitzuhalten. Legen Sie sich je nach gewünschter Größe der Garbe fünf oder mehr gleich große Bündel zurecht. Ein etwas größerer Bund bildet den Mittelpunkt und sollte etwas kürzer als die anderen sein, damit die Garbe auf den äußeren Halmen gut stehen kann. Den Mittelbund binden Sie mit Rebdraht oder Schnur fest zusammen. Der Draht kann zwischendurch jeweils abgebunden werden, alternativ lassen Sie ihn bis zur Fertigstellung mitlaufen. Zum mittleren Bund nehmen Sie einen nächsten und legen ihn schräg gegen den mittleren an, ähnlich dem Binden eines spiralförmigen Straußes. Die weiteren Bunde werden gleichmäßig schräg angelegt und jeweils am mittleren festgeknotet.
Prüfen Sie abschließend, ob die Garbe gleichmäßig rund angelegt wurde und alle Bunde fest miteinander verbunden und festgeknotet sind.
Zum Aufstellen werden alle Halme bzw. Stängel vorsichtig fächerförmig auseinander gespreizt.
Je nach Größe des Stehstraußes können auch alle Stiele einzeln spiralförmig angelegt werden, wie bei einem rund gebundenen Strauß. Experimentieren Sie ruhig auch einmal mit verschiedenen Proportionen. Rosen beispielsweise können so zusammengebunden werden, dass die Bindestelle sehr weit oben liegt und die Stiele ihre natürliche Länge behalten. Für Stehsträuße mit langen Stängeln müssen die Blumen entsprechend stabile Stängel besitzen.
Frisch verarbeitete Blumen und Blätter stellen Sie in flache, mit Wasser gefüllte Gefäße. Achten Sie dabei auf gute Standfestigkeit und ausreichenden Wasserstand. Sträuße aus trockenen Werkstoffen brauchen weder Schale noch Wasser und können auch einfach auf eine ebene Fläche gestellt werden.

Texturbetonte Sträuße

Die Straußoberfläche wird meist in unterschiedlich großen Flächen aus Blüten, Blättern und Früchten gestaltet. Das Zusammenfassen ähnlicher oder gleicher Texturen zu größeren Flächen führt zu einer klaren Erkennbarkeit. Durch Schichtungen oder enges Aneinanderlegen von

Lavendelgarbe

Texturbetonter Strauß

Werkstoffen können neue Textur- und Struktureffekte erzeugt werden. Ebenso ist das Einarbeiten von nichtpflanzlichen Materialien möglich.
Um die Textur des Straußes besser hervorzuheben, sollten nur wenig voneinander abweichende Farbtöne verwendet werden. Kräftige Farben lenken ab.
Die größte Werkstoffauswahl bietet der Herbst. Rosen, Hortensien, Strohblumen, Strandflieder und Disteln dürfen eintrocknen und behalten ihre Ausstrahlung über die Wintermonate hinweg. Außerdem verführen diese Sträuße nicht nur unsere Augen, sondern regen unseren Tastsinn an. Die Formen texturbetonter Sträuße können völlig unterschiedlich sein: rund, abfließend, bogen- oder pyramidenförmig.

Brautsträuße

Brautsträuße stellen die größte Herausforderung in der Straußbinderei dar. Nicht nur die Wahl der Blumen und ihre farbliche Zusammenstellung im Strauß sind von höchster Wichtigkeit, sondern auch Auswahl des richtigen Straußtyps zum Kleid und zur Trägerin. Der Strauß sollte die Vorlieben der Braut berücksichtigen und sie in ihrer Ausstrahlung und Präsenz optisch unterstützen.
Ganz gleich, ob es sich um einen Brautstrauß oder einen Eventstrauß handelt: Eine fachkundige Beratung durch ein gutes Floristikfachgeschäft ist in jedem Fall zu empfehlen. Die Floristen sind geschult und geben Ihnen wertvolle Hinweise und Informationen. Zudem bieten Sie Ihnen alle Blumen, Blätter, Ranken und die notwendigen technischen und gestalterischen Hilfsmittel an.

> **Nicht nur für Bräute**
> Auch wenn in diesem Kapitel von Brautsträußen gesprochen wird, können solche Sträuße natürlich auch zu anderen festlichen Anlässen getragen werden, zum Beispiel Abschluss- und Opernbälle, Silberne und Goldene Hochzeiten oder besondere Jubiläen.

Möchten Sie den Brautstrauß für Ihre Tochter, Enkelin oder auch beste Freundin selbst binden, sollten Sie die folgenden Hinweise beachten:

Werkstoffauswahl

Bei der Blütenauswahl geht es um die größte Wirkung am Tag der Hochzeit. Die volle Präsenz einer offenen Blüte ist wichtiger als ihre lange Haltbarkeit. Den Festtag sollten die Blumen allerdings in makellosem Zustand überstehen.
Falls die Braut den Strauß nach der Hochzeit gern aufbewahren möchte, wählen Sie Werkstoffe, Straußform und Technik so, dass sich der Strauß problemlos trocknen lässt.

Vorbereitung

Gleichgültig, ob Sie die Blumen gekauft oder aus dem Garten frisch geerntet haben: Alle Blumen, Blätter und Ranken müssen versorgt werden. Nicht benötigte Seitentriebe, Blätter und Knospen werden entfernt, die Stiele angeschnitten und in Wasser eingestellt. Das Einstellen der Werkstoffe kann bereits ein oder zwei Tage vor der Hochzeit erfolgen, damit die Werkstoffe ihre volle Saftspannung erreichen. Dies ist sehr wichtig, da je nach Straußtyp und Technik die Stiele am Hochzeitstag keine oder nur eine geringe Wasserversorgung erhalten. Bei Lilien und Tulpen sollten Sie Staubgefäße zu entfernen, damit der Blütenstaub keine Flecken auf der Festkleidung hinterlassen kann.
Am Tag der Hochzeit oder besser einen Tag zuvor müssen alle Werkstoffe entsprechend der geplanten Bindetechnik vorbereitet werden. Schneiden Sie die Werkstoffe auf ihre ungefähre spätere Länge zurecht und legen Sie sie so auf den Tisch, wie sie später im Strauß platziert werden. Für empfindliche und abgeschnittene Blüten ist das Unterlegen eines Tuchs zu empfehlen. Kurz abgeschnittene Blüten können zwischenzeitlich in nasse Steckmasse gesteckt werden, um sie mit Wasser zu versorgen und nicht zu beschädigen.
Geben Sie möglichst Werkstoffen den Vorzug, die weitgehend eine

> **Technische Hilfsmittel für Brautsträuße**
> – Stützdraht in entsprechender Stärke und Länge zum Stützen und Schienen
> – Steckdraht für das Andrahten von schweren Werkstoffen
> – Schmuckdraht
> – Watte
> – Kautschuk- oder Kreppband in passender Farbe und Breite zum Abwickeln gedrahteter und/oder gestützter Stiele, wattierter Stellen und des Straußgriffs
> – Kerzenwachs zum Verschließen der Schnittstellen
> – Bast zum Abbinden
> – Doppelseitiges Klebeband
> – Band zum Abwickeln des Griffs
> – Stecknadeln zum Fixieren des Bandes
> – Floral- oder Sprühkleber
> – Blattgold oder Blattsilber

Brautsträuße

links: Die Blüten werden so hingelegt, wie sie später im Strauß verarbeitet werden sollen. An den Stielenden werden sie angedrahtet.
oben: Materialien zum Binden von Braut- und Eventsträußen

natürliche Bewegung besitzen. Sind die Stiele biegsam, können sie geschient, vorsichtig gebogen und mit natürlichen Stielen gebunden werden.
Werkstoffe mit festen Stielen drahten Sie am besten an. Der Draht erlaubt die Biegung und damit eine optimale Form gebende Platzierung der Werkstoffe. Dazu werden die Stängel etwa 2 cm oberhalb der Stelle abgeschnitten, an der sich die ausgelegten Stiele in der Bindestelle treffen sollen.
Wählen Sie entsprechend der Brautstraußform auch die benötigten technischen Hilfsmittel aus und legen Sie alle bereit.

Andrahten und Abwickeln der Stiele

Das Andrahten der Floralien ist auf Seite 52 ff. ausführlich beschrieben.
Wickeln Sie die angedrahteten Pflanzenteile mit einem Tapeband in der Farbe des Werkstoffs ab, beispielsweise grün für Stiele, braun für Äste, weiß für Lilienblüten.

Binden

Damit sich der Strauß gut tragen lässt, muss der Griff im richtigen Winkel zum Strauß stehen. Die Braut sollte ihre Hand in Hüfthöhe so halten, dass der Griff leicht vom Körper weg nach vorn geneigt ist. Aus dieser Position heraus werden die abfließenden Werkstoffe in einen Winkel von 45 bis 60 Grad zum Griff angeordnet.

> **Spiegelbild**
> Kontrollieren Sie ab und zu während des Bindens und auch nach Fertigstellung den Strauß vor einem Spiegel und korrigieren Sie bei Bedarf die Positionen der Floralien.

Abschluss

Auf der Unterseite des Brautstraußes können als Abschluss Blätter, entweder schuppig oder mit der Oberseite nach unten, angelegt werden. Beim englischen Tropfen wird von Beginn an die Rückseite mit angedrahteten Blättern unterlegt.

Alle weichen Stiele schneiden Sie mit einem scharfen Messer an. Der Schnitt sollte aus optischen Gründen gerade erfolgen und muss den ganzen Stiel durchtrennen, Reste dürfen nicht zu sehen sein. Stark verholzte Stiele können Sie auch mit einer Gartenschere anschneiden. Die Drahtstiele werden mit einer Drahtschere gleichmäßig eingekürzt.

Griffgestaltung

Der Griff eines Brautstraußes wird komplett abgewickelt, damit einerseits die Drähte vollständig verdeckt sind und sich andererseits der Griff angenehm anfühlt. Außerdem schützt die Abwicklung die Hände oder Handschuhe und die Brautgarderobe vor Verschmutzung und Beschädigung.
Zuerst wird der Drahtgriff mit Watte oder Zellstofftaschentüchern ausgepolstert, in eine angenehme Form gebracht und mit Kautschukband abgewickelt. Danach wickeln Sie den Griff mit doppelseitigem Klebeband ab, um Bänder oder andere Materialien sicher zu befestigen. Zum Abwickeln eignen sich Bänder und Kordeln, die in Farbe und

> **Das Halten des Straußes**
> Es kann nicht schaden, das Halten des Brautstraußes vor dem Fest einmal zu üben. Dazu stellt sich die Braut im Kleid mit den Blumen vor einem Spiegel und dreht den Strauß so, dass er gut wirkt. Hilfreich ist, wenn sich eine andere Person vor die Braut stellt und Hinweise gibt. In Bezug auf das Tragen und Halten der verschiedenen Straußformen lassen Sie sich zuvor von einem Floristen beraten.

154 Der Strauß

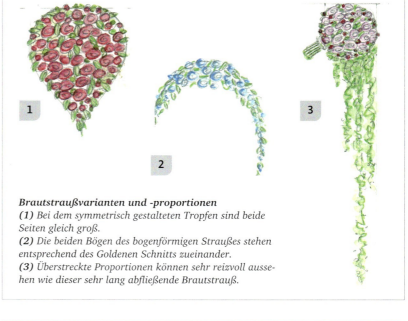

Brautstraußvarianten und -proportionen
(1) Bei dem symmetrisch gestalteten Tropfen sind beide Seiten gleich groß.
(2) Die beiden Bögen des bogenförmigen Straußes stehen entsprechend des Goldenen Schnitts zueinander.
(3) Überstreckte Proportionen können sehr reizvoll aussehen wie dieser sehr lang abfließende Brautstrauß.

Blumen rund um die Hochzeit
In der Regel umfassen die Vorbereitungen für eine Hochzeit nicht nur den Strauß, sondern auch noch weiteren Schmuck, den Sie Tabelle 19 auf Seite 128 entnehmen können.
Sie sollten genau überlegen, welche Gebinde und Arrangements Sie selbst übernehmen möchten bzw. können und inwieweit es empfehlenswert ist, die professionelle Unterstützung durch einen Floristen in Anspruch zu nehmen.

Griffgestaltung mit langen Gräsern

Material auf Kleid und Blumen abgestimmt sein sollten. Falls vorhanden, käme auch ein Stoffrest vom Brautkleid infrage. Anfang und Ende des Bandes können mit Steck- oder Perlennadeln fixiert werden.

Arbeitszeit

Wenn Sie das Abenteuer, einen Brautstrauß selbst zu binden, eingehen wollen, sollten Sie vorher unbedingt einen Probestrauß anfertigen. Stellen Sie dabei am besten einen Zeitplan auf, der etwa wie unten aussehen könnte: Sie sehen, dass die Gestaltung eines Brautstraußs sehr zeitaufwändig sein kann.

Einkauf oder Ernte	0,5 h – 1,0 h
Versorgung der Blumen	0,5 h
Vorbereitung der Blumen	0,5 h – 1,5 h
Binden und Abschluss	0,5 h – 1,0 h
Griffgestaltung	0,5 h
Gesamtzeit	**2,5 h – 4,5 h**

Brautstraußvarianten

Armsträuße
Brautsträuße, die auf dem Arm liegend getragen werden, gab es bereits vor 100 Jahren. Früher wurden diese Sträuße sehr üppig und dekorativ gebunden, heute dagegen gestaltet man sie meist reduziert und formal linear. Sie passen gut zu etwas engeren Kleidern oder einem Hosenanzug. Durch die besondere Trageweise besitzen die Sträuße einen engen Kontakt zur Kleidung und dem unbedeckten Arm oder den Handschuhen.

Armsträuße werden asymmetrisch gestaltet. Die größere seitliche Ausdehnung des Straußes befindet sich mit den Blüten oberhalb des Armes. Um eine ausgewogene Optik des Straußes zu erreichen, müssen beide Teile des Straußes in der richtigen Proportion zueinander stehen. Der Bezugspunkt ist nicht die Bindestelle, sondern die darüber liegende Stelle, wo der Strauß auf dem Arm aufliegt.

Eine natürliche schwungvoll gebogene Linienführung der in voller Länge verarbeiteten Werkstoffe ist Voraussetzung für einen harmonischen Gesamteindruck. Nicht nur die Blumen, sondern auch ihre Stiele können ihre ganze Schönheit zeigen. Sie müssen weder gekürzt noch mit Draht präpariert werden. Selbst das Stützen der Blumen mit Draht ist unnötig.

Die Blumen werden parallel angelegt und zusammengebunden. Kurz über der Bindestelle können zusätzlich füllende Werkstoffe eingearbeitet werden, um etwas Abstand zwischen den längeren Stielen zu schaffen.
Bindestelle und Stiele sind Teil der Gestaltung. Sie können beispielsweise mit Stoff, einer geschmückten Papphülse, mit Bändern, Kordeln oder langen Gräsern abgewickelt werden.
Die Stängel werden in einheitlicher Länge abgeschnitten. An den Stielenden dürfen keine Pflanzensäfte mehr austreten. Stängel von Calla, Anthurien, Orchideen und Tulpen werden gewachst und eventuell mit Schlagmetall veredelt.
Wer möchte, kann die Stielenden mit Perlen oder farbigen Schmucknadeln verzieren. Außerdem können die natürlichen Blütenstiele mit schwingendem Peddigrohr ergänzt und mit aufgefädelten Blüten verziert werden.

Bogenförmige Sträuße
Grundsätzliches zum Binden eines bogenförmigen Straußes können Sie auf Seite 150 nachlesen. Da ein Brautstrauß längere Zeit in der Hand gehalten wird, sollten die Bögen angenehm über der Hand verlaufen. Wichtig ist auch, dass die Straußgröße zu den Proportionen der Trägerin passt. Für sehr dicht gebundene Brautsträuße bietet sich die Englische Technik (siehe ab Seite 143) an.

Formal-lineare Sträuße
Formal-lineare Sträuße (siehe Seite 149) eignen sich sehr gut als Handsträuße. Sie zeichnen

Vorsicht, Flecken!
Damit die Garderobe keine Flecken bekommt, müssen alle verwendeten Werkstoffe frei von Staub und anderen Verschmutzungen sein. Blütenstaubgefäße von Lilien oder Tulpen werden entfernt. Die Blätter sollten keinesfalls mit ölhaltigen, fettenden Blattglanzmitteln behandelt werden.
Das gilt selbstverständlich auch für den Tischschmuck, der keine unansehnlichen Spuren auf der Tischwäsche hinterlassen soll.

links: Armstrauß mit weißen Calla und langen, mit Perlen geschmückten Gräsern
rechts: Formal-linearer Strauß

sich durch eine gewisse Extravaganz aus, die durch schlanke oder kurze Kleider, Hosenanzüge oder andere Festkleidung in einem eher strengen oder sportlichen Stil noch hervorgehoben werden kann.

Glamelie

Glamelien sind künstlich gestaltete übergroße Blüten. Um die Wende zum 20. Jahrhundert wurden sie als Nachbildungen einer gefüllten Kamelienblüte mit Hilfe von Draht aus den einzelnen Blütenblättern von Gladiolen gearbeitet. Aus den beiden Worten Gladiole und Kamelie entstand die Bezeichnung Glamelie, die noch heute als Technik und Gestaltungsweise Verwendung findet. Die Werkstoffauswahl für Glamelien hat sich mittlerweile um Rosen, Lilien, Tulpen, Efeu und andere Pflanzen erweitert. Glamelien werden ausschließlich in der englischen Technik hergestellt.

Für eine Rosen-Glamelie werden je nach Sorte bis zu dreißig Blütenköpfe benötigt. Die Blütenblätter werden vorsichtig auseinandergelöst und nach drei Größen sortiert: die kleineren für das Blütenzentrum, die mittleren für den mittleren und die größeren für den äußeren Bereich.
Die Blütenblätter werden einzeln oder zu mehreren geschichtet mit Silberdraht angedrahtet und eventuell mit Tapeband abgewickelt. Die Mitte der Blüte bildet eine Knospe. Um sie herum werden die Blütenblätter entsprechend ihrer Größe angelegt. Die Drahtstiele verlaufen parallel und werden jeweils mit Tapeband aufgewickelt (siehe Englische Technik, ab Seite 143).
Nach Wunsch können angedrahtete grüne Blätter einen Abschluss bilden. Der Griff wird aufgepolstert und abgewickelt. Alternativ zu der sehr zeitaufwändigen klassischen Herstellung bieten sich folgende Techniken an:
Kleben: Die Blütenblätter werden mit Kaltkleber an die Knospe geklebt.
Haften: Der Silberdraht wird zu 2–3 cm langen Haften gebogen und am unteren Viertel an eine gleichmäßige Rosenblüte gehaftet.

Kugelförmige Sträuße

Sie besitzen eine symmetrische Form und sind dem dekorativen Gestaltungsstil zuzuordnen. Der obere Straußbereich lässt sich relativ einfach in eine Kugelform bringen. Die Werkstoffe werden dicht angeordnet, sodass eine geschlossene Oberfläche entsteht. Besonders gut eignen sich halbrunde Blütenformen (Rosen, Dahlien, Nelken) sowie viele Früchte.
Allerdings gibt es nur sehr wenige Werkstoffe, die sich von Natur aus über die Hand biegen lassen. Die Werkstoffe für den unteren Bereich der Kugel müssen daher angedrahtet werden. Alternativ kann eine Kugelform auf einen Straußhalter gesteckt werden (siehe Seite 175).
Achten Sie bei der Verteilung der Werkstoffe in der Kugelform auf farbliche und größenmäßige Ausgewogenheit. Verschiedene Farben und Texturen können einzelne Oberflächenbereiche voneinander abtrennen. Zur Akzentuierung der Kugel können Sie lange Ranken und andere nach unten gerichtete, fließende Werkstoffe und Materialien einsetzen. Kugelsträuße wirken unkompliziert und passen zu allen Kleidtypen. Bei kurzen Kleidern bedarf es nur der Kugel, bei langen Kleidern kann die Wirkung durch einen abfließendem Akzent erhöht werden. Eine weitere Verstärkung der kugeligen Ausstrahlung lässt sich durch die Verlängerung des Griffbereiches erreichen. Eine hübsche Variante ist das Anbringen einer Griffschlaufe aus Band, an der die Kugel hängend getragen wird.

Lilienglamelie. Es empfiehlt sich, den Aufbau der Form zuerst mit künstlichen Blütenblättern zu üben.

links: Rosen fügen sich ideal in runde Sträuße ein. Durch die Verwendung einer einzigen Rosensorte wirkt der Strauß ruhig, und die helle Farbe gibt ihm eine edle Ausstrahlung.
oben: Die Stiele werden mit einem Band abgewickelt, das zu den Blumen und dem Kleid passen sollte.

Runde Sträuße

Für runde Sträuße, die in der Hand getragen werden sollen, werden meist sehr kurzstängelige Blüten Kopf an Kopf zusammengelegt und zu einem kompakten Strauß gebunden.

Die Griffe werden normalerweise handbreit gestaltet, allerdings können auch lange Griffformen oder herunterhängende Bänder reizvoll aussehen.

Bei rund gebundenen Handsträußen sind alle Techniken möglich. Sie können Natur- oder Drahtstiele verwenden und die Blumen spiralförmig oder parallel anlegen.

Runde Sträuße passen zu kurzen Kleidern oder sportlicher Garderobe und eignen sich für das Standesamt, als Wurfstrauß, zum Tanzstundenabschlussball oder zur Konfirmation.

Tropfenförmige Sträuße

Tropfenförmige Sträuße sehen aus wie ein umgekehrter Wassertropfen: Das runde Ende befindet sich oben und die Spitze zeigt nach unten. Die Form muss eindeutig erkennbar gestaltet werden, unabhängig davon, ob die Werkstoffe dicht oder sehr aufgelockert im Strauß verarbeitet werden.

Außenform und Werkstoffverteilung können sowohl symmetrisch als auch asymmetrisch vorgenommen werden. Symmetrisch gestaltete Tropfen wirken streng. Asymmetrische Sträuße sehen dagegen schwungvoller aus, besonders wenn sie etwas aufgelockerter und größer gearbeitet werden.

Das Verhältnis Breite zu Länge sollte entsprechend dem Goldenen Schnitt mindestens 3:5 betragen. Interessanter wirken überstreckte Proportionen mit einer 3-, 4- oder 5-fachen Überstreckung der Länge im Vergleich zur Breite.

Der Strauß wird oben wie ein runder Strauß gebunden, aber nach einer Seite abfließend gestaltet. Achten Sie darauf, dass der Übergang von der oberen Straußkuppel zur unteren schlanker werdenden Spitze gleichmäßig ausfällt. Das gelingt nur durch präzise Werkstoffpositionierung. Im oberen Bereich verwenden Sie die kürzeren Werkstoffe, nach unten hin allmählich längere.

Bei locker und natürlich gebundenen Sträußen werden zwischendurch längere Ranken oder Gräser über den Strauß gelegt und oben in den Griff eingearbeitet. Geübte Blumenbinder können die Tropfen von unten nach oben arbeiten.

Der Strauß kann bei sehr ausgesuchter Werkstoffauswahl, insbesondere bei entsprechenden Bewegungseigenschaften, mit natürlichen Stielen gebunden werden. Ansonsten sollten Sie die Werkstoffe entweder schienen oder drahten.

Für sehr dicht gebundene Brautsträuße bietet sich die englische Technik (siehe ab Seite 143) an. Schlanke Tropfen harmonieren am besten mit engen Kleidern, zu einem ausgestellten Kleid darf der Tropfen etwas breiter sein. Die Tropfenform kann ebenso durch ein selbst geformtes Drahtgerüst aus Wickeldraht (siehe Seite 67, 176) vorgegeben werden. Für dessen weitere Verarbeitung gibt es zwei Möglichkeiten.

1. Die Werkstoffstiele werden in ihrer Länge weitgehend natürlich verarbeitet und vorsichtig in das Gestell eingezogen.

2. Schneiden Sie die Blüten von ihren Stielen ab und versehen Sie die Stielenden mit einem Wachsüberzug, um die Blüten vor Verdunstung zu schützen. Nun werden die Blüten an das transparente Drahtgestell gedrahtet oder mit Kaltkleber angeklebt, sodass sie den Anschein erwecken, auf dem Gestell zu schweben. Diese Technik eignet sich für frische und für bereits trockene oder gut eintrocknende Werkstoffe.

Wasserfallartige Sträuße

Diese Sträuße erinnern durch die vorwiegend abfließenden Bewegungsformen an sanft herabfließendes Wasser. Die von vorn erkennbare Umrisslinie des Straußes ähnelt der Tropfenform, wird aber wesentlich lockerer als diese gearbeitet.

Der wasserfallartige Strauß passt am besten zu langen, weiten und prächtig wirkenden Kleidern in Duchesseform. Diese Straußform entstand in der Gründerzeit am Ende des 19. Jahrhunderts und sollte Pracht und Wohlstand zur Schau stellen. Bereits damals wurden die Blumen für ihre Verarbeitung angedrahtet und teilweise gestützt. Diese Technik muss auch heute noch angewendet werden, um die Werkstoffe

links: Kompakt gebundener Tropfen
rechts: Wasserfallstrauß

so vorzubereiten, dass sie abfließend wirken. Das gilt vor allem für dicke Stiele von Rosen, Lilien und Calla.

Besonders empfehlenswert sind Werkstoffe mit abfließenden, lockeren Bewegungen, die leicht sind oder wirken, beispielsweise Asparagus, Mühlenbeckia, Wicken, Leuchterpflanze, Passionsblumen.

Achten Sie darauf, einen gleichmäßigen Übergang von der oberen Kuppel des Straußes bis zur Spitze und an den Seiten zu gestalten. Das erfordert die gleichmäßige Verteilung der Werkstoffe mit Verdichtung im oberen Bereich. Hier, über der tragenden Hand, sollten die größeren aufgeblühten Blüten eingearbeitet werden.

Die ideale Trageposition eines wasserfallartigen Straußes ist mittig, in Taillenhöhe vor dem Körper.
Wenn der wasserfallartige Strauß besonders prachtvoll wirken soll, können Sie zusätzlich dekorative Schmuckmittel wie Bänder, Kordeln oder Perlen einsetzen.

Trauersträuße

Kondolenzsträuße

Kondolenzsträuße werden meist aus weißen und hellen Blumen gebunden und oft durch einen Trauerflor ergänzt. Sie werden – normalerweise mit einer Beileidskarte – als Ausdruck des Mitgefühlt oder um Trost zu spenden ins Trauerhaus gebracht.

Handsträuße

Dies sind kleine Sträuße oder Einzelblüten, die oft mit Schleifen und trauersymbolischen Accessoires ausgeschmückt und als letzter Gruß in das noch offene Grab geworfen werden.

Grab- und Trauersträuße

Trauersträuße werden in der Trauerhalle, der Kirche oder auf dem Grab niedergelegt, darum verzichtet man meist auf die aufwändige Ausgestaltung der Rückseite. Als Legesträuße werden sie

oben: Rittersporn und Lilien wurden für diesen Legestrauß gestaffelt angeordnet.
links: Die Calla ist so ausdrucksstark, dass für den Handstrauß eine einzige Blüte ausreicht.
rechts: Trauerstrauß mit rosafarbenen Blüten. Dieser Strauß passt zu dem Trauergesteck auf Seite 181.

auf der Oberseite mit Staffelungen gebunden, die Rückseite ist flach. Als Auflagefläche dienen Zweige von Nadelgehölzen (Fichte, Tanne, Konifere), Äste oder große, stabile Blätter. Früher verwendete man dafür einen Palmenzweig.

Es ist jedoch auch möglich, solche Sträuße rund und allseitig zu gestalten.

Damit Grabsträuße länger halten, werden sie meist in Vasen eingestellt – und auch dann sollten die verwendeten Werkstoffe optimal zur Geltung kommen. Leider ist das in den üblichen, grünen Friedhofsvasen aus Kunststoff oft nicht der Fall. Die Öffnungen sind so eng, dass man spiralförmig gebundene Stiele in die Vase zwängen muss. Im Handel werden mittlerweile aber sehr dekorative, bauchige Gefäße mit Fuß oder Steckvorrichtung angeboten, die sich hierfür besser eignen.

Sträuße mit gestalterischen Hilfsmitteln

Zeitgeist und Moden machen auch vor der Floristik nicht Halt. Immer wieder wird Neues ausprobiert: In den letzten Jahren stießen Manschetten- und Gerüststräuße als neue Straußvarianten auf großes Interesse.

Als Hobbyflorist haben Sie die Möglichkeit, im Fachhandel vorgefertigte Manschetten, Gerüste und Konstruktionen zu kaufen.

Sie können diese aber auch nach ihren persönlichen Vorstellungen von einem Floristen anfertigen lassen oder selbst gestalten.

Gerüststräuße

Gerüste können sowohl technische Hilfsmittel als auch Gestaltungsmittel sein. Ihre Funktion ergibt sich aus der jeweiligen Form der Werkstoffe. Sie können schützen, abgrenzen, umschlingen, umhüllen oder halten. Ein Gerüst darf die Werkstoffe nicht beschädigen.

Soll das Gerüst als Gestaltungsmittel eingesetzt werden, muss es gut sichtbar sein und darf nicht von anderen Werkstoffen verdeckt werden. Es sollte sich proportional und farblich in das gesamte Werkstück einfügen.

Zu den Gerüstformen gehören
- Kuppeln und Kegel für runde Sträuße,
- Bögen und Wellen für längliche Straußvarianten,
- Spindeln für aufstrebende Arbeiten sowie weitere
- geometrische oder symbolische Formen.

Als pflanzliche Werkstoffe stehen Zweige, Äste, Ranken, Peddigrohr sowie frische und trockene Gräser zur Auswahl. Wer es ausgefallener mag, kann Gerüste aus Drähten, Schlauch, Filz und anderen künstlichen Materialien

oben: Das Gerüst besteht aus transparenten Schläuchen und Holzstücken.
Mitte: Sehr filigranes Gerüst, mit gespleißtem Typhagras umwickelt.
unten: Wiesenblumen im Gerüst

Gekauftes Hilfsmittel
Anfänger sollten das Straußbinden mit Hilfe eines fertig gekauften Gerüstes oder einer Manschette ausprobieren. Diese Hilfsmittel liegen in der Regel sehr gut auf der Hand, sodass Sie die Werkstoffe gut durchziehen und arrangieren können.

Sträuße mit gestalterischen Hilfsmitteln   161

(1) Dieses Gerüst wurde aus Apfelzweigen hergestellt.
(2) Die Tulpen werden vorsichtig durch das Gerüst gezogen und spiralförmig angelegt.
(3) Sind die Tulpen verblüht, kann das Gerüst für andere Blumen verwendet werden.

Einfaches Gerüst
Biegen Sie einige Äste oder Ranken zu einem Ring und fixieren Sie ihn mit Rebdraht. Dann drahten Sie drei Steckdrähte in gleichmäßigen Abständen am Gerüstring an und führen sie zur Mitte. Von der Mitte aus werden alle Drähte im rechten Winkel nach unten umgebogen und miteinander verdreht.

herstellen. Zum Verbinden eignen sich Naturbast, Drähte oder Kabelbinder. Welche Werkstoffe oder Materialien Sie auch wählen: Achten Sie immer darauf, Ihre Gerüste sauber und fest zu arbeiten.
Alle Blumen und Blätter werden vorsichtig durch das Gerüst gesteckt und in der Regel spiralförmig angelegt und gebunden.

Manschettensträuße

Manschetten gehören traditionell zu den Biedermeiersträußen. Heute gibt es aber vielfältige moderne Varianten, die nicht immer rund sind oder waagerecht unter dem Strauß abstehen. Stattdessen sieht man schräg abfallende Ebenen, Wulste aus Heu, geometrische und symbolische Formen

aus verschiedensten Werkstoffen und Materialien. Als Unterkonstruktion für solche Manschetten wird oft ein Pappring verwendet und mit Papier, Zweigen, Gräsern, Moos, Bändern oder Ranken beklebt oder umwickelt.
Je nach Größe sollte eine Manschette mit mindestens drei abgetapten Steckdrähten ausgestattet sein. Die Werkstoffe werden vorsichtig in den Innenraum der

Proportion Strauß und Manschette

Trockenfloristik
Gerüste und Manschetten eignen sich hervorragend für das Gestalten von Trockensträußen.

Manschette eingefügt. Strauß und Manschette bilden dann eine optische Einheit, deren Proportionen ausgewogen sein sollten. Im Unterschied zu einem Gerüst ist eine Manschette im Innenraum frei und bildet nur einen äußeren Abschluss.
Die Werkstoffe werden ähnlich wie beim Biedermeierstrauß sehr kompakt und meist parallel angeordnet. Wenn der Strauß natürlich und locker wirken soll, können Sie ihn auch spiralig binden. Wirkt die Manschette sehr klar und ruhig, darf der Strauß lebhaft gestaltet werden. Bildet dagegen die Manschette den Blickfang, beschränken Sie sich im Strauß besser auf eine Farbe oder eine Blumenart.

Grünsträuße

Diese Basis-Straußvariante hat sich erst in den letzten Jahren etabliert. Im Blumengeschäft bietet sie den Floristen die Möglichkeit, die Grünsträuße rationell für verkaufsstarke Zeiten vorzubinden, um später nur noch die jeweiligen, vom Kunden gewünschten Blumen einzufügen. An einem kühlen Platz können vorbereitete Grünsträuße einige Tage gelagert werden. Auch in der Hobbyfloristik kann dieser Straußtyp von Interesse sein. Im Sommer bis in den späten Herbst hinein fällt im Garten allerlei Schnittgrün an. Neben verschiedenen Grünsorten und Ästen eignen sich Grasbüschel, Hortensienblüten sowie abgeschnittene Lavendelbüsche. Besonders reizvoll sehen Sträuße mit verschiedenen Blättern oder Kräutern aus.

Später nehmen Sie nur den vorbereiteten Grünstrauß locker in die linke Hand und stecken mit der rechten die frischen Schnittblumen ein, und zwar jeweils

links oben: Kleine Aststücke wurden durch Aufwicklungen zu einer Kette verbunden und um einen kleinen Kranz aus blaugeglühtem Wickeldraht geschlungen.
links unten: Drei Pappmanschetten, beklebt mit Wollziest-Blättern
unten: Ein Strohrömer wurde mit Schneewatte umhüllt und dient hier als winterlich wirkende Manschette.

von links oben nach rechts unten und von vorn oben nach hinten unten. Das Einstecken der Blumen entspricht genau der Stielführung Ihres Grünstraußes, der spiralig vorgebunden wurde. Wichtig ist, dass die Stielenden ohne Blätter, Stacheln, Nebentriebe sind und Draht sicher an den Stängeln befestigt wurde, um sie ohne Beschädigungen in den Grünstrauß einzuführen.

Sträuße in Konstruktionen

In Konstruktionen eingebundene Sträuße wurden vor allem von dem Floraldesigner **Gregor Lersch** entwickelt. Diese Technik eröffnete eine völlig neue Dimension der klassischen Straußgestaltung. Die Sträuße haben durchaus einen Haltegriff, einen Bund von Stängeln, der mit Bast, Rebdraht oder einem anderen Naturmaterial zu einer Form zusammengebunden wird. Sie können spiralförmig oder parallel gebunden werden und besitzen eine Bindestelle. Parallel gebundene Stehsträuße können zusätzlich zu dieser Hauptbindestelle noch weitere Bindestellen aufweisen, die aber nur der Gestaltung dienen. Die Arbeiten stehen nicht unbedingt in einer Vase, sondern meist in einer Wasserlandschaft. Flache Gefäße und Schalen dienen als Wasserreservoir.

Die Arbeit mit Konstruktionen stellt große Anforderungen an handwerkliches und gestalterisches Können sowie an Kenntnisse in Bezug auf Statik, Balance und Stabilität.

Ansonsten gilt: Ausprobieren und eigene Erfahrungen sammeln. Sträuße in Konstruktionen eignen sich oft besser als Dekorationsobjekte und sollten vor Ort gefertigt werden, denn sie lassen sich nicht so einfach wie konventionelle Sträuße aus ihrem Gefäß entnehmen, transportieren und als Geschenk überreichen.

links: Dieser Strauß besteht ausschließlich aus Zweigen, die bei Schnittmaßnahmen im Garten angefallen sind.
unten links: Drahtfüße geben dem Wiesenstrauß sicheren Stand.
unten rechts: In dieser Detailaufnahme sind die Drahtfüße des links gezeigten Straußes genauer zu erkennen.

Das Gesteck

Gestecke sind neben den Sträußen die am häufigsten gestalteten Werkstücke, weil sie sich als Tisch- und Raumschmuck ebenso eignen wie als Geschenk. Selbst Kränze, Girlanden, Brautsträuße und Autoschmuck können mit Blüten und Blättern gesteckt werden. Im Gegensatz zu einem Strauß benötigt man für ein Gesteck nicht nur pflanzliche Werkstoffe, sondern meist auch ein Gefäß und auf jeden Fall eine Steckhilfe. Ursprünglich wurde als Steckunterlage Sphagnum-Moos verwendet, das man zu Kugeln oder Girlanden formte, auf Kranzunterlagen aufbrachte oder mit Draht umwickelte. Je nach Festigkeit der Blumenstiele wurden mit einem spitzen Stab Löcher vorgestochen. Der Wasservorrat sowie die Aufnahmefähigkeit an Blumen waren gering und die Standfestigkeit war eingeschränkt. Durch die Entwicklung des synthetischen Steckschaums eröffneten sich viele neue Gestaltungsmöglichkeiten. Doch trotz der reizvollen Farben und Formen industriell gefertigten Blumensteckschaums bleibt die Arbeit mit natürlichen Steckhilfsmitteln auch weiterhin aktuell.

unten: Frühlingshaftes dekoratives Gesteck
rechts: Sommerliches Gesteck mit Erdbeeren

Alternative Steckhilfsmittel

Alternative Steckhilfsmittel können unterteilt werden nach ihrem technischen und gestalterischen Einsatz. Daneben unterscheidet man zwischen künstlich hergestellten Steckhilfsmitteln (Drahtgitter, Steckigel, Glaskugeln, Dekosand) und natürlichen Steckhilfen.
Natürliche Steckhilfen können mineralischer Natur (Sand, Kiesel, Steine, Muscheln) oder pflanzlichen Ursprungs (Zweige, Stängelabschnitte, Ranken, Moos) sein. Ihr größter Vorteil neben der naturnahen Ausstrahlung ist die Kompostierbarkeit.
Bei der Wahl einer Steckhilfe sollten Sie darauf achten, dass sie formstabil ist und es bei Belastung auch bleibt, dass sie nicht ausfärbt oder das Wasser verunreinigt.
Pflanzliche Steckhilfen sind anfällig für Fäulnis, dem kann aber in gewissem Maß durch häufigen Wasserwechsel und Verwendung von Frischhaltemitteln entgegengewirkt werden.
Weil alternative Steckhilfsmittel als sichtbarer Teil der Gestaltung verarbeitet werden, müssen sie gut auf das Gefäß und die sonstigen verwendeten Werkstoffe abgestimmt sein. Steckhilfsmittel können senkrecht oder waagerecht in die Gefäße integriert werden, man kann sie in Gefäße einlegen, auf den Gefäßen platzieren oder Konstruktionen gestalten und diese wiederum in oder auf ein Gefäß setzen.

Vertikale Verarbeitung

Für die Verarbeitung von geraden Ästen (Hartriegel, Weide) und Stängelabschnitten (Japanischer Knöterich) eignen sich Gefäße mit senkrechter Außenwand. Vorgeschnittene Stiele werden senkrecht in ein Gefäß eingesetzt, bis es vollständig ausgefüllt ist.
Möglich ist auch, Äste, Halme und Hölzer zu bündeln oder panflötenartig anzuordnen. Blumen können dann in die entstandenen Hohlräume, Halmabschnitte oder in integrierte Röhrchen eingesteckt werden.

Die Halme des japanischen Knöterich gehören zu den pflanzlichen Steckhilfsmitteln und bieten sich für naturnahe Gestaltungen an.

rechts oben: Kurze Aststücke von einem altem Apfelbaum werden auf Gläser gelegt.
rechts unten: Die Blüten finden zwischen den Aststücken Halt.
unten: Selbst Reagenzgläser können als Steckhilfe genutzt werden.

Horizontale Verarbeitung

Guten Halt für schwere, große Blumen (Pfingstrosen, Sonnenblumen) erreicht man durch horizontal verarbeitete Steckhilfs-

mittel. Die Zweige können gerade oder krumm gewachsen sein und werden waagerecht in ein Gefäß eingeklemmt oder aufgelegt. Für Glasgefäße ist das Einklemmen nur bedingt zu empfehlen, da das Glas durch den Druck der Zweigstücke auf die Gefäßwand brechen kann. In diesem Fall ist das Auflegen günstiger. Für einfache Vasenfüllungen bieten sich auf dem Gefäßrand befestigte Gitter aus miteinander verbundenen Stängeln oder verzweigten Gehölztrieben (Schlehen, Obstbaumzweige) an.

Weitere Einsatzmöglichkeiten

Gerüste aus geschmeidigen Werkstoffen (Weide, Birke, Hartriegel) lassen sich in gebogener Form gut in bauchige Gefäße und flache Schalen einarbeiten. Alternativ können Sie auch Draht oder Drahtgitter verwenden. Eisendraht sollten Sie wegen der Rostanfälligkeit nicht verwenden. Gut geeignet ist verzinkter Draht, in Glasgefäßen kann auch Aluminiumdraht attraktiv aussehen. Glänzender Kupferdraht und farbiger Aluminiumdraht bieten sich vor allem für moderne Gestaltungen an. Alle Drähte lassen sich gut formen und sind dennoch stabil. Biegen Sie ihn aber nicht zu eng, damit noch ausreichend Platz zum Durchstecken der Blütenstängel bleibt.

Ein beliebtes Steckhilfsmittel sind Kugeln aus Peddigrohr, die in Glasgefäße ein- oder aufgelegt und oft nur mit einer einzelnen Blüte und etwas Beiwerk versehen werden.

Wenn Sie mit einem Steckigel arbeiten möchten, schneiden Sie alle weichen Stiele und Zweige gerade ab und stecken sie senkrecht auf die Stacheln des Igels. Verholzte und harte Zweige werden schräg in einem Winkel von 45° angeschnitten, dann wird die Spitze des Anschnittes senkrecht zwischen die Stacheln des Kenzan gesteckt. Besonders starke Äste können mittig längs eingeschnitten werden.

Konstruktionen als Steckhilfsmittel

Aus Ästen und Stäben lassen sich vielseitig einsetzbare Konstruktionen herstellen. Sie werden meist mit Draht (Seite 64) verbunden, wobei ihre Länge, Breite und Höhe frei wählbar sind. Normalerweise stellt man Konstruktionen ganz oder teilweise in flache Gefäße oder Schalen ein. Zur besseren Stabilität können sie auch mit Hilfe einer Klemmtechnik (siehe Seite 68) am Gefäßrand befestigt werden.

Aus langen Ästen lassen sich hohe Konstruktionen herstellen, die das Verarbeiten besonders langstieliger Blüten (französische Tulpen, Calla, Amaryllis) erleich-

links: Ein Steckigel oder Kenzan als Steckhilfe für einen Strauß
Mitte: Die Clematisranken sind so stabil miteinander verbunden, dass Blumen eingestellt werden können.
rechts: Sogar Geflechte aus Mühlenbeckia-Ranken eignen sich als Steckhilfen. Alle trockenen und frischen Floralien sind in die Ranken eingesteckt und müssen dort auch fest verankert sein. Schwere Werkstoffe sollten sicherheitshalber mit Draht an den Ranken fixiert werden.

tern. Die Herstellung eines Gerüsts kann durch die vielen Bindungen recht viel Zeit in Anspruch nehmen, andererseits lohnt sich die Mühe, denn Sie können es immer wieder benutzen und je nach Jahreszeit mit anderen Blumen bestücken.

Ein Spezialist auf dem Gebiet der Konstruktionen als Steckhilfsmittel ist der weltbekannte Floraldesigner **Gregor Lersch**. In seinen Veröffentlichungen überrascht er immer wieder mit neuen, ausgefallenen Gestaltungsideen. Besonders interessant sind seine Einfälle bei der Verwendung von Drahtgittern, die mit Reetstäben, Hartriegelzweigen sowie Gräsern durchzogen und in lange T- oder hohe L-Formen gebogen werden. Ein sicheres Gefühl für Statik, langjährige Erfahrung und ausgezeichnetes Handwerk sind Vorraussetzungen für diese hohe Kunst des Gestaltens. Konstruktionen können sowohl allein als Steckhilfsmittel oder in Kombination mit Steckmasse verwendet werden.

Stecken in Steckschaum

Der Klassiker unter den Steckhilfsmittel ist der Steckschaum. Das hat seinen berechtigten Grund, denn er ist sehr stabil, unkompliziert in der Verarbeitung und in vielen vorgefertigten Formen erhältlich.

Steckschaumarten

Grüner Steckschaum
Der grüne Blumensteckschaum kann über 95 % seines Volumens an Wasser aufnehmen und versorgt darum frische Blumen und Blätter optimal mit Wasser.

Damit in Schaum gesteckte Blumen ausreichend mit Wasser versorgt werden, stecken Sie die Stiele weit nach unten durch und füllen Sie so hoch wie möglich Wasser in das Gefäß.

Grauer Trockensteckschaum
Dieser Steckschaum ist für die Verwendung von trockenen pflanzlichen Werkstoffen und Seidenblumen vorgesehen. Er wird nicht gewässert. Ansonsten gelten für das Einsetzen des Schaums in Gefäße und das Kaschieren die gleichen Regeln wie für grünen Steckschaum.

Farbiger Steckschaum
Wegen seiner hohen Zelldichte ist farbiger Steckschaum besonders gut für die Verarbeitung fester Stiele geeignet.
Farbige Steckmasse kann zwei Aufgaben zu erfüllen. Einerseits ist sie technisches Hilfsmittel, andererseits dient sie als gestalterisches Element, muss also im Gegensatz zur grünen Steckmasse nicht unbedingt kaschiert werden. Ihre Farbe wird im nassen Zustand sogar noch intensiver. Allerdings hat sichtbar verarbeiteter farbiger Steckschaum eine große Verdunstungsfläche, sodass die Wasserversorgung täglich überprüft werden muss.

> **Tipps für die Verarbeitung von farbigem Steckschaum**
> – Verfärbte und beschädigte Stellen lassen sich mit einem farbgleichen, trockenen Stück Schaum wegschmirgeln.
> – Farbige Steckmasse sollten Sie nicht zusammen mit grüner Steckmasse lagern oder wässern.

Farbigen Steckschaum gibt es nicht nur in Blöcken, sondern auch als Herzen und in anderen Formen.

Farbiger Steckschaum wird in vielen Farben und Formen angeboten und kann auch als eigenständiges Dekorationselement verwendet werden.

Wässern

Zum Wässern von **grünem oder farbigem Steckschaum** füllen Sie eine große, nicht zu flache Wanne oder Schüssel mit Wasser. Geben Sie Schnittblumennahrung dazu, damit die Blumen lange frisch bleiben. Dann legen Sie den Schaum flach aufs Wasser. Er sinkt innerhalb einer Minute ein und saugt sich dabei voll. Die kleinen Zellen des Steckschaums nehmen nur Wasser auf, wenn die Luft ungehindert entweichen kann. Darum darf man ihn nicht hochkant in einen engen Eimer stellen oder unter Wasser drücken. Auch das Übergießen ist sinnlos, denn dabei werden nur die äußeren Zellen durchfeuchtet, während aus den inneren die Luft nicht entweichen kann. Der Steckschaum bleibt in der Mitte trocken, die Werkstoffe werden nicht mit Wasser versorgt und welken.

Um den Steckschaum auf das Wasser zu legen, benötigen Sie ausreichend große und tiefe Gefäße. Wannen sind dafür ideal.

Der Steckschaum saugt sich von allein voll Wasser. Er darf auf keinen Fall heruntergedrückt werden.

Es ist gut zu erkennen, wann sich der Schaum voll Wasser gesaugt hat.

Verarbeitung

Steckmasse sollte in trockenem Zustand auf die benötigte Größe zugeschnitten und dann gewässert werden. Schneidet man ihn erst nach dem Wässern zurecht, fallen meist feuchte Reststücke an, in denen sich schnell Fäulnisbakterien ansiedeln können.
Der gut gewässerte Steckschaum wird bei Bedarf noch einmal nachgeschnitten.
Die dabei abgeschnittenen kleinen Reststücke der Steckmasse werden entsorgt. Es hat keinen Sinn, diese noch in das Gefäß zu zwängen, denn sie nützen weder der Wasserversorgung noch finden Stiele in ihnen Halt.
Die Größe des Steckschaums sollten Sie dem Gefäß und der Art Ihres Arrangements anpassen, um eine gute Haltbarkeit und Festigkeit zu gewährleisten.
Auch inwieweit der Steckschaum in das Gefäß eingesenkt werden oder über dessen Rand hinausragen muss, hängt von der vorgesehenen Gestaltung sowie der Größe und Form des Gefäßes ab.
Sollen die Blätter und Blüten seitlich geschwungen weit nach außen verlaufen, sollte die Steckmasse einige Zentimeter über das Gefäß hinausreichen.
Für Gestecke mit aufstrebenden Werkstoffen kann der Gefäßrand höher als der Steckschaum sein. Bei konisch nach unten zulaufenden Gefäßen muss auch die Steckmasse so zugeschnitten sein, dass sie sich verjüngt. Setzen Sie dann mit leichtem Druck die Steckmasse in das Gefäß, sodass sie sicher hält. Dann schneiden Sie die Kanten und Ecken schräg an oder runden sie leicht ab. Etwas Abstand zwischen Steckmasse und Gefäß sollte bei allen Varianten berücksichtigt werden, um Wasser nachgießen zu können.

Gefäße

Für Gestecke können die verschiedensten Gefäße verwendet werden, sofern Form, Farbe, Oberfläche, Material und Stil zueinander passen. Für nasse Steckmasse sollten wasserdichte Gefäße verwendet werden. Durchlässige Gefäße wie Tontöpfe oder Körbe können Sie mit einer stabilen Folie auslegen, alternativ stellen Sie ein einfaches Gefäß aus Kunststoff hinein.
Für kleinere Gestecke reicht es aus, die Steckmasse in einen Gefrierbeutel zu legen oder mit normaler Haushaltsfolie zu umwickeln, bevor sie in das Gefäß ein-

> **Verstärkung mit Maschendraht**
> Maschendraht gibt nicht nur Gebilden aus mehreren Steckschaumblöcken mehr Stabilität. Wenn Sie sehr dicke oder schwere Stängel (z. B. von Sonnenblumen) verwenden, verhindert eine Umhüllung mit Maschendraht, dass der Steckschaum zerbricht.

Steckschaum in Gefäßen
(1) Für dekorative Gestecke sollte der Steckschaum über den Gefäßrand hinausragen und abgerundet werden.
(2) Für vegetative Gestaltungen reicht es aus die Steckmasse in Höhe des Gefäßrandes einzubringen.
(3) Der Steckschaum wird bis zum Boden des Gefäßes eingesetzt.
(4) In Glasgefäße oder sehr hohen Gefäßen können Sie den Steckschaum auch in einem eigenständigen Gefäß einsetzen.

Stecken in Steckschaum 169

oben: In den ausgehöhlten Kohlkopf wurde die Steckmasse mit einem Folienbeutel eingelegt. So kann auf ein zusätzliches Gefäß verzichtet werden.
unten: Abdichten auf die Schnelle: Steckmasse einweichen, in einen Folienbeutel stecken und mit diesem in das undichte Gefäß einsetzen

gelegt wird. Die Folie muss dabei so um die Steckmasse gewickelt werden, dass an den Seiten kein Wasser herausläuft. Zum Fixieren genügt Gummi- oder Klebeband. Die Oberseite des Steckschaums bleibt frei und wird etwas abgerundet.

Große, lange und hohe Gefäße

Für besonders große Gefäße verwenden Sie mehrere Steckschaumziegel, die mit Holzspießen entsprechend der Gefäßform zusammengesteckt werden. Der besseren Festigkeit wegen sollten Sie die zusammengefügten Ziegel zusätzlich mit Maschendraht umhüllen.
Wenn Ihr Steckschaumturm allerdings zu hoch wird, besteht Gefahr, dass das Wasser nach unten durchfließt. Das lässt sich

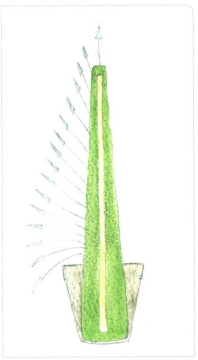

Einsteckrichtung der Werkstoffe bei einem Kegel

170 Das Gesteck

(1) Nachdem Sie die Steckmasse wie gewohnt in ein Gefäß eingefügt haben, beginnen Sie mit dem Aufbau der Kegelform.
(2) Alle hoch gestellten Steckschaumziegel werden mit Holzstäben befestigt.
(3) Für die Kegelform wird noch eine Spitze aufgesetzt. Es ist zweckmäßig, Folie zwischen die Steckschaumteile zu legen, damit auch der obere Teil möglichst lange mit Wasser versorgt ist. Ohne Folie fließt das Wasser schneller nach unten und ist im oberen Bereich nicht mehr verfügbar.
(4) Abschließend wird das komplette Steckmasse-Gebilde mit Maschendraht umwickelt.
(5) Hier sehen Sie die Einsteckrichtung der Buchsbaumzweige.

In das Glasgefäß wurde ein Kunststoffgefäß mit integrierter Steckmasse eingesetzt.

vermeiden, indem man Folie dazwischen legt.
In hohen Glasvasen wird die Steckmasse kaschiert oder in ein zweites Gefäß gegeben, das in die Glasvase eingehängt wird.

Flache Schalen

Sollen flache Schalen für vegetative Gestecke komplett mit Steckmasse ausgefüllt werden, muss diese exakt zugeschnitten und eingepasst werden. Die Oberseite wird knapp unterhalb des Schalenrandes gerade abgeschnitten und mit Sand kaschiert.
Der Gefäßrand sollte etwas über den Steckschaum hinausstehen, um problemlos Wasser nachfüllen und den Boden gestalten zu können.

Einfache Schalen mit integrierter Steckmasse lassen sich mit Rinde oder anderen Materialien gut verkleiden.

Praxistipps
– Für Pinholder muss der Gefäßboden sauber und trocken sein.
– Die Klebemasse ist ölhaltig und hinterlässt bei offenporigen Gefäßen nicht mehr entfernbare Flecken. Aus anderen Gefäßen können Klebemassespuren mit Reinigungsbenzin entfernt werden.
– In kratzempfindlichen Schalen sollten keine Steine verwendet werden.

In weite, flachen Schalen, in die sich der Steckschaum nicht einklemmen lässt, befestigen Sie einen Pinholder, um dem Schaum Halt zu geben. Formen Sie aus etwas Klebemasse einen Ring, den Sie an die Unterseite des Pinholders kleben. Wenn Sie die Klebemasse über einer Flamme kurz erwärmen, haftet sie besser und hält den Pinholder wie einen Saugnapf zuverlässig auf dem Gefäßboden fest.

Nun wird der Pinholder mit der flachen Seite nach unten dort an den Gefäßboden gedrückt, wo der Steckschaum platziert werden soll. Bei Verwendung mehrerer Steckschaumblöcke ist der Einsatz weiterer Pinholder zu empfehlen. Der Schaum wird auf die Stifte aufgesetzt und vorsichtig herabgedrückt, bis er vollständig und dicht auf dem Schalenboden aufliegt.

Zusätzlichen Halt können Steine bieten, die um den Steckschaum gelegt werden. Sie besitzen gleichzeitig gestalterischen Wert und sollten zu der Art des Gestecks passen.

In einer Schale mit senkrechten Wänden könnten Sie die Steckmasse auch mit Zweigstücken fixieren. Berücksichtigen Sie dabei die Stärke der verwendeten Zweige sowie die Dicke und Festigkeit des Gefäßes.

Haben Sie keine Pinholder zur Hand, kann der Steckschaum mit einem wasserfesten Band an eine Schale befestigt werden (siehe Foto unten). Wie eine Paketschnur wickeln Sie das Band fest um Steckmasse und Schale. Alternativ können Sie ein anderes gut haltbares Klebeband verwenden, wobei die Klebestellen an der Schale mit Blättern verdeckt werden.

Steckschaum kann auch mit einem wasserfesten Band an der Schale befestigt werden.

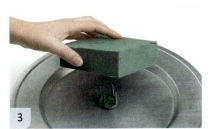

Eine Möglichkeit zur Befestigung von Steckmasse
(1) Pinholder werden vorrangig für flache Schalen verwendet, in denen sich Steckmasse nicht einklemmen lässt.
(2) Ein Stück Klebemasse wird ringförmig auf den Boden des Pinholders geklebt und über einer Flamme kurz erwärmt. Nun kann der Pinholder mit der Klebemasse auf einem sauberen und trockenen Gefäßboden fixiert werden.
(3) Die Steckmasse wird auf dem Pinholder aufgesetzt.
(4) Abschließend sollte die Steckmasse etwas abgerundet werden.

Glasgefäße

In transparenten Glasgefäßen muss grüne und graue Steckmasse sorgfältig kaschiert werden. Dazu eignen sich größere Blätter, Moos, Früchte sowie kleine Steine, Natur- und Dekosand, Granulate oder wasserfestes Dekogewebe. Werkstoffe und Materialien, die zum Kaschieren verwendet werden, dürfen die Haltbarkeit der Blumen nicht beeinträchtigen und nicht abfärben.
Gerade in Glasgefäßen sehen Trübungen des Wassers durch Bakterienbildung unschön aus. Durch Zugabe von Frischhaltemitteln in das Wasser lassen sie sich zum Glück vermeiden.

Technik des Steckens

Bevor Sie mit dem Stecken der Floralien beginnen, entfernen Sie Blätter, Nadeln, Seitentriebe und Verdickungen. Kräftige Blätter und Seitentriebe können Sie zunächst zur Seite legen und später als Füllmaterial verwenden.
Die Stiele werden etwa 2–3 cm lang mit einem scharfem Messer schräg angeschnitten, um das Einstecken der Stängel in den Steckschaum zu erleichtern und die Wasseraufnahme zu verbessern. Schwere und verholzte Stiele schneiden Sie am besten keilförmig an. Keinesfalls dürfen die Stiele gerade angeschnitten werden, denn dann wirken sie wie Stempel und beschädigen die Zellstruktur der Steckmasse.
Die Stiele werden etwa 5–10 cm tief in die Steckmasse eingesteckt. Die genaue Tiefe hängt natürlich vom Werkstoff und der Gefäßhöhe ab.
Für empfindliche, dicke und weiche Stiele (Calla, Hyazinthen, Amaryllis) empfiehlt es sich, mit einem angespitzten, stabilen Stab

Rechtzeitige Vorbereitung
Die Werkstoffe können bereits einige Stunden zuvor oder am Vortag vorbereitet und tief ins Wasser eingestellt werden. Dann haben sie reichlich Zeit, sich voll zu saugen, und erhalten eine optimale Saftspannung.

Für weiche Stiele sollten Sie unbedingt mit einem Holzstab im Steckschaum Löcher vorstechen.

Löcher im Steckschaum vorzustechen. Damit die Stiele guten Halt finden, sollten Loch- und Stieldurchmesser möglichst übereinstimmen.
Blätter und Blüten sollten von vornherein richtig platziert werden. Das Herausziehen und erneute Einstecken der Werkstoffe macht den Steckschaum brüchig und vermindert damit seine Brauchbarkeit.
Einsteckrichtung und Menge der Werkstoffe spielen eine große Rolle. Seitlich eingesteckte Stiele dürfen nicht auf der anderen Sei-

In hohe Arrangements sollten Sie Wasserröhrchen integrieren, um die Wasserversorgung von kürzeren Blüten oder Ranken zu gewährleisten.

Zum Stecken ungeeignet?
Einige Blumen eignen sich nicht zum direkten Stecken in Steckmasse. Orchideen, Alpenveilchen, Christrosen und Hortensien besitzen eine zu schwache Saugkraft, um Wasser aus dem Steckschaum aufzunehmen. Sie können trotzdem verarbeitet werden, wenn man sie in Orchideenröhrchen oder Reagenzgläser einsetzt, die ihrerseits in die Steckmasse eingesteckt werden können. Vergessen Sie nicht, den Wasserstand regelmäßig zu kontrollieren.

te der Steckmasse herausragen und bereits eingesteckte Stiele blockieren.
Stecken Sie auch nicht zu viele Stiele zu dicht nebeneinander, sonst bricht die Steckmasse auseinander und bietet keinen weiteren Halt mehr. Jeder Stiel muss von ausreichend Steckmasse umgeben sein.
Reicht bei höheren Gestecken die natürliche Länge der Werkstoffstiele nicht aus, können Sie Wasserröhrchen an Stäben befestigen und die Stäbe wie Blumenstiele in das Gesteck einarbeiten.

Gestalterische Grundlagen

Die wichtigsten Merkmale der einzelnen Gestaltungs- und Anordnungsarten wurden bereits im Kapitel Basiswissen und in der Tabelle 17 (Seite 120) vorgestellt. Auf den folgenden Seiten geht es vorrangig um die Besonderheiten der Gestecke in Bezug auf das Kaschieren von Steckmasse und das Einstecken der Werkstoffe.

Dekorativ gestaltete Gestecke

Für dekorative, üppige und ausladende Arrangements benötigen Sie sehr viele Werkstoffe. Aus diesem Grund muss die Steckmasse das ganze Gefäß ausfüllen und einige Zentimeter über den Rand hinausragen, sodass auch seitlich Stiele angeordnet werden können.

Zuerst wird der Randbereich der Basis mit größeren, flächigen Blättern abgedeckt. Versuchen Sie, durch eine Kombination verschiedener Blattarten und den Einsatz von ausschwingenden und abfließenden Bewegungen bereits die gestalterische Grundrichtung festzulegen. Größe und Ausdehnung des Gestecks können bereits durch das Blattwerk abgesteckt werden.

Der Innenbereich der Basis wird mit kürzeren Zweigen und kleineren Blättern großzügig abgedeckt. Lassen Sie aber genügend Platz, um nachher die Blütenstiele einzustecken. Meist werden sie von der Mitte ausgehend symmetrisch und radial angeordnet. Der Umriss kann dabei kompakt oder aufgelockert mit Staffelungen gearbeitet werden.

Bei der abschließenden Begutachtung sollten die folgenden Kriterien erfüllt sein:
- Die Steckmasse ist gut abgedeckt und nicht mehr zu sehen.
- Das Gesteck besitzt von oben und von der Seite jeweils einen gleichmäßigen Umriss.
- Die Proportionen des Gestecks sowie die Werkstoffe sind in Anzahl, Farbe, Form, Bewegung und Textur ausgewogen angeordnet.
- Die Wasserversorgung ist für alle Werkstoffe gewährleistet.

Vegetativ gestaltete Gestecke

Für Gestecke dieses Typs werden meist flache, niedrige Schalen verwendet. Die Steckmasse ist in das Gefäß eingepasst und knapp unterhalb des Gefäßrandes flach abgeschnitten.

Je nach landschaftlicher Gestaltung können Sie die natürliche Wirkung steigern, indem Sie die Steckmasse mit Moos, Steinen oder Rinde abdecken. Für kleine Lücken oder flächige Abdeckungen reicht Sand aus. Die Werkstoffe werden radial oder parallel

Stecken eines dekorativen Arrangements
(1) Hierfür werden sehr viele Werkstoffe benötigt. Die Steckmasse sollte einige Zentimeter über den Gefäßrand hinausragen und abgerundet werden.
(2) Alle Werkstoffe werden radial angeordnet. Zuerst stecken Sie die Blätter im Außenbereich ein, die damit die Größe des Gesteckes vorgeben. Durch den weiteren Ausbau des Innenbereiches mit Zweigen, Gräsern und Blättern können Sie die Höhe und den Umriss des Arrangements festlegen. Die Steckmasse sollte weitgehend abgedeckt sein.
(3) Allerdings muss immer noch genügend Platz für die weitere Ausgestaltung mit Blüten verbleiben.

Durch Staffelungen erhalten vegetativ gestaltete Gestecke eine besonders natürliche Ausstrahlung.

mit einem oder mehreren Wuchspunkten eingesteckt. Mehrere Wuchspunkte ergeben sich durch Gruppierungen von Werkstoffen. Dabei sollten Sie darauf achten, dass die Bewegungslinien mehrerer Werkstoffgruppen einander nicht stören. Bei lockeren Gestaltungen mit größeren Freiräumen können sich die Bewegungen im oberen Bereich einander wieder zuwenden, sodass ein harmonischer, in sich geschlossener Eindruck entsteht.

Formal-lineare Gestecke

Da hier das Hauptaugenmerk auf der Gestaltung der Formen und Linien der Werkstoffe liegt, sollten Sie zur Abdeckung neutrale Materialien wie Sand oder Granulate verwenden.

Gestecke nach ihrer Verwendung

Straußhalter

In der Brautstraußfloristik haben sich gesteckte Sträuße als Alternative zu den in der Hand gebundenen Sträußen bewährt. Wenngleich das Werkstück optisch wie ein Strauß erscheint,

links: Dieses vegetative Gesteck mit Kornblumen sieht aus wie ein Naturausschnitt. rechts: Die elegante Calla ist wie geschaffen für formal-lineare Gestaltungen.

handelt es sich streng genommen wegen der integrierten Steckmasse um ein Gesteck. Der Fachhandel bietet Straußhalter in verschiedenen Ausformungen an. Der Straußhalter mit der Steckmasse wird gewässert. Zur weiteren Bearbeitung stellen Floristen den Straußhalter in einen speziellen Ständer, für Hobbyfloristen genügt aber auch ein standfestes Gefäß, in das der Straußhalter gestellt wird. Er ist zwar möglich, den Halter in der linken Hand zu halten und mit der rechten die Werkstoffe einzufügen, doch mit zwei freien Händen lässt es sich viel besser arbeiten.

Zuerst sollten Sie eine mittlere Blüte positionieren und im unteren Bereich die Blätter einstecken, die als Abdeckung dienen sollen, da diese Stelle später schlecht erreichbar ist.

Lange und schwere Werkstoffe werden angedrahtet und fast durch den kompletten Schaum durchgesteckt. Der Draht wird auf der Rückseite umgebogen und wieder zurückgeführt. Durch das Zurückstecken wird der gebogene Draht am Kunststoffgitter verankert und die Blumen bekommen den notwendigen Halt. Die Stielenden der Floralien sind lang und schräg anzuschneiden und tief in die Steckbasis einzustecken. Zwischendurch werden in die Basis abdeckende, kurze und füllende Blüten und Blätter hineingearbeitet. Die Steckunterlage darf zum Schluss nicht mehr erkennbar sein. Schritt für Schritt wird dann der Bereich zwischen der mittleren Blüte und den abfließenden Werkstoffen ausgearbeitet.

Achten Sie immer auf eine ausreichende Einstecktiefe. Werkstoffe werden nur bis zur Mitte der Steckmasse eingesteckt, damit genügend Platz für die seit-

oben: *Straußhalter mit integrierter Steckmasse kann man in verschiedenen Ausführungen kaufen, auch in Herzform.*
rechts: *Zuerst sollten Sie die Seiten mit Blättern abdecken, bevor Sie eine besonders schöne Blüte in der Mitte platzieren. Abfließende Werkstoffe werden mit einem langen Draht angedrahtet. Dieser wird durch die Steckmasse bis zur anderen Seite durchgeschoben. Das Drahtende kann zu einem Haken gebogen und wieder zurückgesteckt werden, sodass die Blüten fest verankert sind.*

lich anzuordnenden Blüten und Blätter bleibt.

Das Stecken selbst ist recht einfach, aber der Nachteil eines Straußhalters liegt in der relativ kleinen zur Verfügung stehenden Steckmasse. Dadurch kann nur eine begrenzte Anzahl von Werkstoffen eingearbeitet werden, deren Stängel überdies weder zu dick noch zu empfindlich sein dürfen. Die Festigkeit eines gebundenen Straußes lässt sich daher bei der Stecktechnik nur bedingt erreichen.

Für die Gestaltung von kugeligen Sträußen, Tüten oder Zeptern ist die Stecktechnik allerdings ideal. Solche Straußvarianten sind schnell und einfach zu arbeiten, und auch der Griff des Straußhalters bietet interessante Gestaltungsmöglichkeiten:

Tüte aus Schmuckdraht

Schmuckdraht wird abgespult und zu einem Trichter geformt. Ein Steckdraht wird als Halte-

rung oben am Griff des Straußhalters durchgesteckt und verdrahtet. Mit ihm kann die Drahttüte am Halter sicher befestigt werden.

Verlängerung des Griffs

Steelgras wird parallel um den Griff angelegt und in den Steckschaum eingesteckt. Zusätzlich kann langes, frisches Wiesengras mit Draht eingesteckt, spiralig um den Griff mit Steelgras gewunden und mit einer Kordel fixiert werden.

Abdeckung des Straußgriffs

Zur Abdeckung eignen sich Bänder, Stoff oder Kordeln. Wenn Sie den Straußgriff zuerst mit doppelseitigem Klebeband umwi-

links: Ein gecrashtes Drahtgestell wurde über einen Straußhalter gelegt und fixiert.
rechts: Auch hier ist der abfließende Teil dicht über der Hand zu arbeiten.

Der Untergrund auf dem Auto muss trocken, staub- und fettfrei sein. Saughalter mit integrierter Steckmasse und weiteres Zubehör erhalten Sie im Floristikfachgeschäft.
Die Aufbringungsmechanismen der Halterungen sind meist relativ einfach, dennoch sollten Sie unbedingt an die Gebrauchsanweisungen der Hersteller halten. Damit das Gesteck vom Fahrtwind nicht beschädigt wird, muss es sehr fest gearbeitet werden.

ckeln, halten diese Abdeckungsmaterialien wesentlich besser.

Autoschmuck

Autos werden hauptsächlich für Hochzeiten und ähnliche festliche Anlässe dekoriert.

Der Schmuck sollte in Form, Farbe und/oder Bewegung Elemente des Brautstraußes aufgreifen und möglichst auch auf Farbe und eventuell Typ des Fahrzeugs abgestimmt sein. Traditionell wird Autoschmuck auf der Motorhaube angebracht, es gibt jedoch auch andere Möglichkeiten.

links unten: Autoschmuck lässt sich mit speziellen Saugern, die unterhalb der Steckunterlagen integriert sind, sauber und sicher befestigen. Werkstoffe und Arbeitsgeräte sollten Sie auf eine Unterlage legen, um die Motorhaube nicht zu beschädigen.
links ganz unten: Natürlich können Sie die Form des Autoschmucks auch mit Hilfe von Ranken selbst vorgeben.
rechts unten: Vorgefertigte Unterlagen für Autoschmuck bietet der Fachhandel in verschiedenen Ausführungen an. Hier zwei ineinander verschlungene Ringe.

Gestecke nach ihrer Verwendung 177

links: Autoschmuck muss immer so auf der Motorhaube angebracht werden, dass der Fahrer in seiner Sicht nicht behindert wird.
rechts: Für den klassischen festlichen Tischschmuck sind Rosen immer richtig. Kerzen lassen sich problemlos in Gestecke integrieren.

Das erfordert einige Erfahrung, sodass die fachkundige Ausführung durch einen Floristen zu empfehlen ist.

Tischschmuck

Gestecke als Tischschmuck lassen sich gut vorbereiten, transportieren und mit Wasser versorgen. Bei der Wahl der Größe, Form und Ausdehnung (rund, oval, länglich) sollten sie sich an der Tischform orientieren (Seite 129). Darüber hinaus haben Sie die Wahl zwischen einer größeren, zentralen Dekoration oder vielen kleineren Gestecken, die in gleichmäßigen Abständen angeordnet oder locker verteilt werden können. Solange Stimmung und Anlass angemessen aufgegriffen werden, sind Ihrer Fantasie fast keine Grenzen gesetzt. Der Handel bietet ein umfangrei-

Blumenschmuck in der Tischmitte sollte relativ niedrig sein, damit er den Blickkontakt der Gäste nicht behindert.

Gestecke nach ihrer Verwendung

oben: Das Angebot vorgefertigter Steckunterlagen für den Tischschmuck ist besonders vielfältig.
links: Für diesen Büffetschmuck wurden einfache Steckunterlagen in eine Etagere eingestellt und gestaltet.

ches Sortiment an Steckschalen mit integrierter Steckmasse an, die Sie nach Wunsch noch individuell verkleiden oder ummanteln können. Vielleicht finden Sie auch in eigenen Beständen Gefäße, die sich für Gestecke eignen. Selbst Omas Suppenterrine, eine Kuchenform oder eine Etagere können originell aussehen.

Grab- und Trauergestecke

Trauergestecke gehören traditionsgemäß neben Kranz und Strauß zu den Trauerspenden. Sie dienen als Zeichen des Mitgefühls und sind eine letzte Gabe an den Verstorbenen. Die Wahl bestimmter Farben, Blumen oder Symbole hängt, ebenso wie die Gestaltungsart, oft eng mit der individuellen Beziehung zum Verstorbenen zusammen.
Beim Aufbau und bei der Präsentation von Gestecken in einer Trauerhalle oder Kirche sollten Sie versuchen, die Gestaltungsart zu berücksichtigen. Formal-lineare oder vegetative, wuchshafte Gestaltungen brauchen beispielsweise wesentlich mehr Freiraum als dekorativ gestaltete Gestecke. Sie müssen allerdings damit rechnen, dass in der Fülle der später auf dem Grab liegenden Werkstücke die Wirkung des einzelnen Gestecks nicht immer optimal wahrgenommen werden kann.
Sargdekorationen und Urnenschmuck werden meist als Gestecke gearbeitet. Dafür stehen den Floristen entsprechende Unterlagen und Befestigungsmittel zur Verfügung. Es ist ratsam, die Gestaltung in einem Floristenfachgeschäft professionell durchführen zu lassen. Wer möchte, kann sich aber eine vorgesteckte Unterlage anfertigen lassen und sie selbst mit Blumen aus dem Garten ergänzen.
Die Arbeitsweise beim Stecken von Grab- und Trauergestecken unterscheidet sich nicht von der technischen und gestalterischen Vorgehensweise bei anderen Gesteckarten. Die Unterschiede liegen vielmehr in der traditionell bedingten Werkstoffauswahl, ihrer Haltbarkeit sowie dem weitgehenden Verzicht auf Gefäße. Grabgestecke liegen in aller Regel direkt auf dem Boden auf, um eine gestalterische Einheit zum Grab zu schaffen sowie eine gute Standfestigkeit zu sichern. Besondere Bedeutung besitzt der Grabschmuck für Allerheiligen und Totensonntag.

unten links: Dekorativ gestaltetes Trauergesteck mit Tulpen
unten rechts: In der Trauerkultur steht das Füllhorn als Symbol für ein erfülltes Leben.
rechts: Kränze eignen sich gut als Urnenschmuck. Die Urne sollte jedoch etwas erhöht im Kranz stehen.

Steckunterlage selbst gemacht
Um eine Steckunterlage selbst herzustellen, befestigen Sie einfach Steckmasse mit Wickeldraht auf einem Holzbrett oder mit Klebeband in einer Schale.

Anfertigen einer Steckunterlage
(1) Sie benötigen ein Holzbrett, Vlies, Steckmasse, gerade Äste, Wickeldraht und evtl. Maschendraht.
(2) Dazu wird Steckmasse mit Wickeldraht umwickelt. Die eingebundenen Äste verhindern das Einschneiden des Drahtes in den Steckschaum.
(3) Auch Maschendraht kann zum Umhüllen der Steckmasse verwendet werden.

Frische Schnittblumen halten im Spätherbst und Winter nur kurze Zeit, denn Frost, Nebel, Feuchtigkeit und Sonne setzen den Blüten zu. Aus diesem Grund werden sie meist nur direkt an den Gedenk- oder Feiertagen verwendet. Gestützt werden die Blüten – soweit notwendig – mit verrottbarem Draht. Rosen vertragen eine längere Frostperiode recht gut. Chrysanthemen und Nelken halten bei Kälte ebenfalls relativ lange, bei Feuchtigkeit werden die Blütenköpfe allerdings schnell braun, knicken um oder verlieren ihre Blütenblätter.

Herbstliches Grabgesteck

In den kalten Monaten eignen sich für Grabgestecke am besten trockene Werkstoffe. Leichte Verfärbungen durch Witterungseinflüsse oder Ausbleichen durch Sonnenlicht tun ihrer Wirkung kaum Abbruch.
Früchte und Herbstblätter sehen am Anfang immer schön aus und bringen leuchtende Farben auf die Gräber. Einige von ihnen halten trotz Einbuße ihrer Farbintensität sehr gut, andere vergehen. Diese können später durch haltbarere Werkstoffe oder immergrüne Zweige ausgetauscht werden.
Grab- und Trauergestecke müssen transportiert werden, darum sollten Sie auf ausreichende Festigkeit achten. Verwenden Sie feste Steckunterlagen und ummanteln Sie sie bei Bedarf zusätzlich mit Maschendraht. Außerdem muss die Gesteckunterlage sorgfältig kaschiert werden. Für Trauergestecke werden hauptsächlich Zweige von Nadelgehölzen und Koniferen verwendet, deren Stiele stabiler sind als die von Blüten und Blättern. Gefäße werden recht selten verwendet, dabei haben flache Schalen aus kompostierbarem Material, mehrfach verwendbare Untersetzer, Grabschalen oder mit Folie ausgelegte Körbe durchaus ihre Vorteile: Sie halten das Wasser länger in der Steckmasse und es kann nachgegossen werden. Oft sind solche Gefäße nicht nur dekorativ, sondern auch gut zu transportieren, da das Wasser nicht auslaufen kann. Sie besit-

Grabgesteck in der Vase
Einfache grüne Friedhofsvasen eignen sich gut für Gestecke, zumal sie auf dem Grab wenig Platz benötigen und durch die erhöhte Stellung sehr präsent sind. Sie werden mit doppelseitigem Klebeband umwickelt und mit kurz geschnittenem, flachem Koniferengrün, Blättern von Kirschlorbeer oder Wollziest schichtartig beklebt. Das Grün kann zusätzlich mit einem grünen Myrtendraht umwickelt werden. In die Öffnung der Vase setzen Sie die gewässerte Steckmasse und fixieren sie mit Maschendraht. Nun können Sie die Vase nach Ihren Vorstellungen mit frischen und/oder trockenen Werkstoffen ausgestalten.

Gestecke nach ihrer Verwendung

zen eine gute Standfestigkeit, und die etwas erhöhte Stellung im Gegensatz zu den normal aufliegenden Gebinden verstärkt die Wertigkeit des Gestecks.

Formen

Trauergestecke können in einer Vielfalt von Umrissformen symmetrisch oder asymmetrisch gestaltet werden, wobei neben modernen Gestecken auch die traditionellen Formen weiterhin ihre Aktualität behalten.
Die Basis bilden meist Steckunterlagen mit integriertem Steckschaum, in den die Werkstoffe entweder mit geschlossener Oberfläche und formbinderischer Strenge oder in aufgelockerter Verarbeitung mit großer Raumwirkung eingesteckt werden.

Straußform

Das Trauergesteck wird in Form eines einseitigen, liegenden, meist dekorativ-symmetrischen Straußes gestaltet. Die beim Stecken der Blüten nicht verwendeten und abgeschnittenen Stiele werden aufgehoben und zum Schluss so eingearbeitet, als wären sie die Stiele eines gebundenen Straußes. Die scheinbare Bindestelle wird durch Bänder oder eine Schleife betont.

oben und unten: Klassische Trauergestecke

(1) Schlichte Friedhofsvasen können mit einer dekorativen Verkleidung sehr attraktiv aussehen. Sie brauchen dazu doppelseitiges Klebeband und eventuell Myrtendraht.
(2) Zuerst wird das doppelseitige Klebeband aufgebracht und mit Koniferengrün umwickelt.
(3) Steckmasse in die Vase drücken und bei Bedarf mit Maschendraht verstärken.
(4) Die Friedhofsvase nimmt wenig Stellfläche ein und eignet sich auch gut für Gestecke aus trockenen Floralien zu den Gedenktagen.

Klassisches Trauergesteck

In vielen Fällen soll das Trauergesteck groß und repräsentativ wirken. Oft wird das Gesteck nur nach vorn und nach den Seiten ausgerichtet. Schöner wirken allerdings Gestecke, die nach allen Seiten ausgerichtet sind und Bewegungen nach unten zeigen. Sie sollten in der Trauerhalle oder Kirche etwas erhöht präsentiert werden, damit sie voll zur Geltung kommen.

Geometrische und symbolische Formen

Mit Hilfe von Zweigen, Ranken und Geflechten lassen sich aus Gefäßen und vorgegebenen Steckmasseprodukten individuelle Gesteckformen (Dreiecke, Quadrate, Rauten) herstellen. Sie geben nicht nur ein interessantes Erscheinungsbild ab, sondern können an die unterschiedlichen Gegebenheiten der Grabstellen angepasst werden. Kränze, Kissen, Kugeln und Herzen zählen zu den am häufigsten verwendeten Formen.

links oben: Die äußere Umrissform von Gestecken kann mit Mühlenbeckia oder anderen Ranken vorgegeben werden.
links unten: Hier gibt ein Gerüst aus Hartriegelzweigen die Dreiecksform des Gestecks vor.
rechts oben: Das Herz als Ausdruck tiefer Verbundenheit

Das gepflanzte Werkstück

Im Unterschied zu Sträußen und Gestecken werden die **Pflanzen** in Pflanzarbeiten **als Lebewesen im Ganzen** verarbeitet. Die Wurzeln garantieren das Weiterleben, denn sie versorgen die Pflanze mit dem lebensnotwendigen Wasser und Nährstoffen.
Mit Pflanzen holt man sich ein Stück **lebendige Natur** ins Haus. Schnittblumen und Gestecke halten nur relativ kurze Zeit, Pflanzarbeiten dagegen bleiben uns länger erhalten. Haben sich die Pflanzen erst einmal an ihre neue Umgebung, an Temperatur und Lichtverhältnisse gewöhnt, fangen sie an, mit neuen Wurzeln das Substrat zu erobern. Ihr Wohlbefinden zeigt sich in der Bildung von neuen Blättern und Knospen, und mit Blüten bedanken sich die Pflanzen für gute Pflege.
Der **Entspannungswert** der Pflanzen liegt nicht nur auf der visuellen Ebene. Lavendel, Minze, Rosmarin und viele andere Pflanzen sprechen mit ihren ätherischen Ölen unseren Geruchssinn an, und selbst der Tastsinn kommt mit Pflanzen wie Silberblatt oder Wollziest auf seine Kosten.
Wenn man die pflanzensoziologischen Besonderheiten gut kennt und den Ansprüchen der Pflanzen hinsichtlich ihrer Bedürfnisse an Substrat, Licht, Wasser und Temperatur gerecht wird, hat man mit einer Pflanzschale ein Stück Natur, das über einen längeren Zeitraum viel Freude bereiten kann. Allgemein ist bekannt, dass Pflanzen sich positiv auf das **Wohlbefinden und die Gesundheit** von Menschen auswirken. Pflanzen sind nicht nur Stimmungsmacher, sie sorgen auch für ein **gesundes Raumklima**. Pflanzen können einzeln gestaltet oder mit anderen Pflanzen in einem Gefäß arrangiert werden. Die Art der Gefäßbepflanzung ist von mehreren Faktoren abhängig, die sich teilweise gegenseitig bedingen. Zu ihnen gehören neben gestalterischen Aspekten auch pflanzensoziologische und -physiologische Gesichtspunkte.

Auswahl der Pflanzen nach pflanzensoziologischen Aspekten

Bepflanzte Gefäße können in Räumlichkeiten und im Außenbereich aufgestellt werden. Abhängig von der Lebensdauer der Pflanzen in diesen Bereichen unterscheiden wir kurzfristige, saisonale und dauerhafte Bepflanzungen. Diese Einteilung ist hilfreich für die Auswahl geeigneter Pflanzen und Gefäße.

Auswahl nach dem Standort

Ein optimaler Standort muss die Ansprüche einer Pflanze in Bezug auf Licht, Temperatur und auch Feuchtigkeit erfüllen.
Abhängig von den individuellen Ansprüche der Pflanzen werden unterschiedliche Standorte im Innen- und im Außenbereich unterschieden.

Innenraum
Die wichtigsten Standortkriterien im Innenbereich sind Licht, Raumtemperatur und -feuchtigkeit (siehe Tabelle 20, Seite 184). Weil bepflanzte Gefäße nicht nur für die Fensterbank vorgesehen sind, gilt es, auch im Raum Plätze mit ausreichendem Licht zu finden. Das ist in der Praxis nicht immer einfach, es sei denn, es handelt sich um einen Raum mit sehr großen Fenstern oder einen Wintergarten. In normalen Wohnräumen nimmt die Lichtintensität mit zu-

links: Diese Pflanzen dienen als Geschenk und sollten später unbedingt in den Garten oder in größere Töpfe ausgepflanzt werden.
rechts: Mit Frühlingsblühern saisonal bepflanzte Schale

nehmender Distanz vom Fenster rapide ab – in 50 cm Entfernung manchmal bereits um die Hälfte. Hier können also nur Pflanzen mit geringen Lichtansprüchen stehen. Alternativ ist der Einsatz künstlicher Lichtquellen denkbar. Andererseits sind auch Sonnenplätze direkt am Fenster nicht unbedingt ideal, denn die meisten Pflanzen vertragen kein pralles Sonnenlicht.

Im Hinblick auf die Lichtverhältnisse reicht es meist aus, auf die Himmelsrichtung der Fenster zu achten.

Außerdem teilt man Pflanzen für die Innenraumbegrünung in **Blüh- und Grünpflanzen** ein. Die meisten können sowohl **in Erde als auch in Hydrokultur** gepflanzt werden. Weitere Kriterien für die Auswahl der Pflanzen liefern der Stil der Einrichtung sowie architektonische und farbliche Gegebenheiten des Raums.

Außenbereich

Auch bei bepflanzten Gefäßen auf Terrasse und Balkon, im Hauseingang oder an einer Wand müssen die Standortgegebenheiten berücksichtigt werden, denn manche Pflanzen sind wahre Sonnenanbeter, während andere lieber ein Schattendasein führen. Generell unterscheidet man im Freien zwischen **sonnigen, halbschattigen und schattigen Standorten**.

Außerdem sollten Sie Pflanzen, Gefäße und Gestaltungsstil so wählen, dass sie zum Ambiente von Haus und Garten passen.

Auswahl nach der Vegetationszeit der Pflanzen

Kurzfristig

Kurzfristige Bepflanzungen dienen meist als **Dekoration für einen bestimmten Anlass**. In der

Tab. 20   Standortansprüche von Zimmerpflanzen

Standort	Ansprüche	Pflanzen
Ganzjährig warm, sonnig bis hell	20 °C, nachts nicht unter 15 °C, meist Fensterplätze in ständig genutzten Wohnbereichen, beheizte Wintergärten	für Südfenster: Elefantenfuß, Sukkulenten, Buntnessel für Ost- und Westfenster: Ardisia, Crossandra
Kühl, sonnig bis hell	10 bis 15 °C, Fenster im Schlafzimmer, Hausflur, Wintergarten	Mediterrane Pflanzen, Ficus, Cyclamen
Warm, schattig	15 bis 21 °C und keine Sonne, Nordfenster oder mitten in einem hellen Raum	Farne, tropische Palmen, Aronstabgewächse
Kühl, schattig	10 bis 15 °C, im Winter schwach geheizt, im Sommer schattierte Fenster oder Wintergarten; kein Südfenster!	Efeu Schusterpalme
Feuchtwarm, hell	Nicht unter 18 °C, viel Licht ohne direkte Sonne und Luftfeuchte von über 60 °C	Epiphyten Bromelien

Osterzeit können dies kleine Schalen mit Frühlingsblühern oder im Advent Weihnachtssterne sein. Vielleicht erwarten Sie auch Gäste und möchten Eingangsbereich, Wohnzimmer oder Esstisch mit Blumen schmücken. Für solche Zwecke werden oft Pflanzen gewählt, die nur wenige Tage in trockener Heizungsluft stehen können. Sie finden dort nicht dauerhaft optimale Lebensbedingungen vor, verlieren darum bald Blüten und Blätter oder „gehen ein, wie eine Primel".

Saisonal
Saisonale Bepflanzungen sind **abhängig von Temperatur und anderen Einflüssen**, die von Jahreszeit zu Jahreszeit sehr unterschiedlich sein können. Typische saisonale Bepflanzungen sind Gestaltungen mit Beet- und Balkonpflanzen sowie Kübelpflanzen, wobei man für Frühling, Sommer, Herbst und Winter meist unterschiedliche Arten und Sorten wählt. Einjährige Pflanzen werden am Ende ihrer Saison kompostiert. Andere sind langlebiger, aber nicht immer ausreichend frosthart, sodass sie ein Winterquartier benötigen.

Dauerhaft
Dauerhafte Bepflanzungen finden wir im Innenbereich an Fenstern, in Wohnräumen, im Wintergärten, in privaten und öffentlichen Empfangsbereichen sowie im Außenbereich an Eingängen, auf Terrassen, Balkonen oder im Garten vor.
Für die Gestaltung von Pflanzarbeiten im Außenbereich eignen sich folgende **frostharte Pflanzen**, die durch saisonal angebotene Pflanzware ergänzt werden können:

Blütenstauden
Blattschmuckstauden
Formschnittgehölze
Gräser
Erdbeerpflanzen
Kleinwüchsige Bäume
Kräuter
Rosen
Sumpfpflanzen
Ziersträucher
Zwergkoniferen

Auswahl der Pflanzen nach pflanzenphysiologischen Aspekten

In gebundenen und gesteckten Werkstücken stehen fast immer die Blüten im Vordergrund.
In Pflanzarbeiten dagegen haben neben den Blüten auch die Blätter einen hohen Stellenwert. In ihnen finden wichtige Stoffwechselvorgange wie Photosynthese und Gasaustausch statt. Dabei entstehen z. B. auch ätherische Öle und Giftsubstanzen. Die Blätter zeichnen sich durch eine Vielfalt an Formen, Farben und Texturen aus. Sie sind an ihren jeweiligen natürlichen Standort angepasst und verraten auf Grund ihrer Größe, Form und Oberfläche einiges über die Bedürfnisse der Pflanzen (siehe Tabelle unten).

Auswahl der Pflanzen nach gestalterischen Aspekten

Gestalterisch bestimmt der **Standort** die Auswahl und Anordnung der Pflanzen.
Die räumliche Situation gibt vor, ob **dekorativ, vegetativ oder formal** gestaltet wird. Um eine optimale optische und räumliche Wahrnehmung der Gestaltung zu gewährleisten, muss auch die Augenhöhe des Betrachters berücksichtigt werden. Blicken wir **von oben** auf eine Pflanzung, so erscheint uns eine vegetative Gestaltung als wirkungsvoll, da der natürliche Wuchs der Pflanzen

Tab. 21 Blattoberflächen und Standortbedürfnisse

Ausbildung des Blattwerks	Lichtbedarf	Standort	Pflanzenbeispiele
Fleischige oder zu Dornen reduzierte Blätter	Volles Licht	Volle Sonne	Bogenhanf Fetthenne Kakteen
Kleine, oft nadelfeine Blätter	Viel Licht	Volle Sonne	Christusdorn Myrte
Ledrige Blätter	Viel Licht	Keine Sonne	Kamelie Kranzschlinge Wachsblume
Große, weiche Blätter	Hell bis halbschattig	Keine Sonne	Fensterblatt Philodendron
Weiß- oder gelbgrün panaschierte Blätter	Hell	Keine Sonne	Efeu Grünlilie Tolmie
Bunte Blätter	Hell bis halbschattig	Keine Sonne	Blattbegonien
Gefiederte Blätter	Hell bis halbschattig	Keine Sonne	Farne Palmen
Graugrüne Blätter	Hell bis halbschattig	Keine Sonne	Leuchtblume

durch die Tiefenwirkung gut zur Geltung kommt. Die Bodennähe verstärkt den Natureindruck. Bei Standorten **in Augenhöhe** treten die Umrissformen deutlich hervor. Dekorative Gestaltungen zeigen so ihre größte Wirkung. Formale Gestaltungen mit grafischen Formen und Bewegungslinien kommen vor einem ruhigen Hintergrund am besten zur Geltung.
Befindet sich der Standort **oberhalb der Augenhöhe** – etwa im Fall von Ampeln oder Balkonkästen – sollten vor allem hängende, abfließende Formen die Gestaltung bestimmen.

Qualität der Pflanzen

Verwenden Sie für Pflanzungen nur qualitativ hochwertige Pflanzen mit einem gut durchwurzelten Ballen, die keinerlei Anzeichen von Krankheiten oder Schädlingsbefall aufweisen. Verwelkte Blüten, beschädigte und trockene Blätter und Triebe müssen entfernt werden.
Vor dem Einpflanzen tauchen Sie trockene Wurzelballen so lange in einen mit Wasser gefüllten Eimer, bis keine Luftblasen mehr aufsteigen.
Fast alle gekauften Beet- und Balkonpflanzen werden in Gewächshäusern kultiviert. Sie müssen sich erst langsam an die höhere Lichteinstrahlung und die größeren Temperaturschwankungen im Freien gewöhnen. Zur Akklimatisierung stellen Sie die Pflanzen für einige Tage an einen hellen und kühlen, vor Sonne, Regen und Wind geschützten Platz, um sie abzuhärten. Weil im Frühling bis zu den Eisheiligen (Mitte Mai) noch mit Spätfrösten zu rechnen ist, decken Sie bereits blühende Zwiebelblumen

> **Tipps für den Pflanzeneinkauf:**
> – Qualitativ hochwertige Pflanzware und fachkundige Beratung erhalten Sie in Gärtnereien, Baumschulen, in Blumenfachgeschäften, auf dem Wochenmarkt und in guten Gartencentern. Wer Raritäten sucht, sollte sich auf Gartenmessen umsehen, wo sich Gärtnereien mit speziellen Angeboten präsentieren.
> – Achten Sie bei Blühpflanzen auf einen **guten Knospenansatz**. Für das Erkennen der Farbe genügt eine offene Blüte.
> – Das Laub sollte **grün bzw. sortentypisch gefärbt** sein und keine gelben oder braunen Veränderungen aufweisen.
> – Die Pflanzen müssen auf jeden Fall **frei von Krankheiten und Schädlingen** sein.
> – Der Topfballen sollte **gut durchwurzelt** sein und zusammenhalten. Pflanzen mit überlangen Trieben oder verfilzten Topfballen lassen Sie am besten stehen.

und Jungpflanzen mit Luftblasenfolie, Zeitungspapier oder Strohmatten ab. Alternativ können Sie die Pflanzen über Nacht ins Haus holen. Auch im Herbst ab Mitte September sollten Sie sich darauf vorbereiten, empfindliche Pflanzen vor Frost zu schützen oder ins Winterquartier zu räumen.

Gefäße

Das Gefäß ist das **vermittelnde Element zwischen Pflanze und Umgebung**, darum sollte es mit beiden harmonieren. Außerdem sind bei der Gefäßwahl technische und gestalterische Aspekte zu berücksichtigen.

Ansprüche an Pflanzgefäße

Gefäße müssen verschiedene technische Ansprüche erfüllen. Sie sollen **standsicher** und möglichst **pflegeleicht** sein und durch die Berührung mit Substrat und Wasser nicht unansehnlich werden. Für Zimmer- und Freilandbepflanzungen sind unterschiedliche Gefäße geeignet. Für Innenräume können fast alle Gefäßarten verwendet werden – Hauptsache, sie sind **wasserdicht**.
Gefäße für den Außenbereich müssen – sofern sie nicht unter Dach stehen – **mit einem Abzugsloch** für überschüssiges Wasser versehen sein. Wichtig ist eine sehr gute Standsicherheit, damit sie auch bei stärkerem Wind nicht umfallen können. Dunkle Gefäße sind für einen sonnigen Platz nicht unbedingt vorteilhaft, weil sie sich stark aufheizen.
Gefäße für ganzjährige Dauerbepflanzungen sollten eine **ausreichende Frostfestigkeit** aufweisen.
Das Gefäß dient den Pflanzen für eine bestimmte Zeit als Lebensraum, bietet ihren Wurzeln aber nur begrenzten Raum.
Für kurzfristige Bepflanzungen genügen Gefäße, die groß und tief genug sind, dass alle Wurzelballen darin Platz finden und mit ausreichend Erde bedeckt werden können.
Kübel und Kästen für dauerhafte Bepflanzungen müssen aber mehr Erde aufnehmen, damit sich die Wurzeln gut ausbreiten und die Pflanzen gesund entwickeln können. Weil Pflanzen in Kübeln generell nur eine begrenzte Substratmenge zur Verfügung steht, muss die Nährstoffversorgung regelmäßig durch Düngung aufgestockt werden.

Gefäßformen

Die Gefäßform ist auch von verschiedenen Faktoren wie **Wohnstil, Standort, Verwendung und Gestaltungsart** abhängig. Sie sollte aber immer die Ansprüche der Pflanzen berücksichtigen.
Flache Schalen lassen Ihnen viel gestalterischen Spielraum bei der Bodenmodellierung, jedoch weisen sie eine relativ geringe Pflanztiefe auf.
Tiefe und bauchige Gefäße können dagegen viele Pflanzen aufnehmen und ihnen einen angemessenen Raum für die Wurzelballen bieten.
Sehr hohe Gefäße werden nur in Ausnahmefällen komplett mit Substrat befüllt. Der Handel bietet mittlerweile hohe Gefäße mit Einsätzen an. Diese bieten nicht nur ausreichend Platz für das Wurzelwachstum, sondern gewährleisten außerdem eine gut durchdachte, praktische Handhabung.
Ein weiteres Kriterium für die Wahl des Gefäßes ist der vorgesehene Standort der Pflanzarbeit, beispielsweise Tisch, Eingangsbereich, Sideboard oder Wand. Aus gestalterischen Gründen sollten Sie neben der Form auch Farbe und Oberflächencharakter des Gefäßes berücksichtigen. Und selbstverständlich muss das Gefäß einerseits zu den Pflanzen und andererseits zu Standort oder Raum in ausgewogenen Proportionen stehen.

Gefäßarten

Pflanzgefäße sind in so vielen interessanten Materialien erhältlich, dass sich für jeden Zweck und Geschmack das Passende finden lässt (siehe Tabelle 22).

Terrakotta

Vor allem für den Außenbereich ist Terrakotta ein beliebtes Material mit guten Eigenschaften. Terrakotta hat sich in den letzten Jahren zu einem Massenartikel entwickelt, was sich leider teilweise auf die Qualität der Produkte auswirkt.
Ursprünglich kommt Terrakotta („gebrannte Erde") aus der Toskana. Einige dortige Unternehmen fertigen seit Generationen mit speziellen Tonmischungen und traditionellen Methoden Terrakotta in höchster Qualität.

rechts: Nicht nur Töpfe und Kübel kann man bepflanzen. Dieser mit Packpapier ummantelte Stuhl ist ein witziger Hingucker.
unten: Moderne Pflanzgefäße aus Kunststoff

Tab. 22 Gefäßarten

Material (Auswahl)	Eigenschaften	Wirkung
Glas	Transparent, milchig oder farbig	Neutral, klassisch bis modern
Fiberglas	Sehr leicht, für größere Gefäße ideal	Modern
Holz	Sollten mit Folie ausgelegt werden; für Innenraum oder überdachten Außenbereich	Rustikal, ländlich, passt sich den Blumen und der Natur an
Kompostierbare Gefäße	Leicht, verrottbar, umweltfreundlich	Natürlich, alternativ, erdverbunden
Körbe (aus Weide, Peddigrohr, Bananenblatt, Seegras, Rattan, Binse)	Sollten mit Folie ausgelegt sein und trocken gelagert werden; auf stabile Verarbeitung ist zu achten	Ländlich, rustikal bis exotisch, je nach Werkstoff
Kunststoff	Leicht, gut transportierbar, einfach zu handhaben	Einfach bis modern, je nach Herstellung
Zink	Leicht, gut transportierbar, metallische, silbrige oder dunkle Oberflächen	Zeitloser Charakter, modern bis ländlich-romantisch

Wasseraufnahme, Porosität, Transpiration und Wetterfestigkeit sind typische Materialeigenschaften.

Der Ton wird bei 1000 °C gebrannt, eine optimale Temperatur, um Porosität und Witterungsbeständigkeit sowie die typische, rötlichbraune Farbe zu garantieren. Einige Produkte erfahren eine manuelle Nachbearbeitung. Sie sind 10 bis 20 % dicker und auf Grund der höheren Tondichte auch schwerer als industriell gefertigte Ware.

Wer bei Terrakotta auf der sicheren Seite stehen möchte, entscheidet sich für Gefäße mit sehr hohen qualitativen Ansprüchen. Sie erkennen sie an einem **Stempel oder Siegel** an der Gefäßwand.

Ein weiterer Vorteil hochwertiger Terrakotta besteht darin, dass die im Ton enthaltenen Oxide durch den Brand bei hoher Temperatur geschmolzen sind und sich nicht an der Oberfläche ablagern. Ausblühungen durch Mineralsalze aus Substrat und Dünger sowie normale Verschmutzungen und – vorwiegend im Schatten – Algenbildung lassen sich jedoch nicht vermeiden. Wenn Sie diese Patina nicht mögen, entfernen Sie diese einfach mit Seifenwasser und einer Wurzelbürste.

Die **Frostfestigkeit** wird bei qualitativ hochwertiger Ware bis zu einer Temperatur von **minus 25 °C** garantiert.

Möchten Sie an auch an preiswerteren Terrakottagefäßen lange Freude haben, dann bedenken Sie, dass „frostfest" nicht mit „winterfest" gleichzusetzen ist. Bei den Pflanzgefäßen handelt es sich um Hohlkörper, die durch den Druck gefrorenen Wassers gesprengt werden können. Auch das Festfrieren am Boden kann zu Schäden führen. In **sehr kalten Wintern** sollten Sie Ihre Terrakottagefäße besser **unter Dach holen oder kopfüber auf Holzlatten** lagern.

Selbst im Sommer kann die starke Wasseraufnahme von minderwertigem Material ein Nachteil sein. Wenn der Ton das Wasser wie ein Schwamm aus dem Erdballen zieht, wird die Feuchtigkeit aus der Gefäßwand nach außen transportiert, verdunstet und steht der Pflanze nicht mehr zur Verfügung.

> **Terrakottakübel vorbereiten**
> Neue Gefäße aus Ton und Terrakotta werden vor dem Bepflanzen für 1 bis 2 Tage in Wasser gelegt. Für große Kübel nutzen Sie die Regentonne oder eine Wanne. Durch solch ein Bad werden mögliche Schadstoffe aus dem porösen Ton gespült und die Gefäße können sich mit Wasser voll saugen, sodass sie später dem Substrat nicht zuviel Feuchtigkeit entziehen.

Vor dem Pflanzen müssen die Tongefäße gewässert werden.

Konstruierte Gefäße

Konstruktionen (siehe Seite 209 ff.) können das bereits sehr umfangreiche Angebot an Gefäßen noch erweitern. Für experimentierfreudige Hobbyfloristen eröffnet sich hier ein unendlicher Freiraum für das Verwirklichen neuer, noch nie da gewesener Ideen. Damit eine Konstruktion bepflanzt werden kann, sind aber einige Vorarbeiten nötig:

1. Um den Pflanzen die nötige Basis für ihre Wurzeln und das Substrat zu geben, benötigen Sie zum Auslegen Ihrer Konstruktion ein Stück Maschendraht.
2. Damit das Substrat nicht durch den Draht rieseln kann, decken Sie ihn mit einem Stück Kokosmatte, Jute, grobem Leinen oder Gärtnervlies ab. Die Basis darf keine Löcher aufweisen.
3. Zum Kaschieren des Maschendrahtes sowie zum Abdecken des Substrats bietet sich frisches Moos an.
4. Zum Auffangen des Gießwassers wird eine passende Schale unter die Konstruktion gestellt.
5. Eine erhöhte Konstruktion auf „Beinen" hat nicht nur optischen Wert (siehe Fußkonstruktionen Seite 214). Das Hochstellen der konstruierten Formen kommt vor allem Orchideen und andere Pflanzen, die auf Staunässe empfindlich reagieren, zu gute.

Bei kurzlebigen Gestaltungen oder bei Pflanzungen mit geringem Wasserbedarf können Sie die Konstruktion auch mit Folie wasserdicht auslegen oder mit einem leichten Kunststoffgefäß bestücken. Den Zwischenraum von Konstruktion und Folie oder Gefäß sollten Sie ebenfalls mit Moos oder einer Kokosmatte kaschieren. Gießen Sie vorsichtig und sparsam, da das überschüssige Wasser nicht ablaufen kann. Wer noch wenig Erfahrung mit Konstruktionen hat, fängt am besten mit Grundformen wie Kugeln, Kegel oder Pyramiden an, die man im Fachhandel kaufen oder aus biegsamen Werkstoffen wie Clematis, Wein oder Hopfen selbst herstellen kann. Solche Konstruktionen sind zwar nur begrenzt haltbar, aber sehr attraktiv, individuell und überdies umweltfreundlich.

Übertöpfe und Untersetzer

Im Gegensatz zu Gefäßen für Gestecke braucht man für Behältnisse, die bepflanzt werden sollen, meist einen Übertopf oder Untersetzer. Das gilt vor allem für Töpfe, Kübel und Kästen mit einem Abzugsloch sowie für manche Konstruktionen. Übertöpfe und Untersetzer sollen Wasserflecken auf Möbeln, Teppichen, Balkonen und Terrassen verhindern und müssen darum so groß sein, dass sie überschüssiges Gießwasser zuverlässig auffangen.
Für den **Innenbereich** wählt man eher **Übertöpfe** mit hohem gestalterischem Wert und stellt

Rote Hartriegelzweige werden zu einem Korb verbunden und vor dem Bepflanzen mit Maschendraht, Moos oder einer Kokosmatte ausgelegt.

Individuell hergestelltes Pflanzgefäß

Bodenfreiheit

Gefäße aus Holz, Zink und Korbgeflecht sollten nicht direkt auf den Boden gestellt werden, sondern auf Steine oder ein dezentes Rost aus Holzlatten.
So kann unter dem Boden Luft zirkulieren und das Kübelmaterial rostet oder fault nicht so leicht. Im Fachhandel sind für diesen Zweck auch verschiedene Füßchen aus Terrakotta und glasierter Keramik erhältlich.

Tonfüße sorgen dafür, dass Wasser ungehindert ablaufen kann und die Pflanzen nicht unter Staunässe leiden.

die einfachen Pflanztöpfe aus Kunststoff hinein.
Im **Außenbereich** werden oft nur **Untersetzer** verwendet. Bei anhaltendem Regenwetter und im Winter ist es sinnvoll, die Untersetzer wegzunehmen, umzudrehen oder überschüssiges Wasser regelmäßig auszugießen, um Staunässe und Wurzelfäulnis zu vermeiden. Die Untersetzer sollten immer etwas größer als die Standfläche des Topfes sein. Im Handel werden Untersetzer aus glasiertem und unglasiertem Ton, aus Kunststoff und Zink angeboten.

Dränage

Wenn Pflanzen schwächeln, liegt das seltener an Wassermangel als an zu reichlichem Gießen. Bei Staunässe stehen die Wurzeln im Wasser, beginnen zu faulen und können die Pflanze nicht mehr versorgen. Darum ist es so wichtig, dass überschüssiges Wasser ungehindert ablaufen kann – möglichst durch ein Abzugsloch. Vor der Bepflanzung legen Sie auf das Abzugsloch eine größere Tonscherbe, um es von Substrat frei zu halten. Darauf füllen sie eine Dränageschicht aus Tonscherben, grobem Kies, Sand, Blähton oder Styropor-Bruchstücken, die in Balkonkästen 5 cm hoch und in Kübeln mindestens 10 cm hoch sein sollte. Ist kein Abzugsloch vorhanden, sollte die Dränageschicht die doppelte bis dreifache Höhe haben.
Blähton zum Beispiel besitzt ein gutes Wasserspeichervermögen und ist, wie Styropor, recht leicht. Legen Sie auf die Dränageschicht Gärtnervlies oder Lochfolie, ehe Sie das Substrat einfüllen. So verhindern Sie, dass sich die Materialien mischen.
Sehr hohe und große Gefäße werden zuerst mit gröberen Materialien befüllt und nach oben hin mit feineren Substraten aufgefüllt. Sie können auch ein etwas kleineres Gefäß einstellen.

Substrat

Das Substrat erfüllt mehrere Aufgaben. Es gibt den Pflanzen **Halt**, versorgt sie mit den **notwendigen Nährstoffen** und ist verantwortlich für einen **ausgeglichenen Luft- und Wasserhaushalt**. Entsprechend ihrer Herkunft und Ansprüche benötigen die Pflanzen unterschiedliche Substrate.

Die im Fachhandel erhältlichen Spezialsubstrate sind auf diese Bedürfnisse abgestimmt und bereits mit Start- oder Langzeitdünger gemischt.
Neben dem **Nährstoffgehalt** und dem **Wasserspeichervermögen** spielt bei der Substrat-Auswahl der **pH-Wert** eine wichtige Rolle. Er hängt von der Zusammensetzung der Erde ab und beeinflusst die Verfügbarkeit der Nährstoffe im Boden. Die **meisten Pflanzen** lieben einen **neutralen bis schwach sauren Boden** (pH-Wert 6 bis 7).
Moorbeetpflanzen (Rhododendron, Hortensien, Heidekraut) verlangen nach einem **saurem Substrat** (pH-Wert 4 bis 5).

Selbst gemischte Substrate?

Reine Gartenerde und Kompost eignen sich nicht für die Topfkultur. Gartenerde verhärtet, und Kompost ist salzhaltig.
Für Kübel im Außenbereich können Sie eine Mischung aus je einem Drittel guter Gartenerde, ausgereiftem Kompost und Torf oder Rindenmulch verwenden. Etwas Sand kann ebenfalls zugegeben werden.
Für Ihre Zimmerpflanzen sollten Sie lieber Substrate aus dem Fachhandel verwenden.

Qualität hat ihren Preis

Sparen Sie nicht beim Kauf von Substraten. Allzu preiswerte Substrate enthalten oft stark zersetzten Schwarztorf und andere Zusätze, deren Strukturstabilität, Wasserspeicherkapazität und Lufthaushalt langfristig den Ansprüchen der Pflanzen nicht gerecht werden.
Übrigens sagt die Farbe des Substrats nicht unbedingt etwas über seine Qualität aus!

Gutes **Orchideensubstrat** zeichnet sich durch eine **sehr grobe Struktur** aus lange haltbaren Bestandteilen und **hohe Luftdurchlässigkeit** aus. Der Pflanzstoff sollte einen pH-Wert von 5 bis 5,5 und einen geringen Salzgehalt aufweisen.

Kakteen und Sukkulenten fühlen sich im **schwach basischen Bereich** (7 bis 7,5) wohl. Kakteenerde wird ein hoher Anteil von Quarzsand zugesetzt. Er lässt das überschüssige Wasser schnell abfließen und schützt Sukkulenten und Kakteen vor Staunässe.

> **Salzablagerungen**
> Weißer Belag auf der Erde oder an den Töpfen entsteht durch Mineralisierung der in Substrat und Düngemitteln enthaltenen Salze. Er schadet den Pflanzen nicht und lässt sich von Töpfen und Kübeln mit Seifenwasser und einer Bürste entfernen.

Richtig pflanzen

Auf diesen Seiten beschäftigen wir uns mit dem technischen Vorgang des Pflanzens. Die verschiedenen Gestaltungsarten werden anschließend genauer beschrieben.

> **Vorbereitung der Gefäßbepflanzung**
> Wenn Sie ein Gefäß bepflanzen wollen, legen Sie sich zuerst alle Utensilien bereit:
> – Gefäß
> – Dränage (Tonscherben, Blähton, Vlies)
> – Pflanzen
> – Substrat
> – Materialien zur Bodenmodellierung (Moos, Steine, Wurzeln)
> – Gießkanne mit Wasser

Pflanzen werden entweder neu gekauft, man bekommt sie geschenkt oder sie werden aus dem Winterquartier geholt. Manchmal ist der Topfballen völlig durchwurzelt, der derzeitige Topf deshalb zu klein und das Substrat vollkommen aufgebraucht. Stellen Sie die Pflanzen **so neben oder in das Gefäß, wie sie später eingepflanzt werden sollen**.

Durch diese Trockenübung können Sie entscheiden, ob Pflanzenanzahl und Größe für das Gefäß ausreichend sind und ob die Proportionen von Gefäß und Bepflanzung ausgewogen wirken. Zu diesem Zeitpunkt ist es noch einfach, eine Pflanze wegzustellen, hinzuzunehmen oder ein anderes Gefäß zu wählen.

Decken Sie zuerst das Abzugsloch im Gefäßboden mit einer Tonscherbe ab und füllen Sie die **Dränageschicht** (Scherben, Kies, Blähton) ein. Dann füllen Sie Ihr Gefäß bis etwa 3 cm unter den Rand mit Substrat. Zupfen Sie von den Pflanzen **welke Blüten und braune Blätter ab** und **wässern** Sie sie gründlich, ehe Sie sie aus den Töpfen nehmen. Sitzt der Wurzelballen fest im Topf, stoßen Sie den Topfrand kopfüber auf die Kante der Arbeitsplatte. Löst sich der Ballen noch immer nicht, müssen sie den Topf zerschneiden oder zerbrechen. Lockern Sie dann den Wurzelballen behutsam mit den Händen, um das Wurzelwachstum im neuen Substrat anzuregen. Stark verfilzte Wurzelballen (Gräser, Heidepflanzen) können mit einem Messer etwas eingeschnitten werden.

Bei Pflanzen, die aus zu kleinen Pflanzgefäßen mit bereits verbrauchter Erde kommen, wird das alte Substrat aus dem Wurzelballen ausgeschüttelt. Zu lange Wurzeln werden eingekürzt, vertrocknete und verfaulte Wurzeln abgeschnitten.

links: Für eine Pflanzarbeit benötigen Sie ein Gefäß, Dränagematerial, Substrat und Pflanzen.
rechts: Zuerst wird die Dränageschicht in das Pflanzgefäß gefüllt.

Entsprechend der gewünschten Gestaltungsart (siehe ab Seite 197) wird nun zuerst die **Hauptpflanze** positioniert und durch **Begleitpflanzen** ergänzt. Dabei sollten Sie die Pflanzen wieder **so tief einsetzen** wie vorher in ihrem Kulturtopf. Bei der fertigen Pflanzung darf kein Topfballen mehr zu sehen sein. Die **Zwischenräume** werden mit Erde aufgefüllt und die Pflanzen gut angedrückt. Bei vegetativen Gestaltungen kann gleichzeitig der Boden modelliert werden.

Zum Schluss entfernen Sie Substratreste von Blättern, Blüten und Gefäßrand mit den Händen, einem Tuch oder Pinsel. Falls nötig, drücken Sie das Substrat am Gefäßrand (**Gießrand**) etwas herunter, damit kein Gießwasser überlaufen kann, und gießen die Pflanzen behutsam an.

Holzstäbe, mit denen beispielsweise Hängegeranien und Orchideen beim Transport gestützt wurden, können nun entfernt werden. Falls nötig, fügen Sie neue, gestalterisch interessante Stützen oder Rankhilfen in das Gefäß ein und binden die Pflanzen daran fest.

Pflanzabstände

Die Abstände der Pflanzen zueinander sind von verschiedenen Faktoren abhängig: der Größe der Pflanzen, der Gestaltungsart, der vorgesehenen Verweildauer

Richtig pflanzen
(1) Um das Wurzelwachstum anzuregen, sollten Sie die Wurzelballen vorsichtig auflockern.
(2) Nun werden die Pflanzen in das neue Substrat eingesetzt.
(3) Das Auffüllen des Gefäßes mit Substrat richtet sich nach der Gestaltungsart.
(4) Die Pflanzen vorsichtig andrücken – aber fest genug, dass sie nicht so leicht wieder herausgezogen werden können.
(5) Zum Schluss darf das Angießen nicht vergessen werden.

> **Pflanzen teilen**
> Verwenden Sie Pflanzen aus unterschiedlichen Topfgrößen. Stauden, Gräser und Steingartengewächse lassen sich sehr gut durch Zerschneiden des Wurzelballens teilen oder Sie setzen mehrere Pflanzen in verschieden große Gruppen zusammen. Tuffs von Frühlingsblühern können vereinzelt werden.

Die Pflanzen wurden hier zu dicht gepflanzt, sie können sich nicht frei entfalten.

der Pflanzen im Gefäß und der Vegetationszeit.
Die Größe der Pflanzen muss zu der Größe des Gefäßes passen, damit ein harmonisches Proportionsverhältnis entsteht. Über- und Unterproportionen können jedoch reizvolle Aspekte besitzen und durchaus bewusst als Gestal-

Eine interessante Bodenmodellierung

tungsmittel eingesetzt werden. Für eine kurzzeitige Dekoration können Sie die Pflanzen recht eng setzen, bei einer dauerhaften Bepflanzung dagegen müssen Sie die weitere Entwicklung der Pflanzen über einen längeren Zeitraum berücksichtigen.
Im Frühling und Sommer bilden Pflanzen reichlich Laub und Blüten, brauchen also viel Platz, um sich zu entfalten. Im Herbst schränken sich die Stoffwechselprozesse ein und im Winter wachsen die Pflanzen kaum noch, sodass die saisonalen Bepflanzungen in diesen Monaten wesentlich dichter ausfallen dürfen.

Bodenmodellierung

Modellierung bedeutet **Formen und Prägen**. Die Bodenmodellierung gehört zur **Ausgestaltung einer Pflanzarbeit** dazu und richtet sich nach der Gestaltungsart (ab Seite 197).
Für einen harmonischen Gesamteindruck sollte sich die Umrissform des Werkstücks in der Bodengestaltung fortsetzen.
Eine dekorative Anordnung mit einer geschlossenen, ruhigen Umrissform verlangt nach einer ebenso geschlossenen, ruhigen Bodenstruktur. Lockere, stark differenzierte und gegliederte Umrissformen andererseits brauchen eine Bodengestaltung, die dieser Form angepasst ist.
Alle eingebrachten Materialien müssen **fest positioniert** werden. Die Gestaltung von Höhenschichtungen, die stellenweise den Boden von niedrigen Schalen sichtbar werden lässt, erleichtert die Überprüfung der Wasserversorgung und wirkt sich auch günstig auf die Durchlüftung des Boden aus. Sauberkeit und Ästhetik sind weitere Kriterien für eine gelungene Bodengestaltung.

Besondere Verarbeitung von Pflanzen

Üblicherweise werden Pflanzen in ein Substrat gepflanzt. Für bestimmte, meist temporäre Gestaltungen haben sich aber auch andere Verarbeitungsmöglichkeiten bewährt.

Pflanzen auf Steckschaum
Zwiebeln von Amaryllis und Frühlingsblühern sowie Orchideen können vom Substrat befreit und auf nassen Steckschaum gesetzt werden. Falls es unbedingt

le interessante Gestaltungsmöglichkeiten, da die Pflanzen durch das angefeuchtete Moos ausreichend mit Wasser versorgt werden.

Die Zwiebeln von Frühlingsblühern werden aus ihren Töpfen genommen und mit Moos ummantelt. Das Moos darf immer nur angefeuchtet, aber nicht nass sein.

Hier wurden Orchideenwurzeln mit Moos ummantelt und an einem Gerüst fixiert.

Pflanzen auf Steckschaum
(1) Zwiebelpflanzen eignen sich vorzüglich für die kurzzeitige Kultivierung auf Steckmasse. Sie werden aus ihren Kulturtöpfen genommen und vom Substrat befreit.
(2) Am besten schneiden Sie kleine Vertiefungen in die Steckmasse, in denen die Zwiebeln gut aufliegen. Nur in Ausnahmefällen sollten Sie die Zwiebeln mit einem Holzstab durchbohren, um sie damit in der Steckmasse zu fixieren.
(3) Mit Ästen können Sie die Arbeit ausgestalten.
(4) Abschließend werden Kiefernzweige, Efeuranken und weitere Accessoires eingearbeitet.

nötig ist, können Sie vorsichtig Holzstäbchen durch die Zwiebeln stecken, um sie zu fixieren.

Pflanzen in Moos
Zwiebeln von Frühlingsblumen oder Wurzeln von Orchideen können Sie auswaschen, mit Moos umwickeln und dann in Glasgefäßen arrangieren oder in Konstruktionen einarbeiten. Diese Methode, die man auch **Einballieren** nennt, eröffnet vie-

Pflanzen in Sträußen und Gestecken

Selbst Topfpflanzen können – mit Hilfe von Splittstäben auf Höhe gebracht – in Sträußen und Gestecken verarbeitet werden. Dazu sollten Sie aber die Pflanztöpfe vorher mit Moos oder Blätter umwickeln.

Einige Pflanzarbeiten erfordern oder erlauben eine Kombination mit frischen Schnittblumen. Dazu werden Steckmasse oder Wasserröhrchen in Pflanzgefäße integriert und mit Blüten ausgestaltet.

Pflege von Pflanzarbeiten

Pflanzen reagieren recht schnell und empfindlich auf unzureichende Wachstumsbedingungen. Achten Sie darum auf eine ausreichende Versorgung mit Wasser und Nährstoffen und kontrollieren Sie die Pflanzen regelmäßig auf Schädlinge wie Blattläuse oder Spinnmilben.

Gießen

Vor allem an heißen Sommertagen und in geheizten Innenräumen trocknet das Substrat in Töpfen und Gefäßen schnell aus, und die Pflanzen haben keine Möglichkeit, ihre Wurzeln in tiefere Bodenschichten auszudehnen. Abgesehen von Sumpfpflanzen, Kakteen und einigen anderen Arten mit besonderen Wasseransprüchen sollte normalerweise gewässert werden, wenn die oberste Substratschicht abgetrocknet ist (Fingerprobe). Vorübergehende Trockenheit vertragen Pflanzen aber meist besser als anhaltende Staunässe, die zu Wurzelfäulnis führen kann. Während der Hauptwachstums- und Blütezeit ist der Wasserbedarf wesentlich höher als zur Ruhezeit. Hohe Temperaturen und starker Wind erhöhen die Verdunstung und folglich den Wasserbedarf.

Mehr gießen sollten Sie
- während der Hauptvegetationszeit im Sommer,
- bei großer Sommerhitze, morgens und abends,
- bei fehlenden Niederschlägen,
- an vollsonnigen und sehr windigen Standorten,
- Pflanzen in unglasierten Ton- und Terrakottagefäßen.

Weniger zu gießen brauchen Sie
- im Frühjahr zu Beginn der Vegetationszeit,
- an schattigen, windgeschützten Standorten,
- bei kühlem Regen,
- die Pflanzen mit Unterpflanzung oder einer Mulchdecke,
- Kakteen und Sukkulenten,
- während der Überwinterungszeit.

Pflanzen kombiniert mit Schnittblumen
(1) Noch wirken die eingepflanzten Hyazinthen unscheinbar, doch bis sie blühen, können geöffnete Schnittblumen das Gesteck beleben.
(2) Die Steckmasse wird mit etwas Moos kaschiert, sodass sie nicht mehr zu erkennen ist.
(3) Wenn die eingesteckten Rosen verblüht sind, werden sie aus dem Gesteck entfernt. Bis dahin haben sich die Hyazinthen entwickelt und recken ihre duftenden Blüten in die Höhe.

Wann gießen?

Der Zeitpunkt des Gießens hängt von der Jahres- und Tageszeit ab. An **heißen Sonnentagen** wird **morgens und abends** gegossen, nur nicht in der Mittagszeit. Geraten in praller Mittagssonne Wassertropfen auf die Blätter, wirken sie wie Brenngläser und verursachen Flecken auf den Blättern.

Im **Winter** sollten Sie an **frostfreien Tagen vormittags** gießen, damit das Wasser bis abends von den Wurzeln aufgenommen werden kann.

Wie gießen?

In den meisten Fällen ist es richtig, auf das Substrat zu gießen. Auf diese Weise sickert das Wasser mit den darin aufgelösten Nährsalzen allmählich nach unten und die feinen Wurzeln werden ausreichend versorgt. Völlig ausgetrocknetes Substrat lässt sich allerdings nur schwer wieder

Pflanzen mit ausgetrocknetem Erdballen tauchen Sie so lange in Wasser ein, bis keine Luftblasen mehr aufsteigen.

durchfeuchten. Das Gießwasser läuft einfach durch, ohne dass die Pflanzen die Feuchtigkeit aufnehmen können.
Für Blumenampeln und kleine Pflanzgefäße, die sehr schnell austrocknen sowie für Orchideen, bietet sich ein **Tauchbad** an. Die Pflanzen werden samt Kulturtopf in einen Eimer mit Wasser getaucht. Wenn keine Luftblasen mehr aufsteigen, hat sich der Wurzelballen mit Wasser voll gesogen.

Die meisten Pflanzen lieben das Besprühen mit Wasser. Das feine Nebel sorgt für eine höhere Luftfeuchtigkeit und beugt dem Befall mit Läusen und Spinnmilben vor.

An sehr heißen Tagen brauchen Sie das überschüssige Wasser im Untersetzer nicht auszugießen: Große Kübelpflanzen lieben diese kurzfristigen Fußbäder.

Womit gießen?

Das Wasser sollte weder zu hart noch zu kalt sein. Zimmerwarmes Regenwasser eignet sich am besten, vor allem für kalkempfindliche Pflanzen.

Sprühen

Orchideen, Epiphyten und Frühlingszwiebeln sollten regelmäßig besprüht werden, ganz gleich, ob sie in Substrat stehen, in Moos verpackt oder anderweitig verarbeitet sind. Im Wohnbereich danken auch andere Pflanzen das Sprühen. Vor allem bei trockener Heizungsluft ist diese Erhöhung der Luftfeuchtigkeit hilfreich, um dem Befall mit Spinnmilben und Blattläusen vorzubeugen.

Düngen

Eine ausgewogene Versorgung der Pflanzen mit Nährstoffen ist bei der Kultivierung in Gefäßen besonders wichtig. Durch das begrenzte Erdvolumen sind die im Substrat enthaltenen Nährstoffe sehr schnell aufgebraucht. Der Nährstoffbedarf ist von Art zu Art verschieden, doch bei allen Pflanzen in der Wachstums- und Blütezeit besonders hoch.
Mittlerweile gibt es für fast alle Pflanzengruppen Spezialdünger

Tipp
Je weniger Substrat eine Pflanze zur Verfügung hat, umso mehr muss sie gedüngt werden.

NPK
In jedem handelsüblichen Dünger sind die **drei wichtigsten Nährstoffe** Stickstoff (N), Phosphor (P) und Kalium (K) enthalten.
- **Stickstoff** ist vorrangig für das Wachstum der Pflanze verantwortlich,
- **Phosphor** beeinflusst die Blüte, Reife und Wurzelbildung und
- **Kalium** sorgt für die Gewebefestigkeit.

Auf jeder Verpackung ist der Nährstoffgehalt als N:P:K-Verhältnis angegeben. Die Zahlenkombination 14/7/14 bedeutet: 14 % Stickstoff, 7 % Phosphoroxid, 14 % Kaliumoxid.
Dünger, der speziell für Blütenpflanzen empfohlen wird, enthält mehr Phosphor, Dünger für Blattpflanzen mehr Stickstoff.

```
EG-DÜNGEMITTEL
NPK-Düngerlösung 7+3+7 mit
Spurennährstoffen
7,0% N Gesamtstickstoff
   2,9% N Nitratstickstoff
   1,8% N Ammoniumstickstoff
   2,3% N Carbamidstickstoff
3,0% P₂O₅ wasserlösliches
   Phosphorpentoxid
7,0% K₂O wasserlösliches Kaliumoxid
```

Nährstoffzusammensetzung eines Düngers für Zimmerpflanzen

Richtig düngen:
- Besser niedriger dosieren und öfter düngen.
- Frisch ein- und umgetopfte Pflanzen erstmals nach 2 bis 4 Wochen düngen, da Startdüngung bereits im Substrat enthalten ist.
- Bei Verwendung von Langzeitdünger, der dem Substrat beigemischt wurde, erst nach 10 Wochen nach dem Einpflanzen düngen.

mit abgestimmter Nährstoffzusammensetzung. Grundsätzlich sollte man immer die Dosierungsempfehlungen der Hersteller einhalten.
Pflanzen verkraften einen zeitweiligen Nährstoffmangel meist besser als einen Überschuss.

Die Aufnahme und Verwertung von Nährstoffen steht immer im Zusammenhang mit der ausreichenden Wasserversorgung.

Weitere Pflegemaßnahmen

Regelmäßiges Ausputzen verwelkter Blüten und vergilbter Blätter verhindert das Ausreifen von Samen und fördert die Bildung neuer Blüten.
Das Ausputzen der Beet- und Balkonpflanzen kann täglich durchgeführt werden und ist wichtig für einen gesunden Pflanzenbestand.
Pelargonien werden am Knoten ausgebrochen, andere Blüten werden abgeschnitten oder ausgekniffen.
Nach dem ersten Flor Ende Juli/Anfang August können Pflanzen mit sehr langen Trieben kräftig zurückgeschnitten werden. Das **Entspitzen** fördert die Verzweigung und damit die Blütenbildung.

Gestaltung von Pflanzarbeiten

Auch aus praktischen Gründen ist es empfehlenswert, Pflanzen mit gleichen oder ähnlichen Ansprüchen an Licht, Temperatur und Feuchtigkeit zusammenzupflanzen. Das erleichtert nicht nur die Pflege, sondern erhöht auch die Lebensdauer einer Pflanzarbeit.

Dekorative Pflanzung

Meist gleiche Pflanzen werden in eine **geschlossene, gleichmäßige Form** oder **formale Reihe** gebracht. Dabei wird die Gestaltung durch die äußere Form bestimmt, beispielsweise geometrische Umrisse von Körpern wie Kugel, Halbkugel, Pyramide, Säule, Quader. Bei Pflanzschalen werden halbkugelige Formen besonders geschätzt, weil sie Ruhe, Repräsentanz und Statik vermitteln.
Alle Pflanzen ordnen sich dieser Gesamtform unter. Später ist nicht mehr erkennbar, wie viele Pflanzen eingepflanzt worden sind. Die Blüten sind so verteilt, dass sie eine große Einheit bilden.
Dekorative Pflanzarbeiten werden **meist symmetrisch** gestaltet. Dabei befindet sich die Hauptgruppe in der geometrischen Mitte und wird von mindestens zwei gleichwertigen Nebengruppen begleitet.
Für die Gruppierungen können Sie Pflanzen mit geschlossenen und lockeren Formen verwenden, je nachdem, ob Sie die optische Geschlossenheit verstärken oder vermindern möchten.
Obwohl sich die Pflanzen der vorgegebenen äußeren Form unterordnen, müssen Sie die Wuchsformen beachten, um die Pflanzen nicht in ihrem natürlichen Streben zum Licht zu behindern. Die Ansprüche der Pflanzen selbst sind immer zu wahren.
Als erstes wird die größte Pflanze, die das **Hauptmotiv** bilden soll, in die Mitte eingesetzt.
Um sie herum ordnen Sie die **Begleitpflanzen** gleichmäßig an: die größeren zu der Leitpflanze und die niedrigen am Schalenrand, den sie mit ihren Blättern und Ranken überspielen. Die Bewegungen verlaufen von innen nach außen, die Bodenstruktur bleibt geschlossen und ruhig.
Für die weitere Ausgestaltung einer dekorativen Pflanzarbeit könnten Sie vertikal oder horizontal eingesteckte oder zu Gittern verbundene Zweige und Reetstäbe verwenden.
Dabei entstehen Überschneidungen, die sehr interessant wirken können. Rankende Pflanzen werden um Form gebende Rebkugeln oder Drahtgerüste gewun-

links: Dekorative Frühlingsschale
unten: Korb mit Frühlingsblühern

Das Myrtenbäumchen ist ein ideales Geschenk für eine Hochzeit.

Ein Lavendelbäumchen, dekorativ ausgestaltet.

> **Vegetationszonen**
> Bäume beherrschen und beschützen.
> Sträucher unterstützen die Bäume und verbinden.
> Die Bodenvegetation bildet die Basis.

unten: Eine Landschaftsimpression mit hohen Bäumen, Sträuchern und bodennaher Vegetation.

terste Zone besteht aus der Bodenvegetation mit einer reichen Vielfalt an Kleingehölzen und Stauden.

Bei der Zusammenstellung von Pflanzen für eine naturnahe Gestaltung orientieren wir uns an einem **Naturausschnitt**. Übernehmen wir die natürliche Gliederung der Vegetationszonen in die Gestaltung, schaffen wir ein insgesamt harmonisches Abbild der Natur.

Eigentlich sind Pflanzen von Natur aus weitgehend symmetrisch aufgebaut. Durch Witterungseinflüsse wie Wind und Schnee oder durch andere Pflanzen, die Licht, Wasser und Lebensraum beanspruchen, wird das ursprüngliche symmetrische Gleichgewicht jedoch oft gestört und es entstehen asymmetrische Wuchsformen. Die optische und statische Ausgewogenheit wird beeinträchtigt, aber es entwickeln sich Pflanzen mit **sehr individuellem Charakter** und **hoher Ausdruckskraft**. Für Gefäßbepflanzungen, bei denen die Individualität der Pflanzen und die Nähe zur Natur im Vordergrund stehen, werden den. **Dekorative Accessoires** können ebenfalls eingesetzt werden, etwa um auf besondere Anlässe oder Feste wie Ostern oder Weihnachten anzuspielen.

Vegetative Pflanzung

In der Natur gibt es drei Vegetationszonen. In der **oberen Zone** finden wir als höchste Pflanzen die Bäume. Sie brauchen für ihre Entwicklung viel Freiraum und Entfaltung und bieten darunter stehenden Sträuchern Schutz. Die Sträucher bilden die **mittlere Zone**. Sie verbinden die obere mit der **unteren Zone**. Die un-

Gestaltung von Pflanzarbeiten 199

Bewegungsrichtungen von Pflanzen
(1) Bei dekorativer Gestaltung von Pflanzarbeiten verlaufen die Bewegungen von innen nach außen.
(2) Spannungsreicher zeigen sich vegetative Gestaltungen, bei denen die Bewegungen von außen nach innen und zueinander verlaufen.

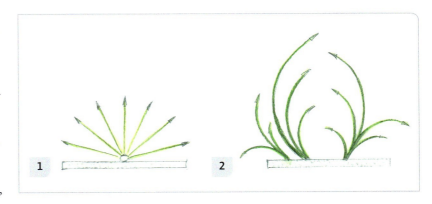

Pflanzen mit ihrem charakteristischen Wuchs verwendet. Damit diese natürlichen Wuchsrichtungen auch sichtbar bleiben, benötigen die Pflanzen um sich herum ausreichend Platz.
In Abhängigkeit von ihrer Wuchsrichtung wird die Hauptpflanze oder Hauptgruppe meist im hinteren Drittel rechts oder links von der geometrischen Mitte im Gefäß positioniert. Sie bestimmt durch ihre Form und Bewegung die Gesamtgestaltung. Aufgrund unserer Sehgewohnheiten wird häufig der linken Seite der Vorzug gegeben (siehe Seite 96).
Die wichtigste Pflanze der **Hauptgruppe** wird zuerst eingesetzt. Ihr ordnen sich die weiteren Leitpflanzen der Hauptgruppe, die **Gegengruppe** und die **Nebengruppe** entsprechend des Goldenen Schnittes unter (siehe Seite 105 ff.). Dabei dient die Gegengruppe der optischen Ausgewogenheit und ist meist die zweitgrößte Gruppe. Zur Verstärkung des räumlichen Eindrucks wird

links: Vegetativ anmutende Pflanzarbeit in einer Wachsschale
unten: Die größte Rose im mittlerem Gefäß gibt durch ihren Wuchs die Bewegungsrichtung der Bepflanzung vor.

Asymmetrie und Verschiedenheit

Gruppierungen wirken besonders interessant und lebendig, wenn alle Form gebenden Pflanzen **asymmetrische Wuchsformen** aufweisen. Sie besitzen eine große Ausstrahlungskraft und lassen sich optisch gut mit anderen Pflanzen in Verbindung bringen.
Eine Gruppierung **mit unterschiedlichen Formen** ist reizvoll, wenn jede Gruppe durch eine andere Pflanze bestimmt ist. Bei der Verwendung von vielfältigen Bewegungsformen muss das Gefäß Ruhe ausstrahlen.
Gruppierungen **mit gleichen Wuchsformen** wirken spannungslos. Zwei gleiche Gruppen oder Gruppen in fast gleicher Höhe konkurrieren miteinander, darum muss eine der beiden zu einer ranghöheren Gruppe verändert werden.

> **Um eine große Raumwirkung zu erzielen, bieten sich verschiedene Möglichkeiten an:**
> – Beachtung der natürlichen Freiräume um die jeweiligen Pflanzen.
> – Hohe Pflanzen in den Außenbereichen schaffen Tiefe und Freiräume im Innenbereich.
> – In diesen Zwischenräumen haben niedrige Pflanzen wie in der Natur ihren Wuchsfreiraum und können sich gut entfalten.
> – Freiräume erzeugen ein Spannungsverhältnis, lockere Gestaltungen erscheinen besonders wirkungsvoll.
> – Ranken verstärken die Tiefenwirkung und befinden sich nicht wie bei dekorativen Bepflanzungen hauptsächlich am Schalenrand, sondern werden auch in den Innenbereich geführt.
> – Optische Tiefe kann durch eine bewusste Anordnung von Farben erzielt werden. Hellere Töne werden in der Basis, dunklere Farben in der Höhe verarbeitet. Helle Farben schaffen Tiefe, der innere Basisbereich wirkt lebhafter und verstärkt den räumlichen Eindruck.
> – Wie bei anderen Arbeiten erreichen Sie auch hier durch Staffelungen und Schichtungen mehr Räumlichkeit.

der Hauptgruppe die Nebengruppe als kleinste Gruppe beigeordnet.

Weitere Begleitpflanzen werden den jeweiligen Gruppen der Leitpflanzen zugeordnet und stellen einen wesentlichen Bestandteil der Bodengestaltung dar.

Die optische Beziehung wird durch das **Zusammenführen der Bewegungsrichtungen** der Pflanzen zwischen den einzelnen Gruppen hergestellt, also innerhalb der Hauptgruppe zur Gegengruppe und der Nebengruppe zur Hauptgruppe. Die Bewegungsrichtungen der jeweiligen Gruppen laufen von außen nach innen aufeinander zu und treffen sich optisch über dem Waagepunkt. Sie lassen das Werkstück ausgewogen und geschlossen erscheinen.

Niedrige Gestaltungselemente werden zur Mitte hin angeordnet. Selbst die Bewegungsrichtung von rankenden Pflanzen verläuft von außen nach innen. Die Verbindung der einzelnen Gruppenelemente wird allerdings nicht nur durch die Bewegungsrichtung der Pflanzen hergestellt, sondern auch durch die **Form und Größe der Blätter und Blüten** sowie durch **gleiche Farben und Texturen**. Sie spielt für die Raumwirkung in einer vegetativen Pflanzarbeit eine wichtige Rolle.

Zum Schluss wird die Pflanzarbeit mit **Substrat** aufgefüllt. Dabei reicht es meist aus, nur dort, wo die einzelnen Pflanzengruppen angeordnet sind, entsprechend der Menge und Größe der Wurzelballen und der Gruppengröße das hierfür notwendige Substrat einzubringen. Sie müssen nicht das gesamte Pflanzgefäß gleichmäßig und eben mit Substrat auffüllen.

Die höchste Erhebung befindet sich im Bereich der Hauptgruppe, da dort die Pflanzen mit den größten Wurzelballen zu finden ist. Im Bereich der Gegengruppe liegt die zweithöchste Erhebung. Der Nebengruppe wird die niedrigste Erhebung zugeordnet. Die Gliederung im Bodenbereich soll die Wirkung der Gruppen verstärken und gleichzeitig durch fließende Übergänge den natürlichen Charakter der Pflanzen betonen. Die Schaffung eines Gießrandes ist normalerweise nicht notwendig, weil dieser sich durch die Bodengliederung von selbst ergibt.

Bei einer vegetativen Pflanzarbeit ist die **Bodenmodellierung** ein wichtiger Bestandteil der Gestaltung. Sie orientiert sich am **Lebensraum oder der Herkunft der Pflanzen**. Gestaltungsmittel wie bodendeckende Pflanzen und Moose, Ranken, Wurzeln, Äste, Steine, Sand, Laub oder Rindenmulch müssen zum Wesen der Pflanzen passen, ihre Herkunft verdeutlichen und die Ausstrahlung der gesamten Pflanzung unterstützen. Wählen Sie die Gestaltungsmittel für den

Querschnitt durch eine asymmetrische, vegetativ gestaltete Pflanzarbeit mit Bodenmodellierung

Boden bewusst aus und achten Sie darauf, dass sie nicht „aufgelegt" wirken.
Pflanzen, die in ihrer natürlichen Umgebung in einem wilden, schroffen Umfeld wachsen, benötigen auch einen starken Kontrast in der Bodengliederung.
Eine detaillierte Bodenmodellierung mit Höhen und Tiefen verstärkt die **optische Wirkung** und die Freiräume der einzelnen Gruppen zueinander und schafft die entsprechenden **verbindenden Elemente** im Bodenbereich. Ein großer Stein oder eine besondere Wurzel können auch eine Pflanzengruppe ersetzen, eventuell sogar im Mittelpunkt der Gestaltung stehen und die Stelle der Hauptgruppe übernehmen.
Denken Sie daran, dass Farbe ebenfalls ein wirkungsvolles Gestaltungsmittel ist. So passt beispielsweise grauer Schiefer gut zu grauen Blättern.

Formal-lineare Pflanzung

Im Mittelpunkt einer formal-linearen Pflanzarbeiten stehen Pflanzen mit **markanter Gestalt** und **interessanten Bewegungen** (Sukkulenten, Palmlilie, Elefantenfuß). Gut eignen sich Pflanzen mit außergewöhnlich geformten Stämmen oder Sprossen, Blättern oder Blütenstängeln.
Zuerst wird die **Hauptpflanze** (Leitpflanze) asymmetrisch angeordnet und mit **Begleitpflanzen** ergänzt. Verwenden Sie Pflanzen mit ähnlichen Pflegeansprüchen. Pflanzensoziologie und naturnahe Bodenmodellierung müssen nicht beachtet werden. Die Abdeckung erfolgt mit Sand, Kies, farbigen Granulaten oder anderen interessanten Materialien. Formal-lineare Pflanzarbeiten

oben links: Selbst kleine Gefäße können mit Steinen und Astabschnitten so gestaltet werden, dass sie ausgesprochen naturnah wirken.
oben rechts: Ein kleiner Naturausschnitt in einem Korb
unten links: Bodenmodellierung mit Sukkulenten
unten rechts: Die Wurzel gibt der Pflanzarbeit Tiefe und sorgt für Räumlichkeit.

werden meist mit wenigen Pflanzen durchgeführt, weil nur durch die Freiräume die Bewegungen sichtbar werden. Allerdings sind auch üppigere, formationsartige Bepflanzungen mit wenigen verschiedenen Pflanzenarten möglich.

Eine schlichte, formal-lineare Pflanzarbeit

Die Pflanzen werden oft mit anderen Pflanzenteilen (Äste, Zweige, Fasern, Wurzeln, Fruchtständen und -hüllen, Rinde, Ranken) oder nichtfloralen Materialien in Szene gesetzt. Diese schaffen Bewegung oder Ruhepunkte und stellen die Verbindung zum Gefäß her.

Dekorative Gestaltungsmittel und Ergänzungen durch Formen und Ornamente können eingesetzt werden, sie sollten aber lediglich die Linien und Formen in ihrer Wirkung unterstreichen.

Weitere Gestaltungsmöglichkeiten

Die nachfolgenden Gestaltungsmöglichkeiten können durch unterschiedliche Gestaltungsarten – dekorativ, vegetativ oder formal-linear – in Szene gesetzt werden.

Monopflanzungen

Eine Pflanzenart wird in der Masse verwendet. Ein geschlossener Umriss oder Überschneidungen durch Äste und Stäbe verbinden die Einzelpflanzen optisch. Monopflanzungen passen gut zu gemischten Pflanzarbeiten und wirken sehr elegant.

Gestaffelte Bepflanzungen

Eine Pflanzung wird als gestaffelt bezeichnet, wenn sie in mehreren – meist drei – Ebenen aufgebaut ist. Dabei nennt man die höheren Pflanzen Leit- und die niedrigeren Begleitpflanzen.

Unterpflanzungen

Ein Hochstämmchen allein kann schon hübsch aussehen, aber mit einer Unterpflanzung aus Sommerblumen, Stauden oder Beet- und Balkonpflanzen wirkt es ungleich attraktiver.

Vor dem Überwintern sollte man die Unterpflanzung aus dem Substrat entfernen, um das Risiko

oben: Kübelbepflanzungen werden oftmals mit höheren Leit- und niedrigen Begleitpflanzen gestaltet.
links: Modern wirkende Bepflanzung mit einer Pflanzenart in mehreren Gefäßen, bei der Verbindungen durch Stäbe hergestellt wurden
rechs: Monobepflanzung mit Traubenhyazinthen

von Fäulnis während der Ruhephase zu umgehen.
Besonders interessant wirkt eine naturnahe, auf die jeweilige Jahreszeit abgestimmte Unterpflanzung kleiner Bäume.

Pflanzungen nach dem Ort der Aufstellung

Eingangsbereich

Pflanzenschmuck an Eingängen hat eine lange Tradition. In Asien werden Pflanzen oft paarweise als so genannte Türwächter aufgestellt. Sie sollen den Hauseingang bewachen und schützen. Da der Hauseingang Besuchern einen ersten Eindruck bietet, ist ein bepflanztes Gefäß allemal ein freundlicher Willkommensgruß. Ein blumig geschmückter Eingang wirkt offen, lebendig und kommunikativ.
Die Bepflanzungen können einzeln, paarweise oder in Gruppen aufgestellt werden.

Balkonkästen

In Balkonkästen werden Pflanzen ein- oder doppelreihig und im angemessenen Abstand eingesetzt. Hängende Arten erhalten ihren Platz leicht schräg am vorderen Rand, stehende Pflanzen aufrecht am hinteren Rand. Praktisch sind Kästen mit Wasserreservoir und Wasserstandsanzeiger. In gewöhnliche Blumenkästen müssen Abzugslöcher gebohrt werden.

Der Topf für diese Unterpflanzung wurde vor dem Bepflanzen nicht gewässert. Unschöne Wasserflecken am Gefäß sind die Folge.

Nicht zu viel, nicht zu wenig
Für einen 1 m langen und 15 cm breiten Kasten werden 4 bis 5 Pflanzen, bei einem 20 cm breiten Kasten 6 bis 8 Pflanzen benötigt.

Saisonverlängerung
Wenn die Sommerblumen verblüht sind, muss die Balkonkastensaison nicht beendet sein. Eine **Folgebepflanzung** aus frostharten Blattschmuck- und Strukturpflanzen kombiniert mit typischen Herbstblühern wie Astern, Chrysanthemen und Alpenveilchen hält oft bis in den Winter hinein. Früher steckte man Tannenreisig in die ausgeräumten Kästen und Kübel, doch inzwischen gewinnt eine lebendige Winterbepflanzung immer mehr Liebhaber, zumal das Angebot an **winterharten Gehölzen und Stauden** in den letzten Jahren stark angewachsen ist. Viele dieser Pflanzen lassen sich außerdem sehr hübsch mit immergrünen Zweigen oder Zapfen dekorieren.

Untersetzer verhindern, dass Gießwasser an der Fensterbank oder am Balkon herunter laufen kann.

Hanging Baskets

Wo kein Stellplatz für Kübel und Kästen zur Verfügung steht, bieten sich **Ampeln als Blumenschmuck** an. Hanging Baskets haben in den letzten Jahren großen Anklang gefunden, weil sie auch seitlich bepflanzt werden und darum besonders üppig wirken.

Zum Bepflanzen stellen Sie den Ampelkorb auf einen Eimer oder großen Topf und kleiden ihn mit Moos, Filz oder einer Kokosmatte aus. Legen Sie in die Mitte des Korbbodens eine Folie, damit das Gießwasser nicht sofort wieder ablaufen kann. Dann schneiden Sie für etwa die Hälfte der Pflanzen gleichmäßig verteilt Löcher in das Einlagematerial. Anschließend wird etwas Substrat auf den Korbboden gegeben.

Ein bepflanzter, ummantelter Ampelkorb kann auch als aufgestelltes Gefäß eine gute Figur machen.

Nehmen Sie die gewässerten Pflanzen aus den Töpfen und schieben Sie sie vorsichtig durch die Einschnitte. Entweder Sie ziehen die Wurzeln vorsichtig von außen nach innen oder Sie schieben die Pflanzen in einer aufgerollten Papiertüte von innen nach außen.

Sind alle Pflanzen in die Außenwand eingesetzt, kann der Korb ganz mit Substrat aufgefüllt werden. Zum Schluss bepflanzen Sie seine Oberseite: Wie bei jeder dekorativen Pflanzarbeit wird in der Mitte eine **Hauptpflanze** platziert und durch weitere **buschige oder hängende Begleitpflanzen** ergänzt.

Beim sorgfältigen Andrücken der Pflanzen empfiehlt es sich, das Substrat in der Mitte des Korbes etwas tiefer einzudrücken, damit Gießwasser nicht zu leicht überläuft. Zum Schluss die Pflanzen angießen und die Ampel künftig gleichmäßig feucht halten.

Ein Blumenkasten mit Geranien wirkt gleich viel weniger konventionell, wenn er mit einigen Stäben aufgepeppt wird.

Hanging Baskets lassen sich problemlos mit aufgewickelten, kurzen Astabschnitten verkleiden.

Tischschmuck

Damit Pflanzen als Tischschmuck ästhetisch wirken, darf kein Substrat zu sehen sein. Dass die Pflanzen gesund, sauber und frei von Schädlingen sein müssen, versteht sich von selbst. Verwenden Sie absolut wasserdichte Gefäße und decken Sie das Substrat mit besonders schönem Moos, Sand, Granulaten oder Sisal ab – jedoch so, dass das Gießen jederzeit problemlos möglich ist.

Raumschmuck

Als Schmuck für große Räume verwendet man üblicherweise hohe Pflanzen in großen schweren Gefäßen.
Eine interessante Alternative wäre ein Raumschmuck mit einem gut einsehbaren Blickpunkt im oberen Bereich. Besorgen Sie sich einen höheren Metallständer oder bauen Sie sich selbst einen Ständer aus langen, dicken Ästen. Darauf konstruieren Sie ein individuell gestaltetes Gefäß (siehe Konstruktion ab Seite 210) und bepflanzen es mit Pflanzen in intensiven Blütenfarben und langen abfließenden Ranken.

*links: Werden Pflanzen als Tischschmuck verwendet, sollte das Substrat unbedingt abgedeckt werden.
rechts: Raumschmuck einmal anders*

Pflanzentische

Eine wunderbare Idee zum Aufstellen einzelner Pflanzen sind Pflanzentische. Selbst wer keinen Garten besitzt, findet auf Balkon oder Terrasse meist ein Plätzchen für einen kleinen Tisch mit einigen Lieblingspflanzen. Es muss nicht einmal ein Tisch im engeren Sinne sein. Auch ein altes Nähmaschinengestell mit Marmorplatte, ein Regal oder ein kleiner ausgedienter Schrank können als Präsentationsfläche dienen und mit schönen Töpfen, Schalen, Büsten, Glasglocken, Steinen, Muscheln, Kerzen und Windlichtern dekoriert werden. Solche kleinen Stillleben lassen sich ohne großen Aufwand passend zur jeweiligen Jahreszeit variieren – vielleicht mit Nestern und Eiern im Frühling, im Sommer dann mit Urlaubsfundstücken vom Strand. Für den Herbst bieten sich buntes Laub und Früchte wie Äpfel, Kürbisse oder Mais an. Ob Ihr Haus und Garten klassisch, modern oder ländlich ausgerichtet sind – orientieren

Klassisch wirkt diese Sammlung verschiedener Christrosen, die mit antik anmutendem Zubehör kombiniert wurde.

Frühlingsblumen gekonnt in Szene gesetzt. Dazu brauchen Sie keinen Garten!

Sie sich bei solchen Arrangements am vorherrschenden Stil, aber trauen Sie sich auch einmal, etwas Neues auszuprobieren – vielleicht zwischen Oktober und April, wenn man den Gartentisch für andere Zwecke nicht mehr braucht. Natürlich können Sie solche Stillleben auch in der Wohnung aufstellen – oft genügt dafür ein größeres Tablett.

Grabschalen

Gefäßbepflanzungen für Gräber und Trauerbeigaben unterscheiden sich von anderen Pflanzschalen für den Außenbereich nur unwesentlich, darum gelten für ihre Gestaltung die gleichen Grundregeln wie für andere bepflanzte Gefäße. Sollen solche Schalen als Blumenschmuck für eine Trauerfeier dienen, könnte man sie mit einem Trauerband versehen, das später auf dem Grab entfernt wird.

Auswahl der Pflanzen

Die Pflanzenauswahl richtet sich normalerweise nach der Jahreszeit.
Im **Frühjahr** – selbst wenn das Grab noch zugedeckt ist – sehen Frühlingsblüher schön aus, die auch leichte Nachtfröste meist gut verkraften. Trockene natürliche Werkstoffe sind eine schöne und beliebte Ergänzung.
Sommerlich gestaltete Bepflanzungen müssen häufig gegossen werden – es sei denn, Sie wählen gezielt Pflanzen aus, die einige Tage ohne Wasser auskommen.
Im **Herbst** bieten Gärtner und Floristen eine große Auswahl dauerhafter Blattschmuckstauden und Strukturpflanzen an. Diese können Sie fantasievoll mit Herbstastern, Alpenveilchen, Enzian, Chrysanthemen und anderen spät blühenden Blumen kombinieren.
Für den **Winter** eignen sich Koniferen, immergrüne Laubgehölze, Callunen, Scheinbeeren und Christrosen, denen Minusgrade nichts ausmachen.
Pflanzen, die sehr empfindlich sind oder viel Pflege brauchen, sollten für Grabschalen nicht unbedingt verwendet werden. Für Schalen, die länger auf dem Grab bleiben sollen, empfiehlt sich eine gemischte Pflanzung aus ausdauernden und saisonalen Pflanzen. Koniferen und immergrüne Laubsträucher können in der Schale verbleiben und durch saisonale Blühpflanzen ergänzt werden, die sich leicht austauschen lassen.

Standort

Achten Sie auch auf dem Friedhof darauf, ob ein Grab sonnig, halbschattig oder schattig liegt, und wählen Sie die Pflanzen entsprechend aus.
In sehr windigen Lagen müssen nicht nur geeignete Pflanzen gewählt werden, sondern auch standfeste Gefäße. Schalen aus

Kunststoff oder kompostierbarem Material sollten flach sein und eine ausreichend breite Standfläche besitzen. Sinnvoll ist eine Beschwerung mit Steinen, die gestalterisch in die Pflanzung eingearbeitet werden. Sie können die Schale auch etwas in die Erde einsenken oder Löcher durch den Boden bohren, durch die stabile Holz- oder Metallstäbe zur Verankerung im Erdreich geschoben werden.

Gefäße

Wie immer sollten Sie auf die Einheit zwischen Pflanzen und Gefäß zu achten. Üblich sind für Grabschmuck meist schlichte Pflanzschalen in Erdfarben. Es spricht aber nichts dagegen, Gefäße zu verwenden, die durch Farbe oder Material auffallen, sofern dies zur Gesamtgestaltung des Grabes passt oder dem Wunsch des Verstorbenen und der Angehörigen entspricht. Achten Sie auf ausgewogene Proportionen zwischen Grabfläche und Schalendurchmesser bzw. -höhe.

Besonders im Winter spielt die Witterungsbeständigkeit der Gefäße eine große Rolle.

Für Friedhöfe empfehlen sich Schalen aus Kunststoff oder kompostierbarem Material. Ton und Terrakotta sind zwar schwerer und damit standfester, können aber durch den häufigen Wechsel von Gefrieren und Auftauen des Wassers leicht platzen.

Präsentation von Pflanzarbeiten

Solitär

Eine einzelne, repräsentative Pflanze oder ein besonders großes Gefäß setzen einen Akzent im Wohnzimmer, Wintergarten oder auch einem Foyer. Ebenso kann eine Solitärpflanze zur Betonung eines wichtigen Bereichs oder Punkts eingesetzt werden, etwa eines Hauseingangs, einer Hausecke oder des Endes einer Sichtachse.

Eine große Pflanze benötigt immer einen Bezugspunkt und muss in ihre Umgebung eingebunden werden.

Als Solitärpflanzen in Kübeln eignen sich beispielsweise Hochstämmchen, Kleinbäume, Sträucher sowie Formgehölze. Eine gute Wahl sind Pflanzen mit besonders dekorativen Blüten und Früchten oder schöner Herbstfärbung.

Zur optischen Aufwertung und zur Einbindung in die Umgebung bietet sich eine passende Unterpflanzung an. Vegetativ gestaltete Pflanzarbeiten verlangen nach einem separaten Standort mit ruhigem Hintergrund.

Paare

Paarweise aufgestellte Pflanzen und dekorative Pflanzarbeiten betonen Eingänge, Treppen, Durchgänge, Statuen oder Bänke. Weil solche symmetrisch angeordneten Gestaltungen klassisch wirken, werden sie auch für feierliche Anlässe oder repräsentative Zwecke geschätzt.

Das wesentliche Merkmal eines Paares ist die Gleichheit – in Bezug auf Pflanzenart, Größe, Pflegezustand und Pflanzgefäß. Pflanzenpaare können auch zu einem Torbogen weiterentwickelt werden, sofern die Pflanzenarten und die Gefäßgrößen dies zulassen. Im Innenbereich sind paarweise aufgestellte Pflanzen auf Büffets, als Umrahmung von Spiegeln und Kaminsimsen oder auf dem Fensterbrett ein schöner Blickfang. In Kirchen sind sie als Altarschmuck beliebt.

Kompostierbare Schalen

oben: Für Türen und Eingänge eignen sich paarweise Aufstellungen.
unten: Diese kompostierbare Kranzunterlage wurde vor der Bepflanzung mit Rinde ummantelt.

Reihe

Mindestens drei Pflanzgefäße, in einer Linie aufgestellt, bilden eine Reihe. Die Reihe kann als Gestaltungsmittel vielfältig eingesetzt werden und verschiedene Funktionen erfüllen: Sie grenzt Bereiche voneinander ab, bildet Teilräume oder Blickpunkte im Raum.
Die Reihe kann sowohl gerade als auch im Halbkreis aufgebaut werden. Innerhalb der Reihe können die einzelnen Bepflanzungen locker mit viel Freiraum oder auch sehr dicht angeordnet werden.
Reihen können parallel verlaufen oder am Anfangs- und/oder Endpunkt geweitet sein. Dieser Effekt lässt sich durch eine Größenabstufung sowohl der Gefäße als auch der Pflanzen noch verstärken. Denkbar ist auch der Wechsel zwischen zwei Gefäßgrößen und Pflanzenarten, der eine interessante Rhythmik erzeugt.
Das Gestalten einer Reihe ist einfach und lässt viele individuelle Varianten zu. Verblühte Pflanzen können problemlos ausgetauscht werden, sodass sich der Übergang zwischen den Jahreszeiten fast nahtlos vollziehen lässt. Eine Reihe gleicher, kleiner Pflanzen sieht auf der Fensterbank hübsch aus und ist auch ein schneller, unkomplizierter und dabei sehr effektvoller Tischschmuck.

Abwechslung in der Reihe
Die Elemente einer Reihe müssen nicht völlig identisch sein, sollten aber mindestens eine Gemeinsamkeit aufweisen, in Form, Farbe, Material der Gefäße oder in Form, Farbe, Textur oder Bewegung von Pflanzen.

Gruppe

Als Gruppe bezeichnet man die räumliche Anordnung von mindestens drei Pflanzgefäßen. Die einfachste Variante der Anordnung ist das **Dreieck**, das gleichschenklig oder auch ungleichschenklig sein kann.
Die Bepflanzung sollte ein einheitliches gestalterisches Konzept oder ein bestimmtes Thema erkennen lassen, beispielsweise eine Sammlung von Küchenkräutern oder verschiedene Sorten einer Pflanzenart. Je größer die Übereinstimmung der verwendeten Pflanzen in unterschiedlichen Gefäßen ist, desto stärker erscheint der optische Zusammenhalt. Verbindende Elemente wie Material der Gefäße oder Blütenfarbe tragen ebenfalls dazu bei, die Elemente zu einer Einheit zusammenzufügen.
Spannung innerhalb einer Gruppe lässt sich durch unterschiedliche Gefäße und Höhen sowie Kontraste (Farben, Texturen) aufbauen.

Gruppierung von Pflanzgefäßen

unten: Auch Aufreihungen von Pflanzarbeiten können reizvoll aussehen.
rechts: Unkonventionelle Pflanzgefäße verdienen eine Solo-Stellung.

Konstruktionen

Das Konstruieren mit pflanzlichen Werkstoffen erfordert neben handwerklichem Geschick ein ausgeprägtes Gefühl für Statik und ein fundiertes Wissen um Stabilität, Tragfähigkeit, Flexibilität und Haltbarkeit der Werkstoffe. Zu den bevorzugten Werkstoffen gehören Clematis, Hartriegel und ähnliche Pflanzen (siehe Tabelle 7a, Seite 75). Das Mengenverhältnis von Konstruktion und Blumen sollte klar definiert werden. Konstruktionen können als Tisch- und Buffetschmuck, für Sideboards oder als Raumschmuck verwendet werden. Sie müssen nicht statisch wirken, sondern können auch raumgreifend und dynamisch gestaltet werden.

Merkmale

Konstruktionen können symmetrisch oder asymmetrisch aufgebaut werden. Durch die Ausarbeitung der Konstruktion erhält das Werkstück einen konkreten Umriss und eine starke Struktur. Es gilt also, zunächst eine Form

Konstruktions-Typen
Zum besseren Verständnis unterteilen wir die Konstruktionen
1. in Grundgerüste für Sträuße, Gestecke und Pflanzarbeiten und
2. in freie Formen.
Zu den freien Formen gehören
a) gebundene Werkstücke mit mehreren Bindestellen,
b) Gestaltungen in Konstruktionen, die weder Strauß, Gesteck oder Pflanzung sind, und
c) Objekte (Raumschmuck, florale Bilder).

Materialien für Konstruktionen
Konstruktionen können hergestellt werden:
– ausschließlich aus pflanzlichen Werkstoffen
– aus pflanzlichen Werkstoffen in Kombination mit Draht (Broncenet, Steckdrähte, Wickeldraht, Rebdraht)
– nur aus Draht
– aus Steckmasse, Styroporformen und anderen Materialien, die mit Floralien beklebt, gehaftet, umwunden oder anderweitig bearbeitet sind.

Ein gebundenes Werkstück mit mehreren Bindestellen

anderweitig eingearbeitet werden. Vor allem die langen, linear wirkenden Blumenstiele von Calla, Tulpen oder Amaryllis vermitteln Eleganz und Bewegung und können zugleich Verbindungen zur starren Konstruktion schaffen (siehe Tabelle 7b, Seite 76).

Arbeitstechniken

Im Gegensatz zu anderen floristischen Arbeiten werden bei der Konstruktion die Techniken nicht versteckt, sondern sind Teil der

> **Natürliches Aussehen technischer Hilfsmittel**
> Steckdraht kann mit Kautschuktape oder Naturfasern umwickelt werden, um seine optische Präsenz zu verringern.
> Rebdraht lässt sich einfach mit den Händen durch ein saftiges grünes Blatt ziehen. So erhält die Papierummantelung eine schöne grüne Farbe und der Draht tritt optisch fast gar nicht in Erscheinung.

Kabelbinder – ein modernes und recht unauffälliges Hilfsmittel zum Anbinden von Floralien.

Gestaltung einer Konstruktion
(1) Schauen Sie sich einmal in Floristikfachgeschäften und in Dekorationsabteilungen von Möbelhäusern nach interessanten Konstruktionen um, die sich floristisch verwenden lassen.
(2) Für die frischen Werkstoffe werden Reagenzgläser angebunden, um ihre Wasserversorgung zu gewährleisten.
(3) Praktisch zum Befüllen der Reagenzgläser ist eine Spritzflasche mit Steigrohr, die man in Apotheken kaufen kann.
(4) Ausgewaschene Blumenzwiebeln werden angebunden. Sie müssen regelmäßig mit Wasser besprüht werden.
(5) Blumen und Gräser werden eingefügt.
(6) Die fertig gestalteten Konstruktionen sind ein sehr interessanter Raumschmuck.

212 Konstruktionen, Grundgerüste, freie Formen

oben: Zuerst werden biegsame Lärchenzweige in das Wachsgefäß eingefügt.
rechts: Die Ausgestaltung erfolgt mit Anthurien.

Hier wurde ein Bündel von Halmabschnitten des japanischen Knöterichs auf Stäbe gesetzt. Die Verbindungsstellen sind gut zu erkennen.

Gesamtästhetik. Sie stehen für überlegtes Vorgehen einerseits, aber andererseits auch für Spontaneität und Experimentierfreude. Zu den Techniken gehören das Anbinden, das einfache Drahten, das T- und Kreuzdrahten sowie das Befestigen mit Kabelbindern und anderen Hilfsmitteln, die nicht unbedingt ursprünglich der Floristik zugeordnet werden.

Formen

Die möglichen Formvarianten von Konstruktionen sind so vielfältig, dass hier nur einige ausgewählte Beispiele vorgestellt werden. Sie können Konstruktionen im Handel erwerben oder selbst herstellen. Manche lassen sich durch bloßes Umdrehen in eine neue Form verwandeln – so kann ein Kegel zum Trichter oder zur Tüte werden, eine Korbform zur Kuppel oder zum Schirm.

Bündel

Ein Bündel aus Astabschnitten, Stäben oder schmalen Zapfen stellt eine einfache und stabile Konstruktion dar und kann in ein flaches Gefäß eingestellt werden. Die Blüten werden flach auf dem Bündel oder hoch aufgerichtet in die Zwischenräume des Bündels gesteckt. Besonders gut eignen sich leichte Sommerblumen mit zarten Stängeln und Ranken. Wer mag, kann die Bündel auf Stäbe setzen und hochstellen.

Freie Form

Der Natur abgeschaute Wachstumssituationen eignen sich hervorragend als Vorbild und Inspirationsquelle für freie Gestaltungen. Dabei geht es nicht um Nachahmung, sondern um **freie Assoziationen**. Oft sind einfach nur praktikable Lösungen gesucht, die ausschließlich in einer freien Form durchführbar sind. Für die Herstellung einer sehr individuellen Konstruktion nehmen Sie stabile Äste, Stäbe oder Ranken in die Hand und versuchen diese mit entsprechendem Draht miteinander zu verbinden. Form und Größe können Sie völlig frei bestimmen, solange Sie auf eine gute Statik und feste Verbindungen achten.

Gitter

Gitter lassen sich aus geraden Ästen und Stäben, die kreuzweise aufgelegt und verbunden werden, schnell und recht einfach fertigen. Sie können auch Stücke von Gitterdraht mit Gräsern, Reetstäben oder langen Nadeln bekleben oder durchflechten (siehe Seite 66). Solche Gitter lassen sich wunderbar zu Bögen, L- oder U-Formen biegen. Die Fixierung der Gitter erfolgt direkt im oder am Gefäß, durch hochgestellte Stäbe oder durch Aufhängen.

Kegel

Die Grundfigur besteht aus mindestens zwei Ringen und drei senkrechten Stäben, die mit Rebdraht miteinander verbunden sind. Je mehr Ringe und Stäbe Sie verarbeiten, desto höher ist die Stabilität.
Die Grundform kann durch einen Ringfuß höher gestellt, mit Ranken zu einem Schweif ausgebaut oder umgedreht als Trichter oder Tüte genutzt werden. Trichterförmige Konstruktionen können Sie in Gefäße einstellen, um diese zu erweitern, oder um einen fließenden Übergang zwischen Gefäß und Floralien zu schaffen.

Korb

Zuerst wird für den oberen Korbrand ein Ring aus einem elastischem Ast (Hartriegel, Weide, Clematis) mit dem gewünschten Durchmesser geformt und fixiert. Drahten Sie dann einen zweiten biegsamen Ast am Ring fest und führen Sie ihn in einem Bogen zur gegenüberliegenden Seite des Ringes, wo er wieder verdrahtet wird. Weitere Zweige, Stäbe oder Ranken werden auf die gleiche Weise angebracht, einige Querverstrebungen können eingefügt werden, um die Stabilität zu verbessern. Sie können den Korb sehr transparent gestalten oder ihn beispielsweise mit Heu, Clematis oder Typha sehr dicht flechten. Vielleicht möchten Sie den oberen Korbrand auch mit Ranken, Blumen, Beeren, Kräutern oder faserigem Werk-

oben: In ein Gitterdraht wurden Typhablätter eingeflochten. Gehalten wird das Geflecht durch eine freie Fußkonstruktion aus Clematisranken.
ganz links: Freie Form aus Clematisranken
links: Wandkonstruktion aus Draht

Konstruktionsformen:
Bündel
Bogen
Ei
Fächer
Freie Form
Füllhorn
Gitter
Kelch
Kegel
Korb
Kranz
Kreis
Kugel
Kuppel
Nest
Pyramide
Segel
Scheibe
Schalen
Schirm
Schweif
Spindel
Symbolformen
Tasche
Trapez
Trichter
Tropfen
Tüte
Wand
U-Form
Zaun
Zylinder

stoff zu einem Kranz ausformen. Der fertige Korb kann gelegt, gehängt oder auf Beine gestellt werden.

Kranz

Eine ganz einfache Variante der Konstruktion ist ein hochgestellter Kranz: Sie brauchen nur einen gekauften oder selbst hergestellten Kranz auf gerade Äste oder Stäbe zu stellen.

Pyramide

Pyramiden werden als Fertigprodukte im Handel in verschiedenen Größen und Werkstoffen angeboten. Für Einsteiger sind Pyramiden bestens geeignet, da sie eine sehr gute Standfestigkeit besitzen und sich auch für größere Raumobjekte gut eignen.

Fußkonstruktionen
Bündel
Dreibein
Frei gebunden
Kuppel
Orgel
Ring
Rohr
Schweif
Spirale
Strohpuppe
Zaun

Wasserversorgung und Befestigung der Werkstoffe

Auch beim Einarbeiten von Floralien in Konstruktionen muss auf eine ausreichende Wasserversorgung geachtet werden. Die Werkstoffe können in Wasser eingestellt, in Steckmasse oder natürliche Steckhilfen eingesteckt werden. Möglich ist es auch, Wasserröhrchen zu integrieren. Das Einstellen von Stielen in Wasser kann ohne Befestigung, als Strauß oder als gebundenes Werkstück erfolgen.
Werden ganze Konstruktionen in Wasser eingestellt, kann es interessant aussehen, Wasserpflanzen einzusetzen, die überdies zur

links: Drahtkorb
rechts: Drahtkorb, auf einer Glasvase befestigt.
Bei beiden Körben sind die Blüten in angebundene Reagenzröhrchen eingestellt.

Sauberhaltung des Wassers beitragen.

Verwenden Sie Steckschaum, decken Sie die Basis mit Sand, Ton, Moos oder Steinen ab. Für die Befestigung von Blütenstielen an eine Konstruktion reicht Rebdraht aus. Er wird vorsichtig mit der Hand festgedreht, um die Blütenstiele nicht zu zerdrücken. Um den Druck abzumildern, empfiehlt es sich, den Draht achtförmig zu drehen (siehe Seite 60) oder Pflanzenfasern unterzulegen. Damit längere Werkstoffe nicht umfallen können, werden sie an zwei Punkten fixiert.

Natürliche Wasserbehälter
Falls die Länge der Blumen zum Einstellen oder Einstecken in Wasser nicht ausreicht, dienen Hornschoten, Bambusabschnitte oder andere Naturstoffe als Wasserreservoir. Sie werden angebunden, eingesteckt oder am oberen Rand angebohrt. In Schoten und Fruchtschalen kann man kleine Wasserröhrchen einsetzen. Es ist auch möglich, sie mit Klarlack oder Wasserglas (aus der Apotheke) abzudichten. Pflanzenwurzeln und Zwiebeln werden in Moos eingewickelt.

oben: Fußkonstruktion aus Draht
Mitte links: Hängende Konstruktion
Mitte rechts: Pyramide mit Orchideen
unten links: Solche Kastenformen sind aus verschiedenen Werkstoffen und in unterschiedlichen Größen erhältlich. Sie können mit Reagenzgläsern bestückt oder auch auf eigene Beine gestellt werden, um die Floralien bis in eine Wasserschale durchstecken zu können.
unten rechts: Eingerollte Rindenstücke wurden zu einer Zaunform verzwirbelt.

Formarbeiten

Zur traditionellen Formbinderei gehören neben dem Biedermeierstrauß auch **Kränze, Girlanden, Festons und Formen**. Neben geometrischen Formen wie Kegel oder Kugel spielen hier auch Formen mit symbolischer Bedeutung – etwa Herzen oder Kreuze – eine Rolle. Formen mit österlicher oder weihnachtlicher Symbolik sowie freie Formen gehören ebenfalls in diese Kategorie. Abgesehen vom Biedermeierstrauß werden viele Formen heute nicht mehr unbedingt gebunden, sondern können auf verschiedene Weise gestaltet werden.

Die Techniken für Formarbeiten und die entsprechende Werkstoffauswahl werden ausführlich am Beispiel des Kranzes vorgestellt, sind aber auf andere Formen übertragbar.

Bei Formarbeiten ordnen sich die Werkstoffe grundsätzlich der Umrissform unter. Charakteristisch sind geschlossene Oberflächen und eine meist symmetrische Ausprägung. Alle Formarbeiten sind der dekorativen Gestaltung zuzuordnen. Sie wirken sehr klassisch und oft streng.

Kränze

Aufbau

Kränze bestehen aus einem Kranzkörper und einer Kranzkör-

links: Frühlingskranz
unten: Kranzaufbau

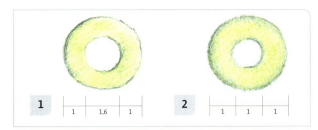

Kranzproportion
(1) Ein Kranz wirkt ausgewogen, wenn die Kranzöffnung 1,6 mal so breit wie der Kranzkörper gearbeitet wird.
(2) Das menschliche Auge lässt sich aber durch Form und Farbe beeinflussen. Kränze mit aufgelockertem Umriss oder aus dunklen Werkstoffen sollten deshalb breiter bis zu einem Verhältnis 1:1:1 gestaltet werden.

peröffnung. Zusätzlich können Kränze durch einen Kranzschmuck aufgewertet werden.

Kranzkörper

Wird der Kranzkörper zu schmal gearbeitet und weist eine große Öffnung auf, dann scheint die Bewegung nach außen zu streben und der Kranz erscheint als Ring. Solche Kränze haben beispielsweise in der Hochzeitsfloristik ihre Berechtigung.
Wird ein Kranzkörper andererseits zu breit gearbeitet, scheint die Bewegung nach innen zu laufen. Der Kranz verliert seine Form und wirkt als Fläche.

Kranzöffnung

Ausgewogen wirkt ein Kranz, wenn die Kranzöffnung 1,6-mal so breit erscheint wie der Kranzkörper (Goldener Schnitt). Die optische Proportion von Kranzkörper zu Kranzöffnung hängt von verschiedenen Faktoren ab.

Kranzschmuck

Der sehr schlicht gestaltete Kranzkörper ohne zusätzlichen Schmuckwert entspricht dem Ideal, weil seine wesentlichste Eigenschaft – die Kreisform – an keiner Stelle unterbrochen wird.

Profilformen

Als Profil wird der Querschnitt des Kranzkörpers bezeichnet. Es wird teilweise auch durch Werkstoffauswahl und Arbeitstechnik erzeugt und beeinflusst die plastische Wirkung des Kranzes.

Halbkreis-Profil

Das halbrunde Profil bietet einen engen Kontakt zur Auflagefläche und eignet sich für **Schmuckkränze** an Haustür oder Wand. Durch eng anliegende Werkstoffe kommt die Form gut zur Wirkung.

Dreiviertelkreis-Profil

Diese Profilform eignet sich für Blatt- und Blütenkränze, die leicht gewölbt zu der unteren Auflagefläche gearbeitet werden. Dabei wird die Kranzaußenseite besonders betont.
Gelegentlich wird der Dreiviertelkreis auch als erhöhtes Halbrund, als Dreifünftel- oder Vierfünftelkreis bezeichnet.

Kränze sollten immer eine ausgewogene Proportion besitzen.

Vollrundes Profil

Ein Kranzkörper mit einem kreisförmigen Querschnitt besitzt ein vollrundes Profil. Diese Profilform entspricht der geometrischen Definition des Kranzes. Sie eignet sich ausgezeichnet für Advents- und Richtkränze sowie andere Kranzformen, die frei an der Decke oder einem Ständer (z. B. einem Maibaum) hängen.
Vollrunde Kränze werden allseitig gleichmäßig mit Werkstoffen gestaltet. Zum Liegen eignen sie sich nicht, weil sie wegen der geringen Auflagefläche nur wenig Bodenhaftung besitzen. Ein sol-

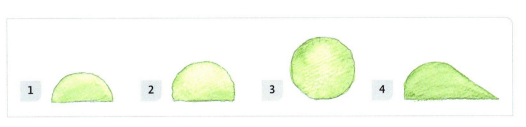

Profilformen
(1) Halbrund
(2) Dreiviertelrund
(3) Vollrund
(4) Deichform

cher Kranz wirkt eher, als würde er über den Boden schweben. Kränze mit einem vollrunden Profil wirken leicht etwas wuchtig, doch das lässt sich vermeiden, indem man die Kranzöffnung etwas größer wählt (Proportionsverhältnis 1:2) oder einen sehr schmalen Strohrömer verwendet.

Deichform
Der Querschnitt des Kranzes steigt – wie ein Deich – von außen langsam an und fällt im inneren Drittel steil ab. Der höchste Punkt liegt ein Drittel von der Innenkante des Kranzkörpers entfernt. Bei der Herstellung ist darauf zu achten, dass die Werkstoffe außen dichter und länger als innen angeordnet werden. Fertige Unterlagen mit Deichprofil werden heute nicht mehr industriell hergestellt. Man kann sie aber beim Floristen anfertigen lassen oder einen normalen Römerkranz mit Heu oder Stroh aufpolstern, sodass eine geschlossene und gleichmäßige Deichform entsteht.

Deichformen schmiegen sich sehr eng an ihren Untergrund an und haben durch die flach auslaufende Außenseite eine gute Verbindung zum Boden. Flache, geschlossen wirkende Werkstoffe bringen diese Form am besten zur Geltung.

Die Kranzproportion entspricht dem Goldenen Schnitt, die Kranzhöhe dem größeren Teil, also 1,6.

Form und Proportion einer Deichform lassen sich variieren.

Unregelmäßig, aufgelockerte Profilform
Bei gepflanzten Kränzen wirkt die Profilform sehr wuchshaft oder teilweise konstruiert. Kränze, die aus unterschiedlichen, gestaffelt angeordneten Werkstoffen gestaltet werden, weisen ebenfalls eine sehr aufgelockerte Profilform auf.

Umrissformen

Auch bei den Kränzen werden zwei Umrissformen unterschieden: die geschlossene und die aufgelockerte Form. Ein Kranz mit geschlossener Form erscheint uns breiter als ein gleich großer Kranz mit aufgelockertem Umriss.

Die **geschlossene Kranzform** entsteht durch
- runde, lagernde Blütenformen (Rosen, Dahlien, Zinnien), die Kopf an Kopf in einer Höhe und dicht nebeneinander verarbeitet werden,
- schuppenförmiges Anlegen von Blättern,

links: Ein lockerer Umriss entsteht auch durch die Verwendung unterschiedlicher Blütenformen.
unten links: Der Kranz aus aufgespießten Steckzwiebeln zeigt eine geschlossene Umrissform.
unten rechts: Wiesengras wurde in der Mitte geknotet und mit Draht auf einen Strohrömer gesteckt. Die etwas abstehenden Enden geben dem Kranz einen aufgelockerten Umriss.

- kranzkörpernahe Verwendung von Gräsern.

Die **aufgelockerte Kranzform** entsteht durch
- Blüten, die unterschiedlich lang verarbeitet werden,
- Staffelungen und Gruppierung von Werkstoffen
- verschiedene Bewegungsformen.

Kranzproportionen

Eine klare Kranzform zeichnet sich durch ein harmonisches Verhältnis zwischen Kranzkörper und Kranzöffnung aus. Gewöhnlich ist im Kranz eine im Uhrzeigersinn laufende Bewegung erkennbar. Diese Bewegung muss in sich geschlossen und ausgeglichen sein und darf nicht nach innen oder nach außen streben. Da der Kranz eine relativ geschlossene Form aufweist, fällt jede Unregelmäßigkeit der Proportionen auf.

Bei einem Kranz fällt jede Unregelmäßigkeit sofort auf. Hier wurde eine selbst hergestellte Kranzunterlage nicht gleichmäßig mit Stroh aufgepolstert. Die untere Kranzhälfte ist wesentlich breiter als die obere.

Ein sehr dünner Kranzkörper, der eher die Form eines Ringes aufweist, erzeugt das Gefühl, der Kranzkörper könne sich selbst nicht halten und drohe auseinander zu fallen. Die Kräfte der Bewegung scheinen nach außen zu streben.
Ein breiter Kranzkörper mit einer sehr kleinen Öffnung wirkt sehr behäbig und schwer, da die Bewegungskräfte den Kranzkörper in sich zusammenfallen lassen. Die Hinwendung zum Mittelpunkt wirkt stark ausgeprägt.
Die **Kranzproportion** ist abhängig von
- der Breite des Kranzkörpers,
- den Eigenschaften der Werkstoffe (Form, Bewegung, Farbe, Textur),
- der Dichte der Anordnung,
- der Umrissgestaltung,
- der Profilform,
- der Helligkeit und
- der Bewegungsrichtung der Werkstoffe.

> **Kontrollblick**
> Zum Überprüfen der Proportionen empfiehlt es sich, den Kranz auf den Boden zu legen und ihn von oben zu betrachten.

Fließ- und Bewegungsrichtungen von Werkstoffen

Die Werkstoffe, die für die Fertigung von Kranzkörpern verwendet werden, besitzen unterschiedliche Bewegungsformen.

Bewegungsrichtungen im Kranz
(1) Eine ausgewogene Kranzproportion zeichnet sich durch eine in sich geschlossene Bewegung aus.
(2) Bei schmalen Kranzkörpern scheint die Bewegung nach außen zu streben. Der Kranz wirkt wie ein Ring.
(3) Bei breiten Kranzkörpern richtet sich die Bewegung nach innen.

Durch ihre Ausrichtung beeinflussen sie die scheinbare Drehbewegung des Kranzkörpers. In sich geschlossene, lagernde Blütenformen geben keine Bewegungsrichtung vor und beeinflussen insofern die Drehrichtung nicht. Ebenso verhält es sich bei Werkstoffen, die quer zum Kranzkörper verarbeitet werden. Eine neutrale Drehrichtung weisen auch Kränze auf, bei denen die Werkstoffe in verschiedenen Richtungen, genau senkrecht stehend oder vom Kranzring strahlig nach außen gerichtet angeordnet sind.
Sobald jedoch die Spitzen von Blättern oder Nadelgehölzen in eine gemeinsame Richtung weisen, folgt das Auge automatisch dieser **Bewegungsrichtung** im Kranz. Je deutlicher die Ausrichtung der Werkstoffe, desto klarer wird die Drehbewegung verstärkt. Traditionell wird bei der Kranzherstellung eine Drehung **im Uhrzeigersinn** bevorzugt.
Ein in seiner Drehbewegung nach links ausgerichteter Kranz kann allerdings auch seine Berechtigung haben – und zwar nicht nur für Linkshänder.

Helligkeit der Werkstoffe

Das menschliche Auge lässt sich durch Form und Farbe beeinflussen. Bei einem Kranz aus hellen Werkstoffen erscheint uns die Kranzwulst breiter und dichter als bei einem dunklen Kranz. Deshalb sollte ein heller Kranz schmaler und ein mit dunklen Werkstoffen gearbeiteter Kranz breiter angefertigt werden.

Werkstoffe

Einige wichtige Kriterien für die Auswahl von Werkstoffen zur Kranzherstellung sind **Symbolik, Eigenschaften, Wirkung und Eignung**. Die Bandbreite der möglichen Werkstoffe ist so groß, dass hier nur auf die wichtigsten eingegangen werden kann.

Äste

Äste gehören zu den ganzjährig verfügbaren Werkstoffen. Biegsame, meist junge Triebe und Äste eignen sich zum **Winden**. Geschnittene Astabschnitte werden auf Draht **gewickelt, geklebt, getackert** oder anderweitig verarbeitet. Astkränze wirken recht rustikal. Interessant sehen Kränze aus farbigen Ästen aus.

Blätter

Blattkränze besitzen eine lange Tradition – schon in der Antike stellte man Lorbeerkränze her. Noch heute gelten Kränze aus besonders kleinen, schön gezeichneten oder symbolträchtigen Blättern als etwas Besonderes. Sehr beliebt wegen des parallelen Blattaderverlaufs und der Fächerform ist das Ginkgoblatt. Blätter eignen sich für **flächige und strukturierte Gestaltungen**. Sie zeichnen sich durch unterschiedliche Farben (Roter Perückenstrauch, Heuchera) und Texturen von Blattober- und -unterseiten (Weißpappel, Schneeball) aus. Der Herbst stellt uns alljährlich Blätter in intensiven Gelb-, Orange- und Rotfärbungen (Wein, Buche, Essigbaum, Ahorn) zur Verfügung.

Die Eigenschaften der Blätter sollte man gut kennen, um zu wissen für welche Verarbeitung sie sich eignen. Viele lassen sich in feuchtem Zustand besser verarbeiten. Hartes, immergrünes Laub (Mahonie, Stechpalme, Efeu, Rhododendron, Schneeball) ist nach der Verarbeitung frostbeständig und bleibt lange in gutem Zustand. Salalblätter dagegen werden bei Frosteinwirkung leicht fleckig.

Blätter werden **meist geheftet**, sie lassen sich aber auch mit anderen Techniken auf Unterlagen aufbringen. Bei Bedarf kann man sie zurechtschneiden.

Durch die Art der Verarbeitung und Positionierung der Blätter ergeben sich verschiedene optische Effekte. Sie können beispielsweise schuppenförmig, längs oder quer gefaltet, in Tütenform gerollt, kreuz und quer oder gebunden verarbeitet werden. Die Veränderung der Blätter durch Drehen zu Tüten, Biegen und Falten bringt gestalterisch überraschende Ergebnisse und schafft außerdem interessante Strukturen.

Mit Blättern von Salal, Rhododendron, Wollziest, Kirschlorbeer und anderen Pflanzen lassen sich auch attraktive Muster gestalten. Da in Kränzen meist mehrere

links: Für diesen Efeukranz brauchen die Blätter nicht so akkurat angelegt zu werden.
rechts: Für Schuppierungen müssen die Blätter sauber und gleichmäßig übereinander gelegt und geheftet werden. Was leicht aussieht, erfordert optimale Werkstoffauswahl und konzentriertes Arbeiten.

Blätterkranz

Blütenkranz

diagonal und in Runden verlaufende Linien in Einklang zu bringen sind, ist die Anordnung in Mustern nicht ganz einfach, denn bei jedem einzelnen Blatt sind gedachte Linien zu berücksichtigen: Die Blattspitze soll, im Verband angeordnet, auf den Schnittpunkt zweier sich treffender Blattränder der vorherigen Reihe zeigen.

Da auf der Innenseite des Kranzes weniger Fläche zur Verfügung steht als auf der äußeren Seite, müssen Sie die Blätter vor der Verarbeitung nach ihrer Größe in drei bis fünf Gruppen sortieren. Die kleinsten Blätter sind für den Innenkreis vorgesehen, die mittelgroßen für die Mitte und die größeren für den Außenbereich.

Blüten

Kränze, die vollständig aus Blüten gearbeitet werden, wirken allein durch die Masse meist recht opulent.
Strenge Formen erreichen Sie mit geschlossenen runden Blüten einer einzigen Blumenart (Rosen, Dahlien, Zinnien), die Kopf an Kopf verarbeitet werden. **Aufgelockerte Oberflächen** können mit Blüten unterschiedlicher Form und Größe sowie leichten Staffelungen gestaltet werden. Viele Farbkombinationen – von dezent Ton in Ton bis lebendig und kontrastreich – sind möglich, aber sie sollten immer die Wuchs- und Farbeigenschaften der Blüten und auch ihre Veränderungen im Lauf der Vegetationszeit beachten. Weitere Gestaltungsansätze ergeben sich durch die Verwendung von Knospen und unterschiedlichen Blühstadien. Einige Blüten (Hortensien, Strohblumen, Strandflieder) eignen sich für trockene, gut haltbare Kränze.

Mit flächigen Blättern und umspielenden Ranken können Ruhepunkte in Blütenkränze gebracht werden.

Früchte

Früchte können allein zu Kränzen verarbeitet oder mit Blüten und Blättern kombiniert werden. Einige Früchte eignen sich auch zum Eintrocknen.

Neben einheimischen Früchten können exotische Arten mit ihren interessanten Farben und ungewöhnlichen Texturen sehr attraktiv sein. Angesichts des Feuchtig-

Kranz mit kleinen Sonnenblumen

Kranz mit Ranken und Früchten

keitsgehalts vieler Früchte sollten Sie das Risiko der Schimmelbildung nicht unterschätzen.
Die Befestigungstechniken richten sich nach der Art der Früchte. Die Kranzunterlage sollten Sie

vorher mit Moos oder Blättern abdecken, damit diese später nicht mehr durchschimmert.

Getreide
Getreidekränze spielen in ländlichen Gebieten als **Kirmes- und Erntedankkränze** eine große Rolle und können sogar zu Erntekronen erweitert werden. Roggen-, Weizen-, Gerste- und Haferähren werden um Strohrömer oder mit Stroh umwickelte Grundgerüste gebunden und mit langen Bändern, frischen oder trockenen Herbstblumen ausgeschmückt.

Moose und Flechten
Auch in der Kranzbinderei ist ohne Moos nichts los. Es dient als Steckhilfe, zur Abdeckung von Unterlagen und Substrat, zur Versorgung von Blüten und Pflanzen mit Wasser und natürlich als Schmuck. Meist wird Moos auf Unterlagen aufgeheftet. Besonders gern wird das so genannte Islandmoos verwendet, das eigentlich eine Flechtenart, die Rentierflechte, ist.

Tab. 23 Pflanzliche Werkstoffe für Kränze, Girlanden, Festons und Formen

Laubgehölze mit immergrünen Blättern

Deutscher Name	Botanische Bezeichnung
Buchsbaum	*Buxus sempervirens*
Efeu	*Hedera helix*
Kirschlorbeer	*Prunus laurocerasus*
Mahonie	*Mahonia aquifolium*
Rhododendron	*Rhododendron Cultivars*
Schneeball	*Viburnum in Sorten*
Skimmie, Japanische	*Skimmia japonica*
Spindelstrauch, Kletternder	*Euonymus fortunei var. fortunei*
Stechpalme, Japanische	*Ilex crenata*
Stechpalme, Gewöhnliche	*Ilex aquifolium*

Laubgehölze mit farbigen Blättern

Deutscher Name	Botanische Bezeichnung	Besonderheiten
Ahorn, Rot-	*Acer rubrum*	Herbstfärbung
Ahorn, Fächer-	*Acer palmatum*	Herbstfärbung intensiv
Ahorn, Feld-	*Acer campestre*	Herbstfärbung
Ahorn, Spitz-	*Acer platanoides*	Herbstfärbung gelborange
Buche, Rot-	*Fagus sylvatica*	Laub schwarzrot
Eiche, Stiel-	*Quercus robur*	Symbolwert
Pappel, Silber-	*Populus alba*	Blattunterseite weiß-filzig
Perückenstrauch	*Cotinus coggygria*	Laub grün oder dunkelrot
Trompetenbaum	*Catalpa bignonioides*	Herbstfärbung gelb
Tulpenbaum	*Liriodendron tulipifera*	Herbstfärbung goldgelb
Wein, Wilder	*Parthenocissus quinquefolia*	Herbstfärbung purpur

Traditionelle Werkstoffauswahl in der Adventszeit: grüne Nadelgehölze und Zapfen

Nadelgehölze
Was wäre die Adventszeit ohne einen gebundenen Kranz aus Tannengrün?
Immergrüne Nadelgehölze stehen symbolisch für ewiges Leben und werden in der winterlichen Floristik wegen ihrer **guten Haltbarkeit, Frostbeständigkeit und technisch unkomplizierten Verarbeitung** geschätzt. Ihre unterschiedlichen Wuchseigenschaften beeinflussen die Umrissform des Kranzes. Horizontal wachsende Zweige (Lebensbaum, Tanne, Fichte) werden flach verarbeitet, aufrecht wachsende Zweigspitzen (Kiefer) hingegen vertikal. Grüne Kranzkörper haben eine zurückhaltende, relativ neutrale Wirkung und können durch zusätzlichen Kranzschmuck ganz nach eigenem Geschmack aufgewertet werden.
Kränze für den Advent werden traditionell mit Kerzen, Kugeln, Zapfen, Früchten und weihnachtlichen Accessoires geschmückt. Koniferenkränze für Trauerbinderei und Grabschmuck können mit Blüten, trockenen Früchten oder Zapfen ausgestaltet werden.

Grüne Nadelgehölze	
Deutscher Name	**Botanische Bezeichnung**
Douglasie	*Pseudotsuga menziesii*
Eibe, Europäische	*Taxus baccata*
Fichte, Gewöhnliche	*Picea abies*
Fichte, Zuckerhut-	*Picea glauca*
Hemlocktanne, Kanadische	*Tsuga canadensis*
Kiefer, Berg-	*Pinus mugo* ssp. *mugo*
Kiefer, Schwarz-	*Pinus nigra*
Kiefer, Tränen-	*Pinus wallichiana*
Kiefer, Wald-	*Pinus sylvestris*
Kiefer, Weymouths-, Seiden-	*Pinus strobus*
Kiefer, Zirbel-	*Pinus cembra*
Lebensbaum, Abendländischer	*Thuja occidentalis*
Scheinzypresse, Muschel-	*Chamaecyparis obtusa*
Sicheltanne, Japanische	*Cryptomeria japonica*
Tanne, Korea-	*Abies koreana*
Tanne, Nordmanns-	*Abies nordmanniana*
Tanne, Weiß-	*Abies alba*
Wacholder, Chinesischer	*Juniperus chinensis*

Gelbgrüne Nadelgehölze	
Deutscher Name	**Botanische Bezeichnung**
Eibe, Europäische	*Taxus baccata*
Lebensbaum, Abendländischer	*Thuja occidentalis*
Scheinzypresse, Erbsenfrüchtige	*Chamaecyparis pisifera*
Scheinzypresse, Lawsons-	*Chamaecyparis lawsoniana*
Wacholder, Chinesischer	*Juniperus chinensis*

Blaugrüne Nadelgehölze	
Deutscher Name	**Botanische Bezeichnung**
Kiefer, Mädchen-	*Pinus parviflora*
Kiefer, Zirbel-	*Pinus cembra*
Scheinzypresse, Erbsenfrüchtige	*Chamaecyparis pisifera*
Scheinzypresse, Lawsons-	*Chamaecyparis lawsoniana*
Tanne, Edle	*Abies procera*
Wacholder, Gewöhnlicher Heide-	*Juniperus communis*
Wacholder, Kriech-	*Juniperus horizontalis*
Wacholder, Schuppen-	*Juniperus squamata*
Zeder, Atlas-	*Cedrus atlantica*

Kranz mit rosafarbenen Rosen.
Auch wenn die verblühten Rosen aus dem Kranz entfernt werden, behält er durch die vielfältige Werkstoffauswahl noch eine starke Ausdruckskraft.

Kranztechniken

Kränze können gebunden (umgangssprachlich: gewickelt), gesteckt, gehaftet, gepflanzt, geklebt, gewunden oder in anderen Techniken gestaltet werden. Welche Technik sich am besten eignet, wird maßgeblich durch die Werkstoffauswahl bestimmt.

Der gebundene Kranz

Das Binden von Blumen, Blättern und Früchten kann auf verschiedenen Unterlagen erfolgen. Je nach gewünschtem Ergebnis lassen sich die Werkstoffe auf Draht, auf eine Wulst oder auf einen Römer binden.

Binden auf Draht
Durch das Binden von Werkstoffen auf einen Drahtreifen oder Steckdraht entstehen sehr schmale, grazile Kränze, die sich gut als Tischschmuck oder als Dekoration der Stühle der Ehrengäste an einer Festtafel eignen. Zierliche

Kleine, auf Draht gewickelte Kränze lassen sich leicht mit den Händen in Herz- oder Eiform biegen.

Kränze dienen bei Hochzeiten nicht nur als Haarschmuck für Braut und junge Mädchen, sondern können auch zur Dekoration von Autos, Kutsche oder Kirchenbänken eingesetzt werden. Man kann sie legen, an Stäbe binden, aufhängen, mit Bändern verzieren oder – wenn es zum Anlass passt – auch in Herz- oder Eiform biegen.

Binden auf eine Wulst

Das Binden auf einen Reifen aus Weidenzweigen gehört zu den ursprünglichen Techniken. Grün von Nadelgehölzen wurde handlang geschnitten und zu einem Kranz mit locker wirkendem Umriss aufgebunden. Später verdickte man den Weidenreifen mit Stroh, Heu, Moos oder Fichtengrün zu einer Wulst und verarbeitete den Werkstoff kürzer, sodass der Kranz einen gleichmäßigen und gewölbten Umriss erhielt.

Beim Aufbinden wird mit der Arbeitshand eine Kreisbewegung vollzogen. Dadurch gewinnt der Kranz eine zweite Kreisdimension, die insbesondere bei einem vollrunden Profil deutlich wird. Reifen können durch Aufbinden von Stroh, Heu oder Moos auf eine Stärke von 5 bis 8 cm verdickt werden. Diese Unterlagen werden Wulst genannt. Mooswulste eignen sich zum Beispiel gut für das Aufbinden von Frischblumen.

Durch die Entwicklung von künstlichem Steckschaum ist diese alte Technik fast in Vergessenheit geraten. Heute nimmt sich kaum jemand die Zeit, auf einen Weidenreifen mit selbst angefertigter Wulst zu binden. Wesentlich praktikabler erweist sich das Binden auf einen Strohrömer.

Kleiner Buchskranz an einer Kirchenbank.

Binden auf einen Strohrömer

Strohkränze als Bindeunterlagen mit nach unten etwas verjüngtem Dreiviertelkreis-Profil sind in verschiedenen Stärken und Größen zu haben. Die Bezeichnung „Römer" leitet sich von Reliefs an Bauten der römischen Antike her.

Die Werkstoffe werden auf eine passende Länge geschnitten. Je schmaler der Strohrömer ist, umso länger müssen die Floralien geschnitten werden. Flach aufliegende Werkstoffe ergeben auf einen Strohrömer eine gleichmäßige, kompakte Form. **Je kürzer der Werkstoff, desto gleichmäßiger fällt die Form aus.** Wer mit hochwertigem Koniferengrün oder Blättern eine gleichmäßige Form gestalten will, muss sehr sauber arbeiten und sich viel Zeit nehmen. **Je länger der Werkstoff verarbeitet wird, desto unruhiger fällt die Form aus.** Vor dem Binden des Kranzes wird der Strohrömer mit grünem Kranzabwickelband umwickelt. Das Band bedeckt das helle Stroh, sodass es später nicht durch die grünen Werkstoffe schimmern kann. Aus ökologischen Gründen sollte ein verrottbares Band aus Zellstoffmaterial den Kunststoffbändern vorgezogen werden. Durch festes Aufwickeln des Bandes wird das Stroh geglättet und in eine noch gleichmäßigere Form gebracht.

Zum Aufbinden eignen sich Grün von Nadelgehölzen, unempfindliche Blätter und Schleierkraut. Gemäß der Kranzgröße werden die Werkstoffe in entsprechende Längen zurechtgeschnitten. Sind die Abschnitte zu lang, kann nicht sauber abgewickelt werden und die Floralien überlagern sich. Sind die Abschnitte zu kurz, können die Werkstoffe sich nicht ausreichend überlappen und rutschen eventuell unter dem Wickeldraht heraus.

Auch beim Binden selbst ist Sorgfalt nötig. Wickeln Sie zu eng, können die Werkstoffe gequetscht werden. Wird nicht fest genug gewickelt, rutscht das Grün wieder heraus. Mit etwas

Binden auf einen Strohrömer
(1) Der Wickeldraht wird mit einer Hafte auf der Unterseite des Strohrömers fixiert.
(2) Der Werkstoff wird in drei Größen zurechtgeschnitten und sortiert. Längere Zweige für außen, mittelgroße für den oberen Bereich und die kleineren für den Innenbereich des Kranzes.
(3) Nun wird das Koniferengrün in gleichmäßigen Abständen aufgelegt und abgewickelt.
(4) Zum Schluss müssen Sie die Stielenden unter die Spitzen des zuerst angelegten Werkstoffs schieben, um eine einheitliche Kranzoberfläche zu erhalten.
(5) Soll noch ein Stück Steckmasse für den Kranzschmuck aufgebracht werden, brauchen Sie die Kranzoberseite nicht vollständig mit Werksstoff abdecken.

Übung entwickeln Sie bald das notwendige Fingerspitzengefühl. Zuerst wickeln Sie den Wickeldraht mehrmals um den Strohkranz, um ihn zu befestigen. Alternativ kann zur Fixierung des Drahtes eine Hafte in den Römer gesteckt werden.

Mit der rechten Hand legen Sie den Werkstoff **mit der Spitze im Uhrzeigersinn** an und beginnen auf der Innenseite des Kranzes

> **Tipps zum Kranzbinden**
> – Normalerweise arbeitet man **entgegen dem Uhrzeigersinn**, also von rechts nach links. Die vorbereiteten Werkstoffe liegen rechts vom Kranz und werden zuerst innen, dann oben und danach außen angelegt.
> – Damit Sie den Kranz beim Wickeln nicht ständig hochheben müssen, legen Sie ihn so auf den Tisch, dass er zu etwa einem Drittel über die Kante ragt. So lässt sich der Draht zügig unter dem Kranz durchführen.

ganz unten an der Auflagenkante. Die einzelnen Werkstoffreihen entstehen, indem die Werkstoffe fortlaufend von innen nach außen bis zur äußeren Auflagefläche angelegt werden. Der Draht wird dabei mit der linken Hand und fester Spannung über die Stielenden **von innen nach außen** und mit der rechten Hand unter dem Kranzkörper wieder nach innen geführt. Zur besseren Fixierung kann der Draht bis dreimal um den Kranzkörper gebunden werden, bevor eine neue Werkstoffreihe angelegt wird. Dabei arbeiten Sie entgegen dem Uhrzeigersinn. Die Spitzen des verwendeten Werkstoffs der neuen Reihe **verdecken immer die Stielenden und den Draht** der vorherigen Reihe. Achten Sie darauf, immer gleichmäßige Abstände einzuhalten.

Beim Binden muss berücksichtigt werden, dass der innere Kranzdurchmesser kleiner ist als der äußere. Dafür gibt es zwei Möglichkeiten:

1. Sortieren Sie die Werkstoffe nach Längen – kurze für innen, mittellange für die Mitte und lange für außen. Bei großen Strohunterlagen können bis zu fünf Größensortierungen vorgenommen werden.
2. Wickeln Sie ab und zu nur Teilreihen und legen Sie, sobald es notwendig erscheint, nur viertel, halbe oder dreiviertel Reihen an.

Die meisten Floristen bevorzugen die erste Methode, die ein effektives und gleichmäßiges Arbeiten erlaubt. Bei der letzten angelegten Reihe müssen die Stielenden unter die Spitzen des zuerst angelegten Werkstoffs gebracht werden. Die ersten Spitzen sollten Sie deshalb zu Beginn gleich etwas länger anlegen. Sie können dann besser nach oben gebogen werden, um die letzte Reihe darunter zu schieben und mit Draht abzuwickeln.

Advents- und Schmuckkränze werden durchgängig gebunden. Für einen Kranz, der noch eine frische Garnitur aus Schnittblumen bekommen soll und mit Steckmasse versehen werden muss, bleibt ein Stück des oberen Kranzteils offen. An dieser Stelle wird nur der innere und äußere Rand des Kranzes umwickelt. Zum Schluss kann der Draht zum Fixieren und Abschluss der Wicklung an einer Hafte verdreht und in den Kranzkörper gesteckt werden.

Das Binden gehört zu den traditionellen Kranztechniken und ist mit etwas Übung schnell zu realisieren.

Der gehaftete Kranz

Für diese Technik benötigt man einen mit Vlies umwickelten **Strohrömer** als Unterlage. Das Profil kann halb-, dreiviertel- oder vollrund sein. Wichtig ist, dass der Strohrömer sehr gleichmäßig und fest gebunden wurde, da jede Unebenheit des Römers sofort auffällt. Für kleinere Kränze eignen sich auch Styroporunterlagen.

Unterlagen für sehr große Kränze, für die es im Handel keine Strohrömer gibt, können Sie aus einem Unterbau aus zwei Metallreifen selbst anfertigen. Auf ihnen wird ein dreiviertelrunder Kranz aus Heu oder Stroh geformt und mit Wickelband aufgewickelt.

Die Werkstoffe werden meist mit Patenthaften auf dem Kranzkörper befestigt (siehe Seite 16). Sie besitzen eine wellige Biegung, welche die Druckfläche am Daumen vergrößert und ein relativ angenehmes Arbeiten erlaubt. Die Technik eignet sich vor allem für empfindliche Werkstoffe wie Islandmoos oder Magnolienblätter, die sich nicht aufbinden oder andrahten lassen.

Drücken Sie die Haften nicht zu fest an, damit die Werkstoffe nicht gequetscht werden. Die Länge der Haften richtet sich nach der Größe der Unterlage und den Werkstoffen. Für Blätter, die flach aufgebracht wer-

Das Haften eignet sich besonders für empfindliche Werkstoffe wie das so genannte Islandmoos. Vor der Verarbeitung legen Sie die Rentierflechte eine Weile in lauwarmes Wasser, damit sie weich wird.

den, reichen kurze Haften von 3,5 cm aus. Sie werden leicht schräg gegen die Arbeitsrichtung durch die Blätter oder das Moos in die Unterlage gesteckt. Der gewellte Drahtbügel der Patenthaften liegt flach auf der Unterlage. Blätter lassen sich besser verarbeiten und liegen flacher auf der Unterlage auf, wenn man den Stielansatz und eventuell den unteren Teil der Blattspreite entfernt.
Die Blätter werden nach Größen sortiert: kleinere Blätter für die Kranzmitte, mittlere für die Kranzoberseite, größere für die Außenseite.

Bringen Sie den Werkstoff in Reihen so auf, dass **jede Folgereihe die Stielansätze und Haften der vorhergehenden Reihe verdeckt**. Meistens werden dabei die Blätter mittig und in gleichmäßigem Abstand auf die vorderen Blätter gelegt. Das Endergebnis ist ein nur mit Blättern bedeckter Kranzkörper. Die Schwierigkeit beim Haften von Blättern liegt darin, eine regelmäßige und deutlich nachvollziehbare Schuppung der Blätter zu erreichen. Dabei werden glatte und breite Blätter überlappend und gewölbte Blätter fast nebeneinander angeordnet. Die Blätter sollten klare Längs- und Querreihen bilden, wobei die Blattadern der aufeinander folgenden Blätter sich jeweils genau fortsetzend einander anschließen. Zum Haften eignen sich verschiedene Systeme von Blattanordnungen.

> **Blattanordnungen auf gehafteten Kränzen**
> – Die Blattachsen verlaufen in Fließrichtung des Kranzes.
> – Der Verlauf der Linien ist unregelmäßig.
> – Die Blattachsen sind auf den Mittelpunkt des Kranzkörpers ausgerichtet.
> – Die Blattachsen laufen aufeinander zu, indem eine Kranzhälfte im Uhrzeigersinn und die andere entgegengesetzt gearbeitet wird.

Die Auswahl der Blätter richtet sich nach Festigkeit, Blattoberseite und -unterseite, Textur, Blattrippen, Blattrand, Form sowie Farbe. Diese Kriterien und Eigenschaften bestimmen mögliche Anordnungen und Techniken. Mit dem Haften kann sowohl am äußeren wie am inneren Rand des Kranzkörpers begonnen werden. Möglich ist auch, die Blätter jeweils von innen und außen anzulegen, wobei das obere mittlere Blatt die Reihe abschließt. Sollen große, längliche Blätter bandartig quer zum Kranzkörper verlaufen, werden die Haften auf die Kranzunterseite eingesteckt. Damit sie beim Anheben des Kranzes nicht zu sehen sind, können einfache Blätter schuppig auf der Unterseite gehaftet werden. Unabhängig von der gewählten Blattanordnung und Variante erfordert das Haften von Blättern äußerst akkurates Arbeiten und ausreichend Werkstoff in sehr guter Qualität.

Gehaftete Blattkränze können später mit Blumen ausgarniert werden. Oft reicht aber ein Akzentschmuck aus, etwa eine Kordel, ein farblich abgestimmtes Band oder ein Straußschmuck. Einzeln aufgelegte Blüten von Calla oder französischen Tulpen

Blätter auf einen Strohrömer haften
(1) Blätter lassen sich ebenfalls gut auf Strohrömer oder Styroporunterlagen haften.
(2) Zuerst sollten Sie die Blätter in mindestens drei Größen sortieren.
(3) Wählen Sie Haften aus, die zu Ihren Werkstoffen passen.

Blattanordnungen
(1) Die Blattachsen verlaufen alle in Fließrichtung des Kranzes.
(2) Die Blattachsen liegen unregelmäßig auf dem Kranz auf.
(3) Die Blattachsen richten sich auf dem Mittelpunkt des Kranzes.

bilden einen reizvollen Kontrast. Dabei sollten die Stiele immer mit der Richtung der mittleren Blattrippe übereinstimmen. Bei einem Kranz, bei dem die Blätter kreuz und quer angeordnet wurden, sind die Blütenstiele mit Überschneidungen zu fixieren, damit der Eindruck entsteht, sie würden leicht über dem Kranzkörper schweben. Möglich ist auch, nur eine zarte Ranke über den gehafteten Kranz zu führen. Abgesehen von Blättern können auch Blüten von Dahlien, Zinnien oder Studentenblumen gehaftet werden. Dabei legen Sie die Blütenköpfe, die direkt unter dem Blütenkelch abgeschnitten werden, eng aneinander.

Für das **Haften von Blütenköpfen** eignen sich Efeunadeln, die 8 cm lang und oben abgerundet sind. Die Hafte wird etwas versetzt von der Blütenmitte eingestochen und mit der Blüte in die Unterlage gesteckt.

Gehaftete Blütenkränze sollten relativ kühl gelagert und nicht unbedingt der direkten Sonne ausgesetzt werden. Regelmäßiges Einsprühen mit Wasser sorgt für ein feuchtes Kleinklima und verlängert die Haltbarkeit.

Wer das Verstecken und Abdecken der Technik als nicht mehr zeitgerecht empfindet, kann anstelle der Haften die Blätter mit **Nägeln, einfachen Nadeln oder Schmucknadeln** auf die Unterlage pinnen. Die Nagel- oder Nadelköpfe bleiben dabei als gestalterisches Element bewusst sichtbar. Durch die Art der Blattauflage und die Anordnung der Nägel können dabei Muster mit einer besonderen Strenge entstehen. Damit die Blätter nicht einreißen, steckt man die Nägel oder Nadeln vorzugsweise durch die Mittelrippe.

Der gesteckte Kranz

Beim Stecken auf Kranzunterlagen unterscheidet man zwischen zwei verschiedenen Methoden. Werkstoffe können entweder angedrahtet auf eine Wulst oder einen Römer oder direkt in Steckschaum gesteckt werden.

Stecken angedrahteter Werkstoffe in eine Unterlage

Das Stecken angedrahteter Werkstoffe ist arbeitsintensiv und zeitaufwändig. Es setzt ein hohes handwerkliches Können und formgeberisches Talent voraus. Um eine Kranzwulst als Unterlage selbst herzustellen, brauchen Sie einen oder zwei starke Weidenreifen. Diese werden zuerst mit Stroh und abschließend mit Sphagnum-Moos ungefähr unterarmdick abgewickelt. Alternativ kann dicht aufgebundenes Fichtengrün verwendet werden. Für Kränze mit mehr als 80 cm Außendurchmesser können Sie anstelle der Weidenreifen auch eine Fahrradfelge oder einen doppelten Ring aus 6 bis 8 mm starken Rundeisen verwenden.

Die Unterseite der Wulst wird mit einigen größeren, glatten Blättern von Ahorn, Rhododendron oder Mahonie abgewickelt. Diese Blätter verdecken die Wulst und die Drahtungen.

Die Stärke der Unterlage, der verwendete Werkstoff und die Arbeitstechnik bedingen einander.
(1) Gebundener Kranz
(2) Gesteckter Kranz
(3) Gehafteter Kranz

Ein Tuff aus kurzen Buchsabschnitten wurde angegabelt und mit der Gabelung in einen Strohrömer gesteckt.

Industrielle vorgefertigte Kranzunterlagen sind stets gleichmäßig geformt und in vielen Varianten erhältlich.

Bei diesem Kranz wurden die einzelnen Blüten in einen Steckschaumring gesteckt.

Normalerweise reicht jedoch ein ganz normaler **Strohrömer** aus, der mit etwas Moos abwickelt wird.

Werkstoffe (Blüten, Blätter, Koniferengrün) werden einzeln oder in Büscheln (Tuffs) mit einem **angespitzten stärkeren Steckdraht** angegabelt, wobei beide Drahtenden unten lang herausstehen. Dadurch lassen sich die Werkstoffe besser verankern und können sich wegen der zwei Einsteckpunkte nicht verdrehen. Kleine oder dünne Blätter können doppelt genommen werden. Für sie reicht ein dünnerer Steckdraht aus. Grundsätzlich sollten Sie den Draht dem Gewicht des Werkstoffs anpassen.

Stecken Sie die Drahtgabel **leicht schräg in einem flachen Winkel** nach vorn und ausreichend tief in die Unterlage – aber nicht so weit, dass sie aus der Unterseite herausragt. Danach können Sie die Werkstoffe in die gewünschte Position bringen, beispielsweise flach aufliegend, schräg oder senkrecht. Kranzprofil und Form ergeben sich durch die Stellung der Werkstoffe.

Blüten und andere Werkstoffe, die in aufrechter Stellung am besten wirken, können auch zu Mustern angeordnet werden. Dabei muss nicht nur auf das Muster selbst, sondern auch auf den Verlauf der diagonalen Linien geachtet werden. Damit Blüten nicht ganz so schnell austrocknen, können Sie beim Angabeln etwas Sphagnum-Moos um die Schnittflächen legen. Reizvoll ist das Stecken verschiedener Hauswurz-Arten, die zuvor mit Moos unterlegt werden, siehe Seite 56. Auch durch die geschlossene Anordnung der Werkstoffe wird die Verdunstung eingeschränkt und die Haltbarkeit verlängert.

Einstecken der Werkstoffe in Steckschaum

Kranzunterlagen aus Steckschaum sind in vielen Ausführungen im Fachhandel erhältlich. Die Arbeit mit Steckschaum hat gegenüber anderen Techniken den Vorteil, dass Blätter und Blüten **gut mit Wasser versorgt werden und lange halten**. Bei Bedarf kann sogar nachgegossen werden.

Handelsübliche Kranzunterlagen sind meist mit einem untergeklebten Trägerstoff ausgestattet, der teilweise seitlich hochgezogen ist. Mit Hilfe von Sperrholz, Kunststoffschaum oder kompostierbarem Material werden die Kränze zusätzlich stabilisiert, weil sie durch das Einweichen in Wasser recht schwer werden. Kränze mit sehr großem Durchmesser sollte man deshalb besser zu zweit tragen, damit sie nicht durchbrechen.

Neben Kranzrohlingen aus Steckschaum bekommt man in einigen Fachgeschäften auch Metallringe in verschiedenen Größen, die mit eingearbeiteten Stegen versehen sind. Ihr Vorteil liegt darin, dass sie immer wieder neu mit Steckmasse bestückt und dadurch mehrmals eingesetzt werden können.

Sie können aber auch eine andere ringförmige Unterlage oder einen Strohrömer mit Steckschaum „aufpolstern".

Der Strohrömer wird mit der geraden Profilseite nach oben gelegt, mit Vliesband umwickelt und mit zugeschnittener Steckmasse bestückt. Die Steckschaumkanten sollten abgerundet werden. In diese Rundungen kann außen und innen jeweils einen biegsamer Ast angelegt werden, damit der Wickeldraht beim Umwickeln des Römers den aufgelegten Schaum nicht einschneidet. Beim Verarbeiten der Werkstoffe gehen Sie vor wie bei jedem an-

230 Formarbeiten

Einstecken von Werkstoffen in einen Steckschaumkranz
(1) So ein Kräuterkranz gelingt auch Einsteigern. Sie benötigen außer verschiedenen Gartenkräutern nur eine Steckunterlage und ein Blumenmesser.
(2) Alle Kräuter werden unten schräg angeschnitten und in den Steckschaum gesteckt. Mit einem Holzstab können Sie für weiche Stiele Löcher vorstechen.
(3) Die Nahaufnahme zeigt, dass die Werkstoffe sauber eingesteckt werden müssen.
(4) Der fertige Kranz eignet sich gut als Tischschmuck. Wer möchte, stellt eine Kerze hinein. Denkbar wäre auch, eine Schale mit Kräuterquark in die Mitte zu stellen und dazu Partytomaten und Gemüsesticks zu reichen. In beiden Fällen werden Ihre Gäste begeistert sein.

deren Gesteck. Denken Sie vor allem daran, die Stiele schräg anzuschneiden und ausreichend tief in den Schaum einzustecken. Weil die handwerklichen Fertigkeiten zum Gestalten in Steckschaum leicht erlernbar sind, bietet sich dieses Verfahren für Anfänger an. Nebenbei ist es auch eine bewährte Methode, um schnell attraktive Dekorationen herzustellen.

Der gepflanzte Kranz

Für den gepflanzten Kranz werden im Handel verschiedene Unterlagen aus Kunststoff, Weide, verrottbarem Material, Moos und Mühlenbeckia angeboten. Zur Abdichtung können Folie, Kokosmatten oder Moos verwendet werden.
Gepflanzte Kränze sind recht schnell zu realisieren.

Unterlagen für gepflanzte Kränze
Wer möchte, kann seine Unterlage für einen gepflanzten Kranz selbst anfertigen. Dazu eignen sich:
– Ringe aus Sperrholz mit aufgenagelten Rinden- oder Aststücken
– Drahtgeflechte, die mit Moos ausgelegt werden
– Wulste aus Weidenreifen und Moos

Kranztechniken 231

Wie bei der Gefäßbepflanzung sollten Sie auch bei der Werkstoffauswahl auf **Pflanzensoziologie und Pflegeansprüche** achten. Kränze werden oft saisonal mit Frühlingsblühern, Sommerflor oder Heidepflanzen bepflanzt. Bei entsprechendem haltbarem Kranzunterbau und sorgfältiger Pflanzenauswahl ist aber auch eine Dauerbepflanzung möglich. Vegetativ wirkende Kränze können mit Moos, Steinen, Ästen, Rinde und Wurzeln ergänzt werden. Bei filigranen und offenen Kranzunterlagen werden Wurzelballen oder Zwiebeln mit Moos umwickelt und in den Kranzkörper eingesetzt. Um sie sicher zu fixieren, biegen Sie einen oder zwei 14er Steckdrähte zu einer Gabel, stecken sie durch Ballen und Wulst und verdrehen die Drähte.

Der gewundene Kranz

Der Charakter von gewundenen und geschlungenen Kränzen kann filigran und leicht, natürlich oder konstruiert sein. Meist werden die Werkstoffe nur unwesentlich verändert und ihre natürliche Bewegung wird gestalterisch aufgegriffen.
Als Werkstoffe werden lange, **biegsame Ranken** (Clematis, Efeu, Wein, Brombeere, Rosen, Blauregen, Hopfen) und **Äste** (Hartriegel, Weide, Birke) verwendet. Bevor Sie mit dem Winden beginnen, sollten Sie die Werkstoffe für einige Zeit ins Wasser legen, damit sie noch geschmeidiger werden.
Der Aufbau eines gewundenen Kranzes ist allerdings eine echte Herausforderung. Die Arbeit erfordert viel handwerkliches Geschick, gestalterische Sicherheit, Geduld und ein gutes Formempfinden. Es kann hilfreich sein, einen Strohrömer als Muster auf

Der gepflanzte Kranz
(1) Werkstoffe und Materialien
(2) Für das Pflanzen gelten die gleichen Regeln wie für andere Gefäße.
(3) Steine unterstreichen die natürliche Wirkung des Kranzes.

den Arbeitstisch zu legen. Die Größe des Kranzes können Sie selbst bestimmen. Sie nehmen eine Ranke oder einen langen Ast zu einem Ring und fixieren ihn mit Draht. Um den jeweiligen Ring werden die biegsamen Werkstoffe fortlaufend im Uhrzeigersinn gewunden. Je nach Länge und Stärke der Werkstoffe werden diese aneinander befestigt. Dabei sollten immer nur zwei Ranken bzw. Äste miteinander verbunden werden.
Weist ein Kranz nur eine Drehbewegung auf, liegen die Ranken

Tab. 23a	Gehölze für gewundene Kränze	
Deutscher Name	**Botanische Bezeichnung**	**Besonderheiten**
Baumwürger, Rundblättriger	Celastrus orbiculatus	
Brombeere, Acker-	Rubus caesius	
Brombeere, Echte	Rubus fruticosus	
Efeu	Hedera helix	
Flügelknöterich, Schling-	Fallopia baldschuanica	
Geißblatt, Wohlriechendes	Lonicera caprifolium	
Hartriegel	Cornus alba in Sorten	Grüne, gelbe oder rote Rinde
Hopfen	Humulus lupulus	Schuppenkätzchen
Hortensie, Kletternde	Hydrangea anomala	
Kiwi	Actinidia deliciosa	Auch intensive Blattfärbung
Rose, Hunds-	Rosa canina	
Spindelstrauch, Flügel-	Euonymus alatus	Rinde mit Korkleisten
Waldrebe, Gewöhnliche	Clematis vitalba	Altersform sehr stabil
Weide, Korkenzieher-	Salix matsudana	Äste spiralig verdreht

oder Äste in einigen Bereichen fast parallel zusammen. Natürlicher und weitaus interessanter wirkt der Kranz aber, wenn auch die Drehbewegung des Kranzprofils berücksichtigt wird. Dazu werden die Werkstoffe immer wieder von unten nach oben, von innen nach außen und umgekehrt gewunden und geschlungen, sodass später im Kranz kein sichtbarer Wuchspunkt gefunden werden kann.

Sie können auch etwas stärkere Werkstoffe einarbeiten. Der Kranz erhält dadurch eine höhere Stabilität und ist leichter in Form zu bringen. Bei größeren Kränzen kann in der Mitte des Kranzrings auch ein mit Moos umwickelter Reifen eingearbeitet werden. Möchten Sie als Endergebnis einen gleichmäßig locker aufgebauten Kranz erhalten, dann sollte der Kranz in der Mitte nicht zu kompakt gearbeitet werden. Erst durch genügend Freiräume zwischen den Werkstoffen wirken die Kränze leicht und transparent.

Wichtig sind eine **gleichmäßige Dichtigkeit** sowie eine **entsprechende Kranzkörperdicke**, damit die Kranzproportionen eingehalten werden. Die Kranzöffnung sollte nicht größer als das Eineinhalbfache des Kranzkörperquerschnitts sein. Das **vollrunde Profil** muss **deutlich herausgearbeitet** werden, auch wenn der Kranzumriss unregelmäßig und aufgelockert ist.

Im Prinzip benötigt ein solcher Kranz keinen weiteren Schmuck. Wer einen sehr schlicht gestalteten Kranz aber durch Schmuck aufwerten möchte, sollte diesen in die Freiräume innerhalb des Kranzkörpers einarbeiten. Sie könnten beispielsweise Früchte oder kleine Blätter auf Draht fädeln oder kurze Zweigabschnitte bündeln und um den Kranz winden. Möglich ist auch, frische Blüten und Ranken in Reagenzgläser zu stecken und am Kranz zu befestigen. Ideal sind Blumen mit leicht gebogenen Stielen oder großen, runden Blüten von Clematis, Rosen und Passionsblume. Die dekorative Ausgestaltung kann auch mit langen Gräsern, Draht oder Frühlingsblühern mit Zwiebeln vorgenommen werden. In jedem Fall sollte die Blumenauswahl zum Charakter des gewundenen Kranzes passen.

Auch die **technischen Hilfsmittel zum Fixieren** sollten den **Werkstoffen und dem Charakter des Kranzes angemessen** sein. Dezente Bindestellen fügen sich unauffällig in die Gestaltung ein, während auffällige Materialien Einfluss auf die Aussage des Werkstücks nehmen.

Für dünne Ranken und Äste genügt Rebdraht oder Bast. Bei starken Weinreben kann ein Drahtrödler eingesetzt werden. Mit Hilfe dieses Geräts können Sie nach einigen Tagen die Drähte noch einmal nachziehen, wenn durch den Feuchtigkeitsverlust die Werkstoffe schmaler und die Verbindungen dadurch lockerer geworden sind.

Für moderne Kranzinterpretationen und bei Verwendung technischer Materialien wie Metalldrähte und Kunststoffschläuche sind Kabelbinder oder Klettbänder einsetzbar.

Der geklebte Kranz

Kleben mit Heißkleber

Getrocknete Blüten und Blätter, Früchte, Rinde und Äste können mit Heißkleber schnell und haltbar auf Strohrömer aufgeklebt werden.

Möchten Sie zum Beispiel die Rinde nicht direkt auf dem Römer aufkleben, dann können Sie den Anfang eines Steckdrahts zu einer Öse biegen und diese auf die Unterseite der Rinde kleben, den Draht etwas einkürzen und in einen Strohrömer einstecken (siehe Foto Seite 233 links oben). Das Einstecken sollte in verschiedenen Höhen vorgenommen wer-

Zuerst wird ein langer Ast zu einem Ring gebogen und fixiert.

Weitere Ranken werden zu einem Kranz gewunden.

Kranz aus Rinde

oben: Ein Strohrömer wurde zuerst mit einer Mischung aus Holzleim und Getreidekörnern bestrichen. In die Halme wurden Stützdrähte eingeschoben, um sie knicken zu können.
links: Ein Draht wird mit Heißkleber an der Rinde befestigt.

Als Basis dient ein mit Vlies abgewickelter Strohrömer. Zuerst wird eine Wicklung des Klebebands auf dem Römer fixiert. Die Schutzfolie wird im oberen Bereich des Kranzes entfernt. Die erste Blattreihe wird mit dem unteren Drittel auf die Klebschicht aufgelegt. Ähnlich wie beim Binden wird das Klebeband noch einmal um den Kranzkörper geführt. Das Band hält nun die erste Blattreihe etwas versetzt von oben fest. Diese Wicklung ist gleichzeitig wieder die Klebseite

den, sodass sich die Rindenstücke gut überlappen und schichten lassen.

Kleben mit Kaltkleber
Frische Blüten und Blätter werden mit Kaltkleber auf Kranzunterlagen aufgeklebt. Bei der Verarbeitung mit Heißkleber können vor allem empfindliche Blüten unschöne, braune Flecken bekommen.

Kleben mit Sprühkleber
Sprühkleber eignet sich für das Kleben von sehr leichten Werkstoffen und Materialien. Aus Sisal, den zarten Fasern der Agave, können Sie mit der Hand sehr leichte, transparente Kränze formen und mit Sprühkleber fixieren.

Kleben mit Holzleim
Experimentieren Sie ruhig einmal mit dieser Methode (siehe Seite 68), denn sie eignet sich für sehr interessante Gestaltungen. Sie könnten beispielsweise Getreidekörner oder Kiefernnadeln mit Holzleim mischen und dieses Gemisch lagenweise auf einen Strohrömer auftragen. Zwischendurch sollten Sie die Schichten trocknen lassen.

Kleben mit doppelseitigem Klebeband
Doppelseitiges Klebeband eignet sich vor allem für Blattkränze aus weichen und empfindlichen Blättern wie Ginkgo, Perückenstrauch, Wollziest, Schneeball. Der Werkstoff wird schonend behandelt und hält gut auf der Kranzunterlage fest. Teppichklebeband ist breit und verfügt über eine zu starke Klebkraft. Im Handel sind noch weitere schmalere, transparente Klebebänder erhältlich, die ein besseres Arbeiten ermöglichen.

Kleben mit doppelseitigem Klebeband
(1) Empfindliche Blätter können mit doppelseitigem Klebeband schonend auf Unterlagen aufgebracht werden.
(2) Sortieren der Blätter nach Größe
(3) Geschuppt angeordnete Blätter vom Perückenstrauch

für die nächste Blattreihe. Die Blätter werden von zwei Bandwicklungen gehalten – von der Unterseite und der Oberseite des Klebebands.

Die Klebetechnik besitzt verschiedene Vorteile. Die Blätter können glatt und exakt auf dem Kranzkörper fixiert werden, sie reißen nicht ein und halten auf dem Kranz gut fest. Die Herstellung geht zügig, auch wenn die Unterseite des Römers mit bedeckt werden muss.

Weitere Kranztechniken

Der Handel bietet verschiedene Kränze als Halbfertigprodukte an, die Sie ganz nach Lust, Laune und Fantasie weiter ausgestalten können. Wenn Sie mit Pflanzen oder Frischblumen arbeiten, ist es eventuell ratsam, die Kranzinnenseiten mit Wachs zu versiegeln oder mit Folie auszulegen, damit keine Feuchtigkeit durchdringen kann.

Natürlich können Sie auch aus den verschiedensten Materialien selbst Rohlinge für Kränze herstellen, beispielsweise
- Kranzkörper aus Wellpappe
- Kränze aus Maschendraht mit einer Umhüllung aus Pappmâché
- Sperrholzringe mit genagelten oder geschraubten Ästen
- Metallringe mit eingeschweißten Stegen
- mit Bauschaum besprühte Autoreifen

Drahtkranz

Für einen Drahtkranz wird Wickel- oder Schmuckdraht abgespult und zu einem transparenten Kranz geformt (siehe rechtes Foto aus Seite 235).

Bei größeren Kränzen kann im Innenraum ein Strohrömer eingearbeitet werden. Dieser sollte jedoch vorher mit Moos umwickelt oder mit Wachs behandelt werden.

Zapfen, Kugeln oder Trockenfrüchte können als Abstandshalter zwischen Draht und Römer eingesetzt werden, um die Form zu bewahren. Für Adventskränze können Sie auch Kerzen auf dem Strohrömer befestigen.

Aufgefädelte Kränze

Blütenköpfe von Rosen, Nelken oder Dahlien, aber auch Früchte, Zapfen oder Blätter können auf einen stabilen Drahtreifen gefädelt werden.

links: Der Handel hält ein sehr umfangreiches Sortiment an fertigen Kränzen aus verschiedenen Werkstoffen bereit.

links: Alte Rebstöcke wurden in gleichmäßige Stücke geschnitten und mit Schrauben auf eine ringförmige Platte geschraubt.

oben: Möglich ist auch die Erweiterung einer Kranzform, hier die sternförmige Ausgestaltung mit Mühlenbeckia-Ranken.

Kranztechniken 235

oben: Weißes Papier wurde mit Tapetenkleister auf einen Strohrömer geklebt und nach dem Trocknen mit weißem Wachs bestrichen. Dann wurde silberner Wickeldraht abgespult und um den Kranzrohling gelegt. Der Zwischenraum zwischen Römer und Draht ist mit Weihnachtskugeln aufgefüllt. Die Christrosen stehen in kleinen Reagenzröhrchen, die vor dem Wachsen in den Römer integriert wurden.
links: Orchideen stehen in einer mit Zimtstangen beklebten Kranzmanschette.

Kränze aus Ästen
Ein biegsamer Ast (Ginster, Birke, Weide, Kiefer) wird zu einem Ring gebogen und mit Draht fixiert. Weitere Äste werden nach und nach zu einer Kranzform angelegt und zusammengebunden. Kleine Unregelmäßigkeiten können mit kürzeren, eingesteckten Zweigen ausgeglichen werden.

Kränze aus Zweigen
Mittelgroße Zweigabschnitte (Konifere, Buchs, Schleierkraut, Sommer- und Winterheide, Stacheldrahtpflanze) werden um einen Strohrömer oder Drahtring gelegt und abgebunden. Darüber werden kürzere und feine Spitzen des Werkstoffs gelegt und mit Myrtendraht umwickelt.

Haften – Winden – Kleben
Befestigen Sie mit Haften größere Stücke Moos auf einem Strohrömer. Ranken von Efeu werden mit dem Messer angespitzt und in die Unterlage gesteckt. Dann winden Sie weitere Ranken und Äste ineinander, bis ein gleichmäßiger und transparent wirkender Kranzkörper entstanden ist. Aufliegende Ranken stecken Sie mit Haften am Römer fest. Als Kranzschmuck können Früchte, Zapfen, Eier oder andere Accessoires aufgeklebt werden.

„Gefüllte" Kränze
Sie nehmen einen bereits mit Grün gebundenen Strohrömer und stellen in seine Mitte eine flache Schale mit Steckmasse, in der Blüten oder Früchte verarbeitet werden. Alternativ können Sie auf der Unterseite des Römers eine Pappscheibe befestigen und in die Öffnung in Folie gewickelte Steckmasse legen. In der Adventszeit könnte die Füllung aus Moos, frischen oder trockenen Floralien und weihnachtlichen Accessoires bestehen. Eine weitere Variante ist ein gesteckter Kranz mit einer Pflanzung in der Kranzöffnung. Dafür werden auch vorgefertigte Unterlagen angeboten.

Kranzschmuck

Gestaltung

Der Kranzkörper besitzt allein durch seine Form einen hohen Symbolgehalt, darum kommen manche Kränze bestens ohne weiteren Schmuck aus. Zusätzlicher Schmuck kann den Kranz aufwerten, sollte sich aber immer der Grundform anpassen und unterordnen. Meist werden schlichte, mit Grün gearbeitete Kränze mit einem Kranzschmuck versehen.

Die **Proportionen zwischen Kranzkörper und Schmuck** sollten sich an den Regeln des Goldenen Schnitts orientieren. Der Schmuck sollte nicht mehr als ein Drittel des Kranzkörpers einnehmen. Dieses Verhältnis kann jedoch auch in seiner Umkehrung angewendet werden, sodass der Schmuck zwei Drittel und die Kranzunterlage nur ein Drittel der sichtbaren Fläche einnehmen. Die äußeren Spitzen des Schmucks und einige Ranken dürfen dabei den Übergangsbereich zur jeweils sichtbaren Fläche überspielen. Wichtig ist, dass sich der Schmuck der Form und Drehbewegung des Kranzkörpers anpasst, sodass seine Eigenständigkeit weitgehend erhalten bleibt.

Alle Ausdehnungen des Schmucks (Blüten, Blattspitzen, Ranken), die vom Kranzkörper weg gerichtet sind, dürfen nicht zu groß gewählt werden. Runde, kugelförmige Werkstoffe werden nahe am Kranzkörper eingearbeitet. Leichte Blüten, Knospen und Gräser andererseits können den Kranzschmuck überragen und überspielen.

Die höchste Stelle des Kranzschmucks liegt in doppelter bis maximal dreifacher Kranzkörperstärke über dem Boden. Die vom Kranz nach hinten ausgerichteten Werkstoffe dürfen nur wenig über die Kranzwulst herausragen. Bei senkrecht aufgehängten Kränzen sollten die Werkstoffe sehr flach am Kranzkörper aufliegen.

Die Hauptbewegungsachse des Kranzschmucks muss nicht unbedingt mit der Mittellinie der Kranzbewegung übereinstimmen.

Auch die Rückseite des Kranzes muss sorgfältig ausgearbeitet werden.

Leichte Abweichungen zum äußeren Rand hin bewirken eine weniger strenge Ausstrahlung. Grundsätzlich sollte sich der Schmuck der Gestaltung des Kranzkörpers unterordnen und die Öffnung eines Kranzes nicht überdecken.

Auch für dekorative oder beschriftete Bänder (Trauerkranz) muss eine Position gefunden werden, die sich ins Gesamtbild einfügt – beispielsweise die versetzte Position an einem asymmetrischen Kranzschmuck.

Formen

Die Formen des Kranzschmucks können sehr vielfältig sein.

Symmetrisch

Der symmetrisch gearbeitete Kranzschmuck zeichnet sich

Die Bewegungsachse sollte nicht genau der Kreislinie des Kranzschmucks folgen, sondern leicht gebogen verlaufen. Um die Kranzform zu erhalten, darf der Schmuck etwa ein Drittel des Körpers verdecken. Ranken können durchaus darüber spielen.

> **Harmonischer Kranzschmuck**
> Um eine harmonische Beziehung zwischen Kranzkörper und Schmuck zu schaffen, stehen verschiedene Möglichkeiten zur Verfügung:
>
> 1. Wiederholung von Werkstoffen
> 2. Verwendung von Werkstoffen aus einem gemeinsamen Lebensraum
> 3. Schaffung von Farbharmonien oder -kontrasten
> 4. Einarbeitung ähnlicher oder gegensätzlicher Texturen

*links: Symmetrisch angeordneter Kranzschmuck
rechts: Asymmetrisch gestalteter Kranzschmuck*

durch spiegelbildliche Seiten aus und geht eine besonders harmonische Verbindung mit der gleichmäßigen Ringform des Kranzkörpers ein. Selbst wenn ein üppiger Blumenschmuck gewählt wird, muss die Kranzköperform erkennbar bleiben. Dieser Schmuck wirkt sehr repräsentativ und ist deshalb besonders beliebt.

Asymmetrisch

Die Drehbewegung, die durch den Werkstoff des Kranzkörpers vorgegeben ist, wird vom asymmetrischen Kranzschmuck aufgegriffen.
Ausgehend von einem klar erkennbaren Schwerpunkt hat dieser Kranzschmuck eine längere Seite in der Richtung, die der Werkstoff des Kranzkörpers vorgibt. Die kürzere Seite steht ihr als Gegenbewegung gegenüber. Durch die unterschiedlichen Längenausdehnungen entsteht Spannung.

Strauß

Ein straußförmiger Kranzschmuck wirkt fast wie ein eigenständiges Werkstück, das auf den Kranzkörper aufgelegt wurde. Der Strauß muss sich der Kranzform anpassen und fest positioniert werden.

Gruppiert

Gruppierungen auf dem Kranzkörper umfassen die Gesamtform des Kranzes noch deutlicher als ein einzelner Schmuck. Die Positionen und Abstände der Gruppen sollten sich am Goldenen Schnitt orientieren. Innerhalb des Kranzschmucks sollten Sie außerdem die Größenverhältnisse der einzelnen Werkstoffe (Blüten, Blätter) beachten.

Gestreut-überspielend

Im Gegensatz zum gleichmäßig rund gestalteten Kranz bleibt beim gestreut-überspielenden Schmuck der Kranzkörperwerkstoff durchgängig erkennbar. Überspielender Kranzschmuck kann über den ganzen Kranzkörper oder über einen Teilbereich gearbeitet werden. Spannung lässt sich durch den Wechsel von Verdichtungen und Freiräumen aufbauen.

Akzent

Ausdrucksstarke, handwerklich perfekt gestaltete Kranzkörper kommen mit einem reduzierten Schmuck aus, der etwa 1/10 bis 1/8 der Gesamtform einnimmt. Wenige Blüten, Ranken oder eine Symbolform genügen. Selbst die Farbe ist dezent auf den Kranzkörper anzustimmen. Akzentschmuck passt am besten zu sehr schlichten Kränzen oder Kränzen aus auffälligen Werkstoffen.

Aufgelegt

Ähnlich wie ein Akzentschmuck können Einzelblüten, zusammengefasste Werkstofftuffs, Zepter oder Symbolformen auf den Kranzkörper aufgelegt und befestigt werden. Die Kränze selbst sind ebenfalls zurückhaltend und oft aus nur einem Werkstoff ge-

Dieser Kranzschmuck besteht aus aufgelegten Calla, die mit Bleifolie verbunden sind.

fertigt. Die Ausdruckskraft des aufgelegten Kranzschmucks geht aber oft über den Akzent hinaus.

Abfließend
Ein abfließender Kranzschmuck bietet sich besonders für hängende Kränze an und entwickelt sich aus der Drehrichtung des Kranzes. Er darf nicht zu schwer und kompakt sein, sondern sollte lieber aus leichten, fließenden Werkstoffen gearbeitet werden. Ihre Länge kann mindestens das 1,6-fache des Kranzkörperdurchmessers aufweisen, wobei auch Überstreckungen mit filigranen Werkstoffen sehr interessant sind.

Ringförmig
Die schmückenden Werkstoffe werden ihrerseits auch zu einem Ring angeordnet, der entweder in den Kranzkörper in gleicher Höhe integriert oder auf den Kranzkörper aufgelegt wird. Auf eine Kranzunterlage aus Steckschaum werden beispielsweise Blüten oder andere Werkstoffe so eingesteckt, dass nach und nach ein runder Blütenkranz entsteht, die Mittelachse des Kranzes allerdings frei bleibt. In diesen kreisförmigen Ausschnitt wird ein zweiter Kranz mit Ranken und weiteren, meist anderen als im Kranzkörper verwendeten Blüten gearbeitet. Möglich ist auch die Gestaltung eines inneren oder äußeren Ringes am Kranzkörper. In allen Varianten wird die Kranzsymbolik durch den zweiten Ring in ihrer Bedeutung verstärkt.

Segment
Ein Kranzteil (1/8 bis 2/5 des Kranzkörpers) wird aus der Kranzkörperunterlage herausgeschnitten und durch ein neues, anders gestaltetes Segment ersetzt. Dieses neue Segment muss in seiner Form sauber gearbeitet werden, damit es sich nahtlos in die Gesamtform einfügt. Der Schmuck besteht aus einem oder mehreren Werkstoffen, die sich von denen des Kranzkörpers unterscheiden. Er kann oberflächengleich mit dem Kranzkörper, etwas erhoben oder aus ihm herauswachsend gearbeitet werden. Dabei wird der Segmentschmuck selbst zu einem geometrischen Teil des Kranzkörpers, oder er nimmt eine asymmetrische, unregelmäßige Umrissform ein, die sich in den Kranzkörper harmonisch einfügt.

Band
Das Band als Kranzschmuck besitzt ebenfalls akzentuierenden Charakter. Als Bandschmuck können synthetisch hergestellte Bänder, Schleifen und Kordeln gewählt werden. Sie können aber auch ein Band aus oder mit Floralien fertigen. Bänder sind in so vielen Farben und Typen erhältlich, dass es Ihnen leicht fallen wird, sie auf die Farben der im Kranz verwendeten Werkstoffe

Kranzschmuckformen
(1) Symmetrischer Kranzschmuck
(2) Asymmetrischer Kranzschmuck
(3) Straußschmuck
(4) Gestreuter Kranzschmuck
(5) Gruppierter Kranzschmuck
(6) Segmentschmuck
(7) Bandschmuck
(8) Abfließender Kranzschmuck

abzustimmen. Bänder und Schleifen können mit Hilfe von Draht (siehe Seite 23 oder durch Umschlingen, Knoten, Binden oder Winden am Kranz befestigt werden.

Techniken

Kranzschmuck in Steckschaum
Früher wurde für den Kranzschmuck Moos zu einem Ballen geformt, mit Draht umwickelt und mit Blüten besteckt. Heute setzen wir meist Steckschaum ein. Genau wie bei der Gestaltung von Gestecken wird der Schaum gewässert und in die gewünschte Form und Größe geschnitten.

Aufgelegter Steckschaum
Die vorgesehene Werkstoffmenge bestimmt, wie viel Steckschaum für den Schmuck benötigt wird – ein oder mehrere Ziegel, ein schmaler Streifen oder mehrere kleine Stücke. Der Steckschaum darf nicht zu klein, aber auch nicht zu groß sein, damit die Basis nicht zu schwer und klobig wirkt.
Für die bessere Haltbarkeit der Werkstoffe wird die Steckmasse mit einem passenden Stück Maschendraht umlegt. Positionieren Sie den so vorbereiteten Schaum auf dem Kranz und befestigen Sie ihn mit starken Steckdrähten, in deren stumpfes Ende Sie einen kurzen Haken biegen. Stecken Sie den Draht so fest durch Steckmasse und Römer, dass der Haken von oben über einen Steg des Drahtgeflechts greift und mit dem spitzen Ende unten herausschaut. Dann biegen Sie das vorstehende Drahtende um und stecken es von unten zurück in die Kranzunterlage. Für einen normalen Steckmasseblock reichen 4 bis 6 Drähte aus. Für die Ausgestaltung des Kranzschmucks wird die Steckmasse zuerst etwas abgerundet, mit Grün verdeckt und danach mit Blumen ausgeschmückt.

Eingearbeiteter Steckschaum
Schneiden Sie mit dem Messer ein kleines Loch in den Strohrömer, das Sie mit Folie auslegen und mit einem passendem Stück Steckschaum bündig ausfüllen. Zur Fixierung der Steckmasse dient ein mit Haften festgesteckter Maschendraht.

Steckschaum als Segment
Die Steckmasse wird in die Kranzunterlage als Teil des Kranzkörpers integriert. Schneiden Sie aus dem Strohrömer ein Stück heraus und ersetzen Sie es durch Steckmasse. Damit die Kranzunterlage die notwendige Stabilität erhält, werden im Innen- und Außenbereich seitlich jeweils ein oder zwei Weidenreifenstücke angelegt und mit Wickeldraht aufgebunden. Wickeln Sie die Steckmasse in Maschendraht und setzen Sie sie in die Aussparung ein. Die Steckmasse ist der Größe des herausgeschnittenen Segments angepasst, damit die später eingesteckten Werkstoffe die gleiche Kranzkörperdicke entstehen lassen, wie sie der übrige Kranz bereits aufweist.

Angedrahteter Kranzschmuck
Blätter, Blüten, Früchte und Ranken werden angedrahtet oder gegabelt und direkt auf den Kranz gesteckt. Falls eine Wasserversorgung notwendig ist, kann an der Schnittstelle etwas Moos angelegt und mit angedrahtet werden. Alternativ umwickeln Sie Wasserröhrchen aus Kunststoff mit Blättern und drahten sie an. Damit die Andrahtstellen im Werkstück nicht zu sehen sind, werden sie im oder unter dem Kranzkörperwerkstoff diskret eingebettet. Die Drähte müssen tief und fest eingesteckt werden.

Weitere Techniken für den Kranzschmuck
Kurze Wasserröhrchen lassen sich direkt in den Kranzkörper integrieren. Es ist aber auch möglich, mit Blättern umwickelte Röhrchen oder Knöterichabschnitte auf oder in einen Kranz einzuarbeiten.

Um die Wasserversorgung für den Kranzschmuck zu gewährleisten, wird Steckmasse auf dem Kranzkörper befestigt.

Formarbeiten

Ein Wasserröhrchen aus Kunststoff wurde mit einem Efeublatt umwickelt und ist kaum noch zu erkennen.

> **Kränze für jeden Zweck**
> Kränze eignen sich für viele Anlässe und die unterschiedlichsten Arten der Präsentation. Sie können gelegt, an eine Wand oder eine Tür gehängt, frei hängend oder als Körperschmuck gearbeitet werden.
> Beispiele sind:
> Brautschmuck
> Kopfschmuck
> Autoschmuck
> Kirchenschmuck
> Tisch- und Stuhlschmuck
> Türkränze
> Brauchtumskränze
> Adventskränze

Blüten von Helikonien werden auf dem Kranzkörper einfach aufgelegt und durch Anbinden oder Aufhaften mit dem Kranz verbunden. Stiele von Orchideenblüten und Calla sollten Sie vorher mit Wachs versiegeln. Für moderne Kränze eignen sich auch Kabelbinder, Klettband oder andere unkonventionelle Materialien.

Verwendungsmöglichkeiten von Kränzen

Brautkränze
Brautkränze und -ringe stehen als Form ohne Anfang und Ende für die Unendlichkeit der Liebe.

Die Kränze sollen meist sehr leicht und zart wirken. Die mittige Kranzöffnung wird daher etwas größer und der Kranz etwas dünner gearbeitet. In Anlehnung an den Goldenen Schnitt (siehe ab Seite 105) beträgt das Verhältnis Kranzkörperstärke zur Kranzöffnung mindestens 1:1,6 und kann bei sehr schmalen, filigranen Kränzen bis zu einem Verhältnis 1:3 und 1:4 ausgedehnt werden.
Ringe müssen besonders dünn gearbeitet werden. Als Dekoration bieten sich lange, weich fließende Bänder und Kordeln an. Brautkränze werden in der Hand gehalten und sollten in der Größe, Art und Werkstoffauswahl zur Braut und ihrem Kleid passen. Grundsätzlich sollte ein Kranz zu einem weiten Kleid größer sein als zu einem schmalen.
Als Werkstoffe eignen sich lange Ranken von Asparagus, Efeu, Jasmin, Wicken, Passionsblume oder Kranzschlinge.
Da keine direkte Wasserversorgung möglich ist, sollten die Ranken weitgehend entblättert werden. Kleinblütige Orchideen und Calla können gewachst oder in kleine Röhrchen gesteckt werden. Möglich ist auch das Wickeln oder Kleben auf Draht.

Schmuckkränze für den Wohnbereich
Früher dienten Türkränze nicht nur dem Schmuck, sondern als Schutz vor bösen Geistern. Dekorative Türkränze – zeitlos oder auf die Jahreszeit bezogen – drücken ein herzliches Willkommen aus und sind nach wie vor beliebt. Türkränze aus frischen Werkstoffen eignen sich nur als kurzzeitige Dekoration, es sei denn, Sie verwenden Floralien

Offene Kränze 241

> **Freude an Türkränzen**
> – Befestigen Sie die Werkstoffe sicher auf dem Kranz, damit sie bei Wind nicht abfallen.
> – Hängen Sie den Kranz an einem rostfreien runden Haken auf.
> – Abfließende Werkstoffe und Accessoires (kleine Tontöpfe) dürfen nicht an der Tür scheuern oder an die Tür schlagen.
> – Verwenden Sie nur wasserfeste, witterungsbeständige Werkstoffe, Materialien und Bänder.

wie Buchs, Kirschlorbeer, Kräuter, Hortensien oder manche Früchte, die gut eintrocknen und ihre Ausstrahlung bewahren. Für den Innenbereich ist die Werkstoffauswahl größer, denn auch viele trockene Werkstoffe können eingesetzt werden. Kränze für Ostern und die Adventszeit lassen sich leicht mit passenden Accessoires und Bändern dekorieren.

Offene Kränze

Offene Kränze gleichen einem Bogen und können symmetrisch oder asymmetrisch gestaltet werden. Dazu schneiden Sie zwei unterschiedlich große Strohrömer an einer Stelle auf und biegen sie mit den Händen in eine Bogenform. An den Enden neh-

Offener Kranz
(1) Aus Strohrömern lassen sich auch offene Kränze und verschiedene Bogenformen herstellen.
2) Die Strohrömer werden aufgeschnitten, über- oder aneinander gelegt, mit Stroh oder Heu in die entsprechende Form gebracht und mit Draht abgewickelt.
(3) Die entstandene Form kann mit Vlies abgewickelt und mit einer Technik Ihrer Wahl weiter ausgestaltet werden.

Ein sehr attraktiver Kranz für den Wohnbereich mit Papierrosen und Himbeerblättern. Die Blätter haben hellgraue Unterseiten und trocknen sehr gut ein.

Herbstkranz mit Windlicht

Adventskranz aus Kiefernzapfen

men Sie etwas Stroh ab, damit Sie sich verjüngen. Für mehr Stabilität und zum Formen kann an jedem Ende ein starker Stütz- oder Spanndraht eingearbeitet werden.
Das entnommene Stroh legen Sie auf die Rundung, um die Form aufzupolstern. Falls nötig, nehmen Sie noch weiteres Stroh oder Heu hinzu. Ist eine gleichmäßige Bogenform entstanden, wickeln Sie diese zuerst mit Wickeldraht und danach mit Vliesband ab, um die Strohunterlage zu kaschieren.
Die weitere Ausgestaltung des Bogens richtet sich nach den Werkstoffen und der Technik.

Girlanden

Girlanden kann man als Vorläufer des Kranzes ansehen. Verbindet man die Enden einer Girlande, entsteht ein kranzähnliches Gebilde. Girlanden und Kränze wurden bereits von den Kulturvölkern des Altertums verwendet. Bei den Römern dienten sie als Raum-, Gebäude- und Straßenschmuck. Im Mittelalter wurden sie für Hochzeitsfeiern und Volksfeste gebunden. In der zweiten Hälfte des 19. Jahrhunderts dienten Girlanden und Festons als Repräsentation bei gesellschaftlichen Höhepunkten. Sie waren wichtige Schmuckmittel und ihre Anfertigung erforderte einen hohen Werkstoff- und Zeitaufwand.
Girlanden werden auch heute noch zu Hochzeiten, zu runden Geburtstagen und vor allen zu Weihnachten gebunden. Sie schmücken Eingangsbereiche, Festtafeln, Spiegel, Wände, Treppengeländer oder Kamine. Charakteristisch für alle Girlanden ist die Reihung als lineares Ordnungsprinzip. Wir unterscheiden flache, halbrunde und vollrunde Girlandenformen.

Flache Girlanden

Flache Girlanden sind **einseitig gebunden, schmal und zierlich** in einer Breite von wenigen Zentimetern. Sie dienen zur Umrahmung von Bildern oder als Tisch- und Stuhlschmuck.

Halbrunde Girlanden

Diese Girlandenform zeichnet sich durch eine **flache Unterseite und ein halbrund gewölbtes Profil** aus, wobei die Schnur durch Zweige auf der Rückseite abgedeckt wird. Bei einer Breite von 10 bis 15 cm kann die Länge einige Meter betragen.
Diese Form wird als Türschmuck, zum Umwickeln von Säulen, Pfeilern, Fahnenstangen sowie Mai-, Kirmes- und Erntebäumen eingesetzt. Sie dient in Eingangsbereichen als Willkommensgruß für Feiern oder Eröffnungen sowie als Schmuck für Kutschen und Autos.
In ländlichen Gebieten werden Girlanden nach der Getreideernte aus frischem Stroh gefertigt. Und zu Weihnachten duftet eine Tannengirlande am Kaminsims in der Wärme des Feuers herrlich aromatisch.

Vollrunde Girlanden

Mit ihrem **vollrunden Profil** weisen die Girlanden eine **nach allen Seiten gleichmäßige Wölbung** auf. Sie haben einen Durchmesser von 15 bis 20 cm und werden oft mehrere Meter lang gearbeitet. Der Werkstoff- und Zeitaufwand ist hoch und verlangt ein akkurates Binden, da die Girlande gleichmäßig gearbeitet und dabei auch noch ständig gedreht werden muss. Weil diese Girlandenform wegen ihrer Länge und Werkstoffauswahl (Tanne, Fichte, Konifere, Buchs) recht schwer ist, sollten Stahl- oder Drahtseile oder ein Eisengestell als Unterlage genutzt werden.
Vollrunde Girlanden werden frei hängend als Schmuck in großen Räumlichkeiten oder zum Überspannen von Straßen, Torbögen und Märkten verwendet.

Das Anfertigung von Girlanden

Die sorgfältige Vorbereitung des Bindegrüns ist Voraussetzung für eine gleichmäßige Verarbeitung. Das Grün wird in die erforderliche Länge geschnitten. Blumen, Früchte und kleinteilige Werkstoffe werden bei Bedarf gedrahtet.
Der Werkstoffbedarf richtet sich nach der Länge und dem Profil der Girlande. Die Schnur (Draht, Kordel, Seil) sollte mindestens 10 % länger als die fertige Girlanden sein, um ein nachträgliches Verlängern zu vermeiden. In jedes Schnurende wird eine Schlaufe geknotet.
Die Arbeitstechnik der Girlanden entspricht dem Binden von Kränzen:
– Zur besseren Handhabung der Schnur beim Wickeln der Girlande befestigen Sie eine der Schlaufen in einer bequemen Arbeitshöhe an einem Wandhaken oder Türgriff.

rechts: Girlande als klassische Dekoration in einem großen Saal

- Wählen Sie für den Anfang und den Abschluss der Girlande besonders schöne Zweigspitzen aus. Dann befestigen Sie den Anfang des Wickeldrahts nahe der Schlaufe, wo Sie mit dem Binden beginnen.
- Ihre linke Hand hält die Schnur mit den Zweigenden fest. Mit der rechten wird der Draht jeweils von rechts außen nach links über das angelegte Bindegrün gewickelt und unterhalb der Girlande wieder nach rechts zurückgeführt.
- Abhängig von Werkstoff und Breite der Girlande sind wie beim Kranz bis zu drei Drahtwindungen möglich. Ziehen Sie den Draht dabei fest an. Die Werkstoffe sollten Sie immer gleichmäßig breit und fortlaufend in regelmäßigen Abständen anlegen. Damit die Girlande nicht knickt oder bricht, müssen die flach angelegten Zweige jeweils die Auflage für das nachfolgende Bindegrün bilden.
- Zum Abschluss arbeiten Sie einige Zweigspitzen in entgegengesetzter Richtung. Girlanden können nur von einer Seite oder von beiden Seiten gleichmäßig gebunden werden.
- Soll der Abschluss in der Mitte liegen, markieren Sie diese gleich zu Anfang mit einem Knoten in der Schnur.
- Für besonders breite und lange Girlanden sollten Sie die Schnur vor dem Binden mit Stroh oder Heu aufpolstern.

Girlanden aus immergrünen Werkstoffen wie Buchs oder Fichte wirken sehr **klassisch**. Zur Auflockerung eignen sich Blüten,

Binden einer Girlande
(1) Zum Binden einer Girlande benötigen Sie z. B. Buchs, Schnur oder Kordel, Heu zum Aufwickeln, Wickeldraht und Werkzeug.
(2) Je länger die Girlande gebunden werden soll, umso breiter wird sie meist gearbeitet. Für stärkere Girlanden wird die Kordel mit etwas Heu aufgepolstert.
(3) Zwischendurch können die Zweige bis zu dreimal abgewickelt werden, damit sie nicht verrutschen.
(4) Damit eine vollrunde Form entstehen kann, müssen Sie die Girlande während der Arbeit ständig drehen.

Früchte und Ranken, die zusammen mit dem Bindegrün verarbeitet oder anschließend angedrahtet und eingefügt werden. Frische Blütenstiele umlegen Sie dafür vorher mit feuchtem Moos. Möchten Sie in der Girlandenmitte eine größere Anzahl frischer Blüten einstecken, können Sie dort mit Maschendraht ummantelte Steckmasse befestigen.

Für die Fertigung von Girlanden, die ausschließlich aus frischen Werkstoffen bestehen sollen, gibt es spezielle Girlandenformen mit integrierter Steckmasse.
Girlanden können auch nur aus Ranken und biegsamen Zweigen geflochten werden. Möglich ist ebenfalls das sehr dichte Aufbinden von Stroh in Girlandenform. Auf das sehr fest gewickelte Stroh werden Blätter, Früchte und andere Werkstoffe gehaftet, umwunden oder mit einer anderen Technik der Kranzbinderei aufgebracht (siehe Seite 223).

Festons

Festons sind ebenfalls eine Schmuckform der Architektur, die sich bis in die Antike zurückverfolgen lässt. Ein Feston ähnelt der Girlande, besitzt jedoch einen **besonders ausgeprägten** entgegengesetzt fertig binden und die Quasten gestalten.
Wie Girlanden können auch Festons aus Stroh vorgebunden und mit Werkstoffen Ihrer Wahl gestaltet werden.

Symbolformen

In der Floristik bezeichnen wir Werkstücke, die auf Grund ihrer Form eine **symbolhafte Aussage** beinhalten, als Symbolformen. Sie werden sowohl für freudige und feierliche Anlässe als auch für die Gedenktage und als Trauerschmuck verwendet.

Lagernde Bewegungsformen eignen sich besonders gut zur Ausgestaltung relativ dichter Flächen, da sie flächige und strukturierte Gestaltungen ermöglichen. Vor allen Rosen und andere Werkstoffe von mittlerer und niedriger Geltung fügen sich sehr harmonisch in die Formen ein. Durch geschickte Auswahl und Verteilung von Farben, Schaffung von Farbkontrasten oder -harmonien lässt sich die Wirkung der äußeren Form verstärken. Formen können aus nur einem oder mehreren Werkstoffen, aus Knospen oder offenen Blüten, einfarbig, Ton in Ton oder kontrastreich gestaltet werden. Sie können viel oder wenig Grün verwenden oder ganz darauf verzichten.

oben links: Feston mit Kränzen
oben rechts: Quader aus Rosen
rechts: Festons an den Stuhlhussen sind eine stilvolle Dekoration für ein großes Hochzeitsfest.

Mittelteil und an den Enden oftmals keulenförmig herabhängende Quasten.
Als Unterlage können Sie eine feste Schnur verwenden. Mit dem Aufbinden der Werkstoffe beginnen Sie in der Mitte und binden gleichmäßig verjüngend zu einer Seite hin ab. Nun müssen Sie noch die andere Seite

Werkstücke in Symbolform gehören zu den Formarbeiten und werden in der dekorativen Gestaltungsart gearbeitet. Alle Werkstoffe ordnen sich der Form unter.

Mit Bündelungen von gerade gewachsenen Gräsern und Ästen auf einem Kreuz oder überspielenden Ranken auf einer Herzform können grafisch-lineare Aspekte angedeutet werden.

Abgesehen von der Kugel werden die Proportionen von Symbolformen durch ihre flächenmäßige Ausdehnung in Länge und Breite bestimmt. Die Höhe spielt eine untergeordnete Rolle. Gleichmäßige Symbolformen werden üblicherweise symmetrisch gearbeitet. Auch asymmetrische Werkstoffe und Farbverteilungen können sehr interessant aussehen. Dabei sollten jedoch Länge und Breite der Symbolform im Verhältnis des Goldenen Schnitts zueinander stehen. Überstreckungen von Formen sind möglich und geben den Werkstücken einen eigenen Charakter.

Das bestimmende Merkmal ist die Flächigkeit der Werkstoffe. Werden die Stiele auf einen gemeinsamen Punkt ausgerichtet, wie bei einer Kugel, kann von **Radialität** gesprochen werden, selbst wenn die meist sehr kurz verarbeiteten Stiele nicht sichtbar sind.

Bei den anderen Formen werden die Werkstoffe meist **parallel**, Kopf an Kopf, in den Steckschaum gesteckt. So lassen sich alle Kanten, Ecken und Rundungen sauber ausarbeiten.

Bei größeren Flächen ist eine auch **ungeregelte Anordnung** durch Überkreuzungen der Stiele möglich.

Symbolformen verlangen nach **Arbeitstechniken, die ihre Formensprache klar zum Ausdruck** bringen. Einige Techniken eignen sich für fast alle Formen, darunter das Stecken in Steckschaum, das Haften, Binden, Umwinden, Kleben und Pflanzen.

Diese einzelnen Techniken werden im Kapitel über Kränze ab Seite 223 ausführlich vorgestellt und erklärt.

Im Handel erhalten Sie verschiedene industriell vorgefertigte Symbolformen aus Steckschaum, Styropor, Mühlenbeckia, Moos, Ästen und anderen Materialien. Sie können sie aber auch aus Steck-, Wickel- oder Maschendraht, Pappe, Pappmache oder Heu individuell selbst herstellen.

Die Verwendungsmöglichkeiten für Symbolformen reichen vom Aufhängen an Türen, Fenster, Wänden oder an der Decke über das Stellen, Legen, Festbinden an Bändern und Kordeln bis hin zur Verwendung als Revers- und Haarschmuck oder Akzentschmuck.

Mit Kräutern umwickeltes Füllhorn mit Früchten

Die Ranken werden auf einer Herzform aus Maschendraht befestigt.

oben: So ein Herz aus Ranken macht sich als Dekoration in der Wohnung ebenso gut wie im Außenbereich.
rechts: Die Herzformen gibt es in vielen Größen und Stilen, in geschlossenen und – wie hier – offenen Varianten.

Symbolformen

Formen

Die Bandbreite der Symbolformen ist so groß, dass hier nur eine kleine Auswahl vorgestellt werden kann.

Füllhorn

Das Füllhorn ist ein **Symbol des Überflusses**. Es erinnert an Opulenz und wird mit Früchten und Herbst assoziiert. Füllhörner können in unterschiedlichen Varianten gestaltet werden: gerade oder gebogen, mit kompakter oder nach außen fließender Füllung, gedrungen oder überstreckt.
Im breiteren Teil des Füllhorns kann Steckmasse positioniert werden, in der die „herausfließenden" Werkstoffe verankert werden.

Herz

Das Herz als **Symbol für die Liebe** wird traditionell sehr oft auch mit ebenso symbolträchtigen Rosen gestaltet, und eignet sich für viele Anlässe: als Liebeserklärung, Brautschmuck (Strauß, Reversschmuck, Autoschmuck, Ringkissen, Tischdekoration), zum Valentinstag, Muttertag, zum Geburtstag, als Dankeschön.

Herz aus Wickeldraht
Spulen Sie Wickeldraht von der Rolle und formen Sie ihn mit den Händen zu einem Herzen. Soll es als Reversschmuck dienen, bringen Sie gleich einen Anstecker an. Für ein Straußgerüst werden auf der Rückseite drei Drähte zum Halten befestigt. Vorher sollten Sie für die Blüten in der Mitte des Herzens ein Loch einarbeiten.

Herzförmige Manschette
Pappmanschetten in Herzform werden mit Blättern beklebt oder mit Gras, Bändern, Heu oder Ranken bewickelt und mit drei Drähten angedrahtet.

Als Trauerschmuck und Grabschmuck für die Gedenktage drückt das Herz eine besonders tiefe emotionale Verbundenheit aus.
Herzformen gibt es in vielen verschiedenen Varianten: symmetrisch oder asymmetrisch, offen oder geschlossen, flach oder gewölbt, ineinander verschlungen, rundlich oder gestreckt.
Bei einer symmetrischen Herzform sind beide Seiten gleich ausgeprägt. Der Einschnitt zwischen den oberen Herzbögen befindet sich genau senkrecht über der unteren Herzspitze. Die Werkstoffverteilung kann symmetrisch oder asymmetrisch erfolgen. In jedem Fall müssen Sie aber die beiden oberen Wölbungen harmonisch ausarbeiten und die Herzspitze deutlich herausstellen.

Kissen

Auch Kissen lassen sich variantenreich gestalten: flach oder gewölbt, rechteckig, rund oder herzförmig, konkav mit nach innen gebogenen Außenlinien oder einfach nur quadratisch.
Floral gestaltete Kissen eignen sich für viele Gelegenheiten, beispielsweise als Ringkissen für das Standesamt oder als Dekorationsobjekte.
Kissen besitzen auch in der Trauer- und Gedenktagfloristik eine symbolische Bedeutung und drücken den Wunsch aus, dass der Verstorbene nach den Mühen des Lebens **Ruhe** finden möge. Die

Islandmoos-Kissen
Kissen aus hellen Rentierflechten (so genanntes Islandmoos) werden zu Allerheiligen und Totensonntag im Handel angeboten. Wer die Flechte selbst verarbeiten möchte, sollte sie vorher in warmem Salzwasser einweichen. Dadurch wird sie heller und lässt sich besser auf eine Unterlage aufhaften.

Varianten von Kissenformen

Ein mit Heu gefülltes Kissen aus Gitterdraht. In der Mitte wurde eine Schale eingearbeitet, die mit Steckmasse ausgelegt und mit Sommerblumen besteckt ist.

Kugeln aufhängen
Damit der Draht von unten nicht durch die Steckschaumkugel schneidet, wird er zu einer gleichlangen Öse gebogen und durch die Löcher eines Pinholders geschoben. Dieser kann dann von unten in die Steckschaumkugel gesteckt werden.
Alternativ kann die Drahtöse auch über ein kleines Aststück gesteckt werden.
Nach dem Durchstecken des Drahtes verbinden Sie die Drahtenden im oberen Teil der Kugel sauber miteinander und ziehen ein Band als Griff durch.
Bei der Verarbeitung von feuchtem Steckschaum sollten Sie ein wasserunempfindliches Band verwenden.

vier Ecken des Kissens symbolisieren **Vollkommenheit und Vollendung**.
Damit vorgefertigte Kissen aus anderen Flechten und Moosen bei Feuchtigkeit nicht auseinander fallen, können Sie diese mit Sprühkleber überziehen. Mit Blättern beklebte Kissen können auch gewachst werden.
Kissen, die mit Zapfen, Kastanien oder Nüssen besteckt oder beklebt werden, sollten zuerst mit grünem Moos unterlegt werden. So wird nur das Moos, aber nicht die Unterlage sichtbar, wenn Zapfen bei Feuchtigkeit die Schuppen schließen oder die Früchte schrumpfen.

Kugeln
Die Kugel als **Symbol für Vollkommenheit** besitzt zwar immer die gleiche Form, lässt aber trotzdem viele kreative Gestaltungen zu (komplett, hälftig, gefüllt, mit Schmuckring oder mit Segmentschmuck). Auch in Bezug auf die Arbeitstechniken, Texturen und Verwendungen ist der Spielraum groß. Damit die klare Form gut zum Ausdruck kommt, sollten die Werkstoffe allerdings gleichmäßig verteilt werden.

Ausgehöhlte Steckschaum-Kugeln oder Styropor-Halbkugeln nehmen Gestecke oder Pflanzen auf oder dienen zur Gestaltung von Konstruktionen. Transparente Kugeln können aus Draht oder Sisal gefertigt werden.

Kreuz
Das Kreuz gilt als **christliches Symbol für die Überwindung des Todes, die Auferstehung und das ewige Leben.**

links: Etwas Geduld brauchen Sie schon für diese Kugeln. Die Früchte wurden mit Zahnstochern auf einer Steckschaumkugel befestigt.
rechts: Schneller geht das Umwickeln von Mooskugeln.

Symbolformen 249

Verschiedene Kreuzformen

Farbige Stäbe nehmen die Form des Kreuzes noch einmal auf.

Kreuzformen können selbst hergestellt oder fertig gekauft werden. Wichtig ist das richtige Größenverhältnis von 1:1,6 zwischen dem Quer- und dem Längsbalken, wobei die Formen verschieden sein können. Wer möchte, kann das Kreuz am Kreuzungspunkt, in Längs- oder Querrichtung oder auch über die ganze Form verteilt ausschmücken oder mit Ranken oder Stäben überspielen.

Spindeln

Die Spindel besitzt eine typische Form: In der Mitte ist sie bauchig, zu den Enden läuft sie schmal aus.
Mit ihrer Assoziation an das Märchen von Dornröschen haben Spindeln einen **romantischen Aspekt**, darum werden sie gern als Brautschmuck gestaltet. Aber Sie könnten sie auch als stattlichen Raumschmuck oder – in einer kleiner Variante – als Serviettenschmuck arbeiten. Sie eignen sich zum Hängen, Tragen, Legen, Stellen auf Ständer oder für eine schwebende Präsentation an langen Stäben.
Um einen Ast oder mit Band umwickelten Stab aus Holz oder Draht werden dünne Ranken, Sisalfäden und feiner Schmuckdraht sehr locker aufgewickelt. Die Spindelform kann durch fein strukturierten Aufbau von rankenden Werkstoffen wie Asparagus, Leuchterpflanze, Jasmin, Mühlenbeckia, Zaunwinde, Ackerwinde oder Peddigrohr schön deutlich herausgearbeitet werden.
Bei geschlossenen Spindelformen aus Heu oder Moos könnten Sie mit Hilfe zarter Ranken, feinem Schmuckdraht, Perlen oder Bändern den Fadenverlauf andeuten. Selbst aufgefädelte kleine Früchte, Blütenblätter, weichfaserige Fruchtstände (Clematis, Perückenstrauch) oder Sisalfäden lassen sich in eine Spindelform einarbeiten. Leichte Werkstoffe sollten Sie mit Sprühkleber fixieren. Zur weiteren Dekoration eignen sich lange Bänder, Kordeln oder Perlen.

Kleine Spindeln für Anstecker oder als Serviettenschmuck lassen sich sehr gut aus Ranken von Ackerwinde oder Zaunrübe arbeiten. Was der Gärtner als lästiges Unkraut betrachtet, ist für den Floristen ein vorzüglicher Werkstoff.

Achten Sie darauf, die Spindelform herauszuarbeiten: in der Mitte etwas dicker und lockerer, an den Enden fest und schmal auslaufend, jedoch immer in einem guten Proportionsverhältnis von Länge und Dicke.
Soll eine Spindel in der Hand getragen werden, benötigt sie einen Stab als Haltegriff.
Spindelkern und Stab können aus Aluminiumrundstäben, dünnen Ästen oder Bambushalmen gefertigt werden. Um den Stab aufzuwerten, können Sie ihn mit Bändern, Kordeln, Schmuckdrähten, Ranken und Blättern – passend zum floralen Schmuck – bekleben oder bewickeln und sein Ende zusätzlich mit Perlen, Glassteinen, Kugeln oder kleinen Ornamenten verzieren.

Zepter

Damit sich ein Zepter gut tragen lässt, müssen Stab und Kopf in einem ausgewogenen Verhältnis zueinander stehen.
Im Gegensatz zum **Herrscherstab** wird ein **Brautzepter** im oberen Bereich gehalten. Der Haltepunkt wird meist nach dem Goldenen Schnitt festgelegt, allerdings kann auch eine Überstreckung des Stabs durchaus interessant sein. Die Länge des Stabs kann bis 6-mal größer sein als der Durchmesser des Kopfes. Für die Gestaltung des Zepterkopfes stehen verschiedene Möglichkeiten zur Auswahl, etwa eine Glamelie, ein transparenter kugelförmiger Gerüststrauß oder eine kompaktere Kugel – vielleicht aus Steckschaum mit eingesteckten frischen Blüten oder flach aufgeklebten Blättern. Verschiedene Straußformen lassen sich recht einfach zu einem Zepter ausgestalten, indem man ihren Griff deutlich verlängert. Neben dem Kopf ist auch der Stab ein wichtiges Gestaltungselement. Er kann aus den sehr dicht zusammengefassten Stielen eines Straußes, aus einem Rohr oder geraden Ästen bestehen. Wie den Griff einer Spindel können Sie ihn schuppenförmig mit Blättern bekleben oder mit Bändern, Kordeln, verschiedenen Drähten oder Ranken bewickeln. Zepter sind nicht nur als Brautschmuck sehr beliebt, sondern werden auch zu Ostern und Weihnachten als florale Dekoration zum Legen, Hängen oder Integrieren in ein Wandbild angefertigt. Raffiniert wirkt ein Zepter als Akzentschmuck für einen Trauerkranz.

Für die Rosenspindel wurde ein nasser Steckmasseblock mittig auf einen Stab geschoben, etwas abgerundet und mit Maschendraht umwickelt. Damit die Form vom Stab nicht abrutschen kann, wurde sie mit diskret versteckten Rohrschellen befestigt.

Körperschmuck

Körperschmuck vermittelt Individualität und Extravaganz. Als **Brautschmuck** hat er eine lange Tradition, doch auch zu **Jubiläen**, **Modenschauen** und anderen **Events** wird er gern getragen.

Anstecker/Corsagen

Traditionell werden Anstecker oder Corsagen als Reversschmuck für den Bräutigam angefertigt – meist aus einer Blüte,

*links: Diese Materialien brauchen Sie zur Herstellung von Ansteckern. Zur Befestigung bietet der Handel spezielle Nadeln (Gala-Clips) und Magnete an.
rechts: Ein zierlicher Anstecker als Schmuck für das Revers eines Herrenjacketts.*

die auch im Brautstrauß verwendet wurde. Auch in der Form sollte der Anstecker mit dem Brautstrauß korrespondieren. Zum Befestigen des Ansteckers können Sie beim Floristen so genannte **Gala-Clips** und **Magnete** kaufen. Alternativ behelfen Sie sich mit Sicherheitsnadeln.
Die Gala-Clips werden mit weichem Papier, Band oder Stoff abgewickelt oder mit Blättern beklebt. Für das Bekleben von Blättern und Blüten eignet sich Kalt-

kleber am besten. Wenn Sie nur eine Blüte am Clip befestigen, kann es genügen, das Ende mit Tape und/oder Schleifenband zu umwickeln.
Bis zur Verwendung wickeln Sie den Anstecker ganz locker in angefeuchtetes Papier und stecken ihn dann in eine Folientüte. Die Tüte wird wie ein Luftballon aufgeblasen. So bleibt der Anstecker über Nacht im Gemüsefach des Kühlschranks in gutem Zustand, sofern keine kälteempfindlichen Blüten wie Calla oder Orchideen verarbeitet wurden.

Armschmuck

Aus den USA stammt die Idee, zu Bällen und anderen festlichen Veranstaltungen anstelle eines Straußes einen kleinen Blumenschmuck direkt am Handgelenk zu tragen. So ein zierlicher Armschmuck steht Mädchen und jungen Frauen gut und hat den zusätzlichen Vorteil, dass er beim Tanzen nicht behindert. Im Fachhandel erkundigen Sie sich nach Klettarmbändern, die in der Länge stufenlos verstellbar sind. Möglich ist auch das Anfertigen von floral geschmückten Draht-

links oben: Für einen Armschmuck kleben Sie auf ein Stück Klettband mit Heißkleber oder doppelseitigem Klebeband ein Schleifenband. Frische Blüten und Blätter werden mit Kaltkleber befestigt oder mit Draht an einer speziellen Drahthalterung fixiert. In die Halterung kann sogar ein kleines, in Folie eingewickeltes Stück feuchter Steckmasse eingelegt werden. Aber achten Sie darauf, dass das Schleifenband der Steckmasse nicht das Wasser entzieht.
links unten: Armschmuck mit einer Rose
rechts oben: Verschiedene Techniken eignen sich zur Herstellung von Kopfkränzen. Wickeln und Bekleben gehören zu den einfachsten.
rechts unten: Ein Kopf- und Halsschmuck aus Bambus und einer Orchidee wirkt zart und exotisch.

reifen oder Drahtgeflechten, die am Oberarm getragen werden können.

Halsschmuck

Für diesen Schmuck bieten sich Ketten und Halsbänder aus frischen oder trockenen Blüten, Früchten oder Halmabschnitten an. Die Werkstoffe können aufgefädelt, geklebt oder verwoben werden. Natürlich können Sie auch vorhandene Halsketten oder Modeschmuck mit frischen oder trockenen Blüten aufpeppen.

Hutschmuck

Floral geschmückte Hüte eignen sich für viele festliche Anlässe, haben aber vor allem bei Pferderennen Kultstatus – auch wenn viele Blumen aus Seide sind. Besonders beliebt ist dieser Schmuck in der Brautfloristik.

Kopfschmuck

In der Antike wurden Kopfkränze als Auszeichnung verliehen oder den Gästen aufgesetzt. Bedeutungsvoll waren die Jungfernkränze im Mittelalter. Auch noch heute wird Kopfschmuck oft als Kranz oder Diadem gefertigt und meistens von jungen Mädchen oder von einer Braut getragen. Kleinere Blüten, Blätter oder lange Ranken werden mit dünnem Schmuckdraht auf Draht- oder Haarreifen aufgebunden, geklebt oder umwickelt. Dabei sollten Sie die Unterlage zuerst mit einem Tapeband umwickeln.
Damit der Schmuck weder drückt noch verrutschen oder herunterfallen kann, sollten Sie vor der Herstellung den Kopfumfang der Trägerin messen. Zur Sicherheit können Sie ihn zusätzlich mit Haarnadeln fixieren.

Muff

Eigentlich ist der Muff aus Pelz ein edles Modeaccessoire, ein Muff mit Blumenschmuck kann jedoch für Aufsehen sorgen. Die Röhre muss ausreichend Platz für die Hände bieten, darf aber nicht zu weit sein, dass die Hände wieder herausrutschen. Die Breite des Muffs sollte mindestens eine Handlänge, maximal aber die doppelte Handbreite betragen.
Eine Unterlage aus fester Pappe kann sowohl mit samtigen, flauschigen oder filzigen Stoffen oder als auch mit wollig-weichen Werkstoffen wie Tillandsien, Blättern von Wollziest und Königskerze umwickelt oder beklebt werden. Auch Werkstoffe, die den Muff umschlingen, können verwendet werden. Zusätzlich können bandartige abfließende Formen angefügt werden.

Schleppe

Eine Schleppe ist ursprünglich ein Teil eines herrschaftlichen Kleidungsstücks, die hinter dem Träger auf dem Boden schleift oder getragen wird.
Heute findet sie in der Brautfloristik ihre Anwendung. Sie besitzt eine lang abfließende Form und wird ohne den klassischen Straußgriff gearbeitet.
Lange Brautschleppen passen gut zu langen Kleidern und Schleiern, die der Braut eventuell noch nachgetragen werden. Ebenso wie die Kleider werden die Brautschleppen sehr üppig und auffällig floral ausgestaltet. Der Griff kann so eingearbeitet werden, dass die Braut die Schleppe über der Hand trägt. Eine feste Verarbeitung ist außerordentlich wichtig, damit die Werkstoffe, die nicht empfindlich sein sollten, beim Nachziehen über den Boden keinen Schaden nehmen.

Stola

Eine Stola wird häufig als extravaganter Brautschmuck gearbeitet. Die Stola kann über der Schulter oder über der Hand getragen werden. Die Länge richtet sich nach Größe und Statur der Braut und dem Schnitt des Kleides. Der Teil der Stola, der direkt am Körper getragen wird, sollte so gearbeitet werden, dass die Stola angenehm über dem Arm oder der Schulter liegt und die Kleidung oder die Haut nicht beschädigt oder verletzt. Normalerweise wird dazu dieser Bereich der Stola mit Schmuckband oder Stoff abgefüttert.
Als Werkstoffe eignen sich aufgefädelte oder geklebte Rosenblütenblätter, Silberblatt, Hagebutten, Clematisfruchtstände, am Stielende gewachste Orchideenblüten, Ranken und Gräser. Sie werden an der Stola durch Eindrahten in Zierdraht befestigt. Der Grundaufbau kann auf eine vorgefertigte Stoffunterlage oder ein breites Stoffband aufgeklebt oder aufgenäht werden. Sie können sich Ihre Stola auch selbst aus Schmuckdraht häkeln (siehe Seite 67). Damit die Flächenwirkung der Stola zur Geltung kommt, darf die Breite nicht zu schmal gewählt sein.

Muff mit einem floralen Band

Moderne Werkstücke

Florale Bänder

Floral gestaltete Bänder können für sich oder in Kombination mit anderen Formen verwendet werden, beispielsweise als Wandschmuck, auf einer Geschenkverpackung oder als aufgelegter Schmuck auf Kränzen.
Damit die Flächenwirkung eines Bandes zur vollen Geltung kommt, darf es nicht zu schmal sein.
Als Unterlage können breite Stoffbänder, mit Blättern beklebte Pappe oder auch Holz und Rinde dienen. Auf stärkere Unterlagen aus Holz können dafür zur Fixierung des Bandes Nägel eingeschlagen werden.
Die Bänder können Sie auch aus verschiedenen Werkstoffen selbst flechten, aus Draht häkeln oder crashen und mit trockenen oder frischen Blüten, Ranken, aufgefädelten Rosenblütenblättern, Hagebutten oder Silberblättern ausschmücken.

Taschen

Taschen (und Schuhe) können vor allem Frauen nicht genug haben: große und kleine, schwarze, rote und weiße, fürs Büro, zum Einkaufen, zum Ausgehen.
Auch Taschen zum Ausgestalten mit Blumen kann man in vielen Formen, Größen und Farben aus Sisal, Jutegewebe, Moos oder Korbgeflecht kaufen. Sie können allerdings auch eine ganz normale Tasche floristisch verändern oder Sie kreieren ihre eigene florale Taschenkollektion.
Dazu stellen Sie aus flächigen Materialien (Sisalmatten, Stoff, Pappe, Papier, Heu, Maschendraht) eine Taschenform her, die Sie mit Blättern und Gras umwickeln oder bekleben. Auch andere Techniken wie das Häkeln mit Draht sind zur Taschenherstellung geeignet.
Breite, Höhe und Henkellänge können entsprechend der Füllung und des Verwendungszwecks variiert werden.
Die in der Tasche verarbeiteten Werkstoffe und Materialien sowie die in die Tasche gestellten Pflanzen sollten in Größe und Farbe harmonisch abgestimmt sein.
Falls Sie Steckmasse verwenden, sollten Sie diese mit Folie umwickeln, denn viele Taschenmaterialien sind nicht wasserdicht. Zur Wasserversorgung der Blumen können Sie auch Wasserröhrchen integrieren oder einfache Kunststoffgefäße in die Tasche einsetzen. Alternativ versiegeln Sie die Stielenden mit Wachs oder beschränken sich auf trockene

Mit einem Geschenk für einen besonders lieben Menschen gibt man sich gern ein bisschen mehr Mühe. Wie wäre es mit einem floral gestalteten Band anstelle normaler Schleifenbänder?

rechts: Haben Sie Sinn für Humor? Dann bekleben Sie doch einmal eine alte Handtasche mit kleinen Seidenblumen und peppen sie mit frischen Blüten und viel Grün auf.

Willkommensgruß oder Dankeschön: Eine Mühlenbeckia-Pflanze wurde in eine Folientüte eingepackt und in die Tüte gesteckt. Für Farbe sorgt eine Rose in einem Wasserröhrchen.

linsk: Eine florale Torte: appetitlich anzusehen und außerordentlich figurfreundlich.

unten: Eine nette Geschenkidee ist diese gewachste Tüte aus Notenpapier. Die Malerrose steckt in einem Wasserröhrchen. Schneidet man die Tütenspitze etwas ab, kann eine Blüte mit einem langen Stiel durchgeschoben werden.

Werkstoffe. Taschen mit blumiger Füllung können als witziger Tischschmuck, als kleines Geschenk, als Türschmuck oder Brautschmuck dienen.
Nirgends steht geschrieben, dass eine Tasche eckig sein muss. Gerade als Brautschmuck kann auch eine Kugel- oder Herzform ganz bezaubernd aussehen.

Torten

Dafür bieten sich frische und trockene Werkstoffe und Steckschaumkränze in verschiedenen Größen an. Floristisch gestaltete Torten können Sie einzeln, doppelt oder etagenartig übereinander stellen. Zwischenräume werden bei Bedarf mit weiterer Steckmasse aufgefüllt. Torten können umwunden, mit Blüten besteckt oder mit Blättern beklebt oder gehaftet werden. Besonders hübsch sehen sie mit Kerzen und auf einer Tortenplatte platziert aus.

Tüten

Einfache, gedrehte Spitztüten sind in unterschiedlichen Größen, Farben und Materialien im Handel erhältlich. Man kann sie aber aus Sisal, Moos, Heu, Pappkarton, Maschendraht, großen Blättern auch relativ zügig selbst herstellen und mit Blütenblättern, kleinen Blättern, Bändern und Draht umwickeln, bekleben oder mit Wachs überziehen.

Tüten können aufgehängt, gelegt, gestellt, mit einem Griff versehen oder an einen Stab gebunden werden. Sie können allein oder als Gruppe dekoriert werden. Zum Aufhängen an Glas und glatten Flächen eignen sich Vakuum-Sauger (siehe Seite 19). Nicht nur die Tüten selbst können ganz unterschiedlich aussehen. Die Bandbreite der denkbaren Füllungen reicht von der Einzelblüte im Wasserröhrchen über frische Arrangements aus Blüten, Blättern und Früchten in nasser Steckmasse bis zu trockenen Floralien oder mit Folie umwickelten Pflanzen.
Floral gestaltete Tüten sind auch als Brautschmuck interessant. Sie werden an einem Griff oder auf dem Unterarm getragen.

Serviceteil

Pflanzennamen

Deutsch - Botanisch

Agave, Hundertjährige	*Agave americana*
Ahorn, Fächer-	*Acer palmatum* subsp. *palmatum*
Ahorn, Feld-	*Acer campestre* subsp. *campestre*
Ahorn, Rot-	*Acer rubrum* subsp. *rubrum*
Ahorn, Spitz-	*Acer platanoides* subsp. *platanoides*
Akelei	*Aquilegia* var. *vulgaris*
Alpenveilchen	*Cyclamen persicum*
Amaryllis, Ritterstern, Belladonnenlilie	*Hippeastrum Cultivars*
Amazonaslilie	*Eucharis amazonica*
Anemone, Garten-	*Anemone coronaria*
Anemone, Japanische Herbst-	*Anemone hupehensis* var. *japonica*
Ardisia, Spitzenblume	*Ardisia crenata*
Aster, Sommer-	*Callistephus chinensis*
Astilbe	*Astilbe* × *arendsii*
Atlas-Zeder	*Cedrus atlantica*
Bambus	*Phyllostachys* in Arten
Bärengras	*Xerophyllum tenax*
Bartnelke	*Dianthus barbartus*
Baumwürger, Rundblättriger	*Celastrus orbiculatus* var. *orbiculatus*
Berberitze	*Berberis* in Arten
Bergenie, Altai-	*Bergenia cordifolia*
Bergenie, Dickblättrige	*Bergenia crassifolia*
Besenheide	*Calluna vulgaris*
Birke, Hänge-	*Betula pendula*

Bougainvillee	*Bougainvillea spectabilis*
Brombeere, Acker-, Kratzbeere	*Rubus caesius*
Brombeere, Echte	*Rubus fruticosus*
Bronzeblatt	*Galax urceolata*
Buche, Rot-	*Fagus sylvativa*
Buchsbaum	*Buxus sempervirens*
Buntnessel	*Solenostemon scutellaroides*
Celosie, Hahnenkamm-	*Celosia argentea* var. *cristata*
Chinaschilf, Silber-	*Miscanthus sinensis*
Christrose	*Helleborus niger*
Chrysantheme, Garten-	*Chrysanthemum × grandiflorum*
Clematis	*Clematis* Cultivars
Crossandra	*Crossandra infundibuliformis*
Currystrauch	*Helichrysum italicum* subsp. *serotinum*
Dahlie	*Dahlia* Cultivars
Dischidia, Urnenpflanze	*Dischidia pectenoides*
Douglasie	*Pseudotsuga menziesii*
Efeu	*Hedera helix*
Eibe, Europäische	*Taxus baccata*
Eiche, Scharlach-	*Quercus coccinea*
Eiche, Stiel-	*Quercus robur*
Eisenhut, Blauer	*Aconitum napellus*
Elefantenfuß	*Beaucarnea recurvata*
Elfenblume	*Epimedium* in Arten
Fackellilie	*Kniphofia* Cultivars
Feige	*Ficus carica*
Fetthenne, Schöne	*Sedum spectabile*
Fichte, Gewöhnliche	*Picea abies*
Fichte, Zuckerhut-	*Picea glauca*
Fingerhut, Garten-	*Digitalis purpurea*
Flamingoblume, Große	*Anthurium andraeanum*
Flamingoblume, Kleine	*Anthurium scherzerianum*
Flammenblume, Stauden-Phlox	*Phlox paniculata*
Flieder	*Syringa vulgaris*
Flügelknöterich, Japanischer	*Fallopia japonica*
Flügelknöterich, Schling-, Silberregen	*Fallopia baldschuanica*
Forsythie	*Forsythia × intermedia*
Frauenmantel	*Alchemilla mollis*

Freesie	*Freesia* Cultivars
Fuchsie	*Fuchsia* Cultivars
Fuchsschwanz, Garten-	*Amaranthus caudatus*
Funkie	*Hosta* Cultivars
Gänseblümchen	*Bellis perennis*
Geißblatt, Wohlriechendes-, Jelängerjelieber	*Lonicera caprifolium*
Geißblatt	*Lonicera* × *heckrottii*
Gerbera	*Gerbera jamesonii*
Gladiole	*Gladiolus* Cultivars
Goldrutenaster	*Solidago* × *Solidaster*
Granatapfel	*Punica granatum*
Grannenlilie	*Aristea africana*
Grünlilie	*Chlorophytum comosum*
Gundermann	*Glechoma hederacea*
Hartriegel, Tatarischer	*Cornus alba*
Hasel, Korkenzieher-	*Corylus avellana* 'Contorta'
Hauswurz	*Sempervivum* in Arten
Helikonie	*Heliconia wagneriana*
Hemlocktanne, Kanadische	*Tsuga canadensis*
Herbstanemone, Japanische	*Anemone japonica*
Herbstzeitlose	*Colchicum autumnale*
Hirse, Ruten-	*Panicum virgatum*
Hopfen	*Humulus lupulus*
Hortensie, Garten-	*Hydrangea macrophylla*
Hortensie, Kletter-	*Hydrangea anomala* subsp. *anomala*
Hunds-Rose	*Rosa canina*
Hyazinthe	*Hyacinthus orientalis*
Ingwer	*Zingiber officinale*
Jasmin	*Jasminum polyanthum*
Kalla, Weiße	*Zantedeschia aethiopica*
Kalla, Farbige	*Zantedeschia* Cultivars
Kastanie	*Aesculus hippocastanum*
Kiefer, Berg-	*Pinus mugo* subsp. *mugo*
Kiefer, Mädchen-	*Pinus parviflora*
Kiefer, Schwarz-	*Pinus nigra*
Kiefer, Tränen-	*Pinus wallichiana*
Kiefer, Wald-	*Pinus sylvestris*
Kiefer, Weymouths-, Seidenkiefer	*Pinus strobus*

Kiefer, Zirbel-	*Pinus cembra*
Kirsche	*Prunus* in Arten
Kirschlorbeer	*Prunus laurocerasus*
Kiwi, Chinesische Stachelbeere	*Actinidia deliciosa*
Königskerze	*Verbascum olympicum*
Kornblume	*Centaurea cyanus*
Kranzschlinge	*Stephanotis floribunda*
Lampionblume	*Physalis alkekengi*
Lavendel	*Lavandula angustifolia*
Lebensbaum, Abendländischer	*Thuja occidentalis*
Leberblümchen, Gewöhnliches	*Hepatica nobilis* var. *nobilis*
Lederfarn	*Rumohra adiantiformis*
Leuchterblume, Hängende	*Ceropegia linearis* subsp. *woodii*
Levkoje	*Matthiola incana*
Lilie, Langblütige, Osterlilie	*Lilium longiflorum*
Lilie	*Lilium* in Arten
Lotusblume, Indische	*Nelumbo nucifera*
Löwenmäulchen, Garten-	*Antirrhinum majus* subsp. *majus*
Mahonie, Gewöhnliche	*Mahonia aquifolium*
Maiglöckchen	*Convallaria majalis*
Mais	*Zea mays*
Margerite, Garten-	*Leucanthemum* × *suberbum*
Milchstern	*Ornithogalum* in Arten
Mistel	*Viscum album*
Mohn, Island-	*Papaver nudicaule*
Myrte	*Myrtus communis*
Narzisse, Osterglocke	*Narcissus Cultivars*
Nelke	*Dianthus caryophyllus*
Nerine	*Nerine bowdenii*
Olive	*Olea europaea*
Pappel, Silber-	*Populus alba*
Paradiesvogelblume, Königs-Strelitzie	*Strelitzia reginae*
Passionsblume	*Passiflora caerulea*
Pelargonie, Geranie	*Pelargonium grandiflorum*
Perückenstrauch	*Cotinus coggygria*
Pfefferbaum, Gewöhnlicher	*Schinus molle* var. *molle*
Pfeilblatt	*Alocasia sanderiana*
Pfingstrose, Gewöhnliche	*Paeonia officinalis* subsp. *officinalis*

Phalaenopsis, Malayenblume	*Phalaenopsis Cultivars*
Philodendron, Baum-	*Philodendron bipinnatifidum*
Pinie	*Pinus pinea*
Pistazie	*Pistacia lentiscus*
Platane	*Platanus × hispanica*
Platterbse, Duftende, Duftwicke	*Lathyrus odoratus*
Protee, Silberbaum	*Protea* in Arten
Purpurglöckchen	*Heuchera Cultivars*
Rentierflechte	*Cladonia stellaris*
Rhododendron	*Rhododendron Cultivars*
Ringelblume	*Calendula officinalis*
Rittersporn	*Delphinium Cultivars*
Robinie, Gewöhnliche Scheinakazie	*Robinia pseudoacacia*
Rohrkolben, Breitblättriger	*Typha latifolia*
Rose	*Rosa Cultivars*
Rosmarin	*Rosmarinus officinalis*
Ruhmeskrone	*Gloriosa superba* 'Rothschildiana'
Salal, Shallon-Scheinbeere	*Gaultheria shallon*
Salbei	*Salvia* in Arten
Sanddorn	*Hippophae rhamnoides*
Scabiose	*Scabiosa caucasica*
Schachtelhalm, Winter-	*Equisetum hyemale* var. *hyemale*
Schafgarbe, Gewöhnliche, Wiesen-	*Achillea millefolium*
Scheinzypresse, Erbsenfrüchtige	*Chamaecyparis pisifera*
Scheinzypresse, Feuer-, Muschel-	*Chamaecyparis obtusa* in Sorten
Scheinzypresse, Lawsons-	*Chamaecyparis Lawsoniana* in Sorten
Schlehe	*Prunus spinosa*
Schleierkraut, Mehrjähriges-, Rispiges	*Gypsophila paniculata*
Schlüsselblume, Echte	*Primula veris*
Schmuckkörbchen	*Cosmos bipinnatus*
Schmucklilie, Immergrüne	*Agapanthus praecox*
Schneeball, Gewöhnlicher	*Viburnum opulus*
Schneeball, Immergrüner, Lorbeer-	*Viburnum tinus*
Schönfrucht, Liebesperlenstrauch	*Callicarpa bodinieri* var. *giraldii*
Schusterpalme	*Aspidistra elatior*
Schwertlilie	*Iris germanica*
Seidenpflanze, Baumwoll-	*Asclepias fruticosa*
Sicheltanne, Japanische	*Cryptomeria japonica*

Silberblatt, Einjähriges	*Lunaria annua*
Silberblatt, Drahtpflanze	*Leucophyta brownii*
Skimmie, Japanische	*Skimmia japonica*
Sonnenblume	*Helianthus annuus*
Spargel, Gemüse	*Asparagus officinalis*
Spindelstrauch, Flügel-	*Euonymus alatus*
Spindelstrauch, Kletternder	*Euonymus fortunei* var. *fortunei*
Statice	*Goniolimon tataricum*
Stechpalme, Gewöhnliche	*Ilex aquifolium*
Stechpalme, Japanische	*Ilex crenata*
Steelgras, Südlicher Grasbaum	*Xanthorrhoea australis*
Steppenkerze	*Eremurus* in Arten
Sterndolde, Große	*Astrantia major* subsp. *major*
Stiefmütterchen	*Viola* × *wittrockiana*
Storchschnabel	*Geranium* Cultivars
Strandflieder, Meerlavendel	*Limonium sinuatum*
Strohblumen, Garten-	*Helichrysum* Cultivars
Studentenblume, Hohe	*Tagetes erecta*
Studentenblume, Feinblatt-	*Tagetes tenuifolia*
Tanne, Edle	*Abies procera*
Tanne, Korea-	*Abies koreana*
Tanne, Nordmanns-	*Abies nordmanniana*
Tanne, Weiß-	*Abies alba*
Thymian	*Thymus* in Arten
Tillandsie, Greisenbart	*Tillandsia usneoides*
Tränendes Herz	*Dicentra spectabilis*
Trommelschlägel	*Craspedia globosa*
Trompetenbaum, Gewöhnlicher	*Catalpa bignonioides*
Tulpe	*Tulipa* Cultivars
Tulpenbaum, Amerikanischer	*Liriodendron tulipifera*
Veilchen, Duft-	*Viola odorata*
Vergissmeinnicht	*Myosotis sylvatica*
Wacholder, Chinesischer	*Juniperus chinensis*
Wacholder, Gewöhnlicher Heide-	*Juniperus communis* var. *communis*
Wacholder, Kriech-	*Juniperus horizontalis*
Wacholder, Schuppen-	*Juniperus squamata*
Waldrebe, Gewöhnliche	*Clematis vitalba*
Walnuss	*Juglans regia*

Wasserlinse, Winzige	*Lemna minuta*
Weide, Goldene Trauer-	*Salix × chrysocoma*
Weide, Japanische Drachen-	*Salix udensis* 'Sekka'
Weide, Korkenzieher-	*Salix matsudana* 'Tortuosa'
Weide, Silber-	*Salix alba*
Weihnachtsstern, Poinsettie	*Euphorbia pulcherrima*
Wein, Wilder	*Parthenocissus quinquefolia*
Weintrauben	*Vitis vinifera*
Weißdorn, Eingriffliger	*Crataegus monogyna*
Winde, Acker-	*Convolvulus arvensis*
Wolfsmilch	*Euphorbia* in Arten
Wollziest	*Stachys byzantina*
Zaunrübe, Weiße	*Bryonia alba*
Zierapfel	*Malus Cultivars*
Ziergurken, Igelgurken	*Cucumis dipsaceus*
Zierkürbis	*Cucurbita pepo*
Zierlauch	*Allium* in Arten
Zierquitte, Japanische	*Chaenomeles japonica*
Zierspargel, Feder-Spargel	*Asparagus setaceus* 'Plumosus'
Zierspargel, Stechwindenspargel	*Asparagus asparagoides*
Zimtbaum (Zimt)	*Cinnamomum zeylanicum*
Zinnie	*Zinnia elegans*
Zypergras	*Cyperus* in Arten

Botanisch - Deutsch

Abies alba	Tanne, Weiß-
Abies koreana	Tanne, Korea-
Abies nordmanniana	Tanne, Nordmanns-
Abies procera	Tanne, Edle
Acer campestre subsp. *campestre*	Ahorn, Feld-
Acer palmatum subsp. *palmatum*	Ahorn, Fächer-
Acer platanoides subsp. *platanoides*	Ahorn, Spitz-
Acer rubrum subsp. *rubrum*	Ahorn, Rot-
Achillea millefolium subsp. *millefolium*	Schafgarbe, Gewöhnliche, Wiesen-
Aconitum napellus	Eisenhut, Blauer
Actinidia deliciosa	Kiwi, Chinesische Stachelbeere
Aesculus hippocastanum	Kastanie

Agapanthus praecox	Schmucklilie, Immergrüne
Agave americana	Agave, Hundertjährige
Alchemilla mollis	Frauenmantel
Allium in Arten	Zierlauch
Alocasia sanderiana	Pfeilblatt
Amaranthus caudatus	Fuchsschwanz, Garten-
Anemone coronaria	Anemone, Garten-
Anemone hupehensis var. *japonica*	Anemone, Japanische Herbst-
Anthurium andraeanum	Flamingoblume, Große
Anthurium scherzerianum	Flamingoblume, Kleine
Antirrhinum majus subsp. *majus*	Löwenmäulchen, Garten-
Aquilegia var. *vulgaris*	Akelei
Ardisia crenata	Ardisia, Spitzblume
Aristea africana	Grannenlilie
Asclepias fruticosa	Seidenpflanze, Baumwoll-
Asparagus asparagoides	Zierspargel, Stechwindenspargel
Asparagus officinalis	Spargel, Gemüse
Asparagus setaceus 'Plumosus'	Zierspargel, Feder-Spargel
Aspidistra elatior	Schusterpalme
Astilbe × *arendsii*	Astilbe
Astrantia major subsp. *major*	Sterndolde, Große
Beaucarnea recurvata	Elefantenfuß
Bellis perennis	Gänseblümchen
Berberis in Arten	Berberitze
Bergenia cordifolia	Bergenie, Altai-
Bergenia crassifolia	Bergenie, Dickblättrige
Betula pendula	Birke, Hänge-
Bougainvillea spectabilis	Bougainvillee
Bryonia alba	Zaunrübe, Weiße
Buxus sempervirens	Buchsbaum
Calendula officinalis	Ringelblume
Callicarpa bodinieri var. *giraldii*	Schönfrucht, Liebesperlenstrauch
Callistephus chinensis	Aster, Sommer-
Calluna vulgaris	Besenheide
Carlina acaulis	Silberdistel
Catalpa bignonioides	Trompetenbaum, Gewöhnlicher
Cedrus atlantica	Atlas-Zeder
Celastrus orbiculatus var. *orbiculatus*	Baumwürger, Rundblättriger

Celosia argentea var. *cristata*	Celosie, Hahnenkamm-
Centaurea cyanus	Kornblume
Ceropegia linearis subsp. *woodii*	Leuchterblume, Hängende
Chaenomeles japonica	Zierquitte, Japanische
Chamaecyparis Lawsoniana in Sorten	Scheinzypresse, Lawsons-
Chamaecyparis obtusa in Sorten	Scheinzypresse, Feuer-, Muschel-
Chamaecyparis pisifera	Scheinzypresse, Erbsenfrüchtige
Chlorophytum comosum	Grünlilie
Chrysanthemum × *grandiflorum*	Chrysantheme, Garten-
Cinnamomum zeylanicum	Zimtbaum (Zimt)
Cladonia stellaris	Rentierflechte
Clematis Cultivars	Clematis
Clematis vitalba	Waldrebe, Gewöhnliche
Colchicum autumnale	Herbstzeitlose
Convallaria majalis	Maiglöckchen
Convolvulus arvensis	Winde, Acker-
Cornus alba	Hartriegel, Tatarischer
Corylus avellana 'Contorta'	Hasel, Korkenzieher-
Cosmos bipinnatus	Schmuckkörbchen
Cotinus coggygria	Perückenstrauch, Europäischer
Craspedia globosa	Trommelschlägel
Crataegus monogyna	Weißdorn, Eingriffliger
Crossandra infundibuliformis	Crossandra
Cryptomeria japonica	Sicheltanne, Japanische
Cucumis dipsaceus	Ziergurken, Igelgurken
Cucurbita pepo	Zierkürbis
Cyclamen persicum	Alpenveilchen
Cyperus in Arten	Zypergras
Dahlia Cultivars	Dahlie
Delphinium Cultivars	Rittersporn
Dianthus barbartus	Bartnelke
Dianthus caryophyllus	Nelke
Dicentra spectabilis	Tränendes Herz
Digitalis purpurea	Fingerhut, Garten-
Dischidia pectenoides	Dischidia, Urnenpflanze
Epimedium in Arten	Elfenblume
Equisetum hyemale var. *hyemale*	Schachtelhalm, Winter-
Eremurus in Arten	Steppenkerze

Eucharis amazonica	Amazonaslilie
Euonymus alatus	Spindelstrauch, Flügel-
Euonymus fortunei var. *fortunei*	Spindelstrauch, Kletternder
Euphorbia in Arten	Wolfsmilch
Euphorbia pulcherrima	Weihnachtsstern, Poinsettie
Fagus sylvatica	Buche, Rot-
Fallopia baldschuanica	Flügelknöterich, Schling-, Silberregen
Fallopia japonica	Flügelknöterich, Japanischer
Ficus carica	Feige
Forsythia × *intermedia*	Forsythie
Freesia Cultivars	Freesie
Fuchsia Cultivars	Fuchsie
Galax urceolata	Bronzeblatt
Gaultheria shallon	Salal, Shallon-Scheinbeere
Geranium Cultivars	Storchschnabel
Gerbera jamesonii	Gerbera
Gladiolus Cultivars	Gladiole
Glechoma hederacea	Gundermann
Gloriosa superba 'Rothschildiana'	Ruhmeskrone
Goniolimon tataricum	Statice
Gypsophila paniculata	Schleierkraut, Mehrjähriges-, Rispiges
Hedera helix	Efeu
Heliconia wagneriana	Helikonie
Helianthus annuus	Sonnenblume
Helichrysum Cultivars	Strohblumen, Garten-
Helichrysum italicum subsp. *serotinum*	Currystrauch
Helleborus niger	Christrose
Hepatica nobilis var. *nobilis*	Leberblümchen, Gewöhnliches
Heuchera Cultivars	Purpurglöckchen
Hippeastrum Cultivars	Amaryllis, Ritterstern, Belladonnenlilie
Hippophae rhamnoides	Sanddorn
Hosta Cultivars	Funkie
Humulus lupulus	Hopfen
Hyacinthus orientalis	Hyazinthe
Hydrangea anomala subsp. *anomala*	Hortensie, Kletter-
Hydrangea macrophylla	Hortensie, Garten-
Ilex aquifolium	Stechpalme, Gewöhnliche

Ilex crenata	Stechpalme, Japanische
Iris germanica	Schwertlilie
Jasmimum polyanthum	Jasmin
Juglans regia	Walnuss
Juniperus chinensis	Wacholder, Chinesischer
Juniperus communis var. *communis*	Wacholder, Gewöhnlicher Heide-
Juniperus horizontalis	Wacholder, Kriech-
Juniperus squamata	Wacholder, Schuppen-
Kniphofia Cultivars	Fackellilie
Lathyrus odoratus	Platterbse, Duftende, Duftwicke
Lavandula angustifolia	Lavendel
Lemna minuta	Wasserlinse, Winzige
Leucanthemum × suberbum	Margerite, Garten-
Leucophyta brownii	Silberblatt, Drahtpflanze
Lilium in Arten	Lilie
Lilium longiflorum	Lilie, Langblütige, Osterlilie
Limonium sinuatum	Strandflieder, Meerlavendel
Liriodendron tulipifera	Tulpenbaum, Amerikanischer
Lonicera caprifolium	Geißblatt, Wohlriechendes-, Jelängerjelieber
Lonicera × heckrottii	Geißblatt
Lunaria annua	Silberblatt, Einjähriges
Mahonia aquifolium	Mahonie, Gewöhnliche
Malus Cultivars	Apfel
Malus Cultivars	Zierapfel
Matthiola incana	Levkoje
Miscanthus sinensis	Chinaschilf
Myosotis sylvatica	Vergissmeinnicht
Myrtus communis	Myrte
Narcissus Cultivars	Narzisse, Osterglocke
Nelumbo nucifera	Lotusblume, Indische
Nerine bowdenii	Nerine
Olea europaea	Olive
Ornithogalum in Arten	Milchstern
Paeonia officinalis subsp. *officinalis*	Pfingstrose, Gewöhnliche
Panicum virgatum	Hirse, Ruten-
Papaver nudicaule	Mohn, Island-
Parthenocissus quinquefolia	Wein, Wilder
Passiflora caerulea	Passionsblume

Pelargonium grandiflorum	Pelargonie, Geranie
Phalaenopsis Cultivars	Phalaenopsis, Malayenblume
Philodendron bipinnatifidum	Philodendron, Baum-
Phlox paniculata	Flammenblume, Stauden-Phlox
Phyllostachys in Arten	Bambus
Physalis alkekengi	Lampionblume
Picea abies	Fichte, Gewöhnliche
Picea glauca	Fichte, Zuckerhut-
Pinus cembra	Kiefer, Zirbel-
Pinus mugo subsp. *mugo*	Kiefer, Berg-
Pinus nigra	Kiefer, Schwarz-
Pinus parviflora	Kiefer, Mädchen-
Pinus pinea	Pinie
Pinus strobus	Kiefer, Weymouths-, Seidenkiefer
Pinus sylvestris	Kiefer, Wald-
Pinus wallichiana	Kiefer, Tränen-
Pistacia lentiscus	Pistazie, Mastixbaum
Platanus × *hispanica*	Platane
Populus alba	Pappel, Silber-
Primula veris	Schlüsselblume, Echte
Protea in Arten	Protea, Silberbaum
Prunus in Arten	Kirsche
Prunus laurocerasus	Kirschlorbeer
Prunus spinosa	Schlehe
Pseudotsuga menziesii	Douglasie
Punica granatum	Granatapfel
Quercus coccinea	Eiche, Scharlach-
Quercus robur	Eiche, Stiel-
Rhododendron Cultivars	Rhododendron
Robinia pseudoacacia	Robinie, Gewöhnliche Scheinakazie
Rosa canina	Hunds-Rose
Rosa Cultivars	Rose
Rosmarinus officinalis	Rosmarin
Rubus caesius	Brombeere, Acker-, Kratzbeere
Rubus fruticosus	Brombeere, Echte
Rumohra adiantiformis	Lederfarn
Salix alba	Weide, Silber-
Salix matsudana 'Tortuosa'	Weide, Korkenzieher-

Salix udensis ‚Sekka'	Weide, Japanische Drachen-
Salix × *chrysocoma*	Weide, Goldene Trauer-
Salvia in Arten	Salbei
Scabiosa caucasica	Scabiose
Schinus molle var. *molle*	Pfefferbaum, Gewöhnlicher
Sedum spectabile	Fetthenne, Schöne
Sempervivum in Arten	Hauswurz
Skimmia japonica	Skimmie, Japanische
Solenostemon scutellaroides	Buntnessel
Solidago × *Solidaster*	Goldrutenaster
Stachys byzantina	Wollziest
Stephanotis floribunda	Kranzschlinge
Strelitzia reginae	Paradiesvogelblume, Königs-Strelitzie
Syringa vulgaris	Flieder
Tagetes erecta	Studentenblume, Hohe
Tagetes tenuifolia	Studentenblume, Feinblatt-
Taxus baccata	Eibe, Europäische
Thuja occidentalis	Lebensbaum, Abendländischer
Thymus in Arten	Thymian
Tillandsia usneoides	Tillandsie, Greisenbart
Tsuga canadensis	Hemlocktanne, Kanadische
Tulipa Cultivars	Tulpe
Typha latifolia	Rohrkolben, Breitblättriger
Verbascum olympicum	Königskerze
Viburnum opulus	Schneeball, Gewöhnlicher
Viburnum tinus	Schneeball, Immergrüner, Lorbeer-
Viola odorata	Veilchen, Duft-
Viola × *wittrockiana*	Stiefmütterchen
Viscum album	Mistel
Vitis vinifera	Weintrauben
Xanthorrhoea australis	Steelgras, Südlicher Grasbaum
Xerophyllum tenax	Bärengras
Zantedeschia aethiopica	Kalla, Weiße
Zantedeschia Cultivars	Kalla, Farbige
Zea mays	Mais
Zingiber officinale	Ingwer
Zinnia elegans	Zinnie

Adressen, Literaturverzeichnis

Bezugsquellen

Werkzeuge und Hilfsmittel

Alle im Buch aufgeführten Werkzeuge, Hilfsmittel, Schnittblumen, Pflanzen und andere Werkstoffe erhalten Sie in kompetenten Floristikfachgeschäften. Fragen Sie einfach nach. Auch spezielle Steckschaumformen und Grundgerüste können Sie sich hier von Floristen vorbereiten lassen.
Zahlreiche Baumärkte und Bastelläden bieten ebenfalls Werkzeuge, verschiedene Hilfsmittel wie Steckschaum, Drähte und Schleifenband sowie pflanzliche Werkstoffe an.

Blumenwerkstatt „Florales"
Beate Walther
Kloster 13
98530 Rohr
Tel.: 0 36 44 / 4 01 76
kontakt@beate-walther.de
info@alles-ueber-blumendeko.de
www.beate-walther.de
www.blumendeko.net

Gartenscheren

Master
Gartenhandgeräte & Zubehör
Kreuzstraße 15
52445 Titz-Hasselweiler
Tel.: 0 24 63 / 99 32 84
bestellung@master-garten.com
www.master-garten.com

Effektive Mikroorganismen

Eberhard Meyerhoff
Alter Schulweg 10
38465 Brome-Zicherie
Tel.: 0 58 33 / 97 04 00

Anbieter von Gestaltungskursen

Blumenwerkstatt „Florales"
Beate Walther
siehe linke Spalte

Das Gartenhaus
Stephanie Hoffmann
Rundsmühlhof 1
71729 Rundsmühlhof
Tel.: 0 71 44 / 84 90 11

Flora Blum Blumenwerkstätte
Bettina Beisswenger
Quellenweg 7
73230 Kirchheim
Tel.: 01 72 / 6 31 86 14
flora-blum@web.de

Florale Werkstatt
Bettina Stephani
Erkmannsdorferstr. 1
01324 Dresden
Tel.: 03 51 / 26 33 03 20
florale-werkstatt@gmx.de

Gärtnerei am Friedhof
Martin Kretschel
Neckarstr. 52
65462 Ginsheim
info@gaertnerei-am-Friedhof
www.gaertnerei-am-Friedhof

Inspirationswerkstatt und Atelier für Ausdruckskunst, Natur und Energiearbeit
Andrea Schwab, Gießen
Tel.: 0170/9005562
Terra-cor@email.de
www.terra-cor.eu

Kutsch, Manfred und Margret
Wenzelbach 22
54595 Prüm
Tel.: 06551/980080
mmkutsch@t-online.de

Meine Welt
Heike Körner
Straße des Friedens 13
04769 Sornzig-Ablaß
OT Kemmlitz
Tel.: 03 4362/35875
info@meine-welt-kemmlitz.de
www.meine-welt-kemmlitz.de

Pfingstrosengärtnerei
Ulrike Schulze
Wallwitzer Str. 48
06193 Nauendorf
Tel./Fax.: 034603/21070
ulrike@pfingstrosengaertnerei.de
www.pfingstrosengaertnerei.de

Stielwerk
Simone Schüßler
Am Tennenbach 2
91054 Erlangen-Buckenhof
Tel.: 09131/123555
info@stielwerk-erlangen.de
www.stielwerk-erlangen.de

Wildwuchs
Antje Bär
Mühlenstr. 114
27367 Ahausen
Tel.: 04269/6393

Zierrat
Marianne Meckler
Hauptstr. 21
74858 Aglasterhausen
Tel.: 06262/2184
zierrat@gmx.de
www.zierrat-aglasterhausen.de

Verwendete Literatur

Ahrens, Lindner, Nabel, Ochsenfeld, Rötscher, Schorn: Fachkunde für Floristik. Kiesler-Verlag, Neusäß, 1999
Benjamin, Per; Max van de Sluis; Tomas de Bruyne: Sträuße. Verlag Ulmer, Stuttgart, 2006
Benjamin, Per; Max van de Sluis; Tomas de Bruyne: Raumschmuck. Verlag Ulmer, Stuttgart, 2006
Beuchert, Marianne: Sträuße aus meinem Garten. Verlag Ulmer, Stuttgart, 1977
Bürki, Moritz, Fleischli, Peter: Bildatlas Schnittblumen. Verlag Ulmer, Stuttgart, 2008
Demus, Sieglinde: Erde-Wasser-Feuer. In: Der Florist 20/2002, S. 43. Donau Verlag, Münster
Demus, Sieglinde: Rosemalia: Eine Rose aus vielen Rosen. In: Der Florist 17/2005, S. 35–37. Donau Verlag, Münster
Erhardt, Walter; Götz, Erich; Bödeker, Nils; Seybold, Siegmund: Zander: Handwörterbuch der Pflanzen, 18. Auflage, Verlag Ulmer, Stuttgart, 2008
Faber, Andreas: Trauerfloristik, Verlag Ulmer, Stuttgart, 2003
Faber, Andreas: Gefäße aus Wachs. In: Florieren 4/2007, S. 53. Ulmer, Stuttgart, 2007
Haake, Karl-Michael: Sträuße. FMS Floristik Marketing Service GmbH, Ratingen, 2005
Haake, Karl-Michael: Gestecke. BLOOM's GmbH, Ratingen, 2006
Haake, Karl-Michael: Trauerfloristik. BLOOM's GmbH, Ratingen, 2006
Haake, Karl-Michael: Braut und Blume. BLOOM's GmbH, Ratingen, 2006
Haake, Karl-Michael: Basics Kolleg, Heft 01. BLOOM's GmbH, Ratingen, 2008
Haake, Karl-Michael: Basics Kolleg, Heft 02. BLOOM's GmbH, Ratingen, 2008
Hornschuh, Dieter: Farbenlehre für Floristen. Donau Verlag, Günzburg, 1994
Kratz, Monika; Henkel, Hella: Just married. Nr 1. FMS – Floristik Marketing Service GmbH, 2000
Lersch, Gregor: Gestaltungsgrundlagen der Floristik. Donau-Verlag, Münster, 1999
Lersch, Gregor: Florales Handwerk. FloralDesign Edition, Münster, 2008
Neidinger, Helmut: Pflanzschalen. Verlag Ulmer, Stuttgart, 1990
Rücker, Karlheinz: Die Pflanzen im Haus. Verlag Ulmer, Stuttgart, 1998
Sacalis, John N.: Schnittblumen länger frisch. Thalacker Medien, Braunschweig, 1998
Schönfeld, Philipp: Gestalten mit Kübeln. In: Gartenpraxis Nr. 6/2007, S. 31. Verlag Ulmer, Stuttgart, 2007
Seipel, Holger: Fachkunde für Gärtner. Dr. Felix Büchner Verlag Handwerk und Technik, Hamburg, 2001
Strobel-Schulze, Rosemie: Trockenblumen. Falken-Verlag, Niedernhausen, 1983/86
Wagener, Klaus: Schöner draußen! DuMont Buchverlag, Köln, 2000
Walford, Ursula; Barlage, Ruth; Lucht, Inge; Wieler, Marianne: Florist I, 2. akt. Auflage, Verlag Ulmer, Stuttgart, 2008
Walford, Ursula; Eidam-Berk, Marie-Luiese; Meyer, Sabine; Strohschneider, Meinhard; von Wissel, Gisela: Florist II. Verlag Ulmer, Stuttgart, 2007
Wegener, Ursula: Sträuße. Verlag Ulmer, Stuttgart, 1992

Wegener, Ursula: Brautsträuße. Verlag Ulmer, Stuttgart, 1997
Wegener, Ursula: Früchte, Formen, Farben. Verlag Ulmer, Stuttgart, 2002
Witt, Gerlinde: Beständige Trostspender. In: Florieren 9/2007, S. 33. Verlag Ulmer, Stuttgart, 2007
Wundermann, Ingeborg: Der Florist, Band 1. Verlag Ulmer, Stuttgart, 1971
Wundermann, Ingeborg: Der Hobby-Florist, 2. Auflage. Verlag Ulmer, Stuttgart, 1993

Weiterführende Literatur

Benjamin, Per; Max van de Sluis; Tomas de Bruyne: Weihnachsfloristik. Verlag Ulmer, Stuttgart, 2007
Benjamin, Per; Max van de Sluis; Tomas de Bruyne: Trauerfloristik. Verlag Ulmer, Stuttgart, 2008
Benjamin, Per; Max van de Sluis; Tomas de Bruyne: Gestecke. Verlag Ulmer, Stuttgart, 2009
Bochardt, Wolfgang: Farbe in der Gartengestaltung. Verlag Ulmer, Stuttgart, 2008
Fröhlich, Manfred: Weidenflechtwerke. Verlag Ulmer, Stuttgart, 2008
Köhlein, F.; Bärtels, A.; Menzel, P.: Lexikon der Gartenpflanzen. Verlag Ulmer, Stuttgart, 2007
Mader, G.: Geschichte der Gartenkunst. Verlag Ulmer, Stuttgart, 2006
Wagener Klaus: Floral Art. BLOOM's, Ratingen, 2008
Wagener, Klaus; Henckel, Hella: Wohnen mit Pflanzen. Verlag Ulmer, Stuttgart, 2007
Wagener, Klaus; Gregor Lersch: two faces. BLOOM's, Ratingen, 2006
Wagener, Klaus und Team: Blumen Vielfalt. BLOOM's, Ratingen, 2008
Willery, Didier: Ziersträucher von A-Z. Verlag Ulmer, Stuttgart, 2006

Zeitschriften

BLOOM'S, BLOOM'S, Ratingen
Fleur kreativ, Rekad Verlag, Herentals/Belgien
Fleurop, Fleurop AG, Berlin (erhältlich in Floristikfachgeschäften)
Floristik lernen, Wohnverlag, Kleve
Floristik kreativ, Wohnverlag, Kleve
florieren!, Eugen Ulmer, Stuttgart
Gartenpraxis, Eugen Ulmer, Stuttgart
Kreativ mit Blumen, Wohnverlag, Kleve

Fernsehsendungen

ARD-Buffet
www.ard-buffet.de
ARD Ratgeber Heim und Garten
www.ard.heim&garten.de
Bayerisches Fernsehen
Querbeet durchs Gartenjahr
www.querbeet@br.online.de
MDR Garten
www.mdr-garten.de
SWR Grünzeug
www.swr.de
SWR Kaffee oder Tee
www.kaffee-oder-tee.de
WDR-Fernsehen
Servicezeit Wohnen und Garten
www.wdr.servicezeit.de

Die Zeichnungen fertigte Claudia Leyh, ideen brigade leyh design, Meiningen, nach Vorlagen der Verfasserin.

Dank

Den größten Dank verdienen mein Mann und meine Tochter für ihre Geduld und Unterstützung und alle meine Freunde und Kunden, die mir die Treue gehalten haben, als ich während des Entstehens des Buches nur wenig Zeit für sie hatte.

Mein besonderer Dank gilt neben Edith Strupf, Chefredakteurin der Fachzeitschrift „florieren!", dem Verleger Roland Ulmer, die mir mit der Erarbeitung dieses Buches einen Traum aus meiner Studienzeit erfüllten.
Ein großes Kompliment gebührt meiner Lektorin Anke Ruf, die mich immer wieder motivierte und unterstützte, sowie dem Engagement von Wiebke Krabbe, Gabriele Wieczorek und Katrin Kleinschrot.

Die wunderbaren Fotos und Zeichnungen tragen ganz entscheidend zum Erscheinungsbild dieses Buches bei – ohne sie wäre es ohne Farben und Emotionen. Mein allerherzlichster Dank gilt Erhard Driesel und seinem tollen Foto-Team sowie der Grafikerin Claudia Leyh aus Meiningen.

Ich bedanke mich bei Ursula Wegener, Marlene Riese, Hildegard Seidel, Linda Linke-Leich, Ursula Eggenstein, Elke Schütze, Daniela Eschrich, Ulrike Ruschke, Evelyn Schreiber, Manfred Hotter, Simone Spengler, Annette Kamping, Gregor Lersch und Max van de Sluis für ihre Ideen, Impulse und ihre Hilfsbereitschaft sowie allen, die an diesen Buch mitgewirkt oder meine Arbeit in irgendeiner Art unterstützt haben. Dazu gehören auch die Mitarbeiter der Meininger Museen Schloss Elisabethenburg, das Team des mdr-Gartens sowie meine Kollegen der Lehr- und Versuchsanstalt für Gartenbau in Erfurt.

Anliegen diese Buches ist das Aufzeigen einer großen Vielfalt von Gestaltungsmöglichkeiten. Ich danke daher dem Meisterlehrgang 2002 der Floristmeisterschule in Gelsenkirchen, dem Dresdner Institut für Floristik, dem FDF-Team aus Sachsen-Anhalt, dem Team Grün aus Hannover und der Berufsschule in Schmalkalden für die Erlaubnis einige ihrer Werkstücke im Buch abdrucken zu dürfen.

Großer Dank gilt allen Firmen, die mir Schnittblumen, Steckmasse, Schalen, Werkzeuge oder Hilfsmittel zur Verfügung stellten oder uns bei der Durchführung von Fotoarbeiten unterstützten.

Schnittblumengroßhandel H.B.I., Erfurt
Smithers-Oasis Germany, Grünstadt
Gartenbaubedarf Bosse, Wiernsheim
Master-Gartenhandgeräte, Titz-Haselweiler
Floristenbedarfsgroßhandel Bettin, Erfurt
Floristenbedarfsgroßhandel Kritzner, Zeil a. M.
Pflanzengroßhandel Burger, Zeil a. M.
Rosen Noack, Gütersloh

Bildquellen

Manfred Hotter, Frankenhardt – Honhardt: Seite 63 links oben, 66 links oben, 94 links unten, 199 unten, 209, 218 links unten, 218 rechts unten, 232 Mitte, 232 rechts, 233 Mitte oben
Floristenbedarfsgroßhandel Kritzner, Zeil a. M.: Seite 222
Henry Markert, Rohr: Seite 221 links oben, 241 links Mitte
Kirsten Höttermann, Hermschwende: Seite 113 links
Beate Walther, Rohr: Seite 34, 35 rechts unten, 38, 39 oben, 40 unten, 62 rechts, 63 rechts oben, 64 rechts unten, 71 oben, 75, 77 oben, 77 rechts unten, 78 links, 80, 81 rechts Mitte, 89 unten, 102, 106 links oben, 107 links oben, 107 links unten, 115 rechts oben, 117, 123, 134, 149 rechts, 149 links

Alle anderen Fotos stammen von der Firma foto-ed, Meinigen.

Umschlagfotos:
Titelseite, großes Foto: Flora Press
Titelseite, gestaltetes Herz: Beate Walther, Rohr
Alle anderen Umschlagsfotos: Firma foto-ed, Meiningen

Durch gesellschaftliche Einflüsse, Modetrends und das stetig wachsende Angebot neuer Werkstoffe und Materialien verändern sich im Laufe der Zeit nicht nur Arbeitstechniken, sondern auch theoretische Ansichten.
Auch wenn die Begrifflichkeiten im Wesentlichen allgemein und sogar international verständlich festgelegt wurden, werden in den Berufs- und Meisterschulen die Inhalte ständig hinterfragt, teils unterschiedlich gelehrt und interpretiert. So kann es vorkommen, dass Sie in anderer Fachliteratur von diesem Buch abweichende Aussagen finden.

Register

Achterknoten 60, 218
Adventskränze 234, 235
Akzente 117, 237
Alkoholbehandlung 42
Anbrennen 42
Andrahten 52, 64
– von Blättern 53
– von Blütenköpfen 52
– von Früchten, Zwiebeln und Knollen 55
– von Gras, Heu und Stroh 55
– von kurzen Werkstoffen 54
– von Stielen 52
– von trockenen Werkstoffen 52
– von Zapfen 52
Angabeln 56, 239
Anklopfen 42
Anlässe 127 ff.
Anschneiden unter Wasser 43
Anstecker 48, 251
Arbeitsplatz 26
Arbeitstechniken 41 ff.
– zur Verarbeitung pflanzlicher Werkstoffe 60 ff.
– zur Versorgung pflanzlicher Werkstoffe 41 ff.
– zur Vorbereitung pflanzlicher Werkstoffe 48 ff.
Armschmuck 251
Äste 30, 33, 35, 75, 165, 194, 220, 235
Asymmetrie 92, 93, 123, 198, 246
Aufbewahrung von Werkstücken 48, 251
Auffädeln 55, 234
Aufreihen 59
Aufspießen 55, 61
Aushöhlen 62
Ausschleimen 43
Autoschmuck 176

Balkonkästen 203
Bänder 26, 122, 141 ff., 149, 152, 181, 236, 238, 241, 246, 249 ff., 252 ff.

-florale 254, 257
Bauschaum 75, 234
Befestigung von Werkstoffen 60 ff., 214
Begleitpflanzen 197, 202
Bepflanzung siehe Pflanzung
Bestreichen 63
Bewegungen von Sprossachsen 28
Bewegungslinien und -richtungen 84, 85, 106, 135, 168, 173, 186
Biedermeierstrauß 123, 145, 146
Biegen 56
Bindemittel 18, 62, 136 ff.
Binden 62, 239, 242 ff.
– auf Draht 223
– auf Wülste 224
– auf Strohrömer 225
– von Sträußen 134 ff.
Bindestelle 136 ff.
Bindetechniken
– parallel 142
– spiralförmig 136 ff.
Bio-Blumen 40
Blattarten 30
Blätter 30, 33, 34, 53, 54, 75, 84, 220
Blattglanz 59, 155
Blattgold 71, 152
Blattmetamorphosen 30
Blattoberflächen 87, 185
Blei 18, 75
Blumenmesser 12
Blumenwasser 45
Blumenzwiebeln 34, 194
Blüten 31, 76, 221
Bodenmodellierung 193
Bohren 63
Botanische Pflanzennamen 31
Bouillondraht 22
Brautschmuck 240, 251 ff., 257
Brautsträuße siehe Sträuße
Brautkränze 240
Broncenet siehe Gitterdraht 17, 79
Buchsbaumschere 13
Bündeln 63, 212
Bündelungen 246

Corsage siehe Anstecker
Crashen 66, 254

da Vinci, Leonardo 122
Dekorativ 118, 168, 173, 197, 216, 236, 246
Diadem 252
Doppelseitiges Klebeband 152, 153, 233
Dornenentferner 13
Drahten 63
Draht 15 ff., 76
– Aufbewahren 16
Drahten 63
Drahtgestell 67, 158, 176
Drahtkonstruktionen 67, 76, 77, 210, 214
– Füße 77, 163, 213, 214
– Gestelle 77
– Körbe 76, 214
– Kugeln 67
Drahtrödler 71, 232
Drahtschere 13
Dränage 190
Dreiecke 86, 182
Drilldrahtbinder siehe Drahtrödler 71
Düngen 196
Durchstecken 64

Edelformen 88, 89
Efeunadeln 16, 228
Eier 24, 235
Einballieren 194, 231
Einhängen 64
Einkaufsquellen 38
Einkürzen der Stiele 49
Einritzen 43, 65
Einsprühen 65, 143
Einzelblüten, aufgebundene 149
Eisen 77
Englische Technik 143, 144
Entfernen 43, 57, 155
– der äußeren Epidermis 57
– von Pollentaschen 43, 155
Exoten 40, 221

Falten 65
Farben 112ff., 135
Farbenlehre 112
Farbharmonien 113, 114, 245
Farbkontraste 114ff., 245
Farbkreis 112
Farbwirkung 110
Fasern 24, 211, 213
Festons 122, 245
Fibonacci, Leonardo 105
Filz 78
Flächenformen 84, 86, 87, 108
– Dreieck 86, 182
– Kreis 87
– Quader 86, 245
– Rechteck 86, 247
Flachtüllen 52, 220
Flechten 65, 66, 77, 222, 254
– von Drahtgestellen 67
Fließ- und Bewegungsrichtungen 219
Florale Bänder 257
Floristikfachgeschäfte 9, 38, 154, 179
Folie 21, 74, 168, 230, 251
Formal-linear 119, 149, 174, 201
Formarbeiten 216
Formen
– aus Draht 65
– aus pflanzlichen Werkstoffen 65
Friedhofsvasen 141, 160, 181
Frischhaltemittel 45, 46, 165
Früchte 33, 34, 46, 54, 62, 76, 131, 146, 221, 247
– Andrahten 55
– Aufspießen 55, 61
– Aushöhlen 62
– Braunfärbung 62
– Einritzen 65
– Verwendung 131
Füllen 65
Fußkonstruktionen 77, 163, 214

Gala-Clips 251
Gartenblumen 35
– Anbau 38
– Ernte 37
Gartenschere 12
Gebundenes Werkstück 210
Gefäße 140, 86, 207
– Abdichten 74, 75
– Arten 187
– Formen 187
– Frostfestigkeit 188
– Konstruierte 189
– Materialien 188
– Säubern 74
– Selbst herstellen, erweitern, veredeln 74, 75
Gegengruppe 96, 199, 200
Geltungen 88, 245
Geltungsansprüche 89
Geltungsformen 89, 90, 245
Gemeinschaftsformen 90
Geometrische Formen 86, 182

Geradeziehen 43
Gerüststräuße 160, 161
Gestaltungsarten 118
– dekorativ 118, 168, 173, 197, 216, 236, 246
– formal-linear 119, 149, 174, 201
– vegetativ 118, 168, 173, 198
Gestaltungsthemen 126
Gestecke 164ff.
– dekorativ 173
– formal-linear 174
– vegetativ 173
Getreide 33, 222, 233
Gießen 195, 196
Gips 78
Girlanden 62, 121ff., 242ff.
Gitterdraht 17, 66, 79, 189, 213
Glamelie 56, 156, 250
Goldene Linien 96, 199
Goldener Schnitt 93, 105ff., 150, 157, 199, 217ff., 236ff., 240, 246, 249, 250
Grab- und Trauergestecke 179
Grabschalen 206
Graduierung 120
Griffgestaltung 136ff., 153, 175
Grünsträuße 162
Gruppierungen 95, 97, 145, 197ff., 237
– Gegengruppe 96, 199
– Hauptgruppe 95, 197ff.
– Nebengruppe 96, 199

Haarschmuck 65, 246, 252
Haften 16, 67, 220, 226ff.
Häkeln 67, 253, 254
Halme 29, 33, 75, 165
Halsschmuck 252
Haltbarkeit von Blüten 37
Handschuhe 14
Hanging Baskets 204
Harmonien 111, 122
Hauptgruppe 95, 96, 192, 197, 199ff.
Hauptmotiv *siehe Hauptgruppe*
Heißkleber 78, 232
Heißwasserbehandlung 44
Herdplatte 14, 72, 81
Herrschaftsformen 88, 89
Herzen 224, 247
Heu 32, 55, 65, 66, 79, 246, 248, 249
Hilfsmittel 15ff.
– gestalterische 15ff.
– technische 22ff., 211
Hochblätter 30
Hochzeitsschmuck 128
Hochzeitstage 127ff.
Holz 78, 254
Holzleim 232
Holzstäbe 18, 192
Hutschmuck 252

Ikebana 20, 68, 124
Islandmoos 247
Itten, Johannes 112

Jahreszeiten 32ff., 126

Kabelbinder 18, 211, 232, 240
Kaltkleber 152, 232
Kautschukband 17, 58, 152
Kegel 87, 169, 170, 213
Kenzan 20, 70, 149, 166
Kerzen 25, 177, 257
Ketten 55ff., 61, 252
Kissen 79, 247
Klebemasse 18, 171
Kleben 19, 67, 232ff.
– mit doppelseitigem Klebeband 152, 153, 232
– mit Heißkleber 68, 232
– mit Holzleim 68, 232
– mit Kaltkleber 68, 152, 232
– mit Sprühkleber 68, 152, 232
– mit Tapetenkleister 68
Klebepistole, Heiß- 4
Klemmen 68
Klettarmband 251
Kletterpflanzen 28, 38
Knospen 28, 97, 221, 236, 245
Knoten 69, 239
Knüpfen 69
Kokosmatte 204, 230
Kombi-, Spezialschere 13
Komplementärkontraste 115
Konservieren von Blumen 47
Konstruktionen 208ff.
– von Formen 214ff.
– von Pflanzgefäßen 189
– aus Draht 76, 77
– Materialien 210
– Merkmale 210
– Typen 210
– Wasserversorgung 214
– Werkstoffbefestigung 64, 214
– Werkstoffe 75, 76
– Winden 72
– Zwirbeln 73
Kontraste 111
Kopfkränze 65, 121, 122, 252
Kopfschmuck 252
Kordeln 22, 23, 236, 246, 248, 250
Körperformen 84, 86, 87, 108
– Kegel 87, 170, 213
– Kugeln 70, 73, 87, 166, 248
– Pyramiden 87, 214, 215
Körperschmuck 251
Kranzabwickelband 17, 225, 241
Kränze 62, 121, 122, 216ff.
– Aufbau 216
– Fließ- und Bewegungsrichtungen 19
– Blattanordnungen 227
– Helligkeit von Werkstoffen 220
– Profilformen 217
– Symbolik 121ff., 125
– Umrissformen 218, 219
– Unterlagen 216ff, 223ff., 229
– Verwendungen 240, 241

– Werkstoffe 220
– Winden 72
Kranzkörper 217
Kranzöffnung 217
Kranzproportionen 217, 219
Kranzschmuck 217
– Formen 136
– Gestaltung 136
– Techniken 223, 239
Kranztechniken 223 ff.
– Binden (Wickeln) 223
– Haften 227
– Kleben 232
– Pflanzen 230
– Stecken 228
– Winden 225, 231
Kreise 87
Kreppband *siehe Tape*
Kreuze 248
Kreuzknoten 64
Kugeln 70, 80, 87, 166, 197, 205, 248, 250
Kunststoffbast 18, 143, 152
Kunststoffröhrchen *siehe Wasserröhrchen* 21

Laminieren 69
Laubgehölze 222
Legen 169
Leitpflanzen 197, 199, 200 ff.
Lersch, Gregor 163, 167
Linien 84
Linienverläufe
– diagonal 99
– frei angeordnet 100
– parallel 98
– radial 98
– sich überschneidend 99
– sich windend 99
Linné, Carl von 32
Lochen 70

Magnete 251
Manschettensträuße 146, 161, 247
Markhöhle, öffnen 44
Maschendraht 16, 79, 170, 180, 234, 239
Matten 65, 69
Messer für die Steckmasse 13
Milchsaft 42
Mischtechnik 143, 144
Moderne Werkstücke 254
Moos 164, 189, 194, 200, 218, 222, 224, 228 ff., 239, 244, 248 ff., 254
Muff 252
Mühlenbeckia 24, 166, 176, 182
Myrtendraht 16

Nadelgehölze 222, 223
Nadeln 75,
Natur 34, 123, 198
Naturbast 18, 136 ff., 152
Nebengruppe 95, 96, 199 ff.

Oberflächen 87, 88, 110, 185
Offene Kränze 241
Optisches Gewicht 93, 107, 110
Ordnungsarten 91
– Symmetrie 91, 245
– Asymmetrie 92, 245

Papier 79, 80, 254, 257
Parallel 63, 98, 99, 102, 136, 148 ff.
Patenthaften 16, 226
Patina 16
Perlen 70, 249 ff.
Pflanzabstände 204
Pflanzarbeiten
– Dränage 90
– Gefäße 186, 207
– Pflege 195
– Substrat 190
– Pflanzen
– Präsentation 203 ff.
– Vorbereitung 191
Pflanzarbeiten gestalten 197 ff.
– dekorativ 197
– formal-linear 201
– vegetativ 198
Pflanzarbeiten präsentieren 208
– als Gruppe 208
– als Paar 207
– als Reihe 208
– als Solitär 207
Pflanzarbeiten Goldener Schnitt 199
Pflanzen
– auf Steckschaum 194
– in Moos 194
– in Sträußen und Gestecken 195
Pflanzenauswahl 71,1 91
– für Außenbereiche 184 ff.
– für Innenräume 183 ff.
– nach dem Lichtbedarf 183, 185
– nach dem Standort 183, 185
– nach der Vegetationszeit 184
– nach gestalterischen Aspekten 185
– nach pflanzenphysiologischen Aspekten 31, 185
– nach pflanzensoziologischen Aspekten 183
Pflanzenauswahl nach der Vegetationszeit 184, 185
– dauerhaft 185
– kurzfristig 184
– saisonal 185
Pflanzeneinkauf 186
Pflanzennamen, botanische 31
Pflanzenqualität 186
Pflanzgefäße 186 ff.
– Salzablagerungen 101
Pflanzliche Werkstoffe 32 ff.
Pflanzungsmöglichkeiten 202
– gestaffelt 202
– Mono- 202
– Unter- 202
– weitere 202

Ph-Werte 190
Pinholder 20
Pinnen 70
Profilformen 217, 242
Proportion der Gleichheit 104
Proportion der Ungleichheit 105
Proportionen 107
– Gesteck 173
– Kranz 217 ff., 236
– Pflanzung 187, 207
– Strauß 154
– Symbolformen 246 ff.
Prunkformen 90, 122
Pyramiden 87

Radial 98, 102
Ranken 33, 75, 182, 246
Ratschenschere 12
Raumwirkung 115, 116, 200
Reagenzgläser *siehe Wasserröhrchen* 21, 172, 214, 215, 232, 240
Rebdraht 18, 210
Rechtecke 86, 247
Reihung 93
– abgestufte 94
– einfache 93
– rhythmische 94
– unregelmäßige 94
Reversschmuck 246, 247, 251
Rinde 33, 75, 232, 233
– entfernen 44
Römerhaften 16
Rundtüllen 52, 218

Sammelbuch 35
Schäfte 29, 51
– aufhängen 59
Schienen 52
Schleifenbänder 23
Schleppe 253
Schmuckkränze für den Wohnbereich 240, 241
Schmucknadeln 24, 143, 154, 228
Schneewatte 79
Schnittblumen
– Anschnitt 41
– Herkunft 40
– Putzen 41
– Qualität 39
– Nahrung 45, 46, 165
Schnittreife von Gartenblumen 36
Schuppierungen 70, 218, 220
Silberdraht 15, 141
Sisal 68, 79, 249, 254
Spindeln 79, 249
Spleißen 70
Sprosse 28
– Bewegungen 28, 84, 85, 134, 199
– Metamorphosen 30
– Wuchsformen 29
Sprühen 46, 196
Sprühkleber 68, 152, 232
Staffelungen 97, 147, 173, 219, 221
Standortansprüche 185

Stängel 29
Stapeln 70
Stauden 29, 36, 37, 38, 185
Steckdraht 15
Stecken 70
- auf Wulst oder Römer 228, 229
- in Steckschaum 167, 171 ff., 229, 230
Steckhilfsmittel 19, 165 ff.
- alternative 165 ff.
- Verarbeitung 165 ff.
Steckigel *siehe* Kenzan
Stecknadeln 16, 228
Steckschaum 19, 167, 239, 247, 251, 252, 254, 257
- Befestigen 169 ff.
- Einstecken von Werkstoffen 164 ff., 229
- Pflanzen auf 193
- Verarbeitung 168 ff.
- Wässern 167
Steckschaumarten 19, 167
- farbiger 19, 167
- grauer 19
- grüner 19, 167
Steckunterlagen
- für Autoschmuck 176
- für Grab- und Trauergestecke 180
- für Kränze 228, 229
- für Kranzschmuck 239
- für Tischschmuck 179
- selbst herstellen 171, 180, 182
Stiele 141 ff.
- angedrahtet 142 ff.
- Englische Technik 143
- natürlich 141
- Mischtechnik 143
Stilkunde 121 ff.
Stillleben 69, 205
Stola 253
Sträuße 134 ff.
- aufbewahren 45, 46
- Bindetechniken 136 ff.
- gestalterische Grundlagen 134
- Griffgestaltung 136 ff., 153, 175
- Grünsträuße 162
- in Wasser einstellen 45
- mit Gerüsten 160 ff.
- mit Manschetten 161
Straußformen
- Armstrauß 154
- Biedermeierstrauß 122, 145
- bogenförmiger Strauß 144, 150, 155
- Etagenstrauß 149
- formal-linearer Strauß 149, 155
- garbenförmiger Strauß 151
- Strauß in Konstruktionen 163
- kugelförmiger Strauß 156
- Legestrauß 159
- parallel hochgebundener Strauß 147
- rund gebundener Strauß 145, 157
- Stehstrauß 141

- texturbetonter Strauß 151
- tropfenförmiger Strauß 144, 157
- wasserfallartiger Strauß 158
Straußhalter 174
Straußmanschetten 79, 146, 162
Streuung 94
Strohrömer 20, 216 ff.
Strukturpaste 80
Stützdraht 15
Stützen 49 ff.
- von Blättern 49
- von Blütenstängeln 49
- von Halmen 50
Styroporunterlagen 20, 80
Substrat 190, 196
- von Wurzeln entfernen 59
Symbole 112, 121 ff., 125, 222, 240, 245 ff., 252
Symbolformen 182, 237, 245 ff.
Symmetrie 91 ff., 198, 216, 245
- formen 91, 92

Tackern 71
Tape 17, 142 ff., 152 ff., 162
Tapen 57, 58
Taschen 257
Tauchen 196
T-Drahten 64
Terrakotta 188, 207
Texturen 87 ff., 112, 138, 151, 185, 200
Tisch- und Tafelschmuck 128 ff., 177, 205, 257
Ton 80
Torten 257
Transport 39, 48
Trauerbänder 22, 238
Trauergestecke 182
Trauerkränze 216 ff.
Trauersträuße 159
Trockenblumen 14, 47, 54, 161, 221, 222, 234, 241, 252, 254, 257
Trockensteckschaum 167
Tuffs 52, 54, 192, 228
Türkränze 217, 240, 241
Tüten 79, 81, 257

Überschneidungen 99, 249
Umriss 104, 135, 145, 173, 181, 197, 210, 218 ff.
- Gesteck 173 ff.
- Konstruktionen 210 ff.
- Kranz 216 ff.
- Strauß 134 ff., 145 ff., 159 ff.
- Symbolformen 245 ff.
Unter- und Überproportionen 107, 157
Unterlagen 20, 223 ff., 229, 230
Untersetzer 189
Übertöpfe 189

Vakuumsauger 19, 257
Vegetativ 118, 168, 173, 198 ff.
Vegetationszonen 198

Vegetationsgemeinschaften 119
Verdrillen 71
Vergolden 71
Verpackung 21, 48
Verpackung von Blumen und Pflanzen 48, 251
Versorgung von Schnittblumen 41, 152, 172

Wachs 72, 80
Wachsen 72
- als Verdunstungsschutz 58, 152, 158, 240, 254
- von Blüten und Früchten 72
- von Gefäßen 72
Wandbilder 69
Wasser 45
- im Schaft 44
Wasserentzug 59
Wasserfestes Gewebeband 17, 171
Wasserglas 75, 215
Wasserröhrchen *siehe auch* Reagenzgläser 21, 172, 195, 214, 215, 240, 254, 257
Wasserpflanzen 69, 76,
Wasserversorgung 214, 215
Wattieren 57, 152
Weben 72
Werkstoffe
- Merkmale 84 ff.
- Ordnen und Anordnen 91 ff.
- pflanzliche 75, 220 ff., 222 ff.
Werkstücke 104
- Wirkung 85
- Merkmale 104 ff.
Werkzeuge 12 ff.
- Dornenentferner 13
- Klebepistole 14
- Messer 12, 13
- Scheren 12, 14
Werkzeugpflege 14
Wickeldraht 15
Wickeln 72, 223
Winden 72, 231, 235, 239
Wuchspunkte 100, 101 ff.
- Anzahl und Anordnung 102
- Positionierung 101
Wulste 224 ff., 228
Wurzelmetamorphosen 31
Wurzeln 31, 34, 191, 192

Zapfen 54, 75, 248
Zement 77, 81
Zepter 237, 250
Zerstäuber 21, 196, 211
Zweige 33, 34, 235
- Barbara- 34
- Ausdünnen 59
Zwirbeln 73

Bibliografische Information der Deutschen Nationalbibliothek
Die Deutsche Nationalbibliothek verzeichnet diese Publikation in der Deutschen Nationalbibliografie; detaillierte bibliografische Daten sind im Internet über http://dnb.d-nb.de abrufbar.

Das Werk einschließlich aller seiner Teile ist urheberrechtlich geschützt. Jede Verwertung außerhalb der engen Grenzen des Urheberrechtsgesetzes ist ohne Zustimmung des Verlages unzulässig und strafbar. Das gilt insbesondere für Vervielfältigungen, Übersetzungen, Mikroverfilmungen und die Einspeicherung und Verarbeitung in elektronischen Systemen.

© 2009 Eugen Ulmer KG
Wollgrasweg 41, 70599 Stuttgart (Hohenheim)
E-Mail: info@ulmer.de
Internet: www.ulmer.de
Lektorat: Wiebke Krabbe, Anke Ruf
Herstellung: Gabriele Wieczorek
DTP: Katrin Kleinschrot, Stuttgart
Umschlagentwurf: red.sign, Anette Vogt, Stuttgart
Satz: r&p digitale medien, Leinfelden-Echterdingen
Druck und Bindung: Firmengruppe APPL. aprinta Druck, Wemding
Printed in Germany

ISBN 978-3-8001-5321-3